이 책은 영적인 악의 본질과 기원에 관해 성경이 말하는 바, 그리고 말하지 않는 바에 관해 명료함과 일관성을 제공한다. 하이저의 책을 읽는 것은 우리가 우리의 현대적 감성에 애써 맞추느라 무의식적으로 얼마나 성경을 많이 왜곡했는지를 알아가는 경험이다. 아울러 이 책에서 탐구한 주제들을 외면함으로써 성경 줄거리의 실타래를 뒤엉키게 만든 우리의 과오도 깨닫게 될 것이다. 책을 읽으며 머릿속에서 전등이 켜지는 순간을 여러 번 경험할 테니 마음의 준비를 하라. 당신이 이미 알고 있다고 생각한 성경 본문을 전혀 새로운 시선으로 보게 될 것이다. 이 책을 강력 추천한다!

팀 매키 박사 | 바이블 프로젝트 공동 기획자

마이클 하이저 박사는 천사와 귀신의 보이지 않는 세계 속으로 우리를 인도하는 베테랑 가이드다. 그는 최고의 히브리어와 셈어 학자들이 발견한 최첨단의 내용에 일반 대중이 접근하게 해 준다. 그의 베스트셀러 전작들의 연장선상에 있으며 가장 최근작인 이 귀신에 관한 책은 당신의 여러 고정관념을 뒤흔들 것이다. 모든 고정관념이 말씀이라는 진리의 시험대를 통과하게 하라! 분명 매우 통찰력 있는 독서 경험이 될 것이다.

마이클 브라운 | 〈라이프 오브 파이어〉 라디오 방송 진행자, 파이어 신학교 설립자

마이클 하이저는 성경의 귀신론, 즉 하나님께 반역한 초자연적 권세들을 이해하기 원하는 모든 사람을 위해 큰 공을 세웠다. 그는 성경 자료뿐 아니라 유수한 고대 유대 저자들의 저술에 관한 상세한 연구 결과를 제공한다. 그는 우리가 성경 기사들을 고대 세계관이라는 맥락 속에서 읽어야 한다는 바른 신념의 소유자다. 제반 문헌을 검토하고 집대성한 이 책은 거의 모든 사람의 귀신관에 도전장을 내밀 것이다. 그의 연구를 둘러싼 논란이 있지만, 그는 자신과 의견을 달리하는 사람들을 외면하지 않고 기꺼이 토론의 장으로 초대한다. 이 연구는 현대 귀신론에 만연한 오류를 교정할 것이다. 무엇보다 이 책은 우리가 마귀에 대해 결정적 승리를 거두신 그리스도의 신실한 제자가 되는 데 도움이 될 것이다.

게리 브레쉬어스 | 포틀랜드 웨스턴 신학교 교수

글쎄, 귀신에 관한 책을 읽고 사랑에 빠졌다고 말해도 괜찮을까? 그게 괜찮다면, 나는 감히 그렇게 말하고 싶다! 마이클 하이저 박사는 가려진 베일을 걷어올려, 보이지 않는 초자연적 세계의 더 많은 내용을 우리에게 보여준다. 이번에는 비밀스러우면서도 오해로 점철된 '흑암의 권세'다. 그리스도의 죽음과 부활이 필요했던 이유이기도 하다. 이 책은 당신이 지하세계에 관해 갖고 있던 가장 난해한 질문들에 답할 뿐 아니라 어째서 지상명령 수행에서 당신의 역할이 그토록 중요한지 깨닫게 해줄 것이다. 당장 책을 구입하길!

프랭크 튜렉 | 『진리의 기독교』 공저자, Cross-Examined.org 운영자

귀신을 말하다

DEMONS:

What the Bible Really Says about the Powers of Darkness

귀신을 말하다

흑암의 권세들에 대해 성경이 실제로 말하는 것들

좋은씨앗

Demons: What the Bible Really Says about the Powers of Darkness

귀신을 말하다
: 흑암의 권세들에 대해 성경이 실제로 말하는 것들

초판 1쇄 인쇄 | 2022년 12월 25일
초판 1쇄 발행 | 2022년 12월 31일

지은이 | 마이클 하이저
옮긴이 | 손현선
펴낸이 | 신은철
펴낸곳 | 좋은씨앗
출판등록 제4-385호(1999. 12. 21)
주소 | (06753) 서울시 서초구 바우뫼로 156(양재동, 엠제이빌딩) 402호
주문전화 | (02) 2057-3041 주문팩스 | (02) 2057-3042
페이스북 | www.facebook/goodseedbook
이메일 | good-seed21@hanmail.net

ISBN 978-89-5874-382-8 03230

목차

들어가는 글 11

1부 흑암 권세에 관한 성경의 어휘

1. 악한 영적 존재들을 가리키는 히브리어 용어 21
2. 그들도 헬라어로 성경을 읽었다 75

2부 구약 및 제2성전기 속 흑암 권세

3. 원조 반역자: 지극히 높으신 자와 같아지리라 115
4. 제2성전기 유대교 속 사탄 151
5. 2차 신적 반역: 우리의 형상 담지자를 만들리라 193
6. 제2성전기 유대교 속 반역과 귀신 221
7. 3차 신적 반역: 열국의 혼돈 249
8. 제2성전기 유대교 속 열국을 다스리는 흑암 권세 271

3부 마귀와 그의 천사들: 신약 속 흑암 권세

9. 마귀: 통치 영역과 운명 297
10. 악한 영: 귀신과 운명 327
11. 통치하는 권세들: 비합법화와 운명 357

4부 흔한 질문과 오해

12. 흑암 권세를 둘러싼 신화와 의문점 397

참고문헌 443

약어표

ABD	Anchor Yale Bible Dictionary. Edited by David Noel Freedman. 6 vols. New York: Doubleday, 1992
Ant.	Josephus, Jewish Antiquities
APOT	The Apocrypha and Pseudepigrapha of the Old Testament. Edited by Robert H. Charles. 2 vols. Oxford: Clarendon, 1913
AYB	Anchor Yale Bible
BAR	Biblical Archaeology Review
BASOR	Bulletin of the American Schools of Oriental Research
BBR	Bulletin for Biblical Research
BCOT	Baker Commentary on the Old Testament
BDAG	Bauer, Walter, Frederick W. Danker, William F. Arndt, and F. Wilbur Gingrich. Greek-English Lexicon of the New Testament and Other Early Christian Literature. 3rd ed. Chicago: University of Chicago Press, 2000
BECNT	Baker Exegetical Commentary on the New Testament
BNTC	Black's New Testament Commentaries
BSac	Bibliotheca Sacra
CAD	The Assyrian Dictionary of the Oriental Institute of the University of Chicago. 21 vols. Chicago: The Oriental Institute of the University of Chicago, 1956–2006
DCH	The Dictionary of Classical Hebrew. Edited by David J. A. Clines. 9 vols. Sheffield: Sheffield Academic Press, 1993–2014
DDD	Dictionary of Deities and Demons in the Bible. Edited by Karel van der Toorn, Bob Becking, and Pieter W. van der Horst. Leiden: Brill, 1995. 2nd rev. ed. Grand Rapids: Eerdmans, 1999
DNTB	Dictionary of New Testament Background. Edited by Craig A. Evans and Stanley E. Porter. Downers Grove, IL: InterVarsity Press, 2000
DNWSI	Dictionary of the North-West Semitic Inscriptions. Jacob Hoftijzer and Karel Jongeling. 2 vols. Leiden: Brill, 2003
DOTHB	Dictionary of the Old Testament: Historical Books. Edited by Bill T. Arnold and H. G. M. Williamson. Downers Grove, IL: InterVarsity Press, 2005
DOTP	Dictionary of the Old Testament: Pentateuch. Edited by T. Desmond Alexander and David W. Baker. Downers Grove, IL: InterVarsity Press, 2003
DOTWPW	Dictionary of the Old Testament: Wisdom, Poetry & Writings. Edited by Tremper Longman III and Peter Enns. Downers Grove, IL: InterVarsity Press, 2008
DPL	Dictionary of Paul and His Letters. Edited by Gerald F. Haw-

	thorne and Ralph P. Martin. Downers Grove, IL: InterVarsity Press, 1993
DSD	Dead Sea Discoveries
DULAT	A Dictionary of the Ugaritic Language in the Alphabetic Tradition. Gregorio Del Olmo Lete and Joaquín Sanmartín. 2 vols. Leiden: Brill, 2015
EHLL	Encyclopedia of Hebrew Language and Linguistics. Edited by Geoffrey Khan. 4 vols. Leiden: Brill, 2013
ERE	Encyclopedia of Religion and Ethics. Edited by James Hastings. 13 vols. New York: Scribner's Sons, 1908–1927
GBH	A Grammar of Biblical Hebrew. Paul Joüon and Takamitsu Muraoka. Rev. English ed. Roma: Pontificio istituto biblico, 2006
GKC	Gesenius' Hebrew Grammar. Edited by Emil Kautzsch. Translated by Arthur E. Cowley. 2nd ed. Oxford: Clarendon, 1910
HALOT	The Hebrew and Aramaic Lexicon of the Old Testament. Ludwig Koehler, Walter Baumgartner, and Johann J. Stamm. Translated and edited under the supervision of Mervyn E. J. Richardson. 5 vols. Leiden: Brill, 1994–2000
HTR	Harvard Theological Review
HUCA	Hebrew Union College Annual
ICC	International Critical Commentary
JBL	Journal of Biblical Literature
JESOT	Journal for the Evangelical Study of the Old Testament
JNES	Journal of Near Eastern Studies
JPS	Jewish Publication Society. Tanakh: The Holy Scriptures. Philadelphia: Jewish Publication Society, 1985
JSOT	Journal for the Study of the Old Testament
JSP	Journal for the Study of the Pseudepigrapha
JTS	Journal of Theological Studies
KAI	Kanaanäische und aramäische Inschriften. Edited by Herbert Donner and Wolfgang Röllig. 2nd ed. Wiesbaden: Harrassowitz, 1966–1969
KTU	Die keilalphabetischen Texte aus Ugarit. Edited by M. Dietrich, O. Loretz, and J. Sanmartín. Neukirchen-Vluyn, 1976. KTU2 = 2nd enlarged ed. of KTU: The Cuneiform Alphabetic Texts from Ugarit, Ras Ibn Hani, and Other Places. Edited by M. Dietrich, O. Loretz, and J. Sanmartín. Münster, 1995 (= CTU)
LBD	The Lexham Bible Dictionary. Edited by John D. Barry. Bellingham, WA: Lexham Press, 2016
LES	The Lexham English Septuagint. Edited by Ken M. Penner. Bellingham, WA: Lexham Press, 2019

LSJ	H. G. Liddell, R. Scott, and H. S. Jones. A Greek-English Lexicon. 9th ed. with rev. supp. Oxford: Clarendon, 1996
NAC	New American Commentary
NICOT	The New International Commentary on the Old Testament
NIDNTTE	New International Dictionary of New Testament Theology and Exegesis. Edited by Moisés Silva. 5 vols. Grand Rapids: Zondervan, 2014
NIDOTTE	New International Dictionary of Old Testament Theology and Exegesis. Edited by Willem A. VanGemeren. 5 vols. Grand Rapids: Zondervan, 1997
NIGTC	New International Greek Testament Commentary
NovT	Novum Testamentum
OTL	Old Testament Library
OTP	The Old Testament Pseudepigrapha. Edited by James H. Charlesworth. 2 vols. New York: Doubleday, 1983, 1985
TDNT	Theological Dictionary of the New Testament. Edited by Gerhard Kittel and Gerhard Friedrich. Translated by Geoffrey W. Bromiley. 10 vols. Grand Rapids: Eerdmans, 1964–1976
TDOT	Theological Dictionary of the Old Testament. Edited by G. Johannes Botterweck and Helmer Ringgren. Translated by John T. Willis et al. 8 vols. Grand Rapids: Eerdmans, 1974–2006
TLOT	Theological Lexicon of the Old Testament. Edited by Ernst Jenni, with assistance from Claus Westermann. Translated by Mark E. Biddle. 3 vols. Peabody, MA: Hendrickson, 1997
TNTC	Tyndale New Testament Commentaries
TOTC	Tyndale Old Testament Commentaries
TWOT	Theological Wordbook of the Old Testament. Edited by R. Laird Harris, Gleason L. Archer Jr., and Bruce K. Waltke. 2 vols. Chicago: Moody Press, 1980
TynBul	Tyndale Bulletin
VT	Vetus Testamentum
WBC	Word Biblical Commentary
ZAW	Zeitschrift für die alttestamentliche Wissenschaft

들어가는 글 : 당신이 아는 것이 사실이 아닐 수 있다

귀신이라는 주제가 평소 익숙하긴 해도 확신하건대 이 책은 당신을 놀라게 만들 것이다. 성경에 관심 있는 대부분의 독자라면 사탄과 귀신과 바울 서신 속 "정사와 권세"에 관한 무수한 논의를 예상할지 모르겠다. 분명 그런 주제도 다루기는 한다. 하지만 이 책에서 당신이 접할 하나님의 대적인 신적 존재들에 관한 내용 중 상당 부분은 당신의 기존 관념에서 벗어난 것임을 미리 주지시키고자 한다. 이 책에는 교회뿐 아니라 신학교 강의실에서조차 한번도 들어보지 못한 내용이 포함되어 있다.

극복해야 할 장애물

필자가 책 도입부에서 이 사실을 밝히는 데는 이유가 있다. 필자는 극복해야 할 심각한 장애물이 있음을 알면서도 이 책을 쓰기로 결심했다. 단도직입적으로 말하면, 우리 같은 그리스도인들이 흑암의 권세들(Powers of Darkness)에 관해 가지고 있는 생각 중에는 비성경적인 발상이 꽤 있다. 그렇게 된 데에는 서로 연관된 두 가지 요인이 있다. 첫째, 우리가 흑암의 권세에 관해 안다고 주장하는 내용의 대부분은 히브리어와 헬라어 '원본문'을 면밀히 연구한 데서 비롯된 게 아니다. 둘째, 우리가 안다고 생각하는 내용의 상당 부분은 (신구약 성경의 고대 원맥락이 아닌) 교회의 '전통'이라는 체로 걸러지고 유도된 것이다.

종합하자면 이 두 현실은 사탄과 흑암의 권세에 관한 우리의 신념이 이 권세들의 실체로부터 근거한 게 아님을 의미한다. (일부 학자를 포함하여) 성경을 가르치는 자들은 주로 (오늘날의 언어로 번역된) '영어/자국어' 성경을 근거로 흑암의 권세에 관해 가르치는 경향이 다분하다. 그로 인해 원어에서 발견되는 미묘한 뉘앙스가 실종된다. 성경 시대 '이후에' 출현한 전승으로 고대의 원맥락이 대체된다. 고대의 용어를 영어/자국어 어휘로 뭉뚱그린 결과로 도출된, 하나님과 그 자녀들을 대적하는 '초자연적 세력'의 초상은 불완전하고 오류 투성이다. 이 책은 이런 상황을 바로잡기 위한 첫걸음으로 흑암 권세 신학을 원문 자체로 이해하는 '원문에 뿌리 내리기'를 지향한다.

필자가 지적한 비성경적 발상이란 무엇인지 궁금할 것이다. 몇 가지 예화면 충분히 설명할 수 있다. 대부분의 성경 번역상 '귀신'(demon)이라는 용어는 구약에 세 번 등장한다(레 17:7, 신 32:17, 시 106:37). 독자들은 왜 귀신이 신약 복음서에 비해 구약에는 이리 뜸하게 언급되는지 궁금할 것이다. 그러나 그 질문에는 구약의 '귀신'이 복음서의

'귀신'과 동일하다는 그릇된 전제가 깔려 있다. 동일하지 않다. 또 하나의 잘못된 전제는 욥기 1-2장의 사탄(*śāṭān*) 캐릭터가 신약의 마귀와 동일하다는 생각이다. 이 결론은 주해적으로도 성립이 불가능하다. 또다른 예는 사탄과 하늘의 천사 3분의 1이 인류 창조 이전 (그러니까 창세기 1:1과 1:2 사이에 시간의 간격이 존재하며 그 시기에) 하나님께 반역했다는 자주 회자되는 신념이다. 이런 에피소드는 성경 어디에도 등장하지 않는다. 그럼에도 불구하고 이 발상은 기독교 전승 전반을 지배한다. 이 에피소드와 근접한 유일한 본문(계 12:4)의 맥락은 고대로부터 수천 년 후에 일어난 메시아의 탄생을 가리킨다.

우리의 연구에 반사신경처럼 따라오는 이런 특정 전제들을 차치하고라도, 우리가 '흑암'이라고 하는 것과 그 연장선상의 흑암 '권세'라는 것의 의미에 관한 오해와 오류 문제도 있다. '적대적 초자연적 권세'라는 용어가 그렇듯 '흑암'이라는 용어가 의미하는 바도 명확하지 않다. 문자적으로 빛이 없는 물리적인 환경을 말하는 게 '아님'은 자명하다. 하지만 성경이 흑암이라는 용어를 사용해 소통하고자 하는 바는 특정한 초자연적 권세에 관한 개념의 큰 틀로서 중요하다. 성경에서 흑암은 부정적이고 두려운 인간 경험에 대한 메타포다. 성경에는 대략 2백 건의 흑암/어둠 언급이 있는데, 거의 다 (사랑과 생명의 원천인) 성경의 하나님에 대한 대척점으로 사용되었다. 그렇다면 사망, 죽음의 위협 및 사후세계(realm of the dead, '죽은 자들이 머무는 영역'을 의미하며 편의상 '사후세계'로 통칭한다-편집자)라는 개념이 하나님의 임재와 하나님을 섬기는 자리로부터 추방된 초자연적 존재들과 결부되는 것은 당연하다고 하겠다.

우리의 연구를 위한 로드맵

이 책은 사람들이 소중하게 간직해 온 몇몇 전제에 도전장을 던지려 한다. 하지만 이런 고정관념들을 비판하는 게 이 책의 주안점은 아니다. 오히려 이 책은 관련된 바른 지식을 알림으로써 독자를 매료시키는 데 목적이 있다.

이 책은 4부로 구성되어 있다. 1부에선 흑암 권세에 관한 성경의 어휘를 검토한다. 목표는 어떻게 (히브리어 구약의 고대 헬라어역인) 칠십인역이 신약 기자들이 계승한 일련의 용어들, 즉, 하나님을 대적하는 초자연적 권세들에 관한 폭넓고도 다양한 용어를 두루뭉술하게 뭉뚱그렸는지 독자에게 알리는 것이다. 동시에 제2성전기(신구약 중간기)에 히브리어와 아람어로 저술했던 유대 저자들이 도입한 새로운 용어들도 살펴볼 것이다. 이런 상황적 전후맥락을 훑어보는 것이 신약 성경 속 어휘가 해당 의미를 갖게 되거나, 또는 의미를 잃어버리게 된 경위를 이해하는 데 꼭 필요하다.

2부는 구약에 출현하는 악당들이 어떻게 창조주에게 반기를 들게 되었는지에 초점을 맞춘다. 많은 인기있는 기독교 전승과는 대조적으로, 보이지 않는 세계에선 신적 존재들이 일으킨 한번이 아닌 세 차례의 반역이 있었다. 그중 1차와 2차 반역이 사탄에 관한 고대의 믿음, 인간 타락의 문제, 귀신의 기원을 알 수 있는 맥락적 틀이 된다. 3차 반역은 다니엘서 10장의 "군주들"(princes)과 바울의 "정사와 권세"(principalities and pwers)에 관한 가르침에도 언급된다. 3차에 걸친 신적 존재들의 반역은 각각 '구분'된다. 그러니까 하나님께 반역을 일으킨 주체가 동일하지 않다는 얘기다.

3부에서는 신약의 흑암 권세에 대해 주목한다. 여기서 신약 기자들이 구약의 소재를 어떻게 소화했는지 살펴볼 계획이다. 가령 복음서는 축귀 권세가 메시아를 판별하는 방법이라는 관념을 제시하는데, 실은 구약의 어떤 본문도 이런 발상을 제시하지 않는다. 똑같이 수수께끼 같은 사안은 바울이 '정사와 권세'의 권한을 비합법화(delegitimization)하면서 이를 그리스도의 부활에 노골적으로 연결시킨 대목이다. 마찬가지로 구약에는 이 두 가지 발상을 연결짓는 (명시적) 본문이 없다.

마지막으로 이 책은 현대 기독교 귀신론의 부정확성과 혼동을 다룬다. 어떤 면에서 마지막 4부는 앞서 제기한 논점들의 종합과 요약이다. 하지만 또다른 면에선 이 책의 주제에서 비롯된 새로운 예상 질문에 대한 질의와 응답이기도 하다.

적지 않은 분량으로 구성된 이 책을 통해 필자가 바라는 소망은 "성경을 그 자체의 원맥락 속에서 읽는 것"이 어째서 중요한지를 알리는 데 있다. 그리고 바라기는 이 책을 읽는 독자들에게 그런 성경 읽기를 기반으로 한 '성경 재발견'의 설레임이 되살아나길 바란다.

1부
흑암 권세에 관한
성경의 어휘

개요

무엇보다 먼저 구약을 흑암 권세에 관한 우리 연구의 출발점으로 삼는 것이 논리적일 것이다. 그런데 영어 성경을 통해 보면, 구약에는 '귀신'이란 표현이 거의 등장하지 않는다. 가령 ESV 영어 성경에선 demon이라는 용어가 단 세 번 나온다. '악한 영'(악령, evil spirit)은 한 번 나오는데(삿 9:23) 이 구절에서 언급되는 대상이 초자연적 실체인지의 여부는 불확실하다. 이로써 독자는 구약이 흑암의 초자연적 권세에 관해 별로 할 말이 없다는 인상을 받는다(그리고 그런 잘못된 결론을 도출한다). 분명한 건 귀신이나 지옥 권세에 관해 알고자 구약을 연구할 때 '영어/자국어' 성경은 좋은 자료가 되지 못한다는 것이다.

'들어가는 글'에서 필자가 말한 바와 같이, 흑암 은유는 이스라엘 사람들이 삶의 공포스런 경험에 대해 어떤 생각을 했는지를 이해하는

데 결정적이다. 구약의 기자들은 초자연적 존재들의 반역을 (땅과 인류의 창조를 통해 의도된) 영원하고 기쁨 충만한 삶과 정확히 대척점을 이루는 이미지와 연결시켰다. 사랑이 많으신 하나님은 인류를 자신의 가족의 일원으로 삼기 위해 자신이 '거하실 성전'[1]으로서 땅(earth)을 창조하셨다. 하지만 초자연계의 하극상이 그 땅에 죽음과 재앙, 그리고 질병을 초래했다. 온 땅이 성소가 되기는 커녕 흑암이 도처에 만연했다.

당연하게도, 고대 이스라엘 사람들에게 자연계의 위협과 삶의 위험은 하나님에 대한 신적 존재들의 반역에 따른 후과로 받아들여졌다. 더불어 신적 존재들의 반역은 인류 가운데서 일어나는 반역과 배신, 그리고 우상숭배의 촉매제가 되었다. 고대 이스라엘에서 에덴 이야기를 들어본 사람이라면 누구나 자신들이 사는 곳이 에덴이 아님을 알았을 것이다. 피조세계는 완전함과는 거리가 멀었다. 땅에서의 삶은 전혀 목가적이지 않았다.[2] 결론적으로 흑암 권세에 관한 구약 신

---

1. 창조 내러티브를 성전 건축으로 이해하는 것과 관련해 다음을 찬조하라. John H. Walton, *The Lost World of Genesis One: Ancient Cosmology and the Origins Debate* (Downers Grove, IL: IVP Academic, 2009). 이 콘텐츠를 더 학문적으로 다룬 글로는 다음을 참조하라. John H. Walton, *Genesis 1 as Ancient Cosmology* (Winona Lake, IN: Eisenbrauns, 2011).

2. 그리스도인은 종종 온 땅이 에덴이었다고 짐작하지만 이는 우리가 창세기에서 발견하는 내용과는 상반된다. 이 자료에 관한 간략한 논의는 다음을 참조하라. Michael S. Heiser, *The Unseen Realm: Recovering the Supernatural Worldview of the Bible* (Bellingham, WA: Lexham Press, 2015), 49–50. 『보이지 않는 세계』(좋은씨앗). 해당 주제를 보다 깊이 있게 다룬 자료로는 다음을 참조하라. Hulisani Ramantswana, "God Saw That It Was Good, Not Perfect: A Canonical-Dialogic Reading of Genesis 1–3," (PhD diss., Westminster Theological Seminary, 2010), 그리고 Eric M. Vail, "Using 'Cha-

학은 '사악한 영적 존재'들이 죽음, 사후세계(the Realm of the Dead)와 직접 관련이 있을 뿐 아니라, 온 땅의 선하신 하나님이 인류를 위해 창조하신 세상으로부터 기대하신 조화와 질서, 그리고 안녕을 끊임없이 공격하는 주체라고 밝힌다.

이런 배경 아래 우리는 1부에서 구약 성경이 적대적이고 초자연적인 흑암의 권세들을 어떻게 묘사하는지 간략하게 살피고자 한다. 1장에선 반역으로 하나님의 세상에 두려움, 재앙, 타락, 죽음을 초래한 하나님의 초자연적 대적자들을 규명하는 광범위한 히브리어 용어를 더 넓은 고대 근동이라는 맥락 속에서 살펴볼 계획이다. 2장에선 앞장의 용어들이 히브리어 구약의 고대 헬라어역인 칠십인역에서 어떻게 번역되었는지를 설명할 예정이다. 칠십인역에 대한 검토는 역자들이 여러 개의 서로 '다른' 히브리어 용어를 어떻게 하나의 헬라어 용어로 병합했는지를 명확하게 드러낼 것이다. 신약은 원래 헬라어로 기록되었기에 칠십인역에서 사용된 어휘들이 신약으로 별 제약 없이 흘러들어가는 것은 자연스런 수순이었다. 그 결과 신약은 구약에 비해 빈곤한 '흑암 권세' 관련 어휘를 보유하게 되었고, 구약에 등장하는 악한 영들(evil spirits)에 대한 미묘한 뉘앙스도 상당 부분 실종되었다.

우리 연구의 한계에 관해 한마디 하겠다. 첫째, 우리 연구에는 (복수형) 엘로힘(신들) 같은 용어가 포함되나 (바알, 몰렉, 그모스, 아세라 같은) 특정 신/여신을 직접 다루지는 않는다. 고대에 숭배했던 (여호와

---

os' in Articulating the Relationship of God and Creation in God's Creative Activity" (PhD diss., Marquette University, 2009).

가 아닌) 어떤 신도 성경의 세계관에선 악한 권세로 간주된다. 또한 우리는 여호와와 경쟁 관계에 있던 여러 신적 존재의 출현에 대한 구약의 설명을 살펴볼 것이다. 하지만 각각의 신적 존재의 프로필을 별도로 정리하거나 설명하지는 않는다. 더불어 (다니엘서 7-12장의 티폰이나 이사야 14:12-15의 아스타르 또는 파에톤처럼) 성경 기자들이 다른 곳에서 차용한 신비한 이야기 속 신적 존재의 개별 프로필을 설명하지도 않을 것이다.

둘째, 우리는 개인의 '이름'이나 '지명'에 나타난 귀신일 '가능성이 있는' 용어를 다루지 않을 것이다. 고대에는 개인의 이름(가령, 다니엘='엘/하나님은 나의 재판관')이나 지명(바알-스본, 출 14:2)에 신적 존재의 이름을 넣는 경우가 다반사였다. 이런 명백한 사례들도 존재하나 순전히 추측에 근거한 사례들도 있다. 일례로 역대상 2:40의 시스매는 고대 앗수르(우가릿)과 페니키아에서 알려진 어떤 신적 존재의 이름일 가능성이 있지만 확실하게 판명할 길은 없다. 의도적으로 생략한 내용 중에는 음산한 신적 존재의 명칭이지만 실제로는 흑암 권세의 권능을 부여받은 것으로 추측되는 인간(가령, 곡) 이름도 포함된다.

그러므로 1부의 목표는 히브리어 성경 속 구약 어휘를 소개하고(1장) 칠십인역이 그 어휘를 어떻게 다루었는지 살펴보는 것이다(2장). 이는 후속 논의를 위한 디딤돌이다. 후속 장들에서 우리는 구약의 초자연적 존재들이 일으킨 반역과 그 암울한 풍경이 어떻게 신약으로 흘러들어가는지에 주목할 것이다.

1장.
악한 영적 존재들을 가리키는 히브리어 용어

이번 장에서 우리는 (하나님을 대적하는 초자연적 실체인) 악한 영들(evil spirits)을 가리키는 구약의 히브리어 용어를 간략하게 살펴볼 것이다. 보통의 독자들은 이것이 귀신에 대해 살펴보는 것이라 짐작할지도 모르겠다. 그렇다면 우리 앞에는 대번에 장애물이 생긴다. '귀신'을 주제로 연구해 온 학자들은 "셈어에는 '귀신'(demon)이라는 단어와 동격인 표현이 없다"고 오랫동안 지적해 왔다.[1] 이상하게 들리겠지만 정말 그렇다. 존 월튼이 이 상황을 간명하게 정리한다.

> 고대 근동의 어떤 주요 문화권이나 히브리어 성경에도 '귀신'을 별도로 지칭하는 일반 용어가 존재하지 않는다. 귀신은 (신들과 유령[ghost]

1. Henrike Frey-Anthes, "Concepts of 'Demons' in Ancient Israel," *Die Welt des Orients 38* (2008): 38–52.

처럼) 그저 '영적 존재'라는 범주에 속한 것 정도로 간주되었다. 결과적으로 '귀신'이라는 용어는 굴곡진 역사를 갖게 되었다. 이 용어는 오늘날의 신학적 용례에선, 본래적으로 악하며 주인인 사탄의 지시대로 행하는 존재(주로 타락한 천사)를 가리킨다. 그러나 이 정의는 히브리어 성경이 완성된 지 한참 후에야 일반화되었다.[2]

이런 현실에도 불구하고 우리에겐 자료가 없지 않다! 히브리어 성경에는 우리의 주제와 통하는 무척 다양한 용어들이 있다. 그러나 이런 층층의 용어들이 왜 존재하며 어떤 상호연관성을 가지는지를 이해하려면 '고대 이스라엘 사람들의 세계관'이라는 틀을 통해 접근해야 한다.

1부 도입부에 이미 언급했듯, 구약의 기자들은 초자연적 존재들의 반역을 그들이 삶에서 경험하는 고난 및 재앙에 결부시켰다. 하나님이 땅에 거하는 인류에게 기대하신 삶은 어그러지고 부패했다. 자연계로부터 오는 온갖 두려움과 위협은 신적 존재들의 반역에 따른 후

---

2. John H. Walton, "Demons in Mesopotamia and Israel: Exploring the Category of Non-Divine but Supernatural Enemies," in *Windows to the Ancient World of the Hebrew Bible: Essays in Honor of Samuel Greengus*, ed. Bill T. Arnold, Nancy L. Erickson, and John H. Walton (Winona Lake, IN: Eisenbrauns, 2014), 229–46 (esp. page 229). 월튼의 연구가 특히 유익한 까닭은 그가 신뢰받는 복음주의 학자이기 때문이다. 그러나 논문 제목이 분명히 보여주듯 그의 초점은 메소포타미아에 한정되어 있다. 결론적으로 월튼의 어떤 논의들은 의도치 않게 독자를 오도할 수 있다. 가령 그는 여호와를 대적하는 신적 존재들과 관련된 이스라엘의 특정 개념과 구약 본문의 이해에 비교가 능한 우가릿 자료를 배제한다. 우가릿 자료를 포함시킨다면 월튼의 결론과는 상당히 다른 결론이 도출되는 경우도 꽤 있다.

과였다. 이로부터 죽음과 혼돈이 인간 세상을 휩쓸었다. 이런 이유로 구약에서 우리가 접하는 대부분의 용어는 다음과 같이 범주화할 수 있다. (1) 사후세계와 그 영역에 머무는 존재들, 그 영역과 관련된 공포스런 장소, 또는 죽음의 위협과 연관된 용어이고, 혹은 (2) 이스라엘의 하나님 여호와께 반역한 초자연적 권세들의 '지리적 통치권'과 연관된 용어이다. 그러나 두 범주를 파고들기 전에 먼저 악한 영의 실체와 관련된 존재론적 일반 용어부터 살펴보는 게 좋겠다.

악한 영의 본질을 묘사하는 용어

존재론이란 무언가의 '실체', 즉 본질을 가리킨다. 개념상 악한 영의 '실체'는 영이다. 필자가 하나님의 천군(heavenly host)의 선한 구성원들에 관해 쓴 또다른 책 『천사를 말하다』도 이 범주를 다룬다. 악한 영들은 하나님의 뜻에 반역하기로 선택한, 하나님의 천군의 일원이었기 때문이다. 열왕기상 22:19-23 같은 본문은 "하나님의 천군의 일원이 영(히브리어 루호트, 단수 루아흐), 즉, 본질적으로 적어도 우리 인간이 경험하는 물리적 형체 같은 육신을 덧입지 않은 실체"임을 명확하게 보여준다.[3]

3. Michael S. Heiser, *Angels: What the Bible Really Says about God's Heavenly Host* (Bellingham, WA: Lexham Press, 2018), 2. 『천사를 말하다』(좋은씨앗). 이 구절의 '영' 용어와 시편 103:20-22, 10:44의 연관성에 관한 논의는 위 문헌의 2-7쪽을 참조하라. 왕상 22:19-23에서 아합을 속이기 위한 현실적 해결책을 제시한 (거짓말하는 영이 되겠다

'영'(spirit)과 결부된 언어의 핵심은 인간 세상과 대비된다는 점이다. 하나님의 천군을 이루는 구성원들은 본질상 육신을 덧입지 않았으며 우리와 같은 지상계의 물리적 존재가 아니다.[4] 구약의 기자들이 히브리어 샤마임(하늘[에 있는 자]들), 코케빔(별들), 케도쉼(거룩한 자들)이란 용어를 간간이 사용한 이유이기도 하다. 앞의 두 용어는 통상 눈에 보이는 하늘과 그 하늘의 해달별을 가리킨다. 하나님을 섬기는 존재들에 대해 이런 언어를 사용한 것은 그들을 하나님이 존재하시는 지평인, 탈(脫)지상의 영적 세계에 비유적으로 배치하기 위함이다(시 115:3, 사 66:1, 욥 38:7-8). '거룩한 자' 같은 명칭도 이 존재들을 인간 세상에 대비되는 하나님의 존전에 배치한다(예, 시 89:5-7, 욥 15:15).

어떤 존재를 비인간, 탈지상계의 일원으로 규정하는 용어로 자주 오해를 빚는 것이 '엘로힘'(*'ĕlōhîm*, 신; 신들)이다. 필자는 엘로힘이라는 용어와 관련하여 많은 글을 썼다. 가령 성경 기자들이 복수의 엘로힘

고 한) 영적 존재를 단 한번도 악하다고 한 적이 없음을 주목하라. (초자연적 존재든 또는 인간이든) 악한 존재에게 내려지는 하나님의 심판 자체가 악하다고 해석될 순 없다. 성경에는 악인에 대한 하나님의 심판을 집행하는 신적 대리인이 그 자체로 악하다는 언급이나 논리가 없다.

4. 필자가 『천사를 말하다』의 각주에 쓴 글이다. "이 내용은 천사를 사람으로 언급하고 육체적 행위를 하는 것으로 묘사하는 본문들과 모순되지 않는다(예, 창 6:1-4, 18:1-8, 16, 22, 19:1, 10-11, 16, 32:24, [비교, 호 12:4]). 천사들이 인간과 소통할 때, 인간의 형체 또는 실제 육체를 지닌 상태로 나타나는 것은 성경에서 규범적인 사실에 해당한다. 인간의 감각으로 감지하고 분석할 수 있는 어떤 형태를 취하지 않는다면, 임재한 천사와 인간의 소통 행위는 불가해한 것이 되고 만다."(천사를 말하다, 1장, 각주 2). 창 6:1-4과 마 22:23-33과의 연관성에 관해선 다음을 참조하라. Heiser, *Unseen Realm*, chapters 12-13, 23, and Heiser, *Reversing Hermon: Enoch, the Watchers, and the Forgotten Mission of Jesus Christ* (Crane, MO: Defender, 2017), 37-54. 『보이지 않는 세계』(좋은씨앗).

을 어떤 존재로 인식했는지, 그리고 그것으로 영적 세계에 얼마나 다양한 구성원의 존재를 말하려 했는지 등이다.[5] 성경 기자들은 다양한 부류의 영적 존재들을 엘로힘으로 규정했고, 더불어 그 존재들이 여호와와는 명백하게 구별되며 여호와보다 못한 하등한 존재임을 강조한다. 그러므로 엘로힘이라는 용어가 유일하신 지존자에게만 한정적으로 붙는 이름표가 아님이 분명하다. 필자가 다른 책에 쓴 글이다.

> 성경 기자라면 그 속성상 육체를 지니지 않은 '영적 세계의 일원'을 가리키는 데 이 엘로힘이라는 단어를 사용할 것이다. 초자연성으로도 이해되는 이 '타세계성'(otherworldliness)은 영적 세계의 모든 거주자들이 소유한 속성이다. 본질적으로 엘로힘이라는 단어 자체가 그 존재가 어디에 속해 있는지를 말해 주기 때문에 영적 세계의 존재들은 모두 엘로힘으로 이해될 수 있다.[6]

엘로힘이라는 용어는 단순히 '신적 존재'(divine being), 그러니까 초

---

5. Heiser, *Unseen Realm*, 21-27. 『보이지 않는 세계』(좋은씨앗). 이 주제에 관한 동료 평가를 거친 연구는 다음을 참조하라. Michael S. Heiser, "Monotheism, Polytheism, Monolatry, or Henotheism? Toward an Assessment of Divine Plurality in the Hebrew Bible," *BBR* 18.1 (2008): 1–30; Heiser, "Should *ʾelohim* with Plural Predication Be Translated 'Gods'?" *Bible Translator* 61.3 (July 2010): 123–36; Heiser, "Does Deuteronomy 32:17 Assume or Deny the Reality of Other Gods?" *Bible Translator* 59.3 (July 2008): 137–45.
6. Heiser, *Angels*, 12. 『천사를 말하다』(좋은씨앗).

자연 세계의 거민임을 뜻한다.[7] 성경 기자들이 특정 존재를 가리키는 호칭으로 이 엘로힘을 택했다고 해서 이스라엘의 하나님 여호와의 고유성을 부인하는 것은 아니다. 오히려 이 용어는 여호와가 속해 있는 생동하는 영적 세계가 존재함을 확증하는 데 도움이 된다. 물론 여호와는 창조되지 않은 창조주로서 여타 모든 영적 존재를 창조하셨고, 그 속성상 그 모든 존재들에 비해 탁월하다는 고유성을 보유하셨다.

또한 엘로힘이라는 단어는 루호트(영들, spirits) 같은 용어들과 함께 어울려 사용된다. 하나님이 영적 세계에서 자신을 섬기도록 창조하신 그 영적 존재들 중 일부가 하나님께 반기를 들었다.[8] 그들이 반역을 했다고 더이상 영적 세계의 일원이 아니게 되거나 과거와 다른 실체가 된 건 아니다. 그들은 여전히 영적 존재다. 다만 반역이 그들의 여호와를 향한 지향성과 여호와와의 관계에 영향을 미쳤을 따름이다(그리고 더 나아가 그것이 그들의 속성을 규정한다).

이런 존재론적 용어 외에도, 구약에서 악한 영들을 지칭하는 용어를 몇 가닥으로 정리하는 게 유익하다. 넓은 범주로 보면 (1) 사후세계 및 그 영역에 머무르는 존재들과 연관된 용어 (2) 여호와를 대적한 초

---

7. 엘로힘이라는 용어는 형태론적으론 복수지만 이스라엘의 단수형인 하나님을 가리키는 용어로 히브리어 성경에 2천 번 넘게 쓰였다. 이는 히브리어 성경에만 나타나는 독특한 현상이 아니다. 가령 아카드어로 쓰인 아마르나(Amarna) 서판들도 형태론적으론 복수인 *ʾilāni*(신들)을 사용하여 이집트의 단수형 바로를 칭한다. 관련 논의는 다음을 참조하라. Aubrey R. Johnson, *The One and the Many in the Israelite Conception of God* (Eugene, OR: Wipf & Stock, 2006), 24; Walter Eichrodt, *Theology of the Old Testament*, vol. 1 (Philadelphia: Westminster John Knox, 1961), 185.

8. 이 반역들의 구체적인 내용과 초자연적 반역자들이 성경에서 어떻게 구별되는지는 이 책 2부에서 검토할 것이다.

자연적 권세들의 지리적 통치권을 규정하는 용어, 그리고 (3) 우상숭배 및 부정한 땅과 관련된 기이한 생명체를 가리키는 용어로 분류할 수 있다. 이런 범주에 해당하는 어휘들은 창세기 초반 몇 장에서 묘사된 세 차례에 걸친 신적 존재들의 반역으로부터 파생되었다.

구약에서 악한 영들을 지칭하는 어휘에 통일된 원칙이 없는 듯 보인다는 점에 주목하는 것도 중요하다. 그럼에도 창세기 3장, 6:1-4, 그리고 11:1-9(신 32:8-9와 비교)에서 전개되는 사건들의 초자연적 속성을 인식하고 이해한다면, 구약 기자들이 보이지 않는 영적 세계에 대해, 그리고 그 세계와 지상 세계의 연결성에 대해 어떤 사고를 가졌을지 큰 틀을 마련하는 데 도움이 된다.[9] 아울러 우리는 히브리어 구약의 특정 용어에 대한 학문적 논의에서 '유사 귀신'(pseudo-demons)이라는 사안도 살펴보아야 한다.

사후세계 및 그 영역에 머무르는 존재들과 연관된 용어

이 범주의 개념은 창세기 3장(타락)과 창세기 6:1-4(하나님의 아들들의 범죄)에서 묘사된 신적 존재들의 반역에서 비롯된다. 이 두 사건에 대해 여기선 깊이 다루진 않겠다. 간략히 말하자면, 타락은 인류에 죽음을 가져다 주었다. 해당 본문에서 나하쉬('뱀', serpent)라고 불리는 초자연적 존재인 대적자는 '에레스'로 추방되었다. 에레스는 대개 '땅'으로 번역되지만, 죽은 자들이 거하는 영역을 가리킬 때도 사용되는 용

9. 이 책 3-7장을 참조하라.

어다(욘 2:6, 렘 17:13, 시 71:20). 이와 관련해 요나 2:6이 특별히 주목할 만하다. 에레스가 무덤이나 지하세계(underworld)를 가리키기 위해 종종 사용되는 용어(욥 33:18, 22, 24,28,30, 시 30:9, 사 51:14)인 '샤하트'(구덩이)와 병행구처럼 등장하기 때문이다.

성경 속 흑암의 세계에서 우리에게 가장 익숙한 초자연적 악당은 에덴의 뱀이다(훗날 제2성전기에 '사탄'으로 알려지기 시작한다). 여기서 필자가 말하고 싶은 바는, 구약의 어떤 본문에서도 뱀을 히브리어 사탄으로 부른 적이 없다는 것이다. 정말 그렇다. 왜 그런지, 이 존재의 성격 규정이 이후에 어떻게 달라지는지, 그리고 창세기 3장 이외의 다른 본문들이 이 존재에 관한 신학 형성에 어떤 식으로 기여했는지는 매우 복잡하고도 논란이 다분한 사안이며, 추후에 자세히 다룰 예정이다.[10]

히브리어 구약에는 사후세계(모든 유한한 존재의 사후 종착지)를 가리키는 다양한 용어가 존재한다. 여기에는 스올(무덤), 마웨트(사망/죽음), 에레스([죽은 자의] 땅), 보르(구덩이) 등이 포함된다.[11] 이 탈육신한 존재들이 거하는 사후세계에는 말그대로 위도나 경도가 없다. 그럼에도 죽음 및 매장과의 연관성으로 인해 성경 기자들은 죽은 자가 그곳으로(민 16:30, 욥 7:9, 사 57:9) "내려간다"(히브리어 '야라드')고 표현했다. 스올 개념에 대해 루이스는 "주로 가장 높은 하늘과 대조되는 의미로

---

10. 3-4장과 9장을 참조하라.

11. '스올'(Sheol)이라는 용어가 가장 빈번하게 "66회 정도" 사용되었다(Theodore J. Lewis, "Dead, Abode of the," *ABD* 2:101).

사용되어(암 9:2, 시 139:8, 욥 11:8) 상상할 수 있는 가장 낮은 곳을 가리킨다(신 32:22, 사 7:11)"고 요약했다.[12]

구약 신학에선 이 영역에 죽어서 탈육신한 인간뿐 아니라 다른 영적 존재들도 거하는 것으로 인식된다. 구약성경은 죽은 자들을 다스리는 주권과 죽은 자들을 다시 살리는 권능이 오롯이 하나님께 있는 것으로 보지만, 사후세계는 철저히 하나님의 임재로부터 동떨어진 곳이다. 실제로 하나님의 영역(하늘)은 사후세계 정반대편, 즉 가장 높은 곳에 위치한다. 의인이라면 당연히 지하세계로부터 벗어나길 갈망할 것이다. 결과적으로 이 스올에 거주하는 (인간이 아닌) 영적 존재로서의 거민들이 음산하고 무시무시한 존재로 여겨지게 된 것은 충분히 납득할 만하다.[13]

---

12. Lewis, "Dead, Abode of the," *ABD* 2:102. 스올과 물리적 무덤과의 연관성에 관한 루이스의 부연 설명이다. "스올이 무덤과 어느 정도 동일시 되는지는 논란의 소지가 있지만, 스올과 무덤은 밀접한 연관성이 있다. 한쪽 극단에선 스올에 대한 모든 언급 이면에 무덤이 있다고 보고, 또다른 극단에선 스올과 무덤이 완전히 별개인 것으로 본다"(103).

13. 구약에 반영돼 있는, 사후세계의 (긍정적, 부정적) 속성을 둘러싼 학계 논쟁에 관한 최근 동향 개괄은 다음을 참조하라. Philip S. Johnston, *Shades of Sheol: Death and Afterlife in the Old Testament*(Downers Grove, IL: IVP Academic, 2002). 필자는 성경 기자들이 의인의 사후에 대해 긍정적인 견해를 가지고 있다고 주장하는 입장에 서 있다. 즉, 스올이 비록 모든 유한한 인간의 종착지이지만, 의인은 여호와와 함께 있기 위해 스올에서 벗어나길 소망했다는 것이다. 스올은 하나님의 임재와 정반대인 곳으로 인식되었다. 스올은 생명이 아닌 죽음의 영역이다. 여호와의 존전에 있다는 것은 생명이지 죽음이 아니다. 하나님은 스올(또는 그 어떤 장소)에도 임하실 수 있지만 스올이 하나님의 거처는 아니다. 의인이 죽을 때 여호와와 함께 하길 소망했다는 성경의 증거가 있다. 의인은 지하세계 속 시신 같은 존재와는 다른 긍정적 대안이 없다고 보지 않았다. 스올을 사후세계를 가리키는 배타적 명칭으로 규정하고 성경 기자들에게 긍정적 사후관이 없다고 주장한 자는 구약의 사고에서 스올 역시 여호와의 집이었음을 제시해야만 한다. 자세한 논의는 다음을 참조하라. Michael S. Heiser, "Old Testament Theology of the Afterlife," in

1. 르바임[14]

루이스가 고찰했듯, "르바임의 본질에 관해 방대한 문헌이 저술됐으며 특히 르바임이란 존재가 두루 언급된 우가릿 문서의 공개 이래로 더욱 가속화했다."[15] 성경이 기술하는 르바임의 정체 및 개념은 고대 우가릿의 성격 규정(*rp'um*)과 연결점이 있으나 구별되기도 한다.

ESV 성경은 르바임(*rĕpāʾîm*)을 맥락에 따라 '거인들'(giants), '그림자들'(shades), '죽은 자들'(the dead)로 옮겼다(참조, 차례대로 대상 20:4[개역개정, "키가 큰 자"], 사 26:14[개역개정, "사망하였은즉"], 욥 26:5[개역개정, "죽은 자의 영들"). 이렇게 다양한 번역이 있다는 것은 르바임 용어를 둘러싼 정체 규정과 해석에 난제가 있음을 부각시킨다. 르바임은 (살았든 죽었든) 인간이었는가, 아니면 준(quasi)-신적 존재였는가, 그것도 아니면 탈육신한 영이었는가? 성경의 용례는 이 모든 가능성을 포괄한다. 반면 우가릿 서판 같은 성경 밖 문헌은 르바임을 거인들로 제시하진 않는다. 우가릿어 *rp'um*은 명백히 지하세계에 거하는 신적 존

Faithlife Study Bible (Bellingham, WA: Lexham Press, 2012, 2016).

14. 이 히브리어 용어는 영어 성경에서 종종 '죽은 자'(ESV 욥 26:5, 잠 21:16) 또는 '망령'(ESV 사 14:9, 26:14)으로 번역되었다. 우리는 여기서 음역어를 사용할 것이다. 르바임에 관한 자세한 정보는 다음을 참조하라. Michael S. Heiser, "Rephaim," *LBD*.

15. Lewis, "Dead, Abode of the," 103–4. 우가릿 자료의 본문 참고 자료는 그의 글을 참조하라. Cho는 우가릿에선 *Rapi'uma*가, 지하세계와의 분명한 연관성으로 말미암아, "신적 특성을 가진 전사들 또는 신적 존재로 승화된 죽은 왕들"로 간주된다는 점을 지적하면서, 더불어 일부 학자들은 *Rapi'uma*를 "상위의 신들을 섬기는 하위의 신들"로 본다고 첨언한다. 참조. Sang Youl Cho, *Lesser Deities in the Ugaritic Texts and the Hebrew Bible: A Comparative Study of Their Nature and Roles* (Piscataway, NJ: Gorgias Press, 2008), 218–19.

재들을 가리킨다. *rp'um*은 '일님'(지하세계의 신들, *'ilnym)* 및 '일름'(신들, *'ilm*)과 나란히 등장하며, 다른 서판들은 르품을 지하세계에 속한 것으로 묘사한다.[16] 르바임을 '그림자들'로 옮긴 영어 번역은 "지하세계에 거하는 '살아 있으나 죽은' 존재의, 이 세상에 속하지 않은, 그림자 같은 본질"을 포착한 것이다.[17]

---

16. 평행적 용례는 *KTU* 1.6 vi:45-49에서 볼 수 있다. 르바임을 지하세계에 배치하는 본문들은 *KTU* 1.20-22; *KTU* 1.108; *KTU* 1.161이다.

17. Michael S. Heiser, "Rephaim," *LBD* n.p. 이 글에서 필자는 이렇게 고찰했다. "학자들은 가장 가능성 있는 르바임의 셈어 어근은 רפא(*rp'*)라고 본다. 이 용어와 히브리어 רפה(*rph*) 간의 연결고리가 보이지 않음에도 불구하고 이것이 학계의 공감대다. 가령 삼하 21:16-22은 골리앗을 다른 거인들, 즉, 다른 "거인족의 아들"과 연결지었다(ESV, 히브리어로 '거인족'을 가리키는 용어는 הָרָפָה, *haraphah*이다). 그러나 역대상 20:6-8의 병행 기사에선 '거인들'로 옮겨진 용어가 הָרָפָא, *haraphah'*이다. 이는 적어도 성경 기자들에게 있어선 רפא(*rp'*)와 רפה(*rph*)가 동일한 어근에 철자만 다른 같은 용어였음을 분명히 드러낸다.
구약 히브리어에서 히브리어 어근 *r-p-'*가 사용된 사례 중 압도적 다수가 '치유하다'를 뜻함을 주목하라. Michael L. Brown에 의하면 *r-p-'* 어근은 "동사 활용으로 67회… 파생 명사형으로 19회 쓰였다." (Brown, "I Am the Lord, Your Healer": A Philological Study of the Root RAPA' in the Hebrew Bible and the Ancient Near East" [PhD diss., New York University, 1985], 37). 많은 학자들이 *rĕpā'îm* 저변에 어근 *r-p-'*가 있다는 점을 받아들이지만 이 연관성은 성경 속 르바임의 의미를 판별하는 데 별 도움이 안 된다. 브라운은 다른 이들이 놓친 당연한 질문을 던진다. "르바임/*rp'um*을 '치유자'로 옮긴 성경이나 우가릿, 기타 북서부 셈어 본문들이 존재하는가?" 가나안의 신 *rāpiu*가 치유자였는가? 두 질문에 대한 답은 모두 '아니오'다. (Brown, "I Am the Lord, Your Healer,": 124-27).
Aubrey Johnson은 *rĕpā'îm*의 대안적 어근에 대해 더 일관된 논의를 제시한다. (Johnson, *The Vitality of the Individual in the Thought of Ancient Israel* [Cardiff: University of Wales, 1964], 89). 존슨은 우가릿 자료의 불확실성에 주목하면서도, 먼저 성경 히브리어의 *rph*를 하나의 선택지로 논한다. 동사 *rph*의 의미로 *Hebrew and Aramaic Lexicon of the Old Testament[HALOT]*이 제시한 것 가운데 "느슨해지다," "시들어버리다," "쓰러지다," "늘어지다," "헐렁해지다" 등이 있다. 다른 자료들에는 선택 가능한 것으로 "밑으로 가라앉다"가 있다(*TWOT*, s.v. רָפָה). 고대 이스라엘은, 다른 주변 문화권과 마찬가지로, 지하세계의 죽은 거민들이 여전히 지하 생활을 경험하고 있다고 여겼기 때문에, 따라서 이것이 *rĕpā'îm*의 어근이 되었다는 주장은 이 용어가 '연약함 또는 활력 없음'을 뜻한다는 것이다. (Johnson, *The Vitality of the Individual*, 89). 이는 지하세계의 시신 같은 존재에 대

연구의 목적상 한 가지 짚고 가야 할 게 있다. 바로 성경에 등장하는 르바임이 하나님의 임재로부터 단절된 영적 지평인 지하세계의 초자연적 거민을 가리킨다는 점이다.[18] 그곳에 머무른다는 것은 하나님과 함께 하는 삶으로부터 단절되는 것을 의미했다. 이 발상이 자명하게 드러나는 본문이 잠언 21:16이다("명철의 길을 떠난 사람[즉, 성경에서 악인이나 불신자로 정의되는 어리석은 자]는 죽은 자[르바임, 개역개정 '사망']의 회중에 거하리라"). 또한 악한 여인에게 미혹되어 그의 집으로 들어가는 어리석은 자는 "죽은 자들[르바임]이 거기 있는 것과 그의 객들이 스올 깊은 곳에 있는 것을 알지 못"(잠 9:18)한다고 언급한다.

우가릿 문헌과 달리 구약은 간간이 르바임을 모세와 여호수아 시대의 거인족을 가리키는 용어로 썼다는 사실도 주목할 만하다. 바산의 왕 옥(Og)은 르바임의 마지막 남은 자라고 일컬어진다(신 3:11, 수 12:4, 13:12). 르바임은 신명기 2:10-11의 아낙 족속과도 연결되어 있다. "이전에는 에밈 사람이 거기 거주하였는데 아낙 족속 같이 강하고 많고 키가 크므로 그들을 아낙 족속과 같이 르바임이라 불렀으나." 민수기 13:33에 의하면 아낙은 "네피림의 후손"이었다. 우리가 앞으로 5장과 6장에서 보겠지만, 성경 기자들은 네피림이 홍수 이전 신적 존

한 적절한 묘사일 것이다. 욥 26:5 같은 구절은 땅 밑의 우주론적 수면 아래 있는 르바임(죽은 자들)이 죽은 자의 세계에서 축 늘어져 가라앉아 있다고 묘사한다.

18. 르바임은 다소 명백하진 않은 방식으로 지하세계와도 연관성을 가진다. 가령 트랜스요르단의 오봇(Oboth)과 아바림(Abarim)을 비롯한 지역들은(민 21:10-11, 33:43-48)은 죽은 자들을 숭배하는 고대 의식과 관련이 있었다. 이 지명들은 차례대로 "죽은 자의 영들"과 "지하세계로 건너간 자들"을 뜻한다(K. Pronk, "Travellers," *DDD* 876-77). 이 용어들에 관한 논의는 37-40쪽의 "영"(Spirits) 항목을 참조하라.

재인 "하나님의 아들들"의 반역(창 6:1-4)에서 비롯되었다고 보았다. 이는 제2성전기 귀신의 기원에 관한 유대 신학의 토대가 되었다.[19] 결과적으로 르바임을 지하세계의 거민으로 바라보는 이스라엘의 관념에는 어둡고 음산한 요소가 담겨 있다.[20] 하지만 고대 우가릿 문헌과 종교에는 창세기 6:1-4에 비견할 만한 신적 존재들의 반역 이야기가 없다. 이것이야말로 르바임에 관하여 우가릿와 구약이 결정적으로 갈리는 대목이다.

2. 죽음(마웨트/모트)

사후세계와 죽음 사이의 연결점은 너무나 자명하기에 구약에서 죽음 자체가 간간이 의인화되는 것은 놀라운 일이 아니다. 그보다 덜 주목받는 대목은 모트(Mōt, 죽음)라고 알려진 신이 고대 가나안의 만신

---

19. 창세기 6:1-4은 메소포타미아 종교의 압칼루 이야기에 대한 신학적 반박이었다. 성경과 메소포타미아 문헌 둘 다 신적 범죄자들이 반역을 일으켜 유사-신적 존재인 거인들을 배출하고 그 형벌로 지하세계에 갇혔다고 한다. 제2성전기 유대 본문들은 이 두 전승 모두로부터 귀신의 기원에 대한 설명을 가져왔다. 신약 기자들은 이 제2성전기 자료에 친숙했을 뿐 아니라 고대 그리스의 (타이탄과 거인들이 등장하는) 이야기도 잘 알고 있었다. 이런 본문들과 발상들의 매트릭스가 신약 속 베드로서와 유다서의 "범죄한 천사들" 신학의 원천이 되었다(벧후 2:4-5, 유 6).

20. 바로 그래서 구약에는 끔찍한 사후 개념이 없다는 다수의 주장이 틀린 것이다. 구약에서 지옥(악인의 징벌을 위해 고안된 장소) 발상이 체계적으로 제시되지 않은 것은 맞다. 그러나 "마귀와 그 천사들을 위해 예비된"(마 25:41) 장소가 있다는 식의, 1세기 경에 회자되던 후대의 관념은 사후세계를 초자연적 반역자들과 연결 짓는다. 구약에선 지옥 관념을 드러내는 여러 자료들이 서로 연결되지 않은 채로 존재하지만, 그럼에도 불구하고 이 여러 자료들이 구약에 존재하는 것은 맞다. 지옥에 대한 관념은 후대의 유대교에서 만들어낸 게 아니다.

전에 포함되었다는 점이다.[21]

죽음을 언급하는 구약의 본문 중 일부는 "신화적인 분위기를 풍기긴 하지만, 그럼에도 전적으로 탈신화적인 방식으로 읽을 수 있다."[22] 가나안 신화에서, 모트는 "부패와 파멸만 존재하는 역겨운 (진흙탕) 구덩이인 지하세계에 거하며" 엄청난 식욕으로 "신들과 인간들을 게걸스레 먹어치우는" 존재로 묘사된다.[23]

모트가 "탈신화화된" 존재라는 관찰은 적절하다.[24] 성경 기자들에

---

21. (의인화된 '죽음'인) 모트와 욥기 18:14의 '공포의 왕'(*mlk blhwt*)을 연관짓는 학자들도 있는데, 이는 앞절에 "사망의 장자"(욥 18:13)라는 표현이 있기 때문이다. Rüterswörden이 고찰하듯, 이런 동일시는 논란의 소지가 다분하며 결과적으로 해결책은 고대 근동이라는 배경에서 "사망의 장자"라는 초자연적 실체가 존재하느냐의 여부에 주로 달려 있다. 이 표현들을 메소포타미아의 기근과 역병의 신 Namtar, 저승 신 Nergal, 그리고 가나안 만신전의 모트와 동일시하려는 시도도 있었다. 다음을 참조하라. U. Rüterswörden, "King of Terrors," *DDD* 486–88. 유의할 점은 구약 기자들은 *mashḥît*(파괴자)나 *mal' akê rāîm*(파멸의 천사들) 중 어떤 용어도 지하세계의 거민이나 악한 영으로 그리지 않았다는 것이다. 그들은 역병과 죽음을 불러오는 초자연적 대행자이긴 하지만(시 78:48–49) 악인을 심판하고자 파견된 천군의 충성된 일원이었다. 유월절 심판의 *mashḥît*가 여호와의 천사로 나타난 여호와 자신이었다는 사실은 그 좋은 사례다. 다음을 참조하라. Hesier, *Unseen Realm*, 150–52, Heiser, *Angels*, 65–68.

22. J. F. Healey, "Mot," *DDD* 599.

23. Ibid.

24. 일부 학자들은 이 용어를 사용하여, 성경 기자들이 모종의 종교적 통찰을 통해 여호와 외에 다른 모든 신적 존재들의 실체를 부인하기에 이르렀다고 제안한다. 하지만 이 제안은 논리에 맞지 않는다. 다음을 참조하라. Heiser, "Monotheism, Polytheism, Monolatry, or Henotheism," 1–30, Heiser, "Does Divine Plurality in the Hebrew Bible Demonstrate an Evolution from Polytheism to Monotheism in Israelite Religion?" *JESOT* 1.1 (2012): 1–24; Heiser, "Monotheism and the Language of Divine Plurality in the Hebrew Bible and the Dead Sea Scrolls," *TynBul* 65.1 (2014): 85–100. "탈신화화"의 또다른 관점은 성경 기자들이 외래 신들의 존재를 부정하지 않으면서도 그들의 자율성이나 독립적 인격은 박탈했다는 점을 인정하는 것이다. 모트가 그런 사례에 해당한다.

겐 여호와 외에 따로 '죽음의 신'이 없었다. 생사여탈권은 오직 참 하나님께만 있었다(신 32:29, 삼상 2:6, 왕하 5:7). 죽음(모트)은 여호와의 권세 아래 있었다. 그럼에도 성경 기자들은 사후세계를 주관하는 어떤 영적 실체가 있다는 광범위한 셈족의 관념을 차용했다. 누군가를 지하세계로 보낼 주권은 오직 하나님께만 있지만, 그럼에도 특정 본문들은 망자들이 (하나님 아닌) 그 지하세계 주인의 권한 아래 있을 거라는 발상을 제시한다.[25]

구약은 죽음을 뱀 캐릭터나 히브리어 용어 '사탄'(*śāṭān*)과 구체적으로 연결짓지는 않는다. 신약에서 마귀가 "사망 권세"를 가졌다는 언급(히 2:14)은 가나안(과 이스라엘) 사고에 뿌리내리고 있다. 가나안 종교에서 엘의 아들들은 아버지와의 공동 통치자 자리에 오르기 위해

25. Healey("모트", 601)는 성경 기자들이 어떻게 이런 그림을 완성했는지를 요약한다. "가령 호세아 13:14에서 죽음은 의인화된 존재로 나타난다. '내가 그들[에브라임]을 스올의 권세에서 속량하며 사망에서 구속하리니 사망아 네 재앙이 어디 있느냐 스올아 네 멸망이 어디 있느냐.' 여기서 의인화는 매우 명료하지만, 그때문에 신화적 분위기를 상정한다든지 또는 배제할 필요는 없다… 다른 본문에선 의인화된 죽음의 구체적 특성이 언급되는데, 이는 우가릿 본문들의 모트 초상과 모종의 평행성을 이룬다. 하박국 2:5은 의인화된 죽음의 만족을 모르는 허기를 언급한다('스올처럼 자기의 욕심을 넓히며 또 그는 사망 같아서 족한 줄을 모르고'). … 이와 동일한 발상은, 비록 의인화된 스올에 적용되었지만, 이사야 5:14에서도 찾을 수 있다. ('그러므로 스올이 욕심을 크게 내어 한량 없이 그 입을 벌린즉.' 참조, 잠 1:12, 27:20, 30:15-16, 시 141:7). … 한편 이사야 25:8은 여호와가 사망을 삼키신다(개역개정, "멸하신다")고 한다. 이는 더 명확하게 가나안 신화와의 평행성을 드러낸다. 보통은 삼키는 자가 모트지만 이 경우 여호와가 삼키는 자를 삼키셔서 가나안 신화의 법칙을 어불성설로 만드신다. … 우가릿 본문들과 밀접한 평행성이 있는 또다른 사례는 어리석은 자에 관한 시편 49:15이다. ('그들은 양 같이 스올에 두기로 작정되었으니 사망이 그들의 목자일 것이라… 스올이 그들의 거처가 되리라') 여기서 우리는 죽음이 사람을 스올로 인도하는 것을 본다. 이는 모트가 무고한 자들을 덫에 빠트릴 수 있기에 모트를 경계하라는 발상을 전하며 구체적으로 모트가 양을 잡아먹는다고 한 우가릿 본문들의 반영이다(KTU 1.4 viii: 17-20)"

싸움을 벌여야 했다. 바알 신화에선, 처음에는 모트가 바알을 물리친다. 그리고 바알은 죽은 듯 보였다. 하지만 이내 바알이 소생하여 모트를 무찌른다. 이로써 "바알 군주"(Prince Baal, 우가릿어로 바알세불)가 공동 통치자의 자리에 오르고 그 일환으로 지하세계의 군주가 된다. 이 가나안식 호칭이 신약의 사탄/마귀의 또다른 이름인 바알세불의 배경이다.[26]

모트와 바알의 싸움에서 하나의 중요한 발상이 비롯된다. 바알은 태풍 신으로 비를 불러와 생명을 지탱하고 땅을 비옥하게 만든다.[27] 모트는 그 반대다. 모트는 그 자체로 사후세계로 비유되는 불모지인 사막 광야와 연관되었다.[28] 광야 모티프에 대한 세밀한 연구에서 앨스톤이 고찰한 바다.

---

26. J. C. de Moor and M. J. Mulder, "בַּעַל (*ba'al*)," *TDOT* 2:194. 우가릿 본문 속 Baal as *zbl* ("군주")에 대해서는 *KTU* 1.5.VI:9–10; 1.6.I:41–43; 1.6.III:2–3, 8–9, 20–21; 1.6.IV:4–5, 15–16; 1.9:18; 1을 보라. Mulder와 de Moor의 글이다. "바알세붑(Baal-zebub)은 블레셋 도시 에글론의 신으로 언급된다(2 K. 1:2f, 6, 16). 이 신의 유일하게 파악 가능한 능력 또는 기능은 아프거나 부상 당한 경우 조언과 도움을 제공하는 것이다. 바알세붑(파리들의 군주[lord of the flies])은 아마도 *b'l zbl* 또는 *zbl b'l*의 의도적 왜곡일 것이다"(194). 바알세불(Beelzebul)과 Baal-zebul과 Baal-zebub의 연관성에 대해선 이 책 후반부에서 더 많이 다룰 것이다. 앞서 고찰했듯 구약에선 후대의 지옥 개념을 담은 자료들이 서로 연결되지 않은 채로 이곳저곳 흩어져 있었지만 그럼에도 명백한 사실은 그 자료들이 구약에 존재한다는 점이다. 다음을 참조하라. Charles F. Fensham, "A Possible Explanation of the Name Baal-Zebub of Ekron," *ZAW* 79.3 (1967): 361–64 (esp. 363).

27. Daniel Schwemer, "The Storm Gods of the Ancient Near East: Summary, Synthesis, Recent Studies: Part II," *Journal of Ancient Near Eastern Religions* 8.1 (2008): 8–16.

28. 광야와 악한 영들의 연관성에 관한 후속 논의를 참조하라.

> '광야'와 태곳적 혼돈(chaos) 개념 간에 밀접한 연관성이 있다는 상당한 증거가 구약에 있다… 둘 다 인간의 생명을 배려하지 않고 그 생명 유지를 위해 어떤 것도 공급하지 않으며, 오히려 끊임없이 멸절의 위협을 제기한다는 점이다.[29]

모트(죽음)를 더 구체적으로 언급한 탈몬의 고찰이다. "우가릿 신화에서 생명과 활력이 결여된 모든 것의 신인 모트의 거처는 태양이 작열하는 사막이나 음부(netherworld)의 컴컴한 지역이다."[30]

구약에는 르바임과 더불어 사후세계에 거하는 영들을 가리키는 다른 용어들도 있다. 의인의 소망이 스올에서 벗어나 하나님과 함께 영생을 누리는 것이라면, 개념상 스올에 남아 있는 자들은 초자연계의 반역 이래로 지하세계에 살고 있는 악한 영들과 동거하는 셈이다.[31] 그러므로 논리적으로 지하세계는 사망한 악한 인간의 영과 초자연적 존재인 악한 영들이 거하는 장소다.

3. 영들(오브, 복수형 오봇 또는 오베림[별세한 자들])

무시무시한 영들을 가리키는 용어 중에는 지명에서 파생된 것들이

---

29. Wallace M. Alston, "The Concept of the Wilderness in the Intertestamental Period" (ThD diss., Union Theological Seminary in Virginia, 1968), 2–3.

30. 여기서 Talmon은 Gaster를 인용한다. Shemaryahu Talmon, "The 'Desert Motif' in the Bible and in Qumran Literature," in *Biblical Motifs: Origins and Transformations*, vol. 3, ed. Alexander Altmann (Cambridge: Harvard University Press, 1966), 31–64 (esp. 43).

31. 5장과 6장을 참조하라.

있다. 가령 트랜스요르단의 오봇과 아바림을 포함하는 지역(민 21:10-11, 33:43-48)은 죽은 자들을 숭배하는 고대의 의식과 관련 있다. 두 지명은 각각 "죽은 자의 영들"과 "[음부로] 떠난 자들"을 뜻한다.[32] '아바림'이라는 이름 이면의 히브리어 어근 *'-b-r*은 "[이편에서 저편으로] 건너가다"를 뜻한다. 그러므로 히브리어의 능동형 칼(qal) 분사 오베림(*'ōbĕrîm*)은 "건너가는 자들"을 뜻한다.

스프롱크는 이 분사가 "죽은 자들을 숭배하는 의식의 맥락에서 특별한 의미를 지니는 듯하다"면서 "이는 죽은 자의 영들이 산 자의 땅과 사후세계의 경계를 건너가는 것을 일컫는다"고 했다.[33] 우가릿의 평행 본문은 이 연관성을 분명하게 드러낸다. 우가릿어에서 오베림(*'ōbĕrîm*)의 동족어는 *KTU*[2] 1.22 i:15에서 발견되는 *'brm*이다.

> 강령술 장면을 묘사한 우가릿 본문 *KTU*[2] 1.22에서 왕이 죽은 자의 영들(르바임)을 소환하여 새해 축제로 추정되는 연회에 배석하게 한다. 본문에는 그들이 말이 끄는 전차를 타고 잔치 자리에 당도했다는 이야기가 나온다. 자신들을 위해 차려진 식사를 하는 그들을 부르는 호칭은 명백하게 "건너온 자들"이었다.[34]

오베림의 지리적 연관성은 에스겔 39:11의 "여행자들[오베림]의

32. Spronk, "Travellers," 876-77.
33. Spronk, "Travellers," 876.
34. Ibid.

골짜기"가 "바다 동편"(ESV)에 있다는 언급에 뚜렷하게 드러난다. 스프롱크에 의하면 그 바다는 "아마도 사해일 것이다. 그렇다면 그 지역은 죽은 자들을 숭배하는 고대 의식의 흔적이 많이 남아 있는 트랜스요르단이었을 것이다. 그 흔적 중에는 고인돌이라 불리는 거석 기념비들과 죽은 자와 음부(netherworld)를 가리키는 지명인 오봇, 브올, 아바림 등이 있다."[35]

마찬가지로 히브리어 '오봇'(*ʾōbôt*) 역시 타세계적(otherworldy) 분위기를 풍기며, 죽은 자의 영들 및 그 영들과 소통하는 일을 했던 자들과 연관성이 있다. 트로퍼는 요즈음에는 '오브'(*ʾôb*)를 아랍 동족어 '아바'(*ʾāba*, 귀환하다)에서 의미가 파생된 것으로 간주하여 죽은 자의 영들로 이해하는 경우가 더 일반적이라고 설명한다.[36] 어원학적으로 선택 가능한 다른 가능성은 '오브'를 '적대적'(어근 *ʾyb* '원수가 되다'의 파생어)이란 의미로 해석하거나, 또는 '조상'(ancestral)으로 해석하는 경우다."[37] '조상'이라는 의미가 맞다고 주장하는 이들에 대해 트로퍼는 이렇게 설명한다.

> 그들은 오브(*ʾôb*), 그리고 아버지 또는 조상을 뜻하는 아브(*ʾab*) 간에 어원학적 연결점이 있다고 추정한다. 오브를 '조상의 영'으로 해석한 것은 몇 가지 고려에 기반한다. 고대 동방에서 강령술은 조상 숭배 의식

35. Ibid.
36. J. Tropper, "Spirit of the Dead" DDD 807.
37. Ibid.

의 일부분이었다. 이 조상 숭배에는 가족이 작고한 가부장을 소환하여 질문을 하고 조언과 도움을 구하는 과정이 필히 포함되어 있었다. 구약성경에선 오봇과 비슷한 히브리어 용어 아봇(*ʾābôt*, 아비들)이 죽은 조상을 가리키는 용례로 몇 차례 사용되었다.[38]

한편 오봇과 아바림처럼 거룩한 땅 가나안으로부터 동떨어진 특정 지역이, 사후세계로 건너간 망자들의 목적지가 된다는 관념도 있었다.[39] '죽은 자들이나 조상을 숭배하는 의식'에 관한 언급은 악한 영들이 관련된 구약 신학의 중요한 일면이다. 사후세계는 악한 인간의 영들, 그리고 초자연적 존재인 악한 영들로 가득했다. 이 세계의 무시무시하고 다양한 구성원들은 오브(영, 복수는 오봇)와 오베림(건너간 자들)으로 불릴 뿐 아니라, 살아있는 자들과의 지속적인 접촉과 연관된 다양한 용어로도 불렸다.

4. 아는 자(이데오니)

신명기 18:9-14은 이스라엘 백성에게 금기시 된 몇 가지 '가증한 행위'를 나열한다. 그 중 하나는 소엘 오브 웨 이데오니(*šōʾēl ʾôb wĕ yiddĕʿōnî*), 문자적으로 "영에게 물어보는 자 '또는' 아는 자"(신 18:11, 개역개

---

38. Ibid. 구약에는 가공할 만한 사후 개념이 없다고 말하는 것은 명백히 이 자료를 해명하지 못한다.

39. 이 신념이 천사장 미가엘이 모세의 시신을 두고 마귀와 다투었다는 해괴한 신약 구절 이면에 있을 가능성이 크다(유 9). 이 구절에 관한 논의는 다음을 참조하라. Heiser, *Angels*, 122-23. 『천사를 말하다』(좋은씨앗).

정, "진언자나 신접자나 박수나 초혼자")를 찾지 말라는 것이다.[40] ('알다'를 뜻하는 *y-d-'*에서 파생한) '아는 자'(a knowing [one])를 뜻하는 이데오니(*yiddĕ'ōnî*)는 열한 번 등장할 때마다 늘 '오브'와 함께한다.

간혹 영어 번역에서 이데오니를 '매개자'(medium)로 옮기는데, 이는 그 단어의 의미심장한 무언가를 가리는 번역이다. 몇몇 본문에선 이데오니가 인간 신접자를 뜻하지 않고, 명백히 영적 실체와의 직접적인 교신을 뜻하는 용어로 사용된다. 그 예시를 보여주는 레위기 본문은 다음과 같다.

> 너희는 영[오봇]과 지식 가진 자[이데오니]를 찾지 말며 그들을 추종하여 스스로 더럽히지 말라 나는 너희 하나님 여호와이니라(레 19:31).

> 영[오봇]과 지식 가진 자[이데오니]를 음란하게 따르는 자에게는 내가 진노하여 그를 그의 백성 중에서 끊으리니(레 20:6).

> 남자나 여자가 영[오봇]을 가지거나 아는 자[이데오니]가 되거든 반드시 죽일지니 곧 돌로 그를 치라 그들의 피가 자기들에게로 돌아가리라(레 20:27).[41]

---

40. 문자적 번역은 필자. 필자가 접속어 바브(*waw*)를 '또는'(or)으로 해석한 이유는 이 용어들이 나란히 등장한 다른 구절(레 20:27)에서 ('또는'을 뜻하는 히브리어)*'ô*가 사용되었기 때문이다.

41. 이 세 본문 번역은 필자.

여기에는 독자들이 놓쳐선 안 되는 의미심장한 지점이 있다. '이데오니'와 '오브'가 때때로 인간 매개자를 의미할 때 사용되긴 하지만, 그 용어는 또한 특별히 초자연적 존재를 지칭한다는 점이다. 이 사실을 주목하지 못한다면 악한 영들을 가리키는 구약의 용어를 결국 잃어버리는 결과가 초래된다.[42]

5. 죽은 자들(메팀)

이제 우리의 연구와 접점이 있는 또다른 용어가 수록된 신명기 18:11의 나머지 부분을 살펴보자. 이스라엘 백성은 "영에게 묻는 자 또는 아는 자 또는 죽은 자들[메팀, *mētîm*]에게 묻는 자"를 찾는 것이 금기시되었다. '메팀'이라는 단어는 앞의 두 용어들과 구별된다. 메팀이 이데오니와 오브와 나란히 등장하는 또다른 본문은 이사야 8:19이 유일하다. 이 본문을 위와 같은 방식으로 독해할 수도 있지만, 다음 용어와 연관된 것으로 이해할 수도 있다.

> 어떤 사람이 너희에게 말하기를 주절거리고 속살거리는 영들[오봇]과 아는 자들[이데오니]에게 물으라 하거든, 백성이 자기 하나님께 구할 것이 아니냐 산 자들을 위하여 죽은 자들[the dead, 메팀]에게 구

---

42. 이 용어들이 인간 매개자로 사용된 사례 중 삼상 28:3, 9에선 *ʾōbôt* 과 *yiddĕʿōnî* 둘 다 동사 *k-r-t*(끊어내다)의 목적격 목적어로 표시되었다. 사울은 자신의 힘으론 영적 실체들을 끊어낼 수 없었다. 그러므로 그가 끊어낸 대상은 인간 매개자임이 틀림없다. 인간 매개자에 초점을 맞춘 다른 구절들이 있는데, 그 중에는 삼상 28:7의 *ʾēshet baʿalat ʾōb*(영의 여주인', 즉, 여자 매개자)가 있다.

하겠느냐 하라[43]

그러므로 메팀이라는 용어는 사후세계에 있는 영적 실체들을 별도로 구분하는 언급일 수 있고, 혹은 '이데오니'와 '오브'의 하위분류일 수도 있다. 후자를 택하더라도 '메팀'이라는 용어는 여전히 다른 용어들과 구별되는 측면이 있다.

필자가 의미론적 문제를 거론하는 것에는 나름의 이유가 있다. (위의 두 성경 본문처럼) 정관사가 붙은 히브리어 '메팀'은 열두 번 등장한다.[44] 점을 치는 맥락이 아닌 본문의 모든 용례는 명백하게 죽은 인간들을 가리킨다(민 17:13-14, 25:9, 삿 16:30, 룻 1:8, 2:20, 시 115:17, 전 4:2, 9:3). 전도서의 두 본문은 내세(afterlife)의 죽은 자들을 가리킨다. 그러므로 필자는 신접하여 점을 치는 것을 금하는 본문에 사용된 '메팀'은 초자연적 존재로서의 영들에 대비되는, 죽은 사람의 몸에서 떠난 영들이라고 본다. 논리상으로도 그렇다. 모든 인간은 죽기에 '죽은 자들'(메팀)이 이미 죽은 사람을 가리킨다고 봐야 앞뒤가 맞다. 동일한 발상을 인간이 아닌 영적 존재에 적용할 순 없다. 성경 어디에도 영들의 수명이 제한되었다는 신념을 표현한 대목은 없다.[45] 그들

---

43. 필자 번역.

44. 히브리어에서 정관사(the)는 대개 *ha*-로 표현된다. 가령 *ha-mētîm*은 다양한 방식으로 해석될 수 있는 그냥 dead가 아닌 the dead이다. The dead는 그 영이 이미 사후세계로 건너간 인간으로서 죽은 자들을 가리킨다.

45. 내가 다른 곳에서 논한 바와 같이 (반역을 했든 안 했든) 천상의 영적 존재들은 하나님의 형상을 담지한 자들로서 하나님의 속성을 공유한다. 성경 신학에선 영원한 존재(하나

의 소멸 여부는 그들의 창조주께서 따로 구체적인 결정을 내리셔야만 가능한 일이다(시 82:6-7).[46] 결론적으로 '오봇' 같은 용어는 육신을 벗어버린 영들을 가리킬 수 있으나 '메팀'은 지하세계에 거하는 죽은 인간들을 가리킨다.[47]

님)는 한분 밖에 없으며, 그분은 가시적이든 비가시적이든, 천상에 있든 지상에 있든 여타 모든 존재의 원천이시다(골 1:15-16). 즉, "[영적 존재들]은 영원한 존재라는 의미로 '시간을 초월하는' 존재가 아니다. 그들은 여느 피조물과 마찬가지로 어느 시점엔가 시작되었다. 그들은 죽지 않는 존재이지만(눅 20:36), 이 불멸성은 궁극적으로 하나님의 권세와 기쁨에 기반하며 좌우된다"(Heiser, *Angels*, 170). 『천사를 말하다』(좋은씨앗).

46. 7장과 11장에서 보겠지만, 시편 82편의 심판은 종말론적이며(비교, 사 24:21-24, 34:1-5) 보다 구체적으로는 어느 초자연적 반역자 무리에 적용되는 것이다.

47. 케네디가 고찰하듯, "이스라엘을 둘러싼 이교도 세계에 죽은 자들을 숭배하는 의식이 있었다는 풍성한 증거가 있다… 이스라엘에도 이와 동일한 의식이 존재했는지 여부는 논란의 여지가 많다"(Charles A. Kennedy, "Dead, Cult of the," *ABD* 2:106). 여기서 사용되는 의식(cult)이란 표현은, 고인들을 위해 먹을 것과 마실 것을 바치는 관습을 지칭한다(즉, 죽은 자들이 스올에서 계속 삶을 이어간다는 전제를 가진 의례 및 종교 행위다). 어쩌면 무덤에 꽃이나 고인의 애장품을 놔두는 것과 비교될 수 있다. 하지만 고대 이스라엘에선 이 행위에 종교적으로 보다 큰 의미를 부여했을 것이다. 논의의 상당 부분은 (가령, 먹을 것과 마실 것을 차려놓는 제단의 구조적 특징을 갖춘 무덤 등) 고고학 자료에 집중된다. 히브리어 성경에서 조상 숭배 의식을 뒷받침할 본문상 증거는 희박하다. 케네디의 설명이다. "사사기 17:5에서 에봇과 드라빔이 아들이 제사장으로 섬기는 가족 신당에 설치되어 있다. 이 두 가지 조합은 조상을 기리는 의식을 강력하게 시사한다. 드라빔은 실물 크기(삼상 19:13) 또는 얼굴만한 작은 크기의 조상 형상이었다. 라헬이 드라빔을 훔친 사건(창 19:31)은 가족의 대소사에서 통제권을 유지하겠다는 그녀 나름의 방식으로 해석된다… 죽은 자에게 음식 제물을 바치는 것은 구체적으로 금지된 일이었지만(신 26:14, 시 106:28), 그럼에도 성경에는 가족 신당과 온 가족을 위해 매년 드리는 제사에 관한 내러티브가 존재한다(삼상 20:6). 다윗이 월삭 시점을 사울의 오찬 자리에 불참할 핑계로 댔다는 것은 왕실 연회보다 가족 제사가 더 중시되었음을 시사한다" (Dead, Cult of the," 106-7). 죽은 자들을 위해 음식을 바치는 것이 분명하게 금지되었다는 사실을 통해 우리는 적어도 이스라엘의 일부에서 이런 관행이 있었음을 알 수 있다. 뿐만 아니라 죽은 자들과의 일종의 '접신'이 포함된 장례 연회 역시 허용되지 않았음이 분명하다(렘 16:5-8, 겔 43:7-9). 그 이유는 이런 일들이 이교도의 죽음 숭배 의식과 유사했기 때문일 것이다. 이는 마치 우가릿 왕조에서 죽은 자 숭배 의식을 통해 르바임을 소환하는 것으로 보인

6. 감춰진 자(하비, 헤비욘)

마지막으로 다룰 용어 하비(*ḥabî*)와 헤비욘(*ḥebyọn*)은 구약에 단 두 번 밖에 등장하지 않기에 실로 베일에 싸인 듯하다. 두 용례 모두에서 각 용어의 의미를 둘러싼 논의가 분분하다. 그럼에도 둘 다 후대의 유대 사고체계에서 지하세계 및 마귀 캐릭터 형성에 기여했다는 중요한 의미를 갖는다. ESV 성경의 이사야 26:20이다.

> 오라 내 백성들아, 너희 집으로 들어가서 문을 닫고
> 여호와의 분노가 끝날 때까지
> 잠시 스스로 숨어[하비] 있거라.

고든은 우가릿 평행 본문을 토대로 '하비'를 신적 존재의 이름으로 이해해야 한다고 제안한다.[48] 셀라는 한 우가릿 본문(*KTU* 1.114:19-20)에 (여기서는 신적 존재의 이름일 가능성이 큰) 하비(*ḥby*)라는 캐릭터가 등장하는데, 뿔 여럿과 꼬리가 달린 것으로 묘사되었다고 말한다.

다. 참조. Theodore J. Lewis, "Ancestor Worship," *ABD* 1:241; Baruch A. Levine and Jean-Michel de Tarragon, "Dead Kings and Rephaim: The Patrons of the Ugaritic Dynasty," *Journal of the American Oriental Society* 104.4 (1984): 649–59. 그런데 다윗이 댄 핑계는 금기시되지 않았다(삼상 20:6). 경건한 이스라엘 백성은, 신명기 18:11 같은 구절을 근거로, 점 치는 목적으로 죽은 자와 교통하는 것을 피했겠지만, 식음료를 바치는 행위가 전면 금지되었는지 여부에 관해선 견해가 엇갈린다. 이스라엘 백성이 이런 일에 참여할 때 그 행위가, 숭배를 목적으로 또는 악한 목적을 이루려는 수단으로, 탈육신한 사악한 인간 영과 접신하려는 시도로 항상 해석되지는 않았을 것이다.

48. C. H. Gordon, "The Devil, *ḥby*," *Newsletter for Ugaritic Studies* 33 (1985): 15; Gordon, "*ḤBY*: Possessor of Horns and Tail," *Ugarit Forchungen* 18 (1986): 129–32.

> 이 난해한 본문은 엘 신의 연회(말제아, *marzēaḥ*)와 그의 만취 사건을 다룬다… 신들의 아버지 엘이 포도주에 만취하여 지옥 환상을 본다. 자신의 배설물과 오줌으로 더러워진 듯한 신적 존재 또는 귀신, 하비(*ḥby*)가 눈에 들어온다. 이때 엘은 음부(Netherworld)의 죽은 자 같은 상태가 되고, 이는 '하비'가 지하세계의 신임을 시사한다. 죽은 자 숭배 의식과 관련된 연회 자리에서 술에 취해 정신이 혼미한 엘에게 나타난 이 존재가 실은 지옥의 신일 가능성이 없지 않다. 뿔과 꼬리는 그의 황소 형상을 암시하는 것일 수 있다.[49]

우가릿의 '말제아'는 우가릿의 죽은 자 숭배 의식인 "세상을 떠난 조상들을 위한 (그리고 그들과 함께하는) 연회"였다.[50] 이는 셀라와 다른 학자들이 '하비'를 지하세계 또는 지옥과 관련된 신으로 간주할 맥락을 제공한다.[51] 일부 학자들은 우가릿의 '하비' 역시 뿔과 꼬리를 가졌

---

49. P. Xella, "Haby," *DDD* 377.

50. Lewis, "Ancestor Worship," 240–41. 아모스 6:4-7에 이 연회에 관한 언급이 나온다. 이에 관한 간략한 논의는 다음을 참조하라. Bruce E. Bruce E. Willoughby, "Amos, Book of," *ABD* 1:209.

51. 두 뿔과 꼬리에 관한 묘사는 *ḥbî*의 의미에 관한 논란을 촉발했다. Gordon은 *ḥbî*가 우가릿의 *ḥby*에 해당한다고 추정하며, 전문가들은 이 이름을 신의 명칭으로 간주한다. 참조, *DULAT* 1:354; Pierre Bordreuil and Dennis Pardee, *A Manual of Ugaritic* (Widona Lake, IN.: Eisenbrauns, 2009), 314. 이 결정으로 Gordon은 *ḥbî*를 문법적, 구문론적 통일성을 위해 이사야 26:20의 '진노'(히브리어 *za'am*)와 병치시킬 수밖에 없었다. 다른 학자들은 그와 같은 의미는 뿔과 꼬리를 설명하는 데 아무 도움이 안 된다고 말한다. 만일 *ḥbî*가 히브리어 *ḥbh*로부터 파생되었다면 *ḥbî*를 "감춰진 (자)"(*HALOT*, S.v. חבא)라고도 번역할 수 있다. 이 경우 의미는 '보이지 않는 자'(참조, 두 뿔과 꼬리)가 아니라 사후세계에 거하기에 자주 목격되지 않는 신이 될 것이다. 우가릿 본문 *KTU* 1.114에 대한 세밀한 연구에서 Cathcart는 아랍어 *ḥabā*("꿈틀꿈틀 기어가다")를 토대로 '기어가는 자'(the

다는 점에 착안하여 '하비'를 후기 유대교와 기독교 사상 속 마귀의 초기 개념으로 보도록 자극했다.[52]

하박국 3:4은 이 논의에서 중요한 위치를 차지하는 또다른 구약 본문이다. 일부 학자들은 4절 전후 본문을 4절 해석의 근거로 사용한다.

> 3) 하나님이 데만에서부터 오시며
> 거룩한 자가 바란(Paran) 산에서부터 오시는도다(셀라)
> 그의 영광이 하늘을 덮었고
> 그의 찬송이 세계에 가득하도다
> 4) 그의 광명이 햇빛 같고
> 광선[카르나임, *qarnayim*]이 그의 손에서 나오니
> 그의 권능이 그 속에 감추어졌도다[헤비욘]

---

crawler)라는 해석을 선호하며 두 뿔과 꼬리를 기어가는 전갈의 집게와 꼬리로 보았다. 참조, Kevin J. Cathcart, "Ilu, Yariḫu, and the One with the Two Horns and Tail," *Ugarit, Religion, and Culture: Essays Presented in Honour of John C. L. Gibson*, ed. N. Wyatt, W. G. E. Watson, and J. B. Lloyd (Münster: Ugarit-Verlag, 1996), 5. Cathcart는 더 나아가 Pardee, Liverani, 그리고 Xella를 인용하며 *ḥby*가 이집트 *ḥpy*([아피스] 숫소)의 우가릿 판이라는 추측도 한다. 아피스(Apis)는 이집트 종교에서 죽은 자들의 군주인 오시리스와 동일시된다. 아울러 다른 글에서 Cathcart와 Watson은 '끌어안는 자'(the embracer)라는 해석을 제안하기도 했다. (Kevin J. Cathcart and W. G. E. Watson, "Weathering a Wake: A Cure for Carousal: A Revised Translation of Ugaritica V text I," *Proceedings of the Irish Biblical Association* 4 [1980]: 35-58:. Wyatt는 이 본문의 번역에서 "기어가는 괴물"(creeping monster)을 선택했다(N. Wyatt, *Religious Texts from Ugarit: The Words of Illimilku and his Colleages* [Sheffield: Sheffield Academic Press, 1998], 411).

52. 이런 묘사에 기여한 유대와 기독교 저술은 다음을 참조하라. Alexander Kulik, "How the Devil Got His Hooves and Horns: The Origin of the Motif and the Implied Demonology of 3 Baruch," *Numen* 60 (2013): 195-229.

[5] 역병이 그 앞에서 행하며
불덩이가 그의 발 밑에서 나오는도다.

하박국 3:4에서 '광선'으로 번역된 단어(카르나임)은 다른 곳에선 문자적으로 동물 머리의 일부분(창 22:13)인 '뿔' 혹은 비유적으로 사물의 끝(edge of an object, 왕상 1:50, 개역개정, "제단 뿔")을 뜻한다. 고든은 하박국 3:4의 카르나임을 '뿔'로 옮겨야 타당하다고 주장한다. 이 구절이 고든이 가나안 신 '하비'의 이름이라고 해석한 '헤비욘'을 언급하기 때문이다.

> 그리고 번득임은 빛과 같을 것이며 그는 손에 뿔[카르나임]을 가지고 있고, 거기에 헤비욘이 있다(합 3:4, 필자 번역).

고든의 접근은 얼핏 황당하게 보이지만 꼭 그렇지만도 않다. 차차 보겠지만, 하박국 3:5에는 가나안의 신들일 가능성이 큰 두 용어 데베르(*deber*)와 레세프(*rešep*)가 포함되어 있다. 그럼에도 다른 학자들은 고든의 해석에 회의적이다.[53] 불확실성에도 불구하고, 만일 이런 언

---

53. Xella("Haby," 377)는 Spronk의 비평은 criticisms 인용한다. (K. Spronk, *Beatific Afterlife in Ancient Israel and in the Ancient Near East* [Neukirchen-Vluyn: Neukirchener Verlag, 1986], 199, note 4). Tsumura는 적어도 하박국 3:4에 관해선 마찬가지로 회의적인 입장이다. Tsumura는 '뿔'을 '광선'으로 이해해야 한다고 제언하며 이렇게 번역한다. "광명은 빛과 같을 것이며, 그는 손에 광선/뿔들을 가지고 있으며 여기에 그의 권능이 감추어져 있다." 참조, David Toshio Tsumura, "Janus Parallelism in Hab 3:4," *VT* 54.1(2004): 124-28.

급들이 (모트[죽음]와 개념적으로 유사한) 지하세계 거민의 증거가 된다면, 그 (모트 같은) 캐릭터는 자립적이라고 할 수 없다. 지옥의 '하비'는 여호와가 그의 목줄을 쥐고 계시다. 그는 여호와의 권세에 종속되어 있다. 그러므로 그는 독립적 지위라는 개념에서 보면 '탈신화화'된 존재다.

지리적 통치권을 가진 영적 존재를 가리키는 용어

1. 영토 영(셰딤)

앞서 언급했듯, 신명기 32:8이 우리에게 알려주는 바는 바벨에서 인류가 열국으로 분화됨과 동시에 하등한 엘로힘, 곧, "하나님의 아들들"(sons of God)에게 배정되었다는 것이다(그 반대로, 하나님의 아들들에게 배정됨과 동시에 인류가 열국으로 분화되었다고 해도 된다). 구약의 이 사건은 참되신 하나님과 인류의 공동체적 관계가 개별 민족들과 (각 민족들을 지배하는) 많은 신들의 경쟁 관계로 전락한 것에 대한 설명이다. 바벨탑 사건에 등장하는 "하나님의 아들들"은 구약 신학에선 열국을 다스리는 신들을 가리킨다(참조, 신 4:19-20, 17:1-3, 29:23-26). 시편 82편은 이 엘로힘의 타락을 주목한다. 시편 82:1에서 이 엘로힘은 "신들의 모임/천상회의"에서 하나님의 판결을 받는데, 시편 82:6에선 이들을 "지극히 높으신 자(지존자)의 아들들"이라고 부른다. 이 맥락과 관련하여 신명기 32:17은 의미심장한 용어를 제공한다.

그들[이스라엘 백성]은 그들이 전혀 알지 못하던 신들[엘로힘]에게, 신[엘로아]이 아닌 자들, 곧 귀신들[셰딤, *šēdîm*]에게 제사하였도다.

신명기의 선행 구절은 신명기 32:8에서 열국을 배정받아 다스리게 된 "하나님의 아들들"이 신들(엘로힘)로 여겨졌음을 보여준다.[54] 이 사실은 엘로힘을 셰딤이라고 칭한 신명기 32:17 용례에서도 드러난다.[55] 엘로힘과 셰딤을 한 쌍으로 묶은 것은 다른 셈어 관련 용어와도 일관성을 보인다. 데이르 알라(Deir-'Alla)에서 출토된 발람 비문(5번째 줄, I 조합)은 샤다인(*šaddayyîn*)을 엘라힌(*'ēlāhîn*, 신들)이라고 칭한다.[56] 아카드어 셰둠(*šēdū(m)*)은 그 앞에 신성을 나타내는 딘기르(DINGIR, 쐐기꼴의 설형문자로, 어깨 첨자 형태로 표시되나 발음되지 않는다-편집자) 표시가 붙어 있다.[57] 이 아카드 용어는, '셰둠'이 (특정 지역의 세력권을 가진)

---

54. 신명기 4:19-20, 17:3의 "하늘 위의 천체/일월성신"(host of heaven)과 왕상 22:19-23의 "영"(spirit)을 비교해 보면, (신 32:8의) 이들 엘로힘이 그저 우상이 아님을 알 수 있다. "하나님의 아들들" 해석에 관해선 다음을 참조하라. Michael S. Heiser, "Deuteronomy 32:8 and the Sons of God," *BSac* 158 (2001): 52–74; Jeffrey Tigay, *Deuteronomy* (JPS Torah Commentary; Philadelphia: Jewish Publication Society, 1996), 513–17; Peter C. Craigie, *The Book of Deuteronomy* (NICOT; Grand Rapids: Eerdmans, 1976), 379.

55. 신명기 32:17 히브리어 본문의 명료함에도 불구하고, ESV 성경은 본문 속에 다신주의 개념이 있다고 추정하고 독자를 다신주의로부터 보호하겠다는 그릇된 동기로, 이 구절에서 내적 모순을 창출한 듯하다. 맥락 속에서 바르게 이해된 신명기 32:17은 다신주의를 주창하지 않기에 히브리어 본문 뜻을 모호하게 감출 필요가 없다. 참조, Heiser, "Does Deuteronomy 32:17 Assume or Deny the Reality of Other Gods," 137-45.

56. 다음을 보라. "Deir 'Alla Plaster Text," in *The Aramaic Inscriptions*, ed. H. H. Hardy II and Charles Otte III (Bellingham, WA: Lexham Press, 2008).

57. Frey-Anthes, "Concepts of 'Demons' in Ancient Israel," 42.

영토 영(territorial spirits)으로 인식되었다는 점에서, 우리의 목적에 부합하는 의미론적 뉘앙스를 제공한다.[58]

2. 군주(사르, 복수형 사림)

다니엘 8-12장은 구약의 천사론과 관련해 비교적 널리 알려진 구약 본문 중 하나다. 이 본문에서 천사 가브리엘은 두 번(단 8:16, 9:21), 미가엘은 세 번(단 10:13, 21, 12:1) 언급된다. 미가엘은 매번 '군주'(prince, 사르[*śar*])라는 호칭으로 불린다. 다니엘 10:13에서 미가엘을 "우두머리 군주들 중 하나"라고 묘사한 걸 보면 그가 유일한 '천사 군주'는 아님을 알 수 있다.

본문에서 미가엘에게 이런 이름표를 붙인 화자가 누군인지는 명확하지 않다. 하지만 문맥상 그가 미가엘보다 우월한 신적 존재라는 것은 짐작할 수 있다.[59] 미가엘이 "바사 왕국의 군주"(단 10:13)와 싸우

---

58. Frey-Anthes는 성경의 셰딤을 아카드어 *šēdū(m)*과 연결 짓는 것에 문제가 있다고 본다. 그 이유는 "구약의 [셰딤]은 메소포타미아의 DINGIR *šēdū(m)*과 완전히 다른 기능을 가졌기 때문이다"(42). 안타깝게도 Frey-Anthes는 자신이 말하는 성경 셰딤의 '기능'이 무엇인지에 관해선 함구한다. 그녀는 히브리어 성경에서 셰딤이 유일하게 등장하는 또다른 본문인 시편 106:37을 거론하며 성경의 셰딤을 "아이들의 희생제를 요구하는 피에 굶주린 생물"로 설명하는데, 여기에는 셰딤의 '기능'에 관한 어떤 정보도 없다(43). *HALOT* (s.v. שֵׁד)은 자체 규명의 근거로 W. von Soden의 *Akkadisches Handworterbuch* (Wiesbaden: Harrassowitz, 1965-1981)와 시카고 앗수르어 사전(CAD)을 인용한다. 필자는 Frey-Anthes가 찾는 실종된 '기능'을 CAD에서 발견할 수 있다고 제언한다. 이 사전의 정의에 의하면 *šēdū*는 일반적으론 수호하는 영(1번)이지만, 더 구체적으론(2번) 신전이나 궁전, 도시를 수호하는 영이었다(CAD, s.v.. "šēdū A"). 이렇듯 특정 지역의 영토를 수호한다는 특성(territoriality)은 여호와의 소유인 이스라엘 땅 밖의 다른 장소들은 여타 엘로힘/셰딤의 통치 아래 있다는 관념과 상당히 잘 맞아떨어진다.

59. 필자는 화자가 후에 "군주 중의 군주"(prince of princes, 단 8:25, 개역개정, "만왕의

는 한 천상의 인물(단 8:4-6)을 보조한 것으로 볼 때, 성경 속 사유에는 적대적인 신적 존재 중에도 "군주들"(사림[śārîm])이 있음이 분명하다.

필자가 『보이지 않는 세계』에서 다른 학자들과의 협업을 통해 밝혔듯, 하나님께 대적하는 신적 존재인 군주들(즉, 악한 영토 신들)에 대한 다니엘 10장의 관념은 열국을 하등한 엘로힘에게 배정한 신명기 32:8-9에서 비롯되었다.[60] 존 콜린스는 이런 연결점을 '군주'(사르)에 관한 그의 글에서 수긍한다.

> 많은 민족들(열국)이 다른 여러 신이나 천상의 존재들에게 배정되었다는 관념은 고대 세계에 널리 퍼져 있었다. 우리는 신명기 32:8-9을 통해 "지극히 높으신 자가 민족들에게 기업을 주실 때에, 사람의 아들들을 나누실 때에, 하나님의 아들들의 수효대로 백성들의 경계를 정하셨"음을 본다. (…) 우리는 이 발상의 기원을 고대 근동의 신 공

왕")로 불린 "천군의 군주"(prince of the host, 단 8:11, 개역개정, "군대의 주재")라고 본다. 참조, Heiser, Angels, 68-73. 『천사를 말하다』(좋은씨앗).

60. Heiser, *Unseen Realm*, 118-19. 신 32:8-9과의 이런 연결점은 왜 학자들이 종종 다니엘 10장의 군주들을 열국의 "수호 천사들"(patron angels)라고 칭하는지를 설명해 준다. 유대와 기독교 전승 속 미가엘에 관한 가장 완성도 높은 근래 학계의 조사는 다음을 참조하라. Darrell D. Hannah, *Michael and Christ: Michael Traditions and Angel Christology in Early Christianity* (Tübingen: Mohr Siebeck, 1999). 또한 다음을 참조하라. Gillian Bampfylde, "The Prince of the Host in the Book of Daniel and the Dead Sea Scrolls," *Journal for the Study of Judaism in the Persian, Hellenistic, and Roman Periods* 14.2 (1983): 129–34; Benedikt Otzen, "Michael and Gabriel: Angelological Problems in the Book of Daniel," in *The Scriptures and the Scrolls: Studies in Honor of A. S. van der Woude on the Occasion of his 65th Birthday*, ed. F. Garcia Martinez, A. Hilhorst, and C. J. Labuschagne (Leiden: Brill, 1992), 114–24.

회(divine council) 개념에서 찾을 수 있다. (…) 시락서는 신명기 32장을 확증한다. "그가 모든 민족에게 다스릴 자를 정하셨으나 야곱은 그가 택하신 기업이로다"(시락서 17:17, 참조, 희년서 15:31-21). 동물 묵시록(에녹1 89:59)에는 천사들이나 열국의 신들을 상징하는 70인의 목자들이 있고, 이스라엘이 그 70인의 목자들에게 인계된다.[61]

우상숭배 및 부정한 땅과 관련된 기이한 생물을 가리키는 용어

신명기 32:8-9을 해석하는 초자연적 관점은 성경 저변에 깔린 우주-지형론적 세계관 형성에 기여했다. 즉 하나님의 임재로 점유되지 않은 땅은 거룩한(holy) 땅이 아니었다. 하나님의 영광이 "여기에는 있으나 거기에는 없다"는 것이다. 이 논리에 따르면, 사람들은 어떤 지역과는 분리를 유지해야 했고 또 어떤 장소는 인간의 진입으로 침해되어선 안 되었다. 반면 다른 신들과 연관된 장소로서, 진입이 금지된, 거주 불가한 땅도 있는데 이곳은 부정하다는(unholy) 평가와 더불어 음산하고 악하기까지 했다. 문자적이든 비유적이든 신적 심판으로 인해 황폐해진 장소를 일컫는 사막 광야가 특히 부정했다. 앨스톤이 고찰하듯 "흑암은 광야라는 개념과 밀접하게 연관되어 있었다. …광야에 대한 신화적 이해에 따르면, 종종 광야가 기이한 짐승과 적대적 귀신

61. John J. Collins, "Prince," *DDD* 663; see also Ronnie Goldstein, "A New Look at Deuteronomy 32:8-9 and 43 in the Light of Akkadian Sources," [Hebrew] *Tarbiz* 79.1 (2010): 5-21.

들의 서식지라는 관념을 특징으로 한다."[62]

1. 아사셀, 숫염소/염소 귀신(사이르; 세이림)[63]

이 흥미진진한 용어들의 배경은 레위기 16장과 대속죄일(욤 키푸르) 의식이다.

> 7) 또 [아론은] 그 두 염소를 가지고 회막 문 여호와 앞에 두고
> 8) 두 염소를 위하여 제비 뽑되 한 제비는 여호와를 위하고 한 제비는 아사셀을 위하여 할지며
> 9) 아론은 여호와를 위하여 제비 뽑은 염소를 속죄제로 드리고
> 10) 아사셀을 위하여 제비 뽑은 염소는 산 채로 여호와 앞에 두었다가 그것으로 속죄하고 아사셀을 위하여 광야로 보낼지니라(LES).

---

62. Alston, "The Concept of the Wilderness," 6–7.

63. Frey-Anthes는 이 생물들이 숭배받을 만한 실질적 권세를 갖추지 못했다는 논리를 제기하면서, '염소 귀신'이라는 용어에 반대한다. ("Concepts of 'Demons' in Ancient Israel," 47). 왜 이것이 중요한지는 분명치 않다. 특히 그녀는 논문의 다른 곳에서, 숭배 의식에 대한 증거가 없는 용어나 실체에 대해 '귀신' 지위를 부여하는 것에 반대했다. 하지만 아사셀의 경우 명확한 숭배 의식의 증거가 있음에도(레 17:7) 그녀는 아사셀에 귀신 지위를 부여하지 않았다. 그 이유는 이스라엘 백성이 아사셀 숭배 의식에서 희생제를 드리는 것이 비논리적이라고 보았기 때문이다. 숭배 의식이 존재해야만 신 또는 '귀신' 지위를 부여한다는 것은 의심스러운 기준이다. 이스라엘에는 르바임 숭배 의식이 존재하지 않았다. 그럼에도 르바임이 지하세계에서 유래한, 또는 지하세계에 속한 음산한 초자연적 영들로 여겨진 것은 분명하다. 마찬가지로 이스라엘 사람들은 천사를 믿을 뿐 아니라 그 일부가 거룩성을 잃어버렸다고 믿었으나, 이스라엘 사람들이 (타락한 또는 거룩한) 천사를 숭배했다는 성경상의 증거는 없다. 숭배 의식의 유무가 어떤 초자연적 존재의 실재성을 믿기 위한 필수조건이 될 수는 없다.

많은 영어 성경이 아사셀(*ʿăzāzēl*)을 '희생 염소'(scapegoat, 희생양) 또는 '떠나는 염소'(the goat that goes away)로 옮긴 반면 LEB 성경은 '아사셀'을 그대로 옮겼다.[64] 히브리어 아사셀을 위와 같이(희생 염소, 떠나는 염소) 번역할 수도 있지만 이 구절에서 '아사셀'을 있는 그대로 표기할 만한 충분한 이유가 있는 것도 사실이다. 아사셀이라는 단어는 실은 고유명사다. 레위기 16:8-10은 한 염소는 "여호와를 위하여" 뽑고, 나머지 한 염소는 "아사셀을 위하여" 뽑았다고 설명한다. 평행 문구의 사용은 여기서 '아사셀'이 '여호와'와 똑같이 고유명사임을 나타낸다. 그런데 진짜 고유명사라면, 이 아사셀은 누구인가?

> 아사셀은 사해 두루마리 사본과 고대의 여러 유대 문서에서 귀신의 이름으로 간주된다. 사실 어떤 두루마리(4Q 180, 1:8)에선 아사셀이 창세기 6:1-4에서 범죄한 천사들의 우두머리로 나온다. 동일한 묘사가 에녹1서에도 나온다(8:1, 9:6, 10:4-8, 13:1, 65:5-6, 55:4, 69:2).[65]

하임 타윌은 '아사셀'이라는 이름의 어원에 대한 상세한 연구에서

---

64. 가령, NIV, NASB, KJV 성경은 '희생 염소' 또는 '떠나는 염소'로 번역했다.

65. Heiser, *Unseen Realm*, 177. 또한 다음을 보라. B. Janowski, "Azazel," *DDD* 128; Hayim Tawil, "Azazel, the Prince of the Steepe: A Comparative Study," *ZAW* 92.1 (1980): 43–59; Dominic Rudman, "A Note on the Azazel Goat Ritual," *ZAW* 116.3 (2004): 396–401. Tawil은 아사셀이 귀신(또는 심지어 사탄)이었다는 관념이 "성경 이후(post biblical) 시대 초기부터 미드라심 후반기 마지막까지…" 지배적인 견해였으며 "중세 주석가들과 합리주의자 Ibn-Ezra, 그리고 신비주의자 Ramban이 각각 이 견해를 주창했다" 고 고찰한다(Tawil, "Azazel," 45-46).

아사셀을 귀신적 존재로 이해할 만한 고대 근동의 비교 증거에 주목한다.[66] 구체적으로 타윌은 땅의 구멍과 벌어진 틈을 통해 사후세계에서 빠져나온 귀신들("음부의 자식들")에 관한 메소포타미아 본문을 연구했다.[67] 산 자들의 세상에 있을 때 "귀신들과 여타 적대적 권세들의 가장 흔한 거주지는 …음부(netherworld)의 상징적 호칭 중 하나로 이해되는 '가파른 땅'(수메르어 에딘[*EDIN*]=아카드어 세루[*ṣēru*])이다."[68] 타윌은 특정 마술 관련 의식과 주문이 레위기 16장의 어휘 및 에녹1서의 셈어(에디오피아) 본문 속 아사셀을 언급한 본문과 놀랄 만치 유사하다는 의미심장한 고찰을 했고, 그 근거로 이 용어의 허다한 사례를 제시했다. 더욱이 타윌은 수메르-아카드의 음부 언어가 우가릿 죽음의 신 모트의 통치 영역을 가리킬 수 있다는 데까지 추적해 들어간다. 타윌의 연구는 아사셀을 언급하는 성경 어휘와 제2성전기 후대 유대교의 담론이 일관되게 흑암의 귀신적 권세에 관한 초기 메소포타미아 자료에 깊이 뿌리 내리고 있음을 확인했다.[69]

---

66. Hanson 역시 에녹1서 연구에서 이 증거 일부를 주목했다. P. D. Hanson, "Rebellion in Heaven, Azazel, and Euhemeristic Heroes in 1 Enoch 6–11," *JBL* 96 (1977): 221–22. Hanson의 논의는 대속죄일 의례와 관련하여, 아카드의 마법 관련 텍스트와 에녹1서 10장의 아사셀 결박 묘사 사이의 연결관계에 주목했다.

67. Tawil, "Azazel," 48–49.

68. Ibid, 49.

69. 이런 식으로 제2성전기 텍스트를 통해 초기 성경 자료의 맥락을 규명하는 작업은 제2성전기 저자들이 메소포타미아 자료와 친숙했기 때문에 가능하다. 레위기 16장의 히브리 콘텐츠와의 연결점은 바벨론 시대에 토라의 최종판을 담당한 자들 역시 위의 메소포타미아 본문을 인지하고 있었음을 강력하게 시사한다. 이 책 5장에서 다루겠지만, 창 6:1-4의 원맥락을 복원하는 작업 역시 동일한 경로를 밟을 것이다. 독자들은 현대 주석가들이 메소포타미아 콘텐츠에 문외한이었다고 해서 고대 서기관 역시 문외한이었다고 여겨

사막 광야가 사후세계로 이어지는 장소와 연관성이 있다는 사실은 레위기 17:7("그들은 전에 음란하게 섬기던 숫염소에게 다시 제사하지 말 것이니라")의 이면에도 자리하고 있다. 이 본문이 레위기 16장 바로 뒤에 나온다는 점은 놀랍다. 여기서 개념적 연결고리가 분명하게 드러난다.

> 대속죄일에 (속죄제의 희생양으로 바쳐진) 여호와를 위한 염소로 인해 이스라엘 백성의 더러움이 깨끗하게 씻기고 성소는 정결하게 된다. 이스라엘 백성의 죄를 상징적으로 짊어진 아사셀을 위한 염소는 멀리 보내진다.
> 아사셀을 위한 염소에 대한 논점은 (마치 인질의 몸값을 지불하듯) 귀신의 영역에 지불할 빚이 있다는 의미는 아니다. 아사셀을 위한 염소는 이스라엘 백성의 죄를 이스라엘 '바깥' 영역으로 추방한다는 의미다. … 대제사장이 아사셀에게 희생제를 바친 것이 아니라 실제론 아사셀이 자신에게 속한 것, 즉 죄를 차지한 것이다.[70]

밀그롬 역시 이와 비슷한 맥락에서 메소포타미아의 관념 속 귀신과 광야의 연결점을 고찰하고 그 연결점이 레위기 16장의 아사셀을

선 안 된다. 특정 제2성전기 본문들(예, 에녹1서, "거인들의 책")과 (토라보다 연대가 앞서는) 메소포타미아 문헌과의 명확한 연결점은 제2성전기 저자들이 쿰란과 메소포타미아 문헌에 접근성이 떨어지는 현대 학자들보다 그 내용을 훨씬 잘 알고 있었음을 보여준다.

70. Heiser, *Unseen Realm*, 177–78. 『보이지 않는 세계』(좋은씨앗).

이해하는 데 어떤 함의가 있는지를 설명한다.

> 제거 의식(elimination rites)은 귀신들을 인간 거주지에서 광야로 내보내기 위해 진행된다. 이는 귀신을 본래 있던 곳으로 돌려보냄을 뜻한다. … 이스라엘에선, 이런 방식으로 이스라엘의 죄를 짊어진, 아사셀을 위한 염소가 비록 광야를 향해 가지만, 실제로는 악을 그 원래 속한 곳인 음부로 돌려보내는 의미가 있다.[71]

2. 울부짖는 생물(이임); 들짐승(시임); 릴리트

이 단락에 소개된 용어들은 분명 생소하고 기이하게 다가올 것이다.[72] 그러나 사막 광야가 지하세계와 연관된 두려운 존재들의 서식지라고 여기던 문화권에선 "사막은 유령 같은(phantom-like) 생물들이 가득한 곳이었다."[73] 프레이 안테스는 거칠고 황량한 장소들이 흑암 권세와 어떻게 연결되는지에 대해 이렇게 요약한다.[74]

> 구약 본문에서 드러나는 바, 세분화 된 세상이 존재한다는 개념에 따

---

71. Jacob Milgrom, *Leviticus 1–16: A New Translation with Introduction and Commentary* (AYB; New Haven, CT: Yale University Press, 1991), 1072. 또한 다음을 참조하라. M. Louise Holbert, "Extrinsic Evil Powers in the Old Testament" (ThM thesis, Fuller Theological Seminary, 1985), 124–29.
72. 여기선 한정된 지면 탓에 선별한 일부 용어들만 정리했다. 해당 본문 속 야생 생물들과 연관된 다른 용어들을 추가할 수 있다.
73. Talmon, "The 'Desert Motif,'" 43.
74. 필자는 발췌문 속 히브리어를 [꺾음괄호 속] 음역으로 대체했다.

르면, 인간의 문명 세계 반대편에는 짐승뿐 아니라 정체를 명확히 규명할 수 없는 생물들이 존재한다는 발상으로 이어진다. 인적이 끊어진 장소를 배회하는 음산하고 위험한 짐승들 중엔… 대부분이 '사막 귀신'(desert-demons)이라고 부르는 것이 있다. 폐허 속에 사는 존재라는 뜻의 '시임'[*ṣiyyîm*]이란 이름은 그것들이 어디에 사는지 알려준다("메마른 풍경에 속한 자들/사막 거주자들"). '이임'['*iyyîm*]이란 표현은 의성어 성격을 가졌는데, 울부짖는 생물('부르짖는 짐승')이란 뜻이다. '이임'과 '시임'은 이사야 13:21, 34:14, 예레미야 50:39 속 폐허가 된 도시 묘사에 함께 등장한다. … 그런데 이 본문들은 외진 곳에 서식하는 유령 같은 존재들을 언급하면서도 정체를 명확히 밝히지 않는다. 악한 세력을 쫓아내기 위한 주문을 사용하려면 명확한 정체성 파악이 필수인데 말이다. 생물들에 대한 묘사가 이렇듯 모호한 것은 인간 세계 반대편에 있는 세상의 모호함을 강조하기 위함이다.[75]

위에서 언급한 두 구절을 눈여겨 볼 필요가 있다. 바벨론의 임박한 멸망을 묘사하는 이사야 13:21-22에서 '시임'과 '이임'은 레위기 17:7(참조, 신 32:12)에서 불법한 희생제와 연관된 '세이림'(*śěʿîrîm*, 사 13:21)과 나란히 등장한다. 이사야 34:14은 이와 동일한 조합에 릴리트(*lîlît*)를 추가한다(릴리트는 유명한 메소포타미아 귀신-여신 릴리트[lilith]의 히브리식 철자다).[76]

---

75. Frey-Anthes, "Concepts of 'Demons' in Ancient Israel," 43.

76. 여신 릴리트에 관해선 다음을 참조하라. Jeremy Black and Anthony Green, *Gods,*

> '바람의 여자 귀신' 릴리트는 수메르 서사시 〈길가메쉬, 엔키두 그리고 지하세계〉에 이미 등장하지만, 메소포타미아 밖에선 어떤 특별한 비중을 갖고 있지 못한 듯하다. 우가릿과 페니키아에서 발견되었다고 하는 본문들도 그 해석이 매우 불확실하다. 그러나 놀랍게도 이사야 34:14에선 릴리트를 부엉이, 맹금류, 타조, 자칼, 뱀, 사막 서식동물, 울부짖는 짐승, 숫염소와 더불어 반대편 세계의 거민으로 그린다. 정교한 문학 언어로 기술된 이사야 34:11-15의 폐허가 된 에돔 묘사는 멸망한 바벨론에 대한 유사한 묘사인 이사야 13:21과 예레미야 50:39과 밀접한 연관성이 있다. 이사야 34:11-15는 외진 곳에 서식하는 존재들을 일일이 열거한 다음 거기에 릴리트를 추가함으로 이사야 13:21과 예레미야 50:39의 묘사를 한층 강렬하게 만들었다.[77]

야노프스키가 고찰하듯 이 용어들은 "가령 쌍이나 무리를 지어 출몰하며 썩은 사체를 먹는 야행성 짐승처럼 동물학적으로 성격 규정이 가능한 생물들"에 관한 아주 자연스런 묘사일 수 있다. 하지만 "짐승

Demons and Symbols of Ancient Mesopotamia: An Illustrated Dictionary (Austin: University of Texas-Austin, 2003), 118; D. R. West, *Some Cults of Greek Goddesses and Female Daemons of Oriental Origin Especially in Relation to the Mythology of Goddesses and Daemons in the Semitic World* (Neukirchen-Vluyn: Neukirchener Verlag, 1995), 126-27; M. Hutter, "Lilith," DDD 520.

77. Frey-Anthes, "Concepts of 'Demons' in Ancient Israel," 45. 그외 다른 성경 본문 속 *lîlît*/Lilith에 관한 추가 정보는 다음을 참조하라. Judit M. Blair, *De-Demonising the Old Testament: An Investigation of Azazel, Lilith, Deber, Qeteb, and Resheph in the Hebrew Bible* (Tübingen: Mohr-Siebeck 2009), 63-95; Peter D. Miscall, *Isaiah 34-35: A Nightmare/A Dream* (Sheffield: Sheffield Academic Press, 1999).

형상의 귀신들 및 귀신 릴리트와의 연관성을 부각한 것은 반인간적 세계라는 특성을 전면에 드러내기 위한 의도가 담겼다."[78]

그런데 왜 성경 기자는 바벨론에 대한 심판을 이런 식으로 그렸을까? 여러 면에서 바벨론은 구약의 악과 혼돈의 메타포이자 "구약 역사에서부터 계시록의 종말론적 환상에 이르기까지 일관되게 통용되는 성경의 공포스런 이미지 중 하나"였다.[79] 탈몬은 이렇게 덧붙인다. "실제로 이런 괴물들의 존재는 해당 장소가 원시의 혼돈(chaos) 상태로 전락했음을 나타낸다."[80] 그러나 바벨론은 단지 그보다 훨씬 더 포괄적인 어떤 위협에 대한 1차적 언급에 불과하다.

존 게이어는 선지서의 이른바 '폐허 본문'에 관한 연구를 통해 폐허에 관한 성경 어휘에 "음부(netherland)를 가리키는" 메소포타미아 동족어들이 존재한다는 밀그롬의 관찰을 인용한다.[81] 이는 선지서의 폐허 예언에 등장하는 "기이한 생물들"에 대한 맥락적 틀을 제공한다. 게이어의 글이다.

> 시편 74편은 '시임'(*syym*)을 창조 신화와 명백하게 결부시킨다. 시임은

---

78. B. Janowski, "Jackals," *DDD* 459.

79. "Babylon," in Dictionary of Biblical Imagery, ed. Leland Ryken et al. (Downers Grove, IL: InterVarsity Press, 2000), 68.

80. Talmon, "The 'Desert Motif'," 43.

81. John B. Geyer, "Desolation and Cosmos," *VT* 49.1 (1999): 58. Both Geyer and Milgrom reference the work of Tallquist in this regard: K. Tallquist, "Sumerisch-Akkadische Hymnen der Totenwelt," *Studia Orientalia* 4 (1934): 17–22.

레비아탄(개역개정, 리워야단)의 사체를 먹어치운다… [이사야 13:21에서] 칠십인역이 각 단어를 무엇으로 번역했는지는 분명치 않지만, 헬라어 목록에는 해당 용어들이 신화와 연관되는 전통이 있음을 엿볼 수 있는 세이레네스[*seirēnes*, 사이렌], 다이모니아[*daimonia*, 귀신], 오노켄타우로이[*onokentauroi*, 당나귀 켄타우르스] 같은 용어들이 포함되어 있다. 다른 학자들은 '시림'(*ś'yrym*)을 (이런 존재들과 함께) 사막에 서식하는 귀신이자 괴물로 간주하는 입장에 확고하게 안착했다.[82]

검은 고양이를 미신적으로 보는 현대인이라도 검은 고양이가 동물의 세계에 속해 있음을 부인하지 않는 것처럼, 성경 기자들 역시 야행성인 새과 짐승들이 실제로 귀신이었다는 관념을 표현한 건 아니었다. 올빼미는 릴리트의 상징이지만 또 실제 새이기도 하다. 선지자들은 야행성 생물과 그것들의 습성에 관한 어휘 사용을 통해, 특정 장소가 우주적 악이 관할하는 영역이며 따라서 악한 영들에 의해 점유되어 있다는 관념을 전달할 수 있었다.

앞서 우리는 스올의 음산하고 초자연적인 특성을 뒷받침하는 논리의 일환으로, 스올이 여호와가 거하시는 장소(하늘)와 정확히 대척점을 이룬다는 관념이 있음을 고찰했다. 여기에도 동일한 원리가 작동한다. 가장 부정한 땅은 바벨론이다. 열국을 파양하고 다른 엘로힘에게 배정한 사건(신 32:8-9), 그로 인해 여호와가 자신의 '분깃'(신 32:9)

---

82. Geyer, "Desolation and Cosmos."

으로 새로운 백성을 창조하시고 다른 민족들과 지역은 여타 흑암 군주들의 지배 아래 둠으로써 정확히 대척점을 이룬 사건이 바벨론에서 일어났다는 것(창 11:1-9)은 결코 우연이 아니다. 신명기 21장에서 묘사된 반역 이외에, 악한 영들이 등장한 다른 두 번의 초자연적 반역에도 이런 바벨론적 요소들이 뚜렷하게 등장한다(창 3, 6:1-4).

어느 학자의 표현처럼, 구약 신학에서 하나님이 행하신 창조의 조화로움은 "질서를 훼손하고 하나님과 인류를 적대한 초자연적 존재들과 그 세력에 의해 망가지고 영속적인 위협을 받게 되었다."[83]

탈신화화된 '유사 귀신들'

일반적 고찰

'죽음'은 두려운 존재였다는 점에서 이스라엘은 어느 고대 민족들과 다르지 않았다(지금도 마찬가지다). 의인들은 스올에서 풀려나와 참되신 하나님과 그 하나님을 예배하던 사랑하는 이들과 함께하길 소망했다. 하지만 구약에는 이스라엘 백성이 죽었을 때 즉각적으로 그런 일이 일어날 것을 믿었다는 단서는 보이지 않는다. 사후세계로부터 건짐 받는 것에 대한 의인의 소망은 종말론적 심판과 회복을 다루는 본문에서 종종 발견된다. 즉, 구약의 사후(afterlife) 신학은 비록 소망은 드러내면서도 언제 그런 풀려남이 일어날진 모른다는 불확실성

---

83. R. Murray, *The Cosmic Covenant: Biblical Themes of Justice, Peace, and the Integrity of Creation* (London: Sheed & Ward, 1992), 17.

을 드러냈다.

결과적으로 이스라엘 백성에게 죽음의 위협을 가하는 모든 것은 사후세계 및 그곳에 거하는 탈육신한 영들과 관련이 있었다. 이는 보다 신중한 접근을 요하는 해석적, 신학적 난제로 우리를 이끈다.

고대 근동 문헌을 보면 성경 시대의 사람들이 천재지변을 신화적으로 해석했음을 알 수 있다. 태풍, 지진, 질병, 기근 등은 신계에서 비롯된 신적 진노의 발현이었다. 누군가에게 닥치는 재앙, 고통, 죽음은 어떤 신이 고통의 당사자 또는 그가 속한 민족을 못마땅하게 여겼기 때문이거나, 또는 해당 신이 다른 신들과 갈등을 빚은 탓일 수 있었다. 성경 기자들이 이런 식으로 사고했는지에 관한 질문은 본문에서도 제기된다.

그에 대한 짧은 답변은 '예 그리고 아니오'다. 일단, 성경의 사유에서 보면 생명을 위협하는 모든 것은 여호와에 대한 반역의 결과물이다. 자연재해, 질병, 죽음은 (여호와께 반역한 신적 존재의 속임수에서 촉발되어) 에덴 명령을 준수하지 못한 인류의 실패로부터 비롯되었다. 그 결과로 땅은 저주 아래 놓이고 에덴은 실낙원이 되고 말았다. 창세기 6:1-4의 범죄로부터 파생된 귀신적 존재인 영들은 인류의 안녕에 지속적인 위협이 되었다. 하나님은 바벨탑 사건을 계기로 인류의 상속권을 박탈하시고 열국으로 나누어 하등한 신들의 지배 하에 배정하셨다. 하지만 결국 그 신들은 자신들의 통치 임무 중에 혼돈의 씨를 뿌렸다(신 32:8-9, 시 82).[84] 앞서 바벨에서 민족들을 흩으시는 심판을 단행하신 여호와는 (자신의 분깃으로 삼고자) 새로운 민족을 창조하셨다. 이렇게 신적 주도로 탄생한 이스라엘 민족은 역병, 불임, 질병, 자연재해, 전쟁 같은 외적 위협을 두려워하기 보다 하나님을 배교하지 않도록 먼저 힘써야 했다(출 15:26, 레 26:14-39, 신 28:15-68).[85]

이와 같은 구약의 세계관은 자연재해, 질병, 죽음의 원인이 모두 초자연적 영역에서 비롯되었음을 전제로 한다. 그러나 고대인이 이 모든 것(또는 거의 모든 것) 배후에 신적 인과관계가 작용한다고 믿었다는 주장 역시 과장된 것이다. 고대인들은, 특히 고도로 복잡한 사회에 사는 사람일수록 자신들에게 발생하는 안타까운 상황 이면에 상식과 지혜의 부족도 작용했음을 알았을 것이다. 그들의 시각이 전적으로 주술적인 것만은 아니었다는 말이다.[86] 그렇다면 다음의 용어들은 전

84. See Heiser, *Unseen Realm*, 110-15. 『보이지 않는 세계』(좋은씨앗).

85. 이와 관련한 문제들에 관한 논의는 다음을 참조하라. Michael L. Brown, *Israel's Divine Healer* (Grand Rapids: Zondervan, 1995), 72-78, 99-104, 122-25, 133-48.

86. 세균, 바이러스, 박테리아, 유전학에 대한 우리의 현대 과학 지식을 감안하면 옛적에 비해 우리의 상식(지식)과 지혜의 그물에 걸리는 영역이 훨씬 광범위해졌다. 그러나 당신이 유물론적 무신론자 또는 이신론자가 아니라면, 우리의 세계관에도 신적 인과관계가 포함되어 있다. 고대 이스라엘 사람도 농사를 등한시하거나 짐승으로부터 작물을 보호하지 않으면 굶주릴 것을 알았고, 이것이 악한 영이 아닌 어리석음의 발로임을 알았다. 도시를 보호할 외벽을 쌓지 못하여 취약해지는 것은 사려깊지 못함의 결과였다. 자녀를 돌보지 않거나 방치하면 자녀가 죽는 게 당연하다. 온세상이 주술적으로 작동하는 건 아니지만 비극에 '확실한' 이유가 없다면 초자연에서 원인을 찾을 것이다. 하나님과 영적 세계를 믿는 현대인도 동일하게 사고한다. 우리는 치유를 위해 하나님께 간구한다. 우리는 가뭄이 끝나기를, 또는 자연으로부터 보호해 달라고 기도한다. 우리가 그렇게 기도하는 이유는 이런 일이 특정 존재들의 소관이라고 믿기 때문이 아니다. 우리가 기도하는 이유는 우리가 하나님의 주권에 의지한다는 사실 때문이다.

적으로 귀신을 지칭하는 게 아니라, 그저 자연계의 위협이 일정 정도는 영적 세계를 둘러싼 우주적 갈등과 연결되어 있다는 성경 세계관을 반영했을 것이다.

1. 혼돈을 상징하는 것들

구약 문헌, 특히 구약의 시 문학의 핵심 주제 중 하나는 삶의 역경이다. 역경의 한 축은 타락한 피조세계(단지 그 험악함과 위험뿐 아니라 인간 생존 자체에 도전이 된다는 면에서)에 맞서는 인류의 몸부림이다. 지진이나 기근, 풍랑 또는 독 있는 식물 등 도처에 인간을 사지로 몰아넣을 위험이 도사리고 있다. 인간의 곤고함은 자신을 죽일 수도 있는 (타락한 피조세계의) 온갖 것들에 의존할 수밖에 없다는 것에서도 비롯된다. 학자들은 이런 상황 및 이에 대한 성경의 표현을 '혼돈'(chaos) 같은 용어로 설명한다. 고대 문헌들은 타락한 피조세계에 맞서는 인류의 근원적인 몸부림이 심지어 신적 세계에서 벌어지는 충돌과 비견할 만하다는 듯 연결지음으로써 그 혼돈의 이미지를 설명한다.[87]

성경 기자들은 이런 상황을 하나의 틀로 그려내되, 그들이 마주한 위협 속엔 악한 영들이 개입했을 뿐 아니라 그럼에도 하나님이 주권적으로 다스리고 계시다는 믿음을 제시한다. 길들여지지 않는 사나운 짐승은 성경과 고대 근동 문헌 모두에서 흔하게 등장하는 메타포이

---

87. Mabie의 설명이다. "고대 문헌에서 확인되는 바, 혼돈과 죽음의 연관성을 드러내는 이미지는 삶의 현실이 신적 활동 및 계획 아래 놓여 있다는 인간의 이해를 보여주는 역할을 한다. 이런 본문들은 고대인들의 문화적 인과관계학(etiology)을 반영한다." (참조, F. J. Mabie, "Chaos and Death," *DOTWPW* 41-42))

다. 이 혼돈의 짐승들은 바다(레비아탄, 라합)와 땅(베헤못) 곳곳에서 활개친다.[88] 또한 이 괴물들은 "창조주의 권능에 의해 그 한계가 명백히 그어진 혼돈의 세력을 나타낸다."[89] 구약에서 레비아탄이 언급된 본문의 전반적 강조점은 바다 괴물에 대한 여호와의 우월한 권세에 있다(참조, 욥 3:8, 41:1, 시 74:14, 104:26, 사 27:1). 이런 측면에서 보면, 여호와와 다른 생명체 간의 갈등은 가나안과 메소포타미아 신화 속 유사한 갈등과는 근본적으로 결을 달리한다.

> 바다 괴물과 싸워 무찌르는 신의 신화적 배경(이른바 신과 괴물의 싸움을 가리키는 '카오스캄프' 모티프)은 시편 74:14와 이사야 27:1에 가장 뚜렷하게 드러난다… 그럼에도, 바알과 얌 사이의 충돌 또는 마르둑(개역개정, '므로닥')과 티아맛 사이의 충돌을 언급하는 고대 신화와 달리, 레비아탄은 여호와와 비등한 신적 생물이 아니다. 여호와는 유일무이한 창조주 신이며 레비아탄은 피조물에 불과하다… 욥기 41장의 레비아탄 형체에 대한 묘사는 인간의 힘으로 길들이거나 무찌를 수 없는 생물의 명료한 초상이다. 욥기 기자가 이런 선명한 이미지를

88. C. Uehlinger, "Leviathan," *DDD*, 511–15; J. Day, *God's Conflict with the Dragon and the Sea* (Cambridge: Cambridge University Pres, 1985); B. F. Batto, "Behemoth," *DDD* 165–68; J. V. Kinnier Wilson, "A Return to the Problems of Behemoth and Leviathan," *VT* 25 (1975): 1–14; K. William Whitney, *Two Strange Beasts: Leviathan and Behemoth in Second Temple and Early Rabbinic Judaism* (Winona Lake, IN: Eisenbrauns, 2006); K. Spronk, "Rahab," *DDD* 684–85. 라합(여리고 이야기 속 여인이 아니다!)에 관해선 다음을 참조하라. 사 51:9, 시 89:11, 욥 9:13, 26:12.

89. Douglas Mangum and Matthew James Hamilton, "Leviathan," *LBD*, n.p.

제시한 목적은 오직 여호와만이 이 혼돈 세력을 견제할 권능을 가지고 계시다는 수사적 논점을 제시하기 위함이었다.[90]

사람들은 상상을 초월하는 거대한 몸집과 괴력의 괴물들이 우리가 현실에서 접하는 진짜 동물이라고 생각하지 않았다.[91] 이 메타포는 지상과 천상에서 벌어진 반역과 혼돈의 두려운(그리고 종종 치명적인) 힘의 이미지를 전달했다. 온 세상이 혼돈에 빠지고 선하신 하나님의 통제를 거부할 수 있다는 것이다.

2. 탈신화화된 자연 세력

성경 기자들은 (혼돈의 막강한 영향력을 나타내는 여러 상징뿐 아니라) 가나안 종교 속 특정한 자연 현상과 질병에 붙은 여러 신들의 이름을 가져와 사용했다. 다신주의 저자들과 달리 성경 기자들에겐 다른 모든 권세들을 주관하시는 참되신 하나님 외에 독립적으로 행하는 신은 없

---

90. Ibid.

91. 성경의 이런 이미지는 메소포타미아(에누마 엘리시의 용 티아맛)와 가나안(바알 신화 속 얌과 리타누)의 신화 문헌에서 가져온 것이다. 티아맛은 자신의 배우자 압수(깊은 곳의 물)와 함께 메소포타미아 종교의 1세대 신들과 여신들을 낳는다. 티아맛은 문자 그대로의 짐승으로 그려지며, (자신의 몸으로부터 하늘과 땅을 창조해 낸) 마르둑에 의해 죽임을 당한다. 성경은 이런 신화를 인정하지 않는다. 리타누는, 엘의 자녀들 사이에서 벌어진 패권 다툼에서, 바알의 대적자로 알려진다. 패권 다툼의 최종 목표는 엘의 섭정 통치자가 되는 것이었다. 패권 다툼은 창조 질서보다는 왕권과 더 관련 있지만 비와 작물의 제공자인 바알의 지위상 창조 질서적 요소도 포함되어 있다. 성경 기자들은 여호와 외에 다른 어떤 신에게도 자연에 대한 주권을 부여하지 않았다. 이런 심상은 성경 전반에 걸쳐 일관되며, 용, 그리고 바다 및 땅에서 제각기 나오는 짐승들이 등장하는 계시록에서조차 동일하게 이어진다(계 13).

었다.[92] 죽음(모트) 자체가 여호와의 권세 아래 있었던 것처럼 질병과 자연재해도 그랬다. 여호와가 유일한 주권자시다. 가령 여호와가 이집트에 대한 징벌로 직접 역병을 내리셨는데, 그것이 다른 신이나 귀신들의 협조를 구해야만 했기 때문에 (협조를 얻지 못한 결과에 따른) 어쩔 수 없는 선택이어서가 아니었다. 지존자는 누구의 보조 없이 일방

92. 바벨에서 열국을 배정받은 신들(신 32:8-9, 이 책 7장 참조)이 궁극적으로 그 백성을 학대했다는 사실(시편 82)은 다른 맥락이다. 시편 82편 어디에도 범죄한 엘로힘에 대한 심판(시 82:1)과 자연재해, 역병 등을 결부시키는 대목이 없다. 열국을 통치하던 신들은 불의를 일삼고 백성 가운데 혼돈을 퍼트렸다. 신들의 회의(천상회의)에서 내려진 해당 신들에 대한 판단은 성경 신학의 포괄적 주제와 일관성을 보인다. 일단 하나님이 이스라엘을 선택하신 이래로 인류의 안녕은 언약 관계와 뗄레야 뗄 수 없게 되었다. 요점은 하나님이 더이상 인간 일반의 편에서 행하지 않으시고 그분의 자녀(이스라엘)와 그 자녀를 통하여, 또는 그 자녀에 의하여 복 받는 자를 특별히 돌보신다는 것이다(창 12:3). 궁극적으로 이는 메시아의 출현과 에덴의 종말론적 회복으로 연결된다. 타락 및 그 이후에 이어진 열국이 (하등한 "하나님의 아들들"에게로) 흩어진 사건(신 32:8)은, (창조, 정의, 의, 인간의 고난, 죽음, 그리고 하나님 권속 밖의 자들이 하나님으로부터 소외됨 등의) 구약 개념과 결코 궤를 달리하지 않는다. Patrick D. Miller는 이와 관련한 Schmid의 글을 언급한다. "H. H. Schmid는 구약의 '의'(righteousness, *ṣedeq/ṣedāqāh)* 개념은 근본적으로 모든 것을 망라하는 세계 질서라는 관점을 효과적으로 대변했다. Schmid는 이집트 관념 속의 *ma'at*를 검토하는 것에서 출발하여 고대 근동 사고의 흔한 특징인 우주와 윤리사회적 질서 간의 밀접한 관계를 고찰하면서 '의'가 법적 사안으로 편협하게 이해된 것이 아니라 보편적 세계 질서로서, 포괄적 구원으로서 이해되었다고 주장한다… 구약의 의와 정의 개념이, 창조를 통해 수립되고 자연과 역사를 통해 제시된 세계 질서를 유지하는 일과 밀접관 연관성이 있다는 이해를 바탕으로… 여호와의 공회가 가장 명백하게 드러나는 본문인 시편 82편을 조망해야 한다. 시편 82편이 전적으로 신들의 세계만을 보여주긴 해도, 분명한 사실은 그 세계가 전적으로 여호와의 통치와 통제 아래 있다는 것이다. 이 본문에서 묘사하는 '신들의 모임'(1절)에선 하나님이 좌정하셔서 신들에게 내려지는 심판을 선포하신다. "다음을 참조하라. Miller, *Israelite Religion and Biblical Theology: Collected Essays* (Sheffield: Sheffield Academic Press, 2000), 438. H. H. Schmid, "Creation, Righteousness, and Salvation: 'Creation Theology' as the Broad Horizon of Biblical Theology," in *Creation in the Old Testament*, ed. Bernhard W. Anderson (Philadelphia: Fortress Press, 1984), 102–17.

적으로 행동하실 수 있고, 아니면 초자연적 존재인 심복을 보내 이런 재앙을 통한 심판을 단행하실 수도 있다(시 78:49-50).[93]

앞서 '하비'라는 용어에 관한 우리의 논의에서, 필자는 하박국 3:5에 가나안의 신들(데베르, 레셰프)일 가능성이 높은 두 용어가 포함되어 있다고 말했다. 하박국 선지자는 "시내산에서의 하나님의 현현을 연상케 하는"[94] 용어를 동원해, 약속의 땅 남쪽에서 시작된 하나님의 개선 행진을 묘사하는데 이 본문에 데베르(전염병)와 레셰프(역병)가 등장한다.

---

93. 참조, Heiser, *Angels*, 66-67, 136-137. 『천사를 말하다』(좋은씨앗)여기서 파생되는 신학이 중요하다. 질병과 재앙이 일어나는 까닭은 하나님이 이런 일을 관할하는 여타 초자연적 존재들의 주권에 종속되었기 때문이 아니고, 이런 것들에 대한 하나님의 통제가 변덕스러워서도 아니다. 자연재해는 타락한 피조세계 또는 하나님의 의로운 심판의 부산물이다. Knight는 이 발상을 이렇게 요약한다. "한때 정복됐던 혼돈이 다시금 튀어나왔다. 하나님은 혼돈을 제압하기 위해 미래의 어느 시점엔가 개입하셔서 현재의 피조세계를 무너트리신 후, 세상과 택한 백성을 재창조하실 것이다… 결과적으로 이 지구에 확연한 역기능이 발생할 때마다 사람들은 번번이 창조주 하나님께 그들 생전에 즉각적 건짐과 회복을 이뤄달라고 요구하며 대놓고 불평할 것이다… 원칙적으로 이스라엘이나 이웃 나라나 모두 자연 재해를 신의 행동으로 간주한다. 지진, 화산, 태풍, 대화재, 역병, 짐승의 습격, 해충의 창궐 등은 '그냥 일어나는' 일이 아니다… 그들은 인간 세상에서 설명불가한 모든 것의 원인이 신이라고 믿었다. 그러므로 신이 원인제공자가 되는 것이다. 다신주의 종교는 주로 귀신이나 심술궂은 신을 기이한 이변의 책임자로 지목했다. 그러나 여호와 신앙은 하나님에 대등한 어떤 신 또는 신 비슷한 경쟁자들도 용인하지 않았다… 때때로 여호와의 진노가 탈도덕적인 것처럼 보일지라도 많은 이들 (특히 선지자들과 신명기 기자들은) 이를 인간 악에 대한 징벌로 해석했다. 이런 식으로 무질서는 그 익명성을 상실하고, 천지창조의 특징이기도 한 신적 권능과 의지의 표현으로 이해되었다." 다음을 참조하라. Douglas A. Knight, "Cosmogony and Order in the Hebrew Tradition," in *Cosmogony and Ethical Order: New Studies in Comparative Ethics*, ed. Robin W. Lovin and Frank Reynolds (Chicago: University of Chicago Press, 1985), 136, 144, 146.

94. David W. Baker, *Nahum, Habakkuk and Zephaniah: An Introduction and Commentary* (TOTC; Downers Grove, IL: InterVarsity Press, 1988), 69.

오랫동안 학자들은 이 두 용어가 가나안의 신들을 가리킨다고 보았다. 베이커의 고찰이다. "여호와에게는 그의 통제 아래 있으면서 그의 권능을 드러내는, 의인화된 수종 둘이 있다(참조, 시 91:6). 둘 다 가나안의 신들이기에 여기서 이교 숭배에 관한 숨겨진 논쟁이 촉발된다."[95] '데베르'라는 용어는 구약에서 (특히 예레미야서와 에스겔서에서) 전쟁과 기근처럼 대규모의 죽음을 묘사할 때 사용되는 용어들과 나란히 쓰이는 경우가 흔하다. 이것이 '데베르'의 가장 흔한 용례이긴 하나, 델 올모 레떼는 데베르가 "마귀 또는 악신이라는 의인화된 의미로 몇 차례 사용된 듯하다(합 3:5, 시 91:3, 6, 참조, 호 13:14)"[96]고 고찰한다. 하박국 3:5에서 데베르(전염병)와 레셰프(역병)는 "여호와의 수행원으로 여호와 곁에서 행진하는 모습으로 그려진다. 이는 '역병'과 '전염병'을 수행원으로 둔 위대한 신 마르둑의 고대 메소포타미아 전승에 따른 것이다."[97]

데베르가 진짜 신 이름이라는 것에 반대하는 학자들도 있다.[98] 그러나 "우가릿 본문에서 '레셰프'(Resheph)를 파괴의 신으로 제시한

95. Ibid, 70.

96. G. del Olmo Lete, "Deber," DDD 231-32. 데베르와 관련된 다른 구절들과 주석에 관해선 다음을 참조하라. Blair, *De-Demonising the Old Testament*, 96-176.

97. G. del Olmo Lete, "Deber," *DDD* 232.

98. Frey-Anthes는 "*deber*나 *qeṭeb*의 정체성을 고대 오리엔탈의 신으로 밝힌 확실한 출처는 없다"는 의견이다. ("Concepts of 'Demons' in Ancient Israel," 41). 그녀는 이 회의론을 뒷받침할 근거를 따로 제시하진 않았고 다른 학자들이 인용한 본문을 다루지도 않았다. 대신 그녀는 후기 (제2성전기) 문헌에선 *qeṭeb*(논의 참조)만 귀신으로 불렸으며 구약에선 *deber*, *rešep* 그리고 *qeṭeb*가 인격체가 아니라고 고찰한다. 하지만 두 고찰 모두 가나안의 사고나 그들의 문학 현상과는 직접적인 연관성이 없다.

것을 감안하면(KTU 1.14 I 18-19, 1.82:3)" 하박국 3:5에서 데베르가 레셰프와 짝을 이뤄 등장한 것은 데베르가 신의 이름임을 강력하게 시사한다.[99] 레셰프는 여호와가 배교한 백성을 향해 경고를 발한 신명기 32:23-24에 등장한다.

> 23) 내가 재앙을 그들 위에 쌓으며
> 내 화살이 다할 때까지 그들을 쏘리로다
> 24) 그들이 주리므로(라압) 쇠약하며
> 역병(레셰프)과 독한 전염병(케테브)에 삼켜질 것이라.

앞서 고찰했듯, 우가릿에서 레셰프는 파괴의 신이다. 우가릿 본문에서 레셰프는 활쏘는 자로 묘사되었기에(*KTU* 1.82:3) "내 화살이 다할 때까지 그들을 쏘리로다"라는 문구가 흥미롭다. 레셰프와 나란히 등장한 것이 케테브와 라압이다. 케테브는 몇몇 우가릿 본문에선 모트(죽음)의 친척으로 등장한다. 라압은 모트의 별칭인 듯하다.[100]

시편 91:3-6에서 시편 기자는 지존자의 울타리 안에 거하며 전능자의 그늘 아래 거하는 자는 "죽음의 전염병[데베르]으로부터"(3절) 건짐을 받을 것이며 "낮에 날아드는 화살과 어두울 때 퍼지는 전염병[데베르]과 밝을 때 닥쳐오는 멸망[케테브]을 두려워하지 아니하리

99. G. del Olmo Lete, "Deber," DDD 232. 참조, P. Xella, "Resheph" *DDD* 700-701, Blair, *De-Demonising the Old Testament*, 194-212.

100. N. Wyatt, "Qeteb," *DDD* 673 . Blair, *De-Demonising the Old Testament*, 177-93.

로다"(5-6절)라고 기록했다. 어째서 그럴까? 이 세력들이 자주적이거나 독립적인 신들이 아니기 때문이다. 그들은 이스라엘의 여호와의 통제 아래 있다. 따라서 여호와는 자기에게 속한 백성을 이들의 치명적인 위해로부터 당연히 보호하실 것이다.

요약

우리는, 구약성경엔 일반적인 관념과 일치하는 귀신 관련 용어들이 존재하며, 그 용어들이 얼핏 복음서나 교회 전승 속 에피소드에서 유래한 것처럼 보이지만, 그럼에도 고려해야 할 자료가 여전히 많다는 것으로 이번 장을 시작했다. 그 가운데 상당 부분을 다루었고 그럼에도 우리는 아직 출발선 상에 있다. 필자가 미리 언급했듯, 다음 장에선 1장에서 논의한 귀신 관련 구약 용어 대부분이 어떻게 (신약 기자들이 인용한 대부분의 구약 본문의 출처인) 칠십인역 번역으로 인해 그 본래 의미가 감추어지고 뭉뚱그려졌는지를 다룰 계획이다.

2장.
그들도 헬라어로 성경을 읽었다

우리는 이제 구약 기자들이 (하나님께 반역한 초자연적 존재들이자, 사후세계에 거하거나 부정한 땅을 지배하는) 악한 영적 존재들을 매우 다양한 방식으로 일컬었음을 알고 있다. 필자는 1부 개요에서 그 다양한 방식으로 표현된 히브리어 용어들이 식자층인 유대 번역자들에 의해 헬라어로 번역되었음을 밝혔다. 그중에서도 하나를 꼽자면, 신약 기자들이 가장 빈번하게 인용한 구약의 헬라어 역본인 칠십인역이다. 히브리어 구약의 번역 도착어가 헬라어였기에 이 중차대한 프로젝트를 논할 때 종종 알렉산드로스 대왕의 정복으로 시작된 헬레니즘이라는 시대적 맥락이 거론된다. 그러나 우리는 이 시대 자체가 더 광범위한 제2성전기에 속한다는 사실을 놓쳐선 안 된다. 이번 장에서 우리는 칠십인역 속 헬라어 번역에 대해 고찰할 텐데, 그 역자들이 헬레니즘뿐 아니라 유대적 맥락에 의해서도 영향을 받았음을 염두에 두고 살

펴볼 예정이다.[1]

흑암 권세를 가리키는 히브리어 용어의 칠십인역 번역

단순 직역

통상의 성경 번역 프로젝트는 획일적으로 진행되지 않는다. 가령, 성경의 영어 번역은 어휘 선택에 있어서 폭넓은 편차를 보이며 때로는 극적인 차이를 보이기도 한다. 영어를 넘어 히브리어와 헬라어 원어까지 공부해 본 이들은 영어 번역이 낱말의 일대일 대응식 직역과 낱말보다는 의미 해석에 중점을 둔 의역 사이에서 왔다갔다함을 알 것이다. 스터디 바이블과 그 안의 각주들을 살피는 독자들은 또다른 이슈에 눈 뜰 것이다. 바로 역자들이 따라간(또는 따라갔다고 여겨지는) 고대 필사본에도 여러 갈래가 있다는 것이다.

칠십인역 번역도 이와 다르지 않다. 많은 경우에 칠십인역이 음산한 영들에 대한 히브리어 용어를 취급한 방식은 예측가능할 정도로 평범하고 규칙적이다. 가령 이 책 1장에서 고찰한 본문 속 히브리어 용어들은 문자적 헬라어 대응어로 규칙성을 가지고 번역되었다.[2]

---

1. 이 책 2부에선 범위를 확장하여 제2성전기 유대 문헌(헬라어, 히브리어, 아람어) 속에서 악한 영들이 어떻게 묘사되고 명명되었는지를 살펴볼 것이다. 2장에선 칠십인역이 이 책 1장의 어휘에 어떤 영향을 미쳤는지에 초점을 맞춘다.

2. 필자가 '문자적'(literal)이라 함은 번역 도착어 중 가장 유사한 낱말을 사용했다는 의미다. 이런 헬라어 도착어 선택의 규칙성을 제시한 자료는 다음과 같다. *The Lexham*

- 루호트(영들): 프뉴마(*pneuma*, 영)
- 케도쉼(거룩한 자들): 하기오이(*hagioi*, 거룩한 자들)
- 마웨트/모트(죽음): 타나토스(*thanatos*, 죽음)
- 메팀(죽은 자들): 네크로스(*nekros*, 죽은)

앞장에서 고찰했듯 히브리어 오브/오봇(영/영들)은 사후세계에 거하는 인간 및 비인간의 '영[들]'을 지칭하고, 일부 대목에선 그들을 연상시키는 특정 존재를 지칭할 수 있다. 예상대로 칠십인역 역자들은 오브/오봇의 도착어로 엔가스트리미토스(*engastrimythos*, 익숙한 영[들])란 단어를 별다른 구분 없이 일관되게 사용했다. 이는 문맥상 이 어휘가 가리키는 것이 영이든 인간 매개자든 상관없이 두루 적용할 수 있는 편의성 때문이었다. 히브리어 이데오니 역시 마찬가지다. 칠십인역은 이데오니를 주로 에파오이도스(*epaoidos*, [마술이나 주문을 사용해] 아는 자)로 번역했다.[3]

이런 문자주의 경향은 칠십인역 역자들이 복수형 엘림이나 엘로힘(신들)과 브네 엘림/엘로힘(하나님의 아들들)을 헬라어로 옮긴 방식에서도 나타난다. 그런데 이런 사실을, 칠십인역 역자들이 '유일신화 경향성'을 강제했다고 전제하는 많은 학자들이 종종 간과한다.[4] 이 개념

Analytical Lexicon of the Septuagint(Bellingham WA: Logos Bible Software, 2012).

3. 가령 칠십인역 레위기 19:31은 히브리어 본문의 *yiddĕʿōnî*를 *epaoidos*로 번역했다. 참조, LSJ, s.v. "ἐπαοιδός."

4. 다음을 보라 C. H. Dodd, *The Bible and the Greeks* (London: Hodder & Stoughton, 1935). 이스라엘 종교를 연구하는 학자 Mark S. Smith는 제2성전기 유대교와 칠십인역에

은 신적 복수성(divine plurality)에 대한 몰이해와 데이터를 전체적으로 검토하지 못한 데서 기인한다.

칠십인역이 복수형 엘림이나 엘로힘, 그리고 브네 엘림/엘로힘을 번역하면서 앙겔로이(*angeloi*)란 단어를 사용한 것은 맞다. 그러나 칠십인역이 거의 모든 경우에 그랬다는 주장은 데이터를 제대로 파악하지 못한 결과다. 아래의 표가 예시하듯, 대부분의 경우 칠십인역은 보다 문자적인 데오이(*theoi*, [또는 데오스의 다른 복수형])를 선택했다.[5]

데이터상에서 분명하게 드러나는 바는, 칠십인역이 훨씬 적은 수의 본문에서만 데오스의 복수형이 아닌 앙겔로스의 복수형을 택했다는 사실이다.[6] 앙겔로스의 복수형으로 옮긴 경우에도, 그 중 거의 절반에 해당하는 칠십인역의 여러 다양한 필사본에선 데오스의 복수형을 사용한다.[7]

서 복수형 엘림과 엘로힘, 브네 엘림/엘로힘 문구가 검열 대상이었다고 주장한다(Mark S. Mark S. Smith, God in Translation: Deities in Cross-Cultural Discourse in the Biblical World [Tübingen: Mohr Siebeck, 2008], 200-201).

5. 표의 출처는 Heiser, *Angels*, 80-81. 『천사를 말하다』(좋은씨앗)

6. 필자가 다른 곳에서도 고찰했듯 "그 사례 중 일부(시 29:1, 82:1, 89:7, 출 15:11)는 히브리어 성경이 다신론의 흔적을 보존한다고 주장하는 학자들이 가장 빈번하게 인용하는 구절이다. 만약 제2성전기 유대인들 사이에 이런 언어가 다신론으로 간주될 수 있다는 우려가 존재했다면 이런 표현을 (천사들로 포장하지 않은 채) 고스란히 남겨두었을 리가 없다. 우리가 발견한 데이터의 불균등성은 칠십인역이 다신론적 언어를 지우고 신적 복수성의 사례를 천사로 희석하려는 조직적 노력의 증거가 될 수 없음을 보여준다." 참조 Heiser, *Angels*, 81-82. 『천사를 말하다』(좋은씨앗)

7. 욥 1:6, 2:1의 "하나님의 천사들"을 Aquilla 헬라어 본문은 "하나님의 아들들"(차례대로 *hoi huioi theou, hoi huioi tou theou*)로 옮겼다. Aquila와 Theodotion 역시 욥 38:7의 "나의 모든 천사들"을 "하나님의 아들들"로 옮겼다. 마지막으로, Aquila와 Heptapla column E'는 칠십인역 시편 137:1의 "천사들 앞에서"를 "신들 앞에서"(*enanti theōn*)로 옮겼다.

히브리어 성경 '신들'/'신적 존재들'(엘로힘/엘림) '하나님의 아들들'(브네 엘림/엘로힘)	칠십인역이 히브리 단어를 '앙겔로스' (천사)의 복수형으로 번역한 경우	칠십인역이 '데오스' (신)의 복수형을 사용해 신적 복수성을 보존한 경우(주1)
오경에서 '엘로힘'이 다른 신들을 가리킨 예들: 출 18:11("모든 신보다 크시므로"; 엘로힘) 신 8:19("다른 신들을 따라"; 엘로힘) 신 10:17("신 가운데 신이시며"; 엘로힘) 신 17:3("다른 신들을 섬겨"; 엘로힘) 신 29:26("자기들이 알지도 못하고 여호와께서 그들에게 주시지도[alloted: 배정하지도] 아니한 다른 신들을… 섬기고"; 엘로힘 2회 언급)(주2)		'데오스'의 복수형은 오경의 율법문서에서 아주 흔하게 등장한다(다음의 구절들을 포함하여 60회 이상 사용됨): 출 18:11; 신 8:19; 10:17; 17:3; 29:26
출 15:11("신 중에"; 엘림)		출 15:11(데오이스)
시 82:1("신들 가운데에서"; 엘로힘)		시 81:1(데우스)(주3)
시 86:8("신들 중에"; 엘로힘)		시 85:8(데오이스)
시 95:3("모든 신들보다 크신 왕"; 엘로힘)		시 94:3(데우스)
시 96:4("모든 신들보다 경외할 것임이여"; 엘로힘)		시 95:4(데우스)
시 97:9("모든 신들보다 위에 계시니이다"; 엘로힘)		시 96:9(데우스)
시 136:2("신들 중에 뛰어난 하나님"; 엘로힘)		시 135:2(데온)
삼상 28:13("내가 한 신[들]이 땅에서 올라오는 것을 보았나이다"; 엘로힘; 개역개정 "영")		삼상 28:13(데우스)

히브리어 성경 '신들'/'신적 존재들'(엘로힘/엘림) '하나님의 아들들'(브네 엘림/엘로힘)	칠십인역이 히브리 단어를 '앙겔로스'(천사)의 복수형으로 번역한 경우	칠십인역이 '데오스'(신)의 복수형을 사용해 신적 복수성을 보존한 경우
창 6:2("하나님의 아들들"; 브네 하-엘로힘)		창 6:2("하나님의 아들들"; 호이 휘오이 투 데우)(주4)
시 29:1("하나님의 아들들"; 브네 엘림; 개역개정 "권능 있는 자들")		시 28:1("하나님의 아들들"; 휘오이 데우)
시 89:7("하나님의 아들들"; 브네 엘림; 개역개정 "신들"[89:6])		시 88:7("하나님의 아들들 가운데"; 엔 휘오이 데우)
시 8:5 ("그를 하나님[또는 신들]보다 조금 못하게 하시고"; 엘로힘)	시 8:6("천사들보다 조금 못하게 하시고"; 브라퀴 티 파르 앙겔루스)	
시 97:7("너희 신들아 여호와께 경배할지어다"; 엘로힘)	시 96:7("그의 모든 천사들아"; ;판테스 호이 앙겔로이 아우투)	
욥 1:6, 2:1("하나님의 아들들"; 브네 하-엘로힘)	욥 1:6, 2:1("하나님의 천사들"; 호이 앙겔로이 투 데우)	
신 32:8 ("하나님의 아들들"; 브네 하-엘로힘; 개역개정 "이스라엘 자손")(주5)	신 32:8 ("하나님의 천사들"; 앙겔론 데우)	
신 32: 43("그에게 절하라 모든 신들아"; 엘로힘; 개역개정 "너희 민족들아 주의 백성과 즐거워하라)(주6)	신 32: 43("하나님의 천사들"; 앙겔로이 투 데우)(주7)	
욥 38:7("하나님의 아들들"; 브네 하-엘로힘)	욥 38:7("나의 모든 천사들"; 판테스 앙겔로이 무)	

히브리어 성경 '신들'/'신적 존재들'(엘로힘/엘림) '하나님의 아들들'(브네 엘림/엘로힘)	칠십인역이 히브리 단어를 '앙겔로스'(천사)의 복수형으로 번역한 경우	칠십인역이 '데오스'(신)의 복수형을 사용해 신적 복수성을 보존한 경우
시 138:1("신들 앞에서 주께 찬송하리이다"; 엘로힘)	시 137:1("천사들 앞에서"; 에난티온 앙겔론)	

1. 칠십인역의 일부 장절표기는 히브리어 마소라 본문과 다름.
2. 배정(allotment)이라는 표현과 관련하여 도표의 신 32:8에 관한 논의를 참조하라.
3. 참조. R. B. Salters, "Psalm 82:1 and the Septuagint," *ZAW* 103.2 (1991): 225-239.
4. 학자들은 이 구절을 (히브리어 원문처럼) "신들의 아들들"로 옮길 수 있다는 주장을 종종 한다. 칠십인역의 창 6:2 번역에 관한 라이트의 고찰이다. "그리스 신화에서 널리 알려진 존재인 '신들의 아들들'이 창세기 6:1-4의 브네 엘로힘과 거인들과 연결된다고 주장하는 이들이 많다. Hesiod는 그의 〈Works and Days〉 110-125에서 초기 유대교의 브네 엘로힘과 쉽게 동일시되는 존재들을 묘사한다. 그들은 땅에서 ὥστε θεοί(신들로서) 살았고, 땅에서의 삶을 마친 후에는 다시금 땅에서 '순전한 영'으로 살았다고 한다.(…) 제우스의 4대손이 창 6:4의 깁보림 묘사와 유사하다. 제우스의 4대손은 반신(demigods)으로 알려진 '인간 영웅' 족속으로, 에녹1서 전승의 거인들과 같은 운명에 처한 것으로 보인다." 참조, Archie T. Wright, The Origin of Evil Spirits: The Reception of Genesis 6:1 – 4 in Early Jewish Literature (Tübingen: Mohr Siebeck, 2013), 73. 동일시(identification) 문제가 복잡한 이유는 그리스 거인/타이탄 이야기의 전승이 수세기에 걸쳐 저작되고 편집된 결과 콘텐츠가 획일적이지 않기 때문이다. 참조, Walter Scott, "Giants(Greek and Roman)," *ERE* 6:194-96.
5. 이 구절의 가장 오래된 히브리 본문은 사해 두루마리에서 발견되었는데 '브네 하-엘로힘'이라고 쓴다. 전통적인 마소라 본문은 "이스라엘의 아들들"이라고 쓴다. 사해문서의 독법이 더 우월한 이유에 관한 긴 논의는 다음을 참조하라. Heiser, "Deuteronomy 32:8 and the Sons of God," *BSac* 158 (2001): 52-74.
6. 이 표현은 마소라 본문에는 없고 사해 두루마리 자료에만 존재한다. 참조. Heiser, "-Monotheism, Polytheism, Monolatry, or Henotheism?," 9-10; Tigay, *Deuteronomy*, 516-17.
7. 칠십인역에서도 이 구절의 1행에 "하나님의 아들들"을 첨가하는데, 이 문구는 쿰란의 히브리 자료에서 누락되어 있다. 이것이 지닌 함의에 관한 후속 논의와 그 설명에 관해서는 다음을 참조하라. Tigay, *Deuteronomy*, 516-17.

그렇다면 칠십인역의 데이터가 히브리어 성경 속 소위 다신론적 언어에 대한 제2성전기 유대인 번역자들의 '거리낌'을 증거한다는 가정은 전혀 옳지 않다.[8] 다만 우리의 관심사에 국한해 보면 앙겔로스라는 어휘 선택이 주목할 가치가 있는데, 번역자들이 여호와께 반역한 엘로힘과 브네 엘림을 (단지 나무나 돌로 만든 우상이 아닌) 악한 영들로 간주했다는 명백한 증거가 되기 때문이다.

부분 의역

칠십인역 번역의 이런 문자주의 흐름은 히브리어 레마인 '사르'(군주)와 '르바임'에서 깨지기 시작한다.

---

8. 다수의 엘로힘을 다신주의로 보는 것은 현대의 신학 개념으로 고대의 사고를 읽는 것이다. 히브리어 성경 기자들의 머릿 속에서 신적 복수성은 여호와의 유일성과 전혀 상충되지 않았다. 현대 학자들은 다수의 엘로힘이 본질적으로 동일한 속성을 가졌을 것으로 잘못 오해한다. 참조, Michael S. Heiser, "The Divine Council in Late Canonical and Non-Canonical Jewish Literature" (PhD diss., University of Wisconsin-Madison, 2004); Heiser, "Monotheism, Polytheism, Monolatry, or Henotheism," 1-30; 그리고 Heiser, "Divine Plurality in the Hebrew Bible," 1-24. 쿰란 공동체의 지극히 보수적인 서기관들 역시 신적 복수성에 아무 문제점을 느끼지 못했다. 참조, Heiser, "Monotheism and the Language of Divine Plurality," 85-100. 다른 학자들도 이런 주장과 두루마리 문서 용어 사이의 동일한 불균등성을 고찰했다. 필자도 신적 복수성 어휘를 (특히 쿰란 자료에서) 다신론과 결부시키는 것은 잘못되었다고 본다. 참조, Peter Hayman, "Monotheism—A Misused Word in Jewish Studies?" *Journal of Jewish Studies* 42.1 (1991): 1-15 (esp. 8-9); and Jonathan Ben-Dov, "The Resurrection of the Divine Assembly and the Divine Title El in the Dead Sea Scrolls," in *Submerged Literature in Ancient Greek Culture*: Beyond Greece: the Comparative Perspective: Vol. 3, *The Comparative Perspective*, ed. Giulio Colesanti and Manuela Giordano (Berlin: De Gruyter, 2016): 9-31. Ben-Dov는 우가릿 본문을 논할 때 엘(El)에 *'lyn*(지존자)이라는 접두사를 붙이는 의외의 실수를 한다(Ben-Dov,11). 우가릿어에선 절대 El에 이 접두사를 사용하지 않는다.

1. 사령관(사르)

구약의 여덟 구절에서 초자연적 존재들이 히브리어 레마 '사르'(*śar*)로 묘사된다(수 5:14-15, 단 8:11, 25, 10:13, 20-21, 12:1).[9] 다만 칠십인역은 사르라는 용어를 취급하는 방식이나 해당 존재의 초자연적 속성을 바라보는 관점에서 늘 일관성을 유지하는 건 아니다.[10]

- 여호수아 5:14-15 —아르키스트라테고스(사령관[commander])
- 다니엘 8:11 —아르키스트라테고스(사령관)
- 다니엘 8:25 —아폴레이아스 안드론(사람들의 멸망[destruction of men)[11]
- 다니엘 10:13 —스트라테고스(사령관)

  테오도션 칠십인역 —아르콘(통치자[ruler])[12]

---

9. 이 책 1장의 논의를 참조하라.

10. 달리 명시하지 않는 한 이번 장의 칠십인역 해석 출처는 Randall Tan과 David A. deSilva, *The Lexham Greek-English Interlinear Septuagint* (Bellingham, WA: Logos Bible Software, 2009)이다. Theodotion 역본의 출처는 Randall Tan과 David A. deSilva, *The Lexham Greek-English Interlinear Septuagint: Alternate Texts* (Bellingham, WA: Logos Bible Software, 2010)이다.

11. 칠십인역 역자들이 참조한 본문이 마소라 본문이 아닌 다른 히브리어 본문이었을 수도 있다.

12. Theodotion 역본의 헬라어 본문은 오랫동안 기존 칠십인역의 주후 2세기 개정판으로 여겨졌다. Jobes와 Silva의 주석이다. "테오도션 교정판에 대한 전통적 이해에는 문제가 있다. 한때 테오도션에만 있다고 여겨진 특정 번역이 이제는 그가 살았던 시점보다 한두 세기 앞서 존재했음이 알려졌기 때문이다. (…) 근래의 발견들, 특히 [쿰란의] 헬라어 소선지서 두루마리본은 적어도 일부 히브리어 성경에 한해선 테오도션의 독특한 특성이라고 여겨진 번역 요소들이 신약 시대 이전에 이미 사용되었다는 시각을 확증해 주었다. 참조, Karen H. Jobes and Moisés Silva, *Invitation to the Septuagint*, 2nd ed. (Grand

• 다니엘 10:20 —스트라테고스(사령관)

테오도션 칠십인역 —아르콘(통치자)

• 다니엘 10:21 —앙겔로스(천사, 메신저)

• 다니엘 12:1 —앙겔로스(천사, 메신저)

히브리어 '사르'의 칠십인역 번역과 관련해 본문비평적 사안이 얽혀 있는 다니엘 8:25은 일단 제외하고[13] 나머지를 살펴보자.

여호수아 5:14-15에 언급되는 사르의 정체에 관한 여러 이견에도 불구하고 문맥은 이 존재의 초자연성을 상당히 명확하게 드러낸다.[14] 흡사 불타는 떨기나무 장면(출 3:1-3)을 다시 떠올리려는 듯, 사르는 여호수아에게 네가 밟은 땅은 거룩하니 신을 벗으라고 명한다. 다니엘 10:21과 12:1 역시 초자연성을 뚜렷하게 드러낸다. 유대 전승이 만장일치로 초자연적 존재로 간주한 미가엘에 대해 다니엘서 기자는 앙겔로스를 썼다. 이는 다니엘서 기자도 그 인물의 초자연성에 관해 어떤 모호함도 없었음을 보여준다.

"무리의 군주"(prince[*śar*] of the host[*ṣābā'*], 개역개정, "군대의 주재")를 언급한 다니엘 8:11은 그 정도로 명확하진 않다. 하지만 앞의 선행 구

Rapids: Baker Academic, 2015), 28.

13. Tov는 헬라어 번역을 설명하기 위해 *šēd rabbîm*("많은 [사람들]의 멸망")이라는 해석을 제언한다. 첫번째 용어 *šēd*(שד)는 *śar*(שׂר)를 옮기는 과정에서 활자를 잘못 혼동한 사례가 될 것이다. 참조, Emanuel Tov, *The Parallel Aligned Hebrew-Aramaic and Greek Texts of Jewish Scripture: Alexandrinus and Theodotion Variants* (Computer Assisted Tools for Septuagint Studies; Bellingham, WA: Logos Bible Software, 2003).

14. 이 책 1장의 논평을 참조하라.

절들이 "하늘의 무리[사바]"를 언급했다는 점에서 인간 무리(고로 인간 군주)일 가능성은 매우 희박하다. 환상 속 다른 장면에선 인간 무리가 등장하지만(단 8:12, 13), "무리의 군주"(사르 하사바[*śar haṣṣābā*])라는 표현은 여호수아 5:14-15(사르 쉐바[*ṣar ṣĕbā*], 개역개정, "군대 대장")의 초자연적 존재인 사령관 묘사와 대동소이하다.[15] 따라서 칠십인역 역자들이 다니엘 8:11의 인물을 신적 존재로 보았으리라는 추론은 상당히 합리적이다.

이런 명료함에도 불구하고 칠십인역 역자(들)이 다니엘 10:13, 20의 사르를 신적 존재로 간주했는지에 관해선 모호성이 존재한다. 칠십인역에서 이 구절들은 각각 호 스트라테고스 바실레오스 페르손(*ho stratēgos basileōs Persōn*, 바사 왕의 사령관)과 메타 투 스트라테고 바실레오스 페르손(*meta tou stratēgou basileōs Persōn*, 바사 왕의 사령관과 함께)으로 번역되었다. 마소라 본문의 해당 구절에선 모두 '왕'(멜렉)이라는 단어가 빠져 있다. 왕이라는 단어의 존재는 바사의 인간 왕을 섬기는 군주로 가닥을 잡는 데 도움이 된다. 이는 칠십인역 역자들이 참조한 원문이 마소라 본문이 아닌 다른 히브리어 본문이었든지, 아니면 자신들의 주관적 해석을 삽입했든지, 둘 중 하나일 것이다.

이렇듯 이 두 구절에 대한 칠십인역의 번역은 통일성이 떨어진다.[16]

---

15. 유일한 차이점은 여호수아 구절에는 정관사가 없다는 것이다.

16. 신기하게도 다니엘서의 Theodotion본문은 단 10:13을 *ho archōn basileias Persōn*(바사 왕국의 통치자)라고 옮겼지만 단 10:20은 *tou archontos Persōn*(바사의 통치자)라고 옮겼다. 다른 본문들은 *tou stratēgou basileōs Persōn*(바사 왕의 통치자)라고 되어 있다. 참조, Alfred Rahlfs and Robert Hanhart, eds., *Septuaginta: SESB Edition (Alternate Texts)*

테오도션 역본의 다니엘 10:13은 호 아르콘 바실레이아스 페르손(*ho archōn basileias Persōn*, 바사 왕국의 통치자)이라고 되어 있다. '왕'을 '왕국'으로 바꾸었기에 통치자는 인간일 수도 있고 신일 수도 있다. 마찬가지로 다니엘 10:20은 메타 투아르콘토스 페르손(*meta touarchontos Persōn*, 바사인의 통치자와 함께)으로 옮겼다. 테오도션 본문의 두 사례 모두 신적 군주/통치자일 가능성을 열어놓는다.

일부 학자들은 (테오도션이 아닌) 칠십인역 다니엘서의 두 사례가 제2성전기 유대교의 '수호 천사' 개념을 뒤집은 것이라고 주장한다. 이들은 만일 다니엘서가 '늦은' 시기(제2성전기)에 기록되었다고 가정한다면, 여기서 관찰되는 다니엘 10장의 의역은 앞선 시기에 뚜렷하게 드러나는 '다신론적' 이스라엘 종교와 거리를 두려는 노력을 반영하는 것이라고 제안한다.

우리는 이미 이 가설이, 칠십인역이 복수형 엘림이나 엘로힘(신들), 브네 엘림/엘로힘(하나님의 아들들)을 취급한 방식에 비추어 볼 때 일관성이 결여돼 있음을 보았다. 동일한 비일관성이 여기 이 발상의 발목을 잡는다. 즉, 다수의 제2성전기 유대 본문에서, 바벨탑 사건 이후로 열국이 초자연적 존재들에게 배정되고 그들의 지배를 받았다는(신 32:8-9) 사상이 드러나기 때문이다.[17] 우리는 이 자료들을 이후에 보다

(Stuttgart: Deutsche Bibelgesellschaft, 2006).

17. Darrell D. Hannah, "Guardian Angels and Angelic National Patrons in Second Temple Judaism and Early Christianity," in *Angels: The Concept of Celestial Beings—Origins, Development and Reception*, ed. Friedrich V. Reiterer, Tobias Nicklas, Karin Schöpflin (Berlin: De Gruyter, 2007), 413–35.

면밀하게 살펴볼 예정이다. 지금 시점에선 두 구절만 봐도 충분하다.

> 그가 각 민족마다 한 지도자를 정하셨고, 이스라엘은 주님의 분깃이니(시락의 지혜서 17:17, LES).

> [하나님이] 이스라엘을 자기 백성이 되도록 택하사 이스라엘을 거룩케 하시고 모든 사람의 아들들로부터 불러 모으셨으니 허다한 나라와 허다한 사람이 있고 그들 모두가 그분께 속하였으나 그들 모두 하나님을 따르지는 못하도록 미혹의 영의 다스림을 받게 하셨느니라 다만 이스라엘의 유일한 통치자는 하나님이시라 다른 어떤 천사나 영도 이스라엘을 다스리지 못하게 하셨느니라(희년서 15:30-32, *OTP*, 2:87).

이는 다시금 제2성전기 유대 종교의 저술가들과 사상가들이 자신들이 보유한 신성한 성경 속 신학에 어떤 거부감도 없었음을 분명하게 보여주는 대목이다.

2. 르바임과 네피림

히브리어 '르바임'을 대하는 칠십인역 역자들이 보여준 번역적 판단은 저마다 달랐다.

칠십인역의 '르바임' 번역	구절(주1)
기가스의 복수형(거인들)(주2)	창 14:5, 수 12:4, 13:12, 욥 26:5, 잠 21:16, 사 14:9, 대상 11:15, 14:9, 20:4

라파에인, 라파인, 라파에임(히브리어 르바임의 음역)[주3]	창 15:20, 신 2:11, 20(2회), 신 3:11, 13, 수 15:8, 18:16[주4], 삼하 23:13
이아트로스의 복수형(치유자들)	시 88:10(칠십인역 87:11), 사 26:14
게게네스의 복수형(땅에서 난 자들)[주5]	잠 2:18, 9:18
티탄의 복수형(타이탄들)	삼하 5:18, 22
아세베스의 복수형(불경건한 자들, 부정한 자들)[주6]	사 26:19

1. 여호수아서의 칠십인역 역자들이 수 17:15의 르바임을 번역하지 않았을 수도 있고, 르바임이 언급된 마소라 본문과는 다른, 별도의 히브리어 본문을 참조했을 수도 있다. 동일한 문제가 이사야 17:5 이면에 있는데, 역자가 히브리어 *ēmeq rĕpā'îm*(르바임의 계곡)을 '견고한 협곡'(solid ravine)(칠십인역: *sterea pharangi*)으로 해석했을 가능성이 크다.
2. LSJ, s.v. "Γίγας."
3. 이 모든 음역은 칠십인역 본문에 수록되어 있다.
4. 이 경우 르바임을 앞 단어 *ēmeq*와 조합하여 헬라어 *Emekraphain*이 되었다.
5. BDAG, s.v. "γηγενής."
6. BDAG, s.v. "ἀσεβής."

칠십인역의 '네피림' 번역	구절
기가스의 복수형(거인들)	창 6:4, 민 13:33(한번)[주1]

1. 히브리어 성경에서 네피림은 민수기 13:33에 두 번 등장한다. 아울러 칠십인역 역자들이 사용한 본문에도 등장하는데, 칠십인역 역자들은 그 중 한번은 네피림을 *andres hypermēkeis*(거구의 남자들)로 옮겼다.

칠십인역 역자들의 일부 번역적 선택은 대번에 이해가 간다. 고유명사를 음역하는 방식은 현대 영어 성경에서도 흔한 선택이기에 고대 번역에서 음역을 발견했다는 사실이 놀랍지는 않다. 아울러 르바임이 거인으로 이해되었다는 사실 이면에 대단한 미스테리가 있는 것도 아니다. 르바임이라는 히브리 용어가 등장하는 구절들이 르바임을 거인으로 묘사하기 때문이다(신 3:11, 13, 수 12:14, 13:12, 비교, 신 2:10-11, 민 13:33).[18] '치유자들'(healers)로 번역한 두 사례는 역자가 히브리어 어근의 기본 의미라고 판단한 것에 일치하도록 번역하려 시도했음을 반영한다. 앞 장에서 고찰했듯, 많은 현대 학자들 역시 상반되는 증거가 존재함에도 불구하고 르바임이 *r-p-'*("치유하다")라는 어근에서 파생되었다는 주장을 편다.[19] 학자들이 이사야서의 '작은 묵시록'(24-27

---

18. 우가릿의 자료와 달리, 구약은 간간이 모세와 여호수아 시절의 거인 족을 가리키는 말로 르바임을 사용했음을 주목해야 한다. 바산의 왕 옥이 르바임의 마지막 남은 자로 불렸다(신 3:11, 13, 수 12:4, 13:12). 르바임은 신 2:10-11의 아낙 족속과도 연결된다("이전에는 에밈 사람이 거기 거주하였는데 아낙 족속 같이 강하고 많고 키가 크므로 그들을 아낙 족속과 같이 르바임이라 불렀으나"). 민 13:33에 의하면, 아낙 족속은 "네피림의 후손"이었다. Seeman이 고찰하듯, 칠십인역 역자들은 창세기 6장의 네피림과 민수기 13장의 아낙과 르바임(관련 대목에서 *gigantes*를 사용했다) 간의 연결고리를 이해하고 있었음이 분명하다(Chris Seeman, "The Watchers Traditions and Gen 6:1-4 [MT and lxx]," in *The Watchers in Jewish and Christian Traditions*, ed. Angela Kim Harkins, Kelley Coblentz Bautch, and John C. Endres, S.J. [Minneapolis: Fortress Press, 2014], 33). 아울러 칠십인역은 창 6:4과 그밖의 다른 대목에서도 히브리어 *gibborîm*을 *gigas*(거인)으로 옮겼다. 우리의 목적과 관련하여 보면, 칠십인역 겔 32:12, 21, 27에서 *gigas*의 복수형을 사용한 것이 흥미롭다. 겔 32장의 관련 대목은, 다른 구절들에선 르바임이 등장하는 지하세계를 언급한다. 마소라의 세 구절은 모두 *gibborîm*으로 되어 있다. 겔 32:27의 히브리어 본문에는 *gibborîm*과 *no'pelîm* 둘 다 등장한다. 혹자는 후자가 네피림을 칭하는 것이라고 보지만 칠십인역 역자들은 그렇게 보지 않았고(필자는 칠십인역 역자들이 옳다고 본다) 이를 *peptōkotōn*('타락한')으로 번역하는 선택을 했다. 쿰란의 아람어 본문(Book of the Watchers와 Book of Giants) 역시 창 6:4과 민 13:33을 연결시킨다. 참조 Samuel Thomas, "Watchers Traditions in the Dead Sea Scrolls," in *The Watchers in Jewish and Christian Traditions*, ed. Angela Kim Harkins, Kelley Coblentz Bautch, and John C. Endres, S.J. (Minneapolis: Fortress Press, 2014), 137.

19. 필자가 이 책 1장의 각주에서 지적했듯, Michael L. Brown 같은 학자들은 이 같은 이해가 안고 있는 문제점을 주목했다. 그는 다른 사람들이 간과한 듯한 자명한 의문점을 제

장)이라고 부르는 이사야 26장의 맥락을 감안하면, '불경건한'(아세베스)도 가능한 선택지가 될 수 있다.[20] 왓츠는 이사야서의 해당 본문을 이렇게 세분화했다.

1. 현 세계 질서의 와해: 24:1-20
2. 새로운 미래 질서 속 예루살렘의 위치: 24:21-26:6
3. 여호와 심판의 필요성: 26:7-21
4. 이스라엘 구원의 조건: 27:1-13 [21]

이사야 26:14는 하나님의 대적들에 대한 심판을 촉구하기에 르바임을 '불경건한 자들'로 번역한 것이 맥락에 어긋나진 않는다. 하지만 이 번역은 르바임이 이스라엘과 인류를 향한 하나님의 계획에 줄곧 맞서왔다는 점을(이는 다양한 용례에서 드러난다) 감추는 번역이다.

'땅에서 난 자들' 그리고 '타이탄들'이라는 번역이 적어도 우리에겐 가장 이례적인 선택이 아닐까 싶다. 그러나 제2성전기에는 이런 번역이 충분히 설득력 있었을 것이다. 칠십인역은 유대 역자들이 이 용어와 거인의 연관성을 인식했음을 증거한다. 헬레니즘(그리스) 종교의

기한다. "르바임/*rp'um*을 치유자(healer)로 상정한 어떤 다른 성경이나 우가릿, 기타 북서부 셈어 본문이 존재하는가?" "가나안 신 *rāpiu*가 치유자였는가?" 두 질문에 대한 답은 모두 '아니오'다(Brown, "I Am the Lord, Your Healer," 124-27).

20. William R. Millar, "Isaiah, Book of: Isaiah 24–27 (Little Apocalypse)," *ABD* 3:488–89.

21. John D. W. Watts, *Isaiah 1–33*, rev. ed. (WBC; Nashville: Thomas Nelson, 2005), 371. 『이사야』(솔로몬).

거인들(기간테스)은 '땅에서 난'(earth-born) 자들로 묘사되는데, 이는 그들의 어머니가 땅(가이아)이었기 때문이다. 가이아의 자녀들이 타이탄이었다.

> [타이탄의 기원]은 헤시오도스의 〈신들의 계보〉(Theogony)에 묘사되었듯, 학자들이 '타이타노마키아'(타이탄들의 전쟁)라고 부르는 사건과 구체적으로 연결되었다. 타이탄들(헬라어 복수형은 *titanes*)은 우라노스(하늘) 신과 가이아(땅) 신 소생이었다. 가이아는 우라노스가 어느 타이탄을 타르타루스에 던져버린 일로 격분했다. 가이아는 (오세아누스를 제외한) 남아 있는 타이탄들을 성공적으로 선동하여 우라노스에 반기를 들게 했다. 그 타이탄들 중 하나인 크로노스가 가이아가 준 낫으로 우라노스를 거세했다(〈신들의 계보〉 134-207). 우라노스의 상처에서 떨어진 피가 땅의 흙으로 스며들어 가이아가 임신했고, 기간테스와 에리야네스(로마의 진노), 재나무 님프를 낳았다. 훗날 제우스가 이끄는 올림피아인들이 타이탄들을 물리친 후 제우스가 타이탄들을 타르타루스에 던져버렸다. 이로 인해 다시 격분한 가이아는 자녀들인 기간테스를 선동하여 올림피아인을 침공하게 함으로 '기간토마키아'로 알려진 2차 분쟁을 일으켰다. 이 2차 분쟁에 관한 기록이 2세기의 저술가 아폴로도루스(주전 180년경 출생 추정)를 통해 보존되었다. 올림피아인들은 기간테스를 물리친 후 그들을 타르타루스에 가두었다.[22]

22. M. S. Heiser, "Giants—Greco-Roman Antiquity," in *Encyclopedia of the Bible and Its Reception*, vol. 10 (Berlin: de Gruyter, 2015). 또 다음을 보라. Scott, "Giants (Greek

마틴 웨스트는 고대 근동과 그리스 신화 및 문헌 간의 연결점에 관한 그의 기념비적인 연구에서 이 연결점에 주목했다.[23] 도엑이 논평하듯, 칠십인역은 '티탄'과 '게게네스'라는 레마를 사용하여 성경 속 르바임과 그리스 신화 속 인물들 간의 개념적 연결 고리를 만들어낸다.

> 거인과 타이탄을 언급했다는 사실은 어떤 면에서 그리스 신화에 비견할 만한 또 하나의 세계를 시사한다… 수수께끼 같은 암시적 대목에 대해 그리스 신화 속 어휘를 끌어다 쓴 번역은 그리스의 거인들과 타이탄들을 성경 이야기의 일부로 만들어버린 것과 같은 효과를 초래한다.[24]

우리의 목적에 준해 여기서 취할 대목은 칠십인역 역자들이 르바임을 언급할 때, 이들을 거인과 연결지을 뿐 아니라 거기에 더해 사후세계의 초자연적 거민과 연관 지었음이 분명하다는 것이다.

---

and Roman)," 193–97.

23. Martin L. West, *The East Face of the Helicon: West Asiatic Elements in Greek Poetry and Myth* (Oxford: Clarendon, 1997), 117, 163, 166, 205.

24. Brian R. Doak, *The Last of the Rephaim: Conquest and Cataclysm in the Heroic Ages of Ancient Israel* (Boston: Ilex Foundation, Center for Hellenic Studies, 2012), 58.

칠십인역 번역에 나타난 헬라어 다이모니온의 용례

칠십인역의 번역적 판단과 관련한 고찰 중 가장 두드러진 대목은 '다이모니온'(*daimonion*)의 쓰임이다. '다이모니온'이라는 레마는 총 17번 등장하는데, 그중 9번은 토빗서와 바룩서 같은 위경(또는 외경)에 나온다.[25] 관련 용어 다이몬(*daimōn*)은 단 한 번 사용되었다.[26]

칠십인역의 이 레마 용례는 복음서의 귀신들이 어떻게 바벨(신 32:8-9)에서 민족들을 배정받은 신들(엘림 및 엘로힘, 브네 엘림/엘로힘; 신들, 하나님의 아들들)과 병합되었는지를 이해하는 데 중요하다. 이 책 후반부에서 필자는 구약과 후기 유대 신학이 왜 이 두 부류의 신적 존재들을 구별하는지 설명할 예정이다. 일단 여기선 어떤 문제점이 있는지만 지적하고 넘어가겠다. 칠십인역 역자들은 바벨탑 사건을 계기로 열국을 다스리게 된 '하나님의 아들들'을 언급하는 특정 구절에서 다이모니온을 사용했다. 그 이후로 신약 저자들은 사람들을 괴롭히는 영적 존재들을 가리킬 때 이 동일한 용어를 썼다. 결과적으로 구약과 제2성전기 유대인의 사고에선 전혀 다른 기원을 가졌던 두 음산한 신

---

25. 칠십인역은 관련된 *daimōn*을 단 한번만(사 65:11) 활용한다. 논의를 참조하라.

26. 이 용어들은 의미론적으로 중첩되며, 특히 형용사 레마 *daimonion*이 실명사로 사용되었을 경우 그렇다. 레마 *daimōn*은 명사다. *daimonion*이 어떻게 쓰이든, 이 용례가 *šēdîm*이나 "하나님의 아들들"을 덜 신적이거나 초자연적이지 않은 존재로 만든다는 주장의 빌미를 제공하진 않는다. 비록 의미론을 지나치게 밀어붙인 듯 하지만, *daimonion*이 '중간계' 신성(즉, '신 계급')을 묘사하는 데 사용될 수 있었다는 사실은 '하나님의 아들들'을 여호와에 비해 낮은 서열로 자리매김하는 데 꽤 유용했을 것이다. 상세한 논의는 다음을 참조하라. Werner Foerster, "Δαίμων," *TDNT* 2:8; BDAG, s.v. "δαιμόνιον."

적 존재들의 무리가 신약에서 하나로 합쳐졌다.

이 병합이 애석한 일이긴 하나 실제로 다이모니온이라는 어휘는 두루 사용하기에 좋은 편리한 용어다. 헬라어 다이몬과 다이모니온은 (선하거나 악한) 신적 존재를 일컫는 광의의 단어다. 아울러 이 단어는 신적 위계 또는 초자연적 서열 체계에서 서로 다른 위치를 점한 신적 존재들에게도 적용할 수 있다. 렉신의 요약이다.

> 다이몬이라는 단어는 다양한 시기의 그리스 문헌에서 폭넓게 활용된 헬라어 어휘의 역동성을 반영한다. 물론 하나로 딱 떨어지는 영어 대응어는 없다. 다이몬은 어마어마한 광범위성과 함축성을 가진 단어다… 다이몬은 데오스보다 더 일반화되어 있고 덜 개별화되어 있다… 그리스 고전 문헌을 조사해 보면 다음과 같은 다이몬의 여러 의미를 발견할 수 있다. (1) 어떤 신/여신, 혹은 개별 신들/여신들을 지칭한다. 그런데 이런 용례는 드물다. (2) 더 빈번한 용례는 '신적 권능'(Divine Power, 라틴어 누멘[*numen*])을 가리킨다. 이는 그 자체로는 비인격적이지만, 대체로 인격(모종의 신)에게서 나오는 초인간적인 힘을 의미한다. (3) 개인의 운명뿐 아니라 심지어 그의 재물을 통제하는 '권능' (4) 더 나아가 한 사람이나 가족에게서 발현되는 (선하거나 악한) '비범한 재능'으로 세분화될 수 있다 (5) 보다 특별한 용례로는 다이모네스(*daimones*)가 명목상의 신성, 즉, 헤시오도스 황금시대 사람들의 '영혼'을 가리킨다. (6) 신과 인간의 중간(참조, 플라톤)에 존재하며, 신보다 하등한, 영적인 또는 준신급 생명체를 의미하기도 한다. (7) 마지막으로 (물론 전형적 용례는 아니지만) 기독교적 의미에서 '마귀'와 '나쁜 영'

을 의미하기도 한다.[27]

결과적으로 칠십인역의 헬라어 역자들은, 구약에 묘사된 여러 범주의 신적 반역자들을 하나의 존재론적 부류로 병합하려는 '의도 없이' 이 용어를 사용할 수 있었다. 애석하게도 우리는 이 용어들의 방대한 뉘앙스를 다 알지 못한다. 그 결과 일부 학자들은, 신약 기자들이 열국을 배정받은 신들을 '진짜' 신적 존재가 아닌 그저 '귀신들'로 보았다는 주장을 폄으로써, 신약과 구약 사이에 신학적 쐐기를 박기에 이르렀다.

이런 사고가 이상한 이유는 귀신 역시 초자연적 존재이기 때문이다. 아울러 히브리어 성경의 (엘로힘 같은) 신적 복수성 언어가 다신론을 의미하지 않으며 오히려 여호와와 관련된 여타 초자연적 존재들의 서열과 위계를 가리킨다는 점을 놓치기 때문이다.[28] 일부 학자들의 그런 주장은, 마치 하나 이상의 신적 존재가 등장할 경우 구약에선 다신론을 의미해도 신약에선 (제아무리 문맥이 여러 신의 존재를 드러내도 '신들' 같은 복수형 언어만 피하면) 다신론이 아니라고 상상한 듯하다.

칠십인역은 이 상상 속 경계를 보란 듯이 넘나든다.[29] 앞의 표에서

---

27. John E. Rexine, "Daimon in Classical Greek Literature," *Greek Orthodox Theological Review* 30.3 (1985): 336. 인용문에 수록된 헬라어 단어들의 음역은 필자.

28. 이 책 1장의 엘로힘 논의에 사용된 참고문헌을 참조하라.

29. 칠십인역 사용과 구약의 신적 복수성 구절과의 연결점들로 인해 신약도 경계선을 넘나든다. 신약 기자들은 이 용어들의 뉘앙스에 무지하지 않았다. 사실 그들은 제2성전기 유대교의 귀신론과 신적 반역자들의 차이점에 관해 알고 있었고, 이를 드러내는 다른 용어들을 사용하기도 했다. *daimonion* 같은 용어는 그저 두루 적용하기 좋은 탄력적인 용어

칠십인역이 신명기 32:8의 브네 엘로힘(하나님의 아들들)을 앙겔론 데오(*angelōn theo*, 하나님의 천사들)라고 옮겼지만 열국을 배정받은 신들을 언급하는 구절들에선(신 17:3, 29:26, 시 82:1, 6) 복수형 데오스를 사용했음을 상기하라.[30] 신명기 32:17에서 이 신들(엘로힘)은 수호하는 영들(guardian spirits)인 셰딤으로 묘사된다. 칠십인역은 신명기 32:17의 셰딤을 다이모니온으로 번역하는 선택을 했으나, 더불어 이 동일한 존재들을 신들(*theoi*)로 칭하기도 한다.

> 그들은 하나님이 아닌 귀신들(*daimoniois*), 즉, 그들이 알지 못하는 신들(*theois*)에게 희생제를 드렸더라(LES).

이 어휘 선택은 일관성이 없거나 혼란을 야기하지 않는다. 칠십인역 역자들이 열국을 배정받은 신적 존재들을 다이모니온이라고 칭함으로써 그들의 실재성을 부인하려 했다거나 신들보다 하등한 존재로 지칭하려 했다는 의도성도 보이지 않는다. 칠십인역 신명기 32:17은 오히려 그런 식의 사고가 잘못임을 드러낸다.

였다. 10장을 참조하라.

30. 시편 82편이 연관성이 있는 이유는 이 시편이 열국을 되찾게 해달라는 시편 기자의 외침으로 끝나기 때문이다. 이 시편에서 언급하는 재판은 바벨에서 열국을 배정받은 하나님의 아들들에게 내려지는 심판이다(시 82:6). 이는 이사야 34장 등 종말론적 심판을 언급하는 다른 본문들의 맥락이 된다. 참조, Joel Reemtsma, "The Punishment of the Powers: Deuteronomy 32 and Psalm 82 as the Backdrop for Isaiah 34" (paper presented at the Annual Meeting of the Evangelical Theological Society, San Diego, CA, Nov 19, 2014).

이와 관련해 다음과 같은 다이모니온 용례가 도움이 된다. 신명기 32:17에서 열국을 배정받은 엘로힘/셰딤은 다이모니오이스(귀신들)이다. 칠십인역 역자는 셰딤이 등장하는 유일한 다른 구약 본문에서 동일한 번역적 선택을 했다(시 106:37, 칠십인역 시 105:37). 칠십인역 시편 95:5(시 96:5)은 "열국의 모든 신들(데오이, 히브리어로 엘로힘)은 귀신들(다이모니아)이나 여호와가 하늘들을 지으셨으니"(LES)라고 한다. 여기서 칠십인역은 히브리어 엘로힘을 데오이로 직역하는 선택을 했으나 뒤이어 나오는 (다이모니아로 번역된) 히브리어는 셰딤이 아닌 엘릴림(*'ĕlîlîm*, 우상들)이다. 여기서 히브리어 성경은 '영적 존재들'과 그 영들이 내주한다는 믿음에 따라 숭배의 대상이 된 '우상들' 간에 밀접한 연관성이 있음을 피력한다. 고대 근동의 사유에서 이 둘은 밀접한 연관성이 있으나 동일하진 않았다. 이를 보고 성경 기자들이 열국의 신들을 그저 인간의 손으로 만든 물건으로 간주했다고 추정한다면, 이는 고대의 우상관을 제대로 반영하지 못한 것이다. 고대 근동의 우상숭배를 집중 연구한 마이클 딕은 우상 제작자가 자신의 손으로 만든 우상에 대해 신적 언어를 사용하면서도 자신이 제작한 형상과 그것이 상징하는 신, 이 둘 사이를 개념적으로 구별한다는 점을 보여주는 고대의 본문을 언급한다. 신이 신상 안에 내주해도 신과 신상은 별개다. 마이클 딕은 "시파르의 샤마쉬 동상의 파괴가 샤마쉬라는 신의 죽음으로 간주되지 않은" 사례를 언급하며 "그래도 여전히 샤마쉬를

숭배할 수 있었다"고 했다.[31]

고대 유사종교의 숭배물과 우상숭배를 연구한 또다른 학자 게이 로빈스는 고대 근동의 세계관에서 신과 형상물 간의 개념적 구별이 유지되었음을 설명한다.

> 비육체적 존재가 신상을 통해 현현하면 이는 그 존재가 의식 수행을 통해 살아있는 인간과 상호작용할 수 있는 통제된 장소에 고정화되는 결과를 불러왔다… 인간 입장에선 신들과 상호작용하여 신들이 우주를 창조, 갱신, 유지하도록 설득하려면 그 신들을 땅으로 끌어내려야만 했다… 이 상호작용은 무한한 신적 권능이 야기할 수 있는 잠재적 위험성과 인간 세계의 불순함으로 인한 신적 세계의 오염을 막기 위해서라도 엄격하게 통제되어야 했다. 가시적 인간 영역에서 행하는 신의 능력이 물리적 몸을 통해 현현하지만, 어떤 한 몸으로 현현한다고 해서 이것이 어떤 식으로든 신을 제한하진 않았다. 신성의 본질인 비육체성은 시공간의 제약 없이 온갖 '몸'과 온갖 장소에 동시다발적으로 현현할 수 있음을 의미했다[32].

31. Heiser, *Unseen Realm*, 36, 각주 14. 『보이지 않는 세계』(좋은씨앗). 참조, Michael B. Dick, "Prophetic Parodies of Making the Cult Image," in *Born in Heaven, Made on Earth: The Making of the Cult Image in the Ancient Near East*, ed. Michael B. Dick (Winona Lake, IN: Eisenbrauns, 1999), 33–34.

32. Gay Robins, "Cult Statues in Ancient Egypt," in *Cult Image and Divine Representation in the Ancient Near East*, ed. Neal H. Walls (Boston: American Schools of Oriental Research, 2005), 1–2.

요지는 (이스라엘을 비롯한) 고대인들에게 신과 우상은 밀접한 연관성이 있으나 동일하지는 않았다는 것이다. 이것이 의미심장한 이유는 바울이 고린도전서 10:21-22에서 고린도 교인들에게 귀신과의 사귐에 관해 경고할 때 신명기 32:17을 인용했기 때문이다. 바울은 다이모니아가 실제로 존재한다고 믿었음이 분명하다. 바울이 성경의 초자연적 세계관에 모순되는 이야기를 하지는 않았을 것이다.[33] 아래에서 보겠지만, 토빗서와 바룩서 이면의 칠십인역 저자들 역시 바울과 동일한 입장을 취하고 있다. 그들의 책 역시 분명하게 다이모니아에 실재성을 부여하기 때문이다. 이런 배경을 놓고 볼 때, 이사야 65:3, 11의 칠십인역 역자들이 무슨 생각을 하고 있었는지 간파하기란 다소 어렵다.

> 곧 동산에서 제사하며 벽돌 위에서 존재하지 않는 귀신들[다이모니오이스]에게 분향하여 내 앞에서 항상 내 노를 일으키는 백성이라(사 65:3 LES).

> 오직 나 여호와를 버리며 나의 성산을 잊고 귀신[다이모니오, 히브리어 '가드']에게 상을 베풀어 놓으며 행운의 신[티케, 히브리어 '메니']에게 섞은 술을 가득히 붓는 너희여…(사 65:11 LES).

---

33. 그럼에도 바울은 칠십인역의 유대인 역자가 자신의 신학적 취향을 끼워넣는 것을 막을 수 없었다. 참조, lxx 시 90:6(히브리어, 91:6).

첫 번째로 지적할 점은 "존재하지 않는 귀신들"이라는 문구가 마소라 본문에는 없다는 것이다. 칠십인역 역자가 다른 필사본을 참조했을 수도 있고, 아니면 더 큰 가능성은, 역자가 뒤에 이어지는 11절 내용에 어울리도록 (원래는 없던) 이 표현을 추가했을 수 있다. 말하자면 역자가 어떤 신학적 논점을 삽입한 것이 분명해 보이나, 정작 11절의 내용은 역자의 사고 회로에 혼돈이 있던 것처럼 보인다. 칠십인역은 이사야 65:11의 히브리어 '가드'(*gad*) 대신 가나안, 페니키아, 퓨닉 본문에서 잘 알려진 신의 이름 '다이모니오'(*daimoniō*)를 썼다.[34] 가드는 행운의 신(또는 여신)이며, 바로 그래서 가드가 여기 칠십인역 이사야 65:11처럼 여러 본문에서 종종 운명의 여신(또는 신) 티케(*Tychē*)와 나란히 등장하는 이유다.[35] 다만 왜 역자가 어떤 신의 이름은 있는 그대로 쓰면서 다른 어떤 신은 '다이모니온'이라는 레마로 일반화했는지는 확실치가 않다. 역자가 앞서 이사야 65:3에서 "존재하지 않는"이라는 표현을 집어넣었기에 신경쓰지 않았는지도 모르겠다.

하지만 히브리어 성경 본문에 대해 칠십인역 역자들이 다이모니온을 사용한 나머지 용례들을 보면, 설령 이사야 65장의 역자가 다른 신

34. S. Ribichini, "Gad," *DDD* 339. 참조, F. L. Benz, *Personal Names in the Phoenician and Punic Inscriptions* (Rome: Biblical Institute Press, 1972), 294–95; J. Teixidor, *The Pantheon of Palmyra* (Leiden: Brill, 1979) 88–100.

35. L. H. Martin, "Tyche," *DDD* 877. 참조, S. D. Sperling, "Meni," *DDD* 566–67; W. C. Greene, *Moira. Fate, Good, and Evil in Greek Thought* (Cambridge, MA: Harvard University Press, 1944); L.B. Radford는 티케에 관한 장구한 논의를 제공한다(Radford, *The Epistle to the Colossians and the Epistle to Philemon* [London: Methuen, 1931], 127–43, 324–26).

들의 실재성을 부인하는 신학적 성향을 가졌다고 해도, 그의 동료들은 그런 지향성을 공유하지 않았음을 분명하게 알 수 있다.

우리는 이 책 1장의 논의를 통해, 성경 기자들이 부정한 땅, 즉 악한 영들과 연관된 영역이라는 개념을 전달하기 위해 초자연적 생명체를 가리키는 용어들을 사용했다는 점을 확인했다.[36] 이와 관련하여 가장 중요한 두 본문이 이사야 13:21-22과 이사야 34:14이다. 칠십인역 역자들은 두 경우 모두에 대해 복수형 '다이모니온'을 썼다.

> 오직 들짐승들이 거기 엎드리고 사이렌들[*seirēnes*]의 소리가 그 가옥에 가득하며 신들이[다이모니아] 거기서 춤출 것이요 그 궁성에는 당나귀-켄타우르스(donkey-centaurs)가 거기 깃들며 고슴도치들이 그 가옥을 소굴로 삼을 것이라 그의 때가 가까우며 그의 날이 오래지 아니하리라(사 13:21-22 LES).

> 귀신들[다이모니아]이 당나귀-켄타우르스[*onokentaurois*]와 만나 서로 울부짖을 것이라 당나귀-켄타우르스[*onokentauroi*]가 거기 거하여 쉬는 처소로 삼을 것이라(사 34:14 LES).

이사야 13:21에서 히브리어 '오힘'(*ʾōḥîm*, 부르짖는 생물들)의 도착어로 '사이렌들'(세이레네스)을 택한 것은 동물의 왕국을 능가하는 무언

---

36. 이런 논의에서 눈에 띄는 히브리어 용어는 시임(들짐승), 이임(울부짖는 생물들), 세이림(숫염소 또는 염소 귀신들)이었다.

가가 역자의 눈에 들어왔음을 나타낸다.[37] 그리스 신화에서 사이렌은 아름다운 노랫소리로 뱃사람을 유혹하여 사지로 몰아넣는 존재다. 헬라 예술의 가장 초기 묘사에서 사이렌은 여자의 머리에 새의 날개와 몸통을 가진 존재로 묘사된다.[38] 쇼리는 신화 속 사이렌의 역할과 칠십인역 속 이 명칭 사용을 이렇게 설명한다.

> 사이렌은 오디세이 모험에서 서쪽 요정의 나라 어딘가에 있는 고즈넉한 바다 해협에 사는 바다 요정들이다. (…) 오비드는 사이렌들이 프로세르핀의 놀이동무였으며, 날마다 바다 위를 날아 프로세르핀을 찾아 나설 수 있도록 신들이 사이렌들에게 날개를 달아주었다고 한다. 아폴로도루스와 히기누스 신화가 우리에게 알려주는 바는, 아르고나우타이의 전설에서 오르페우스가 사이렌들에 맞대응하여 노래했고, 패배한 사이렌들이 스스로 바다에 투신하여 물속 바위로 변했다는 것이다. (…) 칠십인역의 언어에서(욥 30:29, 사 34:13, 43:20, 렘 27:39) 사이렌은 황폐한 곳에 거하는 들짐승과 영의 유의어다.[39]

이사야 13:21의 나머지 부분에서 역자는 히브리어 세이림의 도착어로 다이모니아를 선택했다. 아사셀에 관한 우리의 이전 논의에서

---

37. 이는 히브리어 성경에서 이 레마가 등장한 유일한 사례다. *HALOT*(s.v., אח)은 이것이 독수리나 부엉이일 수 있다고 본다.

38. Paul Shorey, "Sirens," *ERE* 11:578.

39. Shorey, "Sirens," 578.

세이림을 레위기 17:7 같은 구절에서 '염소 귀신들'이라고 번역했음을 상기하라. 그러므로 이사야서의 칠십인역 역자가 택한 방향은 초자연성이었다.[40]

'당나귀 켄타우르스'가 무엇을 의미하는가는 추측의 영역일 수밖에 없다. 두 구절 모두(사 13:22, 34:14)에서 이 기이한 생명체의 대응 히브리어는 이임(*'iyyîm*)이다. 다시금 이 선택으로 인해 기자가 염두에 둔 것이 일반 동물계가 아님이 분명해진다. 기자가 이사야 34:14 도입부에서 다이모니아를 쓴 것은(시임은 들짐승으로 번역했다) 우리를 음산한 초자연적 존재로 이끌려는 의도가 보인다.[41] 마틴의 고찰이다.

> 처음의 다이모니안은 시임을 번역한 것이고 이임은 오노켄타우로이로 번역했다(두말할 나위 없이 그 의미는 '당나귀 켄타우르스'처럼 모종의 당나귀-인간 반신반인을 의미한다). (...) 시임과 이임이 고대의 어떤 존재를 참조했는지는 불확실하며 지금 시점에서 그 생물 종을 규명하기란 불가능하다. 다행히 우리의 목적에 한해서 보면, 역자가 전하고자 한 의미를 파악하는 것으로도 충분하다. 역자가 다이모니아를 채택

40. 사 34:14에서도 동일한 지향성이 나타나지만 반면 영어 번역에선 쉽사리 감지되지 않는다. 마소라 본문에선 "서로 울부짖을 것이라"(one will cry out to the other)는 표현에 *śĕʿîr*(염소 또는 염소 귀신)를 썼는데, 이는 뒤에 나오는 동사 *yiqra'* (울부짖다)의 주어다. 역자는 여기서 *daimonia*(또는 그 단수형)을 반복하는 대신 당나귀 켄타우르스가 염소 귀신 역할을 하게 했다("서로 울부짖을 것이라").

41. 레 17:7와 대하 11:15의 역자들이 초자연적 뉘앙스를 모호하게 가리거나 희석하려고 의도한 것처럼 보일 수 있다. 두 구절 모두 히브리어 *śĕʿîrim*을 *mataiois*(무가치한 것들)로 번역했다.

한 것은 구체적으로 시임을 지칭하거나 아니면 그 단어를 포함한 다른 목록을 가리키기 위함이었다. 그러니까 적어도 '역자'는 이 히브리어 용어들이 다이몬을 지칭하며 이임은 당나귀-인간의 합체라고 생각했던 것이다. '세이르'라는 용어도 문맥에 등장하기에 (만약 역자의 히브리어가 우리와 같다면) 우리의 역자가 디오니수스가 사티르스 및 켄타우르스와 뛰노는 다이몬의 초상을 그렸다고 상상하고픈 유혹이 든다. 사티르스와 켄타우르스는 헬레니즘 예술의 전쟁 그림에 디오니수스의 수행원으로 자주 등장한다. 여하튼 여기서 다이모니아는, 황량한 곳에 거하는 (어쩌면 신들을 포함한) 신화적 존재들을 언급하는 것일지도 모른다.[42]

칠십인역 역자들은 초자연적 어휘에 머무르지 않고 데베르(전염병)와 케테브(멸망) 같은 혼돈의 세력까지 동원하여 초자연적 악의 실체를 묘사했다. 시편 91:3-6에 해당하는 마소라 본문(ESV)과 헬라어 칠십인역(90:3-6 LES)의 영어 역본을 비교해 보라(옆의 표 참조).

특별히 '백주의 귀신'(6절)의 출현과 관련하여 칠십인역 번역에는 몇 가지 주목할 만한 내용이 있다. 라일리의 설명이다.

'백주의 귀신'(Midday Demon)은 시편 91:6(칠십인역 90:6)의 칠십인역 역본에 나온다. 시편 91:5-6에서 히브리어 시편 기자는 전능자에게 피

42. Dale Basil Martin, "When Did Angels Become Demons?" *JBL* 129.4 (2010): 661. 인용문의 헬라어와 히브리어 등장인물 명칭의 음역은 필자.

마소라 본문(ESV 번역)	칠십인역(LES 번역)
3 이는 저가 너를 새 사냥군의 올무에서와 극한 염병[데베르]에서 건지실 것임이로다 4 저가 너를 그 깃으로 덮으시리니 네가 그 날개 아래 피하리로다 그의 신실함은 방패와 손 방패가 되나니 5 너는 밤에 놀램과 낮에 날아다니는 화살과 6 흑암 중에 행하는 염병[데베르]과 백주에 황폐케 하는 파멸[케테브]을 두려워 아니하리로다	3 이는 저가 너를 사냥군의 올무에서와 무섭게 하는 말(a terrifying word)로부터 건지실 것임이로다 4 저가 너를 그 어깨로 너의 그늘이 되시고 네가 그 날개 아래 소망을 가지리로다 그의 진리가 너를 방패로 에워싸리니 5 너는 밤에 두려움과 낮에 날아다니는 화살과 6 흑암 중에 행하는 일과 백주의 불운과 귀신[다이모노우]을 두려워 아니하리로다

하는 자는 두려워 아니할 것이라고 선포한다. "너는 밤에 놀램과 낮에 날아다니는 화살과 흑암 중에 행하는 염병[데베르]과 백주에 황폐케 하는 파멸[케테브]을 두려워 아니하리로다."

두 차례의 평행구 사용은 밤과 낮의 악에 균형감을 부여한다. 랍비 해석자들은 각각이 귀신의 영을 지칭한다고 이해했으며, 백주의 케테브가 밤의 귀신인 데베르(염병)와 균형을 이룬다고 보았다. 신명기 32:24에서 "독한 케테브"는 익히 알려진 가나안의 역병 귀신 레셰프와 평행을 이룬다. 따라서 케테브는 사막의 뜨거운 바람을 타고 온 의인화된 멸망 또는 질병이다(참조, 이사야 28:2과 메소포타미아의 바람 귀신들). 시편 91:6에서… 칠십인역 역자들은 (아퀼라와 심마쿠스와는) 다른 히브리어 본문과 마주했는데, 이 본문에는 *yšwd* 대신 *wšd*로 되어 있다. 따라서 그 의미는 "백주의 파멸과 귀신[*šed*]"이 된다. 칠십인역은 이를 "백주의 불운과 귀신…"으로 옮겼다. 이 변화로 인해 원문의 평행

성이 훼손되고 백주의 귀신인 다섯 번째 악(*ṣhrym šd*)이 추가되었다.[43]

이 시편 번역만으론 역자가 우리가 1장에서 논한 일종의 탈신화화와 다른 입장인지 파악하기가 불가능하다. 즉, 자연 세력은 자립적 신들의 통제 아래 있으나 여타 모든 권세는 여호와의 주권 아래 있다는 개념을 전달하고자 이런 신 이름을 사용했는지 여부는 파악할 수 없다는 얘기다. 여기서 사용된 언어는 분명 초자연적 권세를 포함하지만, 번역만으론 그 신들이 여호와와 어떤 관계에 있는지 판별할 수 없다.

토빗서와 바룩서의 다이모니온

토빗서와 바룩서는 칠십인역의 일부인 제2성전기의 유대 문헌이며, 따라서 그 내용은 히브리어 성경에 포함된 책들을 뛰어넘는다.[44] '다

43. G. J. Riley, "Midday Demon," *DDD* 572. 인용문의 헬라어와 히브리어 문자 음역은 필자.

44. 학자들은 토빗서가 처음엔 헬라어로 쓰인 게 아니라고 판단하며, 히브리어와 아람어가 후보로 거론된다. 드실바가 고찰하듯 "오랫동안 원어가 헬라어인지 혹은 셈어(아람어 또는 히브리어)인지를 두고 학자들 간에 논쟁이 분분했다. 파이퍼(1949:272-73)는 헬라어 이면에 셈어 분위기가 있음을 제대로 간파하고, 그래서 셈어를 원어로 상정한다(그중에서도 저자가 Ahiqar 이야기 같은 아람어 문헌에 친숙하다는 점을 감안하여 아람어를 선호한다). 그의 견해는 Fitzmyer(1995a: 671)에 의해 확증되었는데, Fitzmyer는 5권의 쿰란 필사본 검토를 통해 헬라어가 아닌 셈어가 원어이며 특히 아람어일 가능성이 크다는 것을 밝혀냈다. 쿰란 필사본은 학자들이 기대했던 것보다는 원어가 히브리어인가

이모니온'은 토빗서에 7번, 바룩서에 2번 등장한다.[45] 이 중 일부는 일반적 의미로 귀신을 쫓는 마술 행위 맥락에서 사용되었다(토빗 6:8, 18, 8:3). 그러나 여타 용례들은 이야기 속에 등장하는 귀신 악당 아스모데우스를 가리킨다. 아스모데우스는 사라라는 여인과 결혼한 남자들의 생명을 줄줄이 앗아갔다(토빗 3:8 LES: "그녀에겐 일곱 명의 남편이 허락되었으나 다들 그녀와 함께 하기 전 악한 귀신 아스모데우스에 의해 죽임 당했다"). 사라의 다음(최종) 남편이 될 운명이었던 토빗의 아들, 토비아스를 보호하려면 아스모데우스를 결박해야만 했다(토빗 3:17, 6:15-16).

아스모데우스를 처리하기 위해 마술적 수단이 필요했다는 사실로 미루어 보아 아스모데우스는 초자연적 존재임이 분명하다. 학자들이 이 귀신을 주목하는 이유는 토빗 이야기가 죽음을 포함한 광범위한 비극을 아스모데우스라는 귀신의 탓으로 연결시키기 때문이다. 토빗서 이야기를 신학적 혁신으로 보는 학자들도 있다.

아람어인가 하는 문제 해결에 그리 도움이 되지 않았다. 참조, David A. deSilva, *Introducing the Apocrypha: Message, Context, and Significance* (Grand Rapids: Baker Academic, 2002), 68. [그의 인용자료는 다음과 같다. R. H. Pfeiffer, *History of New Testament Times, with an Introduction to the Apocrypha* (New York: Harper & Brothers, 1949); J. A. Fitzmyer, "The Aramaic and Hebrew Fragments of Tobit from Cave 4," *Catholic Biblical Quarterly* 57 (1995): 655-75.] 바룩과 관련하여 드실바가 쓴 글이다. "비록 바룩서의 어떤 부분에 대해서도 고대 히브리어 필사본이 발견된 적은 없지만 학자들은 적어도 1:1-3:8은 원전이 히브리어라는 것에 의견을 같이 한다(Whitehouse 1913: 571-72; Tov 1975: 3-7). … 몇몇 학자들은 3:9-5:9도 원어가 히브리어였을 것이라고 주장한다… 하지만 이 부분에 관해선 논란의 소지가 더 크다" (201).)

45. Tobit 3:8, 17; 6:8, 15-16, 18; 8:3; Baruch 4:7, 35.

우리는 토빗서의 다이몬 아스모다이("분노의 귀신")를 통해 귀신론 발전의 시작점을 엿볼 수 있다. 이 귀신론 속 귀신들은 하나님의 적대자로 독립적인 활동을 벌인다. 유일신 하나님을 악의 위협으로부터 지켜내고 이 하나님을 초월적 세계에서 인간 세계로 연결해 주는 천사들과는 비교된다.[46]

학자들이 왜 이것을 혁신으로 보는지는 확실하지 않다. 다른 제2성전기 문헌에도 분명 하나님을 대적하는 노선을 택한 신적 존재들의 이야기가 나오는데 말이다.[47] 바룩서의 두 용례와 관련된 내용은 익숙하게 들릴 것이다.

5) 이스라엘의 이름을 간직한 내 백성이여 담대하라 6) 네가 열국에 팔린 것은 멸절 당하기 위해서가 아니라 하나님을 분노케 한 까닭이라 네가 대적에게 넘겨진 바 된 것은 7) 네가 하나님이 아닌 귀신[다이모니오이스]에게 희생제를 드려 너를 창조하신 자를 격동케 한 까닭이니라(바룩 4:5-7 LES).

---

46. Frey-Anthes, "Concepts of 'Demons' in Ancient Israel," 49.

47. 어쩌면 토빗서 저자가 조로아스터교의 영향을 받았을 가능성이 프레이를 이 방향으로 이끌었을지도 모른다(Frey-Anthes 인용문의 어원은 아베스타어다). 물론 프레이의 고찰의 논점은 귀신이 사람을 죽일 수 있다는 관념이다. 그렇다면 아이들을 기겁하게 하는 밤 귀신으로 공포의 대상이 된 릴리스 같은 귀신은 어떻게 되는가? 릴리스 귀신의 기원은 수메르 본문으로까지 거슬러 올라간다. 히브리어 성경에 그 이름과 어원이 등장하는 몇몇 메소포타미아 귀신들 역시 생명을 위협했다. 참조, M. Hutter, "Asmodeus," *DDD* 107; M. Hutter, "Lilith," *DDD* 520.

바룩서 4:7의 언어와 신학은 우리가 상당한 시간을 들여 살펴본 신명기 32:17 구절의 공명이다. 그 주제는 열국을 배정받은 신들에게 희생제를 드려 여호와의 분깃이자 백성이라는 자신의 신분을 부정한 이스라엘의 배교다(신 32:8-9). 배교의 결과는 같은 장 후반부에 묘사되어 있다.

> 30) 오 예루살렘이여 용기를 낼지어다 너의 이름을 지으신 이가 너를 위로할 것이라 31) 너를 학대하고 너의 넘어짐을 기뻐한 자들은 저주 받을 것이라 32) 네 자녀를 노예로 삼은 도시들은 저주 받을 것이라 너의 아들들을 포로로 받은 자들도 저주 받을 것이라 33) 너의 넘어짐을 기뻐하고 너의 재앙에 즐거워했던 도시들은 스스로의 황폐함을 슬퍼할 것이라 34) 내가 자신들의 큰 인구로 만족해 하는 도시들의 만족을 제거할 것이요 그 도시들의 교만을 원통으로 바꿀 것이라 35) 많은 날 동안 영원하신 자로부터 불이 그 도시들에게 내릴 것이라 오랫동안 그 땅이 귀신들[다이모니온]이 들끓는 곳이 될 것이라(바룩 4:30-35 LES).

하나님을 배교한 징벌로 내침을 당한 예루살렘을 묘사하던 서사는 30절부터 방향을 틀어 위로를 언급하고 "너를 학대하고 너의 넘어짐을 기뻐한 자들… 너의 재앙에 즐거워했던 도시들"(바룩 4:31, 33)에게 곧 임할 재앙을 선포한다. 예루살렘의 고통을 즐거워한다는 표현과 "귀신들이 들끓는" 곳이라는 표현(바룩 4:35)을 보면 이름이 명시되지 않은 하나님의 진노의 표적은 바벨론일 가능성이 매우 크다.

우리가 앞서 보았듯 바벨론은 멸망을 당한 직후 초자연적 생명체들이 거하는 곳으로 묘사되었기 때문이다.[48]

요약

칠십인역이 히브리어 성경의 악한 영들을 가리키는 어휘를 어떻게 번역했는지에 대해 간략하게 살펴보았고 이를 바탕으로 몇몇 결론을 도출할 수 있다. 독자의 입장에선 일부 의미론적 뉘앙스가 사라졌을지라도, 칠십인역 역본들은 히브리어 성경의 내용과 비교할 때 일관성을 유지하고 있다. 그 누구도 칠십인역 역자들이 한 사람처럼 획일적으로 생각했다고 주장하진 않겠지만, 그들은 선대의 신학적 세계관을 수정하거나 모호하게 가리려는 시도를 하지 않았다. 차차 보겠지만 제2성전기 유대 사상가들은 선대의 초자연적 세계관을 당연한 것으로 받아들였다.

48. 아래의 논의를 참조하라. Sean A. Adams, *Baruch and the Epistle of Jeremiah: Commentary* (Septuagint Commentary Series; Leiden: Brill, 2014), 139. Adams는 바룩서 저자가 히브리어 이사야서 본문을 알지 못했을 것이라고 주장하며, 따라서 이 도시가 바벨론일 것이라는 해석에 동의하지 않는다. 하지만 이 추론에는 논리적 모순이 있다. 저자가 탈굼을 통해 바룩서를 알고 있었거나, 또는 (바룩서가 칠십인역의 여타 부분과 함께 초기 필사본 코덱스에 포함되기 전) 칠십인역 자체를 알고 있었을 가능성도 있기 때문이다. 만일 그랬다면 바룩서 저자는 이사야 34장에서 바벨론이 귀신들과 초자연적 생명체로 가득하다는 묘사를 명료하게 이해했을 것이다.

2부
구약 및 제2성전기 속
흑암 권세

개요

이 책의 시작부에 해당하는 1장과 2장에서 필자는 흑암의 권세에 관한 구약의 어휘에 대해 살펴보았고, 독자들은 이를 통해 향후에 다루게 될 주제를 어렴풋이나마 짐작할 수 있을 것이다. 그 주제란 바로 구약에 묘사된 세 차례의 초자연적 반역 이야기다. 2부에서 우리는 각각의 반역에 대해 자세히 다루면서, 이를 통해 다음의 세 가지 목표를 달성하고자 한다. (1) 흑암의 권세(the dark powers)의 기원을 설명하는 구약의 신학적 틀을 이해한다. (2) 제2성전기(신구약 중간기)의 유대인 저자들이 어떻게 이 구약의 신학적 틀을 수용하고 발전시켰는지를 제시한다. (3) 흑암의 권세에 대한 신약의 신학이 어떻게 구약 및

제2성전기 사상을 공유하는지 분별하도록 독자들의 안목을 키운다.[1]

우리는 구약에 묘사된 세 차례의 반역에 각각 두 장씩의 분량을 할애할 예정이다(창세기 3장의 뱀[3-4장], 창세기 6:1-4의 하나님의 아들들[5-6장], 신명기 32:8-9의 바벨에서 열국을 배정받은 하나님의 아들들[7-8장]). 이를 통해 우리는 제2성전기 저자들과 구약의 상호작용이 지적 도움과 혼동 이 두 가지 모두를 제공했음을 확인하게 될 것이다. 제2성전기 저자들은 세 차례에 걸친 신적 존재들의 반역을 병합하기도 했다. 그들은 자유롭게 디테일을 추가했고, 자신들의 추측과 구약 본문을 씨줄과 날줄 삼아 창조적 직물을 짰다. 결과적으로 그들이 직조해 낸 문헌들은 구약에 뿌리를 내리고 있음과 동시에 비옥한 상상력의 산물이기도 하다.

가령 일부 제2성전기 저자들이 창세기 6:1-4의 반역한 하나님의 아들들의 우두머리를 묘사한 방식을 보면, 히브리어 성경 독자들은 에덴의 반역자 뱀(serpent)이나 욥기 1-2장의 사탄(*śāṭān*)을 떠올릴 것

1. 세 번째 목표에 비추어 우리의 연구는 주후 1세기 이후에 저작되었을 가능성이 매우 큰 위경 작품들과 그 이전 제2성전기 본문들에 추가된 주후 1세기 이후 편집물을 의도적으로 배제한다. 흑암 권세에 관한 다른 연구 중 사탄 캐릭터, 순찰자들의 반역(창 6:1-4 하나님의 아들들), 열국을 배정 받은 하나님의 아들들과 관련하여 검토 범위를 보다 폭넓게 설정한 연구는 다음을 보라. Tae Whoe (David) Chung, "The Development of the Concept of Satan in Old Testament and Intertestamental Literature" (PhD diss., Southwestern Baptist Theological Seminary, 2000); Zane D. Hodge, "A Historical and Grammatical Examination of Azazel in Biblical and Extra-biblical Sources with Special Emphasis Given to Its Meaning with the Hebrew Preposition ל" (PhD diss., Mid-American Baptist Theological Seminary, 2004); 그리고 Ryan Evan Stokes, "Rebellious Angels and Malicious Spirits: Explanations of Evil in the Enochic and Related Literature" (PhD diss., Yale University, 2010).

이다. 구약에는 세 차례 반역 속 존재들 간의 연관성이 존재하지 않음에도 후대의 저자들은 이를 개의치 않고 연관성을 제시한 측면이 있다.

사실 위의 사례처럼 연관성을 시도하는 것은 구약에 비추어볼 때 잘못임이 분명하다. 그럼에도 제2성전기 유대 저자들이 이런 에피소드 속 악한 영들에 관해 어떤 생각을 했는지를 알려준다는 점에서는 나름의 가치가 있다.

우리는 2부에서의 고찰을 통해, 일부 제2성전기 유대 자료가 순전한 추측성 자료임이 분명함에도 불구하고 제2성전기 귀신론을 구약과 심각하게 단절된 것으로 폄훼하는 것 역시 과도한 주장임을 확인하게 될 것이다. 그리고 비록 제2성전기 저자들이 구약 이야기에서 제기된 질문들에 근거가 부족한 추측을 제기했지만, 때로는 우리보다 구약 본문의 맥락을 더 확실하게 이해하고 있었기에 그랬다는 것도 연구를 통해 발견해 갈 대목이다.

이상하게 들리겠지만, 우리는 어떤 경우에는 구약 기자들이 청중이 이미 알고 있다고 전제하여 생략한 구약 속 반역 에피소드의 맥락을 제시하는 자료를 제2성전기 저자들이 알고 있었음을 살펴볼 것이다. 물론 그들이 추측을 앞세우고 불필요하게 자료를 병합한 측면도 없지 않지만, 그들이 (구약의 기자들이 생략하여 발생한) 빈구멍을 메워준 덕분에 신약이 구약과 상당한 정도로 일관성을 갖추게 되었고 신약의 이해를 도운 점은 분명하다. 즉, 사탄과 다른 흑암의 권세에 관한 신약 속의 특정 발상은 구약에선 찾을 수 없으나 제2성전기 유대 본문에는 '존재한다는' 것이다. 신약 기자들은 이런 자료들을 통해 하나님의 초자연적 세계에 관한 지식을 얻고 심지어 그들이 저술하는 내용에 그 지식이 녹아 들어가게 하는 데 주저함이 없었다. 이는 성경 저술에 있어 하나님의 섭리와 주권에 따른 감동하심의 역사와도 완벽하게 일치한다고 하겠다.

3장.
원조 반역자:
지극히 높으신 자와 같아지리라

이번 장의 목표는 매처음 하나님께 반역한 성경 속 초자연적 존재의 프로필 정립이다. 우리는 악한 영적 존재들을 가리키는 구약의 어휘에 관한 고찰을 통해, 그들이 특정 측면에서 몇몇 속성들을 공유한다는 점을 확인했고 그로 인해 그들이 창조자와 대립하는 위치에 자리하고 있음도 보았다. 하나님의 임재는 생명과 빛을 뜻한다. 구약에서 '빛'이라는 메타포는 하나님의 구원하시는 임재, 하나님의 진리와 공의, 그리고 하나님의 질서 및 설계와 조화를 이루는 존재가 누리는 복을 말하기 위해 사용되었다.[1] 악한 영들은 죽음과 흑암(어둠)을 대변

1. 그 예로 삼상 23:2-4, 시 27:1, 119:130, 사 5:20, 미 7:8이 있다. 신약은 "신자들에게 '어둠의 일을 벗고 빛의 갑옷을 입'으라고 명한다(롬 13:12 RSV). 똑같은 연상 작용을 일으키는 그림이 엡 5:8-9이다. '너희가 전에는 어둠이더니 이제는 주 안에서 빛이라 빛의 자녀들처럼 행하라.' ("Light," *Dictionary of Biblical Imagery*, ed. Leland Ryken et al. [Downers

한다. 그들의 반역이 드러내듯, 악한 영들은 속임, 불의, 혼돈 가운데 운행한다.

하나님의 집안 문제

성경에서 선 대 악, 생명 대 죽음의 대비가 가장 극명하게 드러나는 대목이 바로 하나님의 뜻을 거스른 첫 번째 반역 사건이다. 창세기 3장에 기록된 인류의 타락. 이것이 온 인류에 너무나 지대한 영향을 미쳤기에 우리는 이 사건을 인간 차원에서만 생각하는 경향이 있다. 그러나 아담과 하와가 선악과를 먹지 말라는 하나님의 명령을 어기기로 결심한 배후에는 또다른 피조물이 있었다. 바로 자신의 뜻이야말로 가장 탁월하다고 판단한 어떤 초자연적 존재였다.

대부분의 독자들은 뱀(serpent, 히브리어 나하쉬)이 단순히 동물의 왕국의 일원이 아님을 인정할 것이다.[2] 이것이 너무나 당연하게 받아들여지는 이유는 신약이 그 뱀을 가리켜 사탄 또는 마귀(계 12:9)라로 규

Grove, IL: InterVarsity Press, 2000], 511).

2. 창세기 기자가 레마 *nāḥāš*를 선택한 것은 이중 또는 삼중의 의미를 전달하기 위한 장치였을 수 있다. 어근 자음(*n-ḥ-š*)은 명사("뱀", 민 21:6, 9), 동사("흉한 일을 예언하다, 점괘를 보다", 신 18:10), 그리고 "빛나다"(대상 4:12, 이르나하스="놋의 성", 비교, "놋뱀"=*nĕḥōšet nāḥāš*)의 어근을 이룬다. 창세기 3장의 용어 앞에는 정관사가 붙어 있기에(*hannāḥāš*) "그 뱀", "점괘를 보는 그 사람", 또는 "그 빛나는 자" 등으로 번역될 수 있다. 참조 *HALOT*, s.v. נָחָשׁ. 필자는 『보이지 않는 세계』(Heiser, *Unseen Realm*, 73-75, 87-92)에서 이 선택지를 상세히 논한 바 있다. 이 책의 후속 논의도 참조하라.

정하기 때문이다. 마귀는 분명 일반적인 동물이 아니다(고후 11:14, 참조, 마 4:1-11, 요 8:44). 단순화하면, 만일 우리가 (사탄이라는) 초자연적 존재가 에덴에서 하와를 미혹했다는 신약의 증언에 동의한다면, 개념상 그 뱀은 단순한 동물 이상이어야 한다. 이 결론에 반대하려면 신약의 주장을 거부해야 할 것이다.[3]

(신약성경이 없었던) 고대의 독자들이라면 비록 같은 어휘를 사용하진 않았더라도 같은 결론에 도달했을 것이다.[4] 물론 그들도 일반 동물은 말을 못한다는 것을 알았을 테니, 스토리텔링에 말하는 동물이 등장하면 어떤 초자연적 능력이 발현되었거나 아니면 어떤 신적 존재가 무대 중앙에 나타났음을 알아챘을 것이다.

그렇기에 고대의 독자들은 에덴에 관해 생각할 때 뱀의 초자연적 속성에 주목했을 것이다. 우리는 에덴 동산이라고 하면 보통 일반적인 동산을 생각한다. 비록 에덴이 '완전한' 동산이었고 그곳에 하나님이 거니셨더라도 동산은 동산에 불과하다는 사실에는 변함이 없다는 식이다. 성경 시대의 사람들은 우리와 달랐다. 그들은 에덴을 생각할 때 우리에 비해 보다 초월적이며 구별된 인식을 가지고 있었을 것이다. 그들은 에덴을 하나의 성전으로 생각했을 것이다.[5] 따지고 보면 성

---

3. 성경 본문은 귀신 들림처럼 어떤 신적 존재가 뱀 '속으로 들어갔다'고 말하지 않는다. 그것은 행간 읽기식 해석이다. 본문이 말하는 바는 분명하다. 뱀이 하와를 속였고, 이것이 인류의 영생 상실로 귀결된 일련의 사건들의 시발점이 되었다. 신약도 이를 인정하며(고후 11:3, 계 12:9, 20:2) '마귀' 또는 '사탄'이라는 단어를 사용함으로 이와 동일한 논점을 제기하고 있다(계 12:9, 20:2, 참조, 히 2:14, 요 8:44, 비교. 창 3:15, 롬 16:20).

4. 다음 장에서 제2성전기 문헌 속 사탄에 관해 논할 것이다.

5. 월튼이 〈Lost World of Genesis One〉을 통해 이 발상을 대중화시켰다. 『창세기 1장의 잃

전은 신들이 사는 곳이다. 에덴은 하나님의 거처, 곧 "천상의 실체를 지상에 실현해 놓은 원형"이었다.[6] 웬함은 "아담이 에덴에서 하나님과 교제를 나누며 함께 했기에 에덴은 천상을 반영하는 이 세상의 원형이 되었다"고 부연한다.[7]

하나님의 집/성전으로서 에덴이 가졌던 원형적 본질이 있었기에 에덴은 물 댄 동산(창 2:6, 8-9, 10-16, 겔 28:2, 13)과 거룩한 산(겔 28:14)으로 묘사되었다. 여기에는 어떤 모순도 없다. 고대의 독자라면 이 두 가지 묘사를 당연하게 받아들였을 것이다. 둘 다 신적 거처임을 규정하는 일반적인 특성이었다. 신의 거처로서의 동산 모티프는 고대 근동 문헌에서 보편적으로 사용되었다.[8] 몇몇 구약 본문도 예루살렘의 하나님 처소로부터 강들이 흘러나와 사막에 물을 대는 장면을 묘사한다(겔 47:1-12, 슥 14:8, 요엘 3:18).[9] 월리스는 "하나님의 동산 테마의 주된 특징은 그곳에 신성이 임한다는 것"이라면서 "그곳에서 신들의

어버린 세계』(그리심).

6. Ryken et al., *Dictionary of Biblical Imagery*, 849.

7. Gordon J. Wenham, "Sanctuary Symbolism in the Garden of Eden Story," in *I Studied Inscriptions before the Flood: Ancient Near Eastern, Literary, and Linguistic Approaches to Genesis 1–11*, ed. R. S. Hess and D. A. Tsumura (Winona Lake, IN: Eisenbrauns, 1994), 399–404 (esp. 400).

8. 대표적 사례에는 길가메쉬 서사시(Epic of Gilgamesh) V, i, lines 6–9; Enki and Ninhursag, lines 55–64; 그리고 the Baal Cycle (*KTU* 1.3:5:4–9)가 있다. 이 이미지에 대한 상세한 논의는 다음을 참조하라. Heiser, *Unseen Realm*, 44-48. 『보이지 않는 세계』(좋은씨앗).

9. Howard N. Wallace, "Garden of God (Place)," *ABD* 2:906.

모임이 열리고 온 우주적으로 중요한 칙령이 반포된다"고 고찰한다.[10]

고대의 독자라면 우주적 거처(동산 또는 산)가 신들의 모임(천상회의) 장소이기도 했다는 월리스의 고찰을 당연하게 받아들였을 것이다. 신들의 모임(divine council)[11]과 이 회집 장소가 동산 또는 산이었다는 논점[12]을 제시한 방대한 학계의 자료가 있다. 천군(heavenly host)의 모임인 천상회의는 행정 관료 체제로 인식되었다. 성경 속 사유에서, 천상회의 일원들은 신적 칙령을 반포하고 집행하는 일에 참여한

10. Ibid.

11. 다음 사례를 참조하라. Miller, *Israelite Religion and Biblical Theology*, 422–44; E. Theodore Mullen Jr., *The Divine Council in Canaanite and Early Hebrew Literature* (Chico, CA: Scholars Press, 1980); Mullen, "Divine Assembly," *ABD* 2:215–16; Lowell K. Handy, *Among the Host of Heaven: The Syro-Palestinian Pantheon as Bureaucracy* (Winona Lake, IN: Eisenbrauns, 1994); S. B. Parker, "Sons of (the) God(s)," *DDD* 798; Michael S. Heiser, "Divine Council," *DOTWPW* 112–16; David Marron Fleming, "The Divine Council as Type Scene in the Hebrew Bible" (PhD diss., Southern Baptist Theological Seminary, 1989); Min Suc Kee, "The Heavenly Council and Its Type-Scene," *JSOT* 31.3 (2007): 259–73; Ellen White, *Yahweh's Council: Its Structure and Membership* (Tübingen: Mohr Siebeck, 2014); Matitiahu Tsevat, "God and the Gods in Assembly," *HUCA* 40–41 (1969–70): 123–37.

12. 다음 사례를 참조하라. Richard J. Clifford, *The Cosmic Mountain in Canaan and the Old Testament* (Cambridge, MA: Harvard University Press, 1972); Clifford, "The Temple and the Holy Mountain," in *Cult and Cosmos: Tilting Toward a Temple-Centered Biblical Theology*, ed. L. Michael Morales (Leuven: Peeters, 2014), 85–98; Michael Morales, *The Tabernacle Pre-Figured: Cosmic Mountain Ideology in Genesis and Exodus* (Leuven: Peeters, 2012); Daniel T. Lioy, "The Garden of Eden as a Primordial Temple or Sacred Space for Humankind," *Conspectus* 10 (2010): 25–57; Ronald E. Clements, "Sacred Mountains, Temples, and the Presence of God," in *Cult and Cosmos: Tilting Toward a Temple-Centered Biblical Theology*, ed. L. Michael Morales (Leuven: Peeters, 2014), 69–85.

다.[13] 왕에게 어전회의가 있는 것처럼 하나님에겐 자신의 집행부가 있었다는 말이다. 하나님의 거처는 곧 하나님의 어전회의가 열리는 곳이기도 했다.

창세기 2-3장은 에덴을 신령한 동산과 산으로 그린다. 그런데 창세기 3장 어느 대목에 에덴에 신적 존재들의 무리(회의기구)가 있었다는 말이 나오는가? 창세기 3:5에서 뱀은 하와에게 "너희가 그것을 먹는 날에는 너희 눈이 밝아져 하나님[엘로힘]과 같이 되어 선악을 알 줄 하나님이 아심이니라"고 말한다. 우리는 "여호와 하나님이 이르시되 보라 이 사람이 선악을 아는 일에 우리 중 하나 같이 되었으니 그가 그의 손을 들어 생명 나무 열매도 따먹고 영생할까 하노라"고 말씀하시는 창 3:22에 이르러서야 비로소 하나님이 아담이나 하와, 뱀에게 말씀하시는 게 아님을, 그리고 5절의 엘로힘이 실은 복수형으로 읽혀야 함을 눈치 챈다. 명령 위반은 아담과 하와가 "우리 중 하나 같이" 되는 결과를 초래했고, 여기서 '우리'는 당연히 복수여야 한다. 아담과 하와의 죄가 실제로 '선악을 아는' 결과를 초래했다는 점에서 우리는 뱀의 속임수가 처음부터 끝까지 전부 다 거짓말은 아니었음을 알게 된다. 하나님 스스로도 22절에서 이 결과를 확인해 주셨다. 그러므로 5절의 엘로힘은 복수형으로 해석되어야 하고 어떤 무리, 곧, 하나님의 천상회의를 가리킨다.[14]

---

13. 1장에서 간략하게 신들의 모임(천상회의)를 언급한 바 있다. 하나님의 통치와 천군의 참여에 관해선 다음을 참조하라. Heiser, *Angels*. 32-46. 『천사를 말하다』(좋은씨앗).

14. 이 구절의 복수형은 삼위일체를 가리키는 게 아니다. 창조 기사 속 이런 복수형 언어

고대 근동의 시선으로 에덴을 본다는 것은 하나님이 유일한 신적 존재가 아니었다는 함의를 내포한다. 하나님은 인류를 자신의 형상 담지자(image-bearer)로 창조하셨고 그들에게 에덴 밖 세상을 정복하고 다스리는 위업을 부여하셨다(즉, 나머지 피조세계로 에덴을 확장하라는 것이다).[15] 하나님의 이런 계획은 에덴 밖 초자연적 존재가 나타나면서 틀어졌고, 그 미혹자는 하나님의 말씀을 거슬러 하와를 효과적으로 속이는 데 성공했다.[16]

의 또다른 사례(창 1:26, "우리의 형상을 따라 우리의 모양대로 우리가 사람을 만들고")를 보면 이 점이 분명해진다. 필자는 다른 곳에서 이 구절을 상세하게 논의했다(Heiser, *Unseen Realm*, 38-43). 『보이지 않는 세계』(좋은씨앗). 이 정체성 규명과 관련하여 가장 두드러진 문제는 창세기 1:26이 하나님이 어떤 무리에게 중대결정을 선언하는 모양새를 띠고 있다는 점이다. 만일 그 무리가 실제로 삼위일체의 나머지 두 구성원이었다면 선언 자체가 어불성설이다. 삼위일체의 구성원들은 '공동의 영원성'과 '공동의 전지성'을 공유하고 있기 때문이다. 하나님(성부)는 그들에게 어떤 것도 알릴 필요가 없으시다. 창세기의 신적 복수성 언어(창 1:26, 3:5, 22, 11:7)에 대한 방대한 분석이 존재한다. 가장 깊이 있는 학문적 연구는 W. Randall Garr, *In His Own Image and Likeness: Humanity, Divinity, and Monotheism* (Leiden: Brill, 2003), 그중에서도 특별히 17–94이다. 구약에 삼위일체(Godhead)의 증거가 존재하긴 하지만(참조 Heiser, *Unseen Realm*, 127-48) 구약에선 한번도 삼위일체가 투명하게 표현된 적이 없다. 복수성 언어 역시 '장엄의 복수형'(plural of majesty)으로 설명할 수 없다. Jouon-Muraoka가 고찰하듯 "히브리어에는 장엄의 우리(we of majesty)가 존재하지 않는다"(*GBH* §114e, 각주 2). 장엄의 복수형은 명사로는 존재하나 (*GBH* §136d) 창세기 1:26의 관건은 명사가 아니라 동사 형태다. 아울러 다음을 참조하라. John C. Beckman, "*Pluralis Majestatis*: Biblical Hebrew," *EHLL* 3:145–46.

15. 하나님의 형상은 인간 속에 주입하는 무언가가 아니다. 형상은 어떤 특성이나 특질(quality)이 아니라 신분/지위다. 즉, 인간이 하나님의 형상 담지자 또는 하나님의 대행자로 창조되었다는 것이다. 인류가 하나님의 형상을 반영한다는 개념은 신구약을 공히 관통하며 예수가 하나님의 "본체의 형상"(express image of God, 히 1:3, 참조, 고후 4:4)이시며 신자가 본받아야 할 형상(롬 8:29)이라는 개념과도 연결된다. 참조, Michael S. Heiser, "The Image of God," *LBD*.

16. 이런 신적 존재의 반역이 가능했던 것은 하나님이 영들의 세계에서 천상회의에 참여하는 초자연적 존재들을 자신의 형상 담지자로 창조하기로 선택하셨기 때문이다. 이런 고

창세기 3장 밖 원조 반역자

우리는 창세기 3장 타락 이야기의 기본적인 사실관계를 알고 있다. 하나님의 천상회의에 속한 종복 중 하나가 하와를 속이기 위해 뱀으로 가장하여 접근했다. 그런데 많은 이들이 오해하는 것이 창세기 3장의 언어가 '말하는 뱀'으로만 해석될 수 있다는 것이다. 다른 선택지들도 있다. 특히 히브리어 성경 본문 전체가 확보된 상태에선 더욱 그렇다. 이 이야기에 새로운 요소를 보탠 본문들이 있다.

가령 에스겔 28:14은 에덴의 신적 존재를 그룹(*kĕrûb*), 구체적으로, '지키는/수호하는'(*hassôkēk*) 그룹이라고 칭한다.[17] 그룹이 보좌의 수호자를 가리키는 아카드어 쿠리부(*kurību*)에서 비롯되었기에 놀라운 게 아니다. 론더빌의 고찰이다.

> 구약의 '그룹'은… 세가지 뚜렷하게 구별되는 역할을 했다. (1) 생명의 근원 지키기(창 3:24) (2) 하나님의 병거 끌기(시 18:11=삼하 22:11, 4 겔 1:5-20, 10:1-22) (3) 하나님의 보좌 역할(왕상 6:23-28, 8:6-8). (…) 에스겔 28:14에서 "기름부은 그룹"(*kĕrûb mimšaḥ*)은 에덴 동산 안에서 수

찰은 창세기 1:26의 복수형 언어로부터 비롯된다. 형상은 하나님, 인류, 그리고 하나님이 인류 창조를 선언하실 때 이 말씀을 듣는 무리('우리'의 형상)를 하나로 이어주는 개념이다. 하나님의 형상을 반영하는 임무 완수를 위해, 하나님은 인류와 신적 피조물 모두에게 자신의 속성들을 공유하셨다. 신학자들은 이를 '공유 가능한'(communicable) 속성이라고 부른다). 그 속성 중 하나가 자유(자유의지)다. 참조, Heiser, *Unseen Realm*, 61-67, Heiser, "The Image of God." 『보이지 않는 세계』(좋은씨앗)

17. *HALOT* s.v. סכך이 고찰하듯 이 레마는 보호와 접근성 차단을 뜻한다.

호자(*hassôkēk*) 역할을 했다. (…) 메소포타미아 전승에는 인간과 동물의 특징을 복합적으로 갖춘 초자연적 존재들이 많이 있는데, 그 일례가 뱀 용(Snake dragon)이었다.[18]

메소포타미아의 신적 존재인 쿠리부가 '뱀 용'으로 묘사되었다는 사실은 놀랍다. 이외에도, 이집트 종교의 사례처럼, 뱀의 형상으로 묘사된 보좌를 수호하는 신적 존재들이 여럿 있었다. 버나드 바토는 에덴의 반역자를 이렇게 묘사한다. "그 '뱀'(serpent)은 이사야 6:2의 스랍(seraph)처럼 날개와 발을 가진 반신(semi-divine) 생명체로서 신성한 존재들과 (신적 지혜의 나무 같은) 신성한 사물들을 지키고 수호하는 역할을 했다."[19] 일부 학자들은 이 의견에 반대하면서, 이사야 6:2과 6절의 스랍(히. *śĕrāpîm*)이 히브리어 동사 사라프(*śārap*, "불태우다")에서 파생된 명사라는 전제 하에 불 같은 존재라고 해석한다.[20] 필립 프로방살의 연구에서 드러나듯, 스랍은 단순히 히브리어 명사 사라프(*śārāp*, 뱀)의 복수형일 가능성이 더 크다. 이런 뱀 스랍은 이집트의 보좌-수호자 관련 어휘(여기에 불이 포함될 수도 있다)에서 차용한 것일 수 있다.[21]

---

18. Dale Launderville, "Ezekiel's Cherub: A Promising Symbol or a Dangerous Idol?" *Catholic Biblical Quarterly* 65.2 (2003): 165–83.

19. Bernard F. Batto, *In the Beginning: Essays on Creation Motifs in the Bible and the Ancient Near East* (Winona Lake, IN: Eisenbrauns, 2013), 47.

20. *HALOT*, s.v. שׂרף.

21. Philippe Provençal, "Regarding the Noun שׂרף [*śārāp*] in the Hebrew Bible," *JSOT*

이제 에스겔서와 이사야서의 두 핵심 구절을 더 꼼꼼하게 살펴보자. 에스겔 28:13-16에는 하나님의 동산이자 신들의 회의가 열리는 장소이며 신적 반역의 발생 장소이기도 한 에덴에 대한 분명한 언급이 있다. 이사야 14:12-15 역시 신들의 회의 장소(집회의 산, 사 14:13)에서 추방된 어떤 신적 존재를 묘사한다. 그의 죄목은 공회("하나님의 뭇 별", 사 14:13)를 주관하는 "지극히 높은 이"와 같아지겠다는 자립에 대한 열망이었다.[22] 이사야 14장과 에스겔 28장의 관련 본문은 창세기 3장에서 벌어진 사건에 관한 사유에 풍성한 디테일을 제공한다.

이 관점에 논란의 소지가 없는 것은 아니다. 필자는 다른 지면을

29.3 (2005): 371–79. 필자가 다른 곳에서 고찰했듯, Provençal은 "이집트에 서식하는 두 종류의 코브라에서 비롯된 이집트의 우라에우스(Uraeus) 뱀이 이사야 6장에서 여호와의 거룩한 존전에서 수종 드는 초자연적 스랍의 모든 요소와 맞아떨어진다고 본다. 이 코브라 종들은 '불태우는' 듯한 맹렬한 독을 내뿜고 위협을 받을 땐 몸 양쪽으로 부채처럼 살을 활짝 펼칠 수 있었다(고대에선 '날개'라고 여겼다). 즉, (확연하게) 뱀 모양을 하고 있다"(Heiser, *Angels*, 26–27). Joines의 부연설명에 의하면 "우라에우스의 기능은 대적에게 불을 내뿜어 바로와 성물을 보호하는 것이다." 참조, Karen R. Joines, "Winged Serpents in Isaiah's Inaugural Vision," *JBL* 86.4 (1967): 410–15. Hendel은 추가적으로 창세기 3:24의 (두루 도는) 불 칼이 개별적인 신적 존재를 묘사한 것이라는 가능성을 제기한다. 참조, Ronald Hendel, " 'The Flame of the Whirling Sword': A Note on Genesis 3:24," *JBL* 104.4 (1985): 671–74.

22. 사 14:13에서 "집회의 산"(*har môʿēd*)은 "북쪽 끝"(ESV *yarkĕtẹ ṣāphôn*)에 있다. 북쪽(*ṣāphôn/tsāphôn*)은 우가릿의 *Ṣapanu*(바알 신전 소재지)와 병행을 이룬다. 성경 기자들은 시 48:1-2처럼 시온이 "북방의 가장 높은 곳"에 있다는 구절들을 통해 (우가릿의 신) 바알로부터 신들의 회의 수장의 지위를 박탈하고 여호와께 이 수장의 지위를 귀속시킨다. 참조, H. H. Niehr, "Zaphon," *DDD* 927; Clifford, *The Cosmic Mountain in Canaan and the Old Testament*, 57–79; C. Grave, "The Etymology of Northwest Semitic *ṣapānu*," *Ugarit Forschungen* 12 (1980): 221–29; N. Wyatt, "The Significance of ṢPN in West Semitic Thought," *Ugarit: Ein ostmediterranes Kulturzentrum im Alten Orient*, ed. M. Dietrich and O. Loretz (Münster: Ugarit-Verlag, 1995), 213–37; E. Lipiński, "צָפוֹן" *TDOT* 12:435–43.

통해 이 본문들과 창세기 3장의 관계를 논한 바 있다.[23] 여기선 우리의 현재 목적과 관련된 부분만 요약하고 관련 자료를 추가로 제시하고자 한다.

먼저 이사야 14:12-13과 에스겔 28:1-9의 내용이 다양한 면에서 서로 중첩된다는 점을 주목할 필요가 있다. 이에 관해선 학자들 간에 이견이 없다. 아울러 두 본문 모두 인간 왕(바벨론 왕과 두로 왕)을 겨냥한 것이며 풍자(*māshāl*)와 애곡(*qînå*)이라는 문학 장르의 요소를 공히 사용해 두 왕들을 조롱하듯 묘사하고 있다는 것에도 학자들 사이에 공감대가 존재한다.[24] 그러나 두 본문에서 왕의 멸망을 조롱/애곡

---

23. Heiser, *Unseen Realm*, 73-92. 신들의 회의 구성원을 가리키는 '별' 언어에 대해선 다음을 참조하라. F. Lelli, "Stars," *DDD* 809-10; I. Zatelli, "Astrology and the Worship of the Stars in the Bible," *ZAW* 103 (1991): 86-99; Ulf Oldenburg, "Above the Stars of El: El in Ancient South Arabic Religion," *ZAW* 82 (1970): 187-208.

24. 이사야 14장에 관한 Wildberger의 고찰이다. "4a 절은 이 노래를 מָשָׁל[*māshāl*]로 묘사한다. 이 단어는 '빗대거나 비교하다'라는 뜻이다(참조, '~과 같다'는 뜻의 아카드어 *mašālu*, 동격을 뜻하는 아람어 *miṯlun*). 이는 '금언, 격언' 같은 중립적 용어로 사용될 수도 있지만 '조롱하는 금언'이라는 특별하고도 전문적인 의미로도 사용될 수 있다. מֹשֵׁל은 조롱하는 말을 하는 자다(민 21:27, 아울러 참조, 사 28:14). 본질적으로 이런 말들은 길이가 짧다(참조, משלי שלמה, '솔로몬의 잠언,' 잠 1:1). 바로 이런 이유로 משל라는 명칭은 4b-21절 시에 대한 적절한 묘사가 되지 못한다. 현대의 학자들은 이 노래가 죽은 자들을 위한 애가적 요소를 가지고 있었음을 오랫동안 인식했다. (…) 하지만 משל(조롱하는 말)이라는 용어가 이 노래에 담긴 특정 요소들의 정체를 규정하는 데 적절하게 사용된 것은 틀림없다. 사 37:22-29과의 비교가 보여주듯, 이스라엘 역시 권력을 잃은 원수에게 경멸을 쏟아붓는 조롱의 노래에 관해 알고 있었다. 두 노래 모두 동일한 모티프를 가지고 있음을 쉽게 볼 수 있다(참조, 특히 37:24와 14:13). 14:4bff를 작성한 시인이 어떤 민족이나 정적을 겨냥하여 퀴나(애가)를 마샬(비교, 잠언, 조롱) 속에 담은 최초의 인물은 아님이 분명하다. 이 논점에 관한 가장 명료한 사례들은 겔 19:1-4, 27:2-10, 25b-36, 28:12-19이다. 아울러 31:1-18도 참조하라. 이사야가 14:4에서 משל(조롱하는 말)이라고 했던 것이 겔 27:2, 28:12, 32:2, 16에선 קִינָה(퀴나, 애가)로 불리는 점은 의미심장하다. 그리고 משל, 즉 '놀리는 노래'와 נהי[*něhî*], 즉 '비통한 애곡'이 미 2:4에 나란히 사용된 점도 의미심장하다. 참조,

하기 위해 사용되었을 원자료의 출처에 관해선 학자들 사이에 날선 이견이 존재한다.

(필자를 포함한) 일부 학자들에 따르면, 각각의 예언적 조롱/애곡이 인간 왕을 향하고 있긴 하지만 동시에 두 본문 모두 인간 왕의 묘사를 위해 공히 태고의 '신적' 반역 이야기를 끌어왔다는 것이다.[25] 창세기 3장은 분명 하와를 유혹하는 어떤 신적 존재에 의해 촉발된, 하나님의 선한 세상에서 벌어진 최초의 혼돈 사건을 다루고 있다. 이 창세기 3장이 다른 본문들과 아주 많은 연결점을 가지고 있기에(다음 페이지 참조), 학자들은 이 세 본문 모두(사 14:12-15, 겔 28:1-19, 창 3장) 동일한 문학적 원천에서 길어올린 것이 아닐까 자문한다.[26] 학자들은 이

Hans Wildberger, *A Continental Commentary: Isaiah 13-27*(Minneapolis: Fortress, 1997), 51.

25. 같은 입장이거나 적어도 이 입장에 반대하지 않는 학자들은 다음과 같다. H. J. van Dijk, *Ezekiel's Prophecy on Tyre (Ez. 26:1-28:19): A New Approach* (Rome: Pontifical Biblical Institute, 1968); Peter C. Craigie, "Helel, Athtar, and Phaethon (Isa 14:12-15)," *ZAW* 85 (1973): 223-25; W. Gallagher, "On the Identity of *Helel Ben Shaher* in Is. 14:12-15," *Ugarit Forschungen* 26 (1994): 131-46; J. W. McKay, "Helel and the Dawn-Goddess: A Re-examination of the Myth in Isa 14:12-25," *VT* 20 (1970): 450-64; Clifford, *The Cosmic Mountain in Canaan and the Old Testament*, 160-68.

26. 이 본문들에 대한 학자들의 연구에서 보듯, 고대 근동에는 신들의 공회에서 지존자의 권위를 찬탈하려고 반역을 일으킨 한 신적 존재에 관한 본문이 여럿 있다. 앞선 각주들에서 참조한 연구들은 Athtar, Phaethon, Enlil/Illil에 관한 고대 근동 이야기들과 일맥상통한 본문상의 연결점을 정립한다. 필자는 필자의 학문적 출간물 중 하나에서 최고의 참조점으로 우가릿 아스타르 신화를 꼽았다. Michael S. Heiser, "The Mythological Provenance of Isaiah 14:12-15: A Reconsideration of the Ugaritic Material," *VT* 51.3 (2001): 354-69. 아스타르는 계명성(Helel, "빛나는 자, 아침의 아들")과 마찬가지로, 별 같은(astral)/빛나는 신분으로 시선을 모으는, "눈부신" 자다. 또 아스타르는 공회 내 갈등의 근원이기도 하다. 우가릿 학자 N. Wyatt는 한때 몇몇 학자들이 아스타르 신화를 사 14:12-15의 중요한 배경으로 본다는 점을 주목했으나 최근 들어 이 아스타르와의 연결점

들 세 성경 본문의 연대기적 순서는 중요하게 여기지 않는다. 아울러 세 본문의 출처가 반드시 하나이어야 한다고 생각하지도 않는다. 관건은 이 본문들이 궁극적으로 신적 반역을 말하는가, 그렇다면 세 본문이 서로 어떤 영향을 미쳤는가, 이사야 14장과 에스겔 28장은 창세기 3장의 내용에 구체적으로 어떤 기여를 하는가, 즉, 구체적으로 반역을 일으킨 신적 존재의 성격 규정에 어떤 기여를 하는가, 등이다.

다음 페이지의 표는 신들의 모임(천상회의), 그 구성원, 모임 장소가 창세기 3장, 이사야 14:12-14장, 에스겔 28:1-19에서 기술되는 신적 반역과 연관 있는 용어 및 모티프를 정리한 것이다.[27] 이 표의 거의 모

을 반박했다. Wyatt의 글과 필자의 글 간에는 상호작용이 없었다. 필자가 여기서 지적하려는 바 아스타르의 반역은 지존자의 자리를 탐했다는 게 아니라 엘의 결정을 무시했다는 것이다. 필자는 아스타르의 행동을 선을 넘은 자립성 추구로 해석했다. 이스라엘에서 신들의 회의에 속한 어떤 일원이 만일 자립을 도모한다면 여호와 종교에서 그것은 그 자체로 "지극히 높은 자"와 같이 되겠다는 시도로 규정된다는 점이다. 어떤 신적 존재든 공회에서 자립하겠다는 것은 지존자이신 여호와의 권위를 찬탈하겠다는 의미다. 창세기 3장에서 묘사하는 반역자의 초상은 이렇다. 즉, 나하쉬는 인류를 속이기 위해 (여호와가 아닌) 또다른 권세자에 의해 파견된 존재가 아니라 그저 자기 소견대로 행동하는 존재였다. 나하쉬의 목표는 어렵지 않게 간파할 수 있다. 바로 인류에게 유일하게 주어진 금기를 어기도록 인류를 회유하여 하나님의 거처인 동산에서 쫓겨나게 만드는 것이다. 사 14:12-15와 겔 28:1-19과 우가릿 종교 문헌 간에 존재하는 매우 많은 연결점을 고려할 때, 성경 기자들이 이 연결점들을 유의미한 것으로 보았다고 말하는 게 타당할 것이다. 바알조차도 자신의 집/성전을 가지기 위해 엘의 허락을 구해야 했다. 그에 반해 아스타르는 엘의 결정을 거부한 후 땅에 대한 통치권을 선택, 아니 (더 정확하게는) 재개했다('arṣ, *KTU* 1.6.i.56-67에서 아스타르는 엘이 그를 위해 마련한 보좌로 "올라왔다"가 땅을 통치하려고 "내려갔다"). 아스타르는 엘이 원하는 대로 하길 거절했다. 그뿐 아니라 이전에 통치하던 영역을 자신이 되찾아야 한다는 주제넘은 생각을 했다. 아스타르는 어떤 시점에서도 엘의 허락을 구하지 않았다.

27. 표는 Heiser, *Unseen Realm*, 75, 86, 90에 나온 것을 약간 수정한 것이다.

든 용어가 신적 반역에 관한 고대 근동 본문들과 확고한 동족성(평행성)을 보인다.

창세기 3, 이사야 14, 에스겔 28이 공유하는 '신들의 모임' 요소들

히브리어	뜻	개념	중요 구절
elim, 'elōhîm(복수)	신들	신들의 모임과 구성원; 빛나는 외양(주1)	창 3:5, 22, 24; 겔 28:2, 16; 사 14:12–13; (비교. 시 29:1; 82:1, 6; 89:6–7; 욥 38:7)
kôkĕbê-'ēl	하나님의 별		
helēl ben-šaḥar	빛나는 자, 새벽의 아들		
kĕrûb, kĕrûbîm	그룹, 그룹들		
gan	동산	신들의 거처, 공회 모임 장소; 물댄 동산	창 2:6, 8–9, 10–16; 겔 28:2, 13–14 (비교. 겔 47:1–12 [예루살렘 성전]; 슥 14:8)
'ēd	(물) 안개		
nāhār	강		
yammîm	바다, 물		
ṣāphôn	북쪽	신들의 거처, 공회 모임 장소; 산	겔 28:2, 13–14; 사 14:13–14 (비교. 시 48:1–2; 68:15–17 [시온]; 출 24:15; 신 33:1–2 [시내산]; 겔 40:2; 47:1–12 [예루살렘 성전])
yarkĕtẹ ṣāphôn	북쪽의 끝		
bāmôt	높은 곳, 끝		
har	산, 산맥		
har mô'ēd	집회의 산		
môšab 'elōhîm	신들의 자리		

1. 겔 28장의 반역자가 아담이길 바라는 이들은 반역자가 보석으로 단장한 모습을 주목하며 이것이 대제사장의 흉패 비유이며, 따라서 반역자가 인간이라는 증거라고 추론한다. 그러나 보석 목록은 대제사장의 예복과 정확히 일치하지 않는다. 차라리 반역자를 '덮고 있는 것'을 의복으로 보기 보다는 그를 둘러싼 주변환경이나 배경으로 보는 것이 더 나은 대안이다. 가득한 보석에서 나오는 광채(참조, 겔 28:14의 "불타는 돌들" 언급)는 종종 그 당사자가 신적 존재임을 가리키고 때로는 그가 신성한 장소에 있음을 나타낸다. 가령 길가메쉬의 동산은 보석으로 가득한 동산이었다. 필자는 보석 목록이 계 21장의 초자연적 새 예루살렘에 대한 묘사와 상당한 일치도를 보인다고 생각한다. 참조, Heiser, *Unseen Realm*, 77–80; Keith Dickson, "The Jeweled Trees: Alterity in Gilgamesh," *Comparative Literature* 59.3 (2007): 193–208; James A. Harrell, "Gemstones," *UCLA Encyclopedia of Egyptology*, ed. Willeke Wendrich (Los Angeles: UCLA, 2012), http://digital2.library.ucla.edu/viewItem.do?ark=21198/zz002czx1r; Harrell, "Old Testament Gemstones: A Philological, Geological, and Archaeological Assessment of the Septuagint," *BBR* 21.2 (2011): 141–71; F. Petrie, "Precious Stones," *Dictionary of the Bible*, vol. 4, ed. J. Hastings (New York: Scribner, 1919), 619–21; J. L. Myres, "Stones (Precious)," Encyclopedia Biblica, vol. 4, ed. T. K. Cheyne and J. S. Black (New York: Macmillan, 1903), 4799–4812; and E. F. Jourdain, "The Twelve Stones in the Apocalypse," *Expository Times* 22 (1911): 448–50.

신적 반역자 이미지와 형벌

히브리어	뜻	개념	중요 구절
nāḥāš	뱀(명사), 점을 치다(동사)	신의 초자연적 수호자 또는 신성과 연관된 빛나는 외양을 갖춘 것으로 묘사된 신적 존재	창 3:1, 2, 4, 13–14; 겔 28:12 (ḥwtm = ḥ-w-t + 묵음 [전접어] mem)(주1); 사 14:12; 겔 28:13 (보석 = 빛나는, 광채나는 외양)
ḥawwat	뱀		
helēl ben-šaḥar	빛나는[청동 bronze](형용사), 빛나는 자, 새벽의 아들		

yārad	끌어내리다	신의 존전과 여호와를 섬기는 직분으로부터 추방됨	겔 28:8; 사 14:11, 12, 15
gāda'	잘라내다		
šālak	추락시키다		
'ereṣ	흙, 땅(추상적으로), 지하세계, 사후세계	지하세계, 사후세계	겔 28:17; 사 14:9, 11–12, 15; 창 3:14–15[주2]
she'ôl	스올, 사후세계		
rĕpā'îm	지하세계 거민	지하세계 거민	겔 28:17; 사 14:9
mĕlākîm[주3]			

1. 앞서 필자는 지키는/수호하는 그룹들이 뱀이나 용의 외양을 갖췄을 수 있다는 Batto와 Launderville의 고찰을 언급했다. H.J.van Dijk은 겔 28:12(*ch-w-t-m*)의 호템(ḥôtēm)이 사실은 ḥwt(뱀)에 전접어 mem이 붙은 것일 수 있다고 했다. 고대 셈족어에서 마지막 글자 m이 묵음일 때 전접어 mem이 붙는 경우는 매우 드물다. 만일 van Dijk의 지적이 맞다면(그리고 그가 창 3장과 겔 28장 간의 다른 연결점까지 고려했다면) 에스겔 본문에 뱀이 포함된 것일 수 있다. 참조, van Dijk, Ezekiel's Prophecy, 113–14. 셈족어에서 뱀을 의미하는 ḥ-w-h(여성단수 형태 ḥ-w-t = ḥwt) 사례는 *DNWSI* 1:353(s.v. ḥwh$_1$)을 보라. 성경 히브리어에 실제로 전접어 mem이 존재하는지 여부는 학계의 논쟁 대상이다. 참조, Horace D. Hummel, "Enclitic mem in Early Northwest Semitic, Especially Hebrew," *JBL* 76 (1957): 85–107; Mitchell Dahood, "Enclitic *mem* and Emphatic *lamedh* in Psalm 85," *Biblica* 37.3 (1956): 338–40; J. A. Emerton, "Are There Examples of Enclitic *mem* in the Hebrew Bible?" in *Texts, Temples, and Traditions: A Tribute to Menahem Haran*, ed. Michael V. Fox et al. (Winona Lake, IN: Eisenbrauns, 1996), 321–38; C. Cohen, "The Enclitic mem in Biblical Hebrew: Its Existence and Initial Discovery," in *Sefer Moshe: The Moshe Weinfeld Jubilee Volume: Studies in the Bible and the Ancient Near East, Qumran, and Post-Biblical Judaism*, ed. Chaim Cohen, Avi Hurvitz, and Shalom M. Paul (Winona Lake, IN: Eisenbrauns, 2004), 231–60. 한 가지 명확한 사례는 시 29:1의 *bny 'lm* 구절 끝에 있는 *mem*이다. 이 구절은 오랫동안 전접어 *mem*이 붙은 "엘/하나님의 아들들"로 해석되었다가 최근 히브리어 본문의 현대판에서 "신들의 아들들"로 수정되었다. David Noel Freedman의 글이다. "첫째 줄의 *elim*은 전접어 *mem*이 붙은 엘(El)로 읽어야 한다.

그러므로 eli-m, 즉 엘 또는 신들의 아들들로 읽어야 한다(Freedman, "Archaic Forrms in Hebrew Poetry," *ZAW* 31 [1960]: 101-7 [esp. 104]).

2. 이 구절에서 뱀(나하쉬)은 저주를 받는다. 그 전까지 신들의 모임 구성원이던 이 존재는 더 이상 하나님의 보좌에 가까이 나아가지 못하고 들판의 모든 짐승들보다 낮은 자리로 추락한다. 이 저주를 비유적으로 치환한 것이 땅으로 추락했다는 표현이다.
3. 이 용어(왕들 또는 통치자들)는 지하세계에 거하는 죽은 자들과 더 넓은 셈족 세계의 신적 존재들을 포함한다. 몇몇 성경 구절은 *m-l-k-m*이 초자연적인 존재임을 분명히 드러낸다. Heider가 고찰하듯, "죽은 자들을 숭배하는 왕실 제의와 관련된, *mlkm*으로 불리는 존재들이 있다." G. C. Heider, "Molech," *DDD* 585를 보라. 시 68:12, 14, 29의 "왕들"과 관련해, "여호와의 대적자들은, 시 68에 따르면, 정확히 바산에 거하는 신적 존재들과 동일하다. 이들은 우가릿 전승[the *mlkm*/mĕlākîm(*rpum/Rephaim*)]이 기록하는 바이기도 하다. G. del Olmo Lete, "Bashan," *DDD* 162을 보라. 같은 주장을 편 학자로는 다음을 보라.John F. Healey, "MALKŪ : MLKM : ANUNNAKI," *Ugarit Forschungen* 7 (1975): 235-38; Lowell K. Handy, "A Solution for Many MLKM," Ugarit Forschungen 20 (1988): 57-59. 지상의 mlkm과 초자연적 mlkm 가시의 관계에 관심을 갖자면, "이 명칭(mlk, mlkt, ṯpṭ, ʿrẓ, zbl)을 가진 신들은 우주 안에서 각각의 통치 영역을 가지고 있는 통치자들로 이해되었다. 흡사 몇몇 인간 통치자들이 한 제국 안에서 동시에 여러 지역을 통치하는 것과 같은 방식이다. 신적 존재들에게 붙여진 *mlk*라는 명칭은 특정 계급이 아니라 그가 통치자임을 가리키는 용례로 사용됐다. 우주에 존재한다고 상정되는 우주 위계질서에서 다양한 계급의 인간과 신들이 모두 이 *mlk*라는 명칭으로 불렸다. 이 점을 염두에 두면 *mlk*는 '왕'보다는 '통치자'로 이해되어야 한다.

표의 데이터를 보면 세 구절 간에 연결점이 다양하고도 구체적임을 알 수 있다. 신들의 모임 중 한 구성원이 반역을 일으켰고 공회로부터 추방 당했다. 고대 근동 본문 중에 창세기 3장, 이사야 14:12-15, 에스겔 28:1-19의 모든 요소를 제공하는 사례가 있다고 주장하는 학자는 없다. 다만 학자들이 강조하는 바는 이 성경 구절들 간에, 그리고 그 밖의 다른 문헌들 속 신적 반역 에피소드들 간에 부인할 수 없는 유사성이 있다는 것이다.

아담이 이사야 14장과 에스겔 28장의 반역자인가?

필자가 앞서 언급했듯, 다른 학자들은 이 의견에 반대한다. 그들은 이사야 14:12-14와 에스겔 28:1-19가 '전적으로' 바벨론 왕과 두로 왕에 관한 내용이며, 창세기 3장의 타락에 관해 우리에게 알려주는 바가 없다고 주장한다. 그들에게 아담의 죄는 두 왕의 몰락에 대한 비유 기능을 할 뿐이다. 아담은 두 선지서에서 묘사한 오만과 타락의 전형일 뿐이다. 따라서 이 본문들에선 에덴의 신적 반역을 이해하기 위한 정보를 얻을 수 없다고 판단한다.[28]

---

28. 다음은 이런 방향으로 기울었거나 더 나아가 반대 입장을 강하게 표명한 학자들이다. Norman Norman C. Habel, "Ezekiel 28 and the Fall of the First Man," *Concordia Theological Monthly* 38 (1967): 516–24; H. G. May, "The King in the Garden of Eden," in *Israel's Prophetic Heritage* (New York: Harpers, 1962), 166–76; J. L. McKenzie, "Mythical Allusions in Ezekiel 28:1–28," *JBL* 75 (1956): 322–27; Marvin A. Sweeney, "Myth and History in Ezekiel's Oracle Concerning Tyre (Ezekiel 26–28)," in *Myth and Scripture: Contemporary Perspectives on Religion, Language, and Imagination*, ed. Dexter Callender (Atlanta: Society of Biblical Literature Press, 2014): 129–48; Daniel I. Block, *The Book of Ezekiel, Chapters 25–48* (NICOT; Grand Rapids: Eerdmans, 1997), 103–15; Mark R. Shipp, *Of Dead Kings and Dirges: Myth and Meaning in Isaiah 14:4b–21* (Leiden: Brill, 2002); Matthias Albani, "The Downfall of Helel, Son of Dawn: Aspects of Royal Ideology in Isa 14:12–13," in *The Fall of the Angels*, ed. Christoph Auffarth and Loren T. Stuckenbruck (Leiden: Brill, 2004), 129–68. 최근의 한 연구는 "*hêlēl ben-šaḥar* 즉 "빛나는 자, 새벽의 아들"(shining one, son of dawn)이 문자적으로 태양을 가리키는 것으로 보는 게 나을 수 있다고 제안한다… 그러니까 우가릿 본문들에서 발견되었으나 이제껏 간과되었던 지하세계의 태양 개념으로 규명될 수 있다는 것이다. 이사야 14:12-14의 저자가 태양과 지하세계 간의 연관성을 의식하고 있었으며 그 연관성을 자신의 본문에 활용했다는 것이다. 그러므로 이사야서 저자는 하늘로 치솟았다가 지하세계로 추락하는 태양 이미지를 제시한 것일 수 있다. 그러나 우가릿의 *Šapšu*와 달리 태양은 하늘, 땅 두 영역 어디에 대해서도 통치 권한을 가지고 있지 않다. 본문은 여호와의 권능으로 철저하게 제압 당한 가련한 등장인물에 대한 역설

하지만 이 주장을 따르는 학자들의 논증 방식은 저마다 다르다. 다만 우리의 목표와 관련하여 관심을 가질 만한 몇 갈래의 굵직한 방향성이 있다. 한 갈래는 이사야 14:12-15과 에스겔 28:1-19의 내용이 하나님 위에 군림하길 갈망하다가 급기야 스스로를 신으로 여기는 데까지 이른 한 인간 왕의 초상이라는 주장이다(사 14:13-14, 겔 28:2). 이 학자들은 해당 본문(사 14:11, 15, 겔 28:16)에서 사용된 추방 언어의 요체가 땅/지하세계로 쫓겨난 뱀이 아니라 하나님의 동산에서 쫓겨나고 불멸성을 상실한 '아담'의 추방에서 비롯되었다고 본다. 또다른 갈래의 학자들은 약간 다르게 접근한다. 그들은 아담이, 다른 고대 근동 지역의 왕들처럼, 에덴의 왕이었으며 땅에서 신을 대표하는 신적 존재였다고 제안한다. 두로왕(그리고 비유적으로 아담)은 더 높아지기를 원했다. 즉, 실제 신으로 여겨지거나 신들의 회의를 주재하길 바라는 죄를 지었다(사 14:13-14).[29]

적인 애가로 흘러간다. 음부의 사자(psychopomp)와 메소포타미아 왕이라는 태양의 이중적 이미지는 합력하여 이미 4b-11절에서 확립된 오만방자한 압제자의 타락에 대한 추가적 확증이 된다." (Laura Quick, "*Helēl ben-šaḥar* and the Chthonic Sun: A New Suggestion for the Mythological Background of Isa 14:12-15," *VT* 68 [2017]: 1-20 (esp. 19-20). 그 일례가 (하버드대학교 논문에 기초한) Page의 의미심장한 연구다. Hugh R. Page, *The Myth of Cosmic Rebellion: A Study of Its Reflexes in Ugaritic and Biblical Literature* (Leiden: Brill, 1996). Page는 이사야 14:12-15와 에스겔 28:1-19의 문학적 배경이 신적 존재들의 반역이라는 견해의 증거 확보에 누구보다 큰 공헌을 했다. 그럼에도 Page는 그 배경을 에덴 에피소드 해석을 조명하는 데 활용하지 않는다. 오히려 그는 창세기 6장으로 방향타를 돌린다.

29. 물론 이 관념은 성경 속 이스라엘이 그들의 왕을 신적 존재로 여겼다는 전제에서 출발한다. 그런데 이에 대한 논거는 매우 취약하다. Whitelam이 지적하듯 일부 학자들은 "고대 근동 전반에 걸쳐 신적 왕권이라는 공통된 제의적 패턴이 나타나는지 확인하고자 노력했다… 그러나 그들의 결론은 후대 학자의 연구에 의해 도전 받았다." 참조, Keith W.

많은 독자들은 의심의 여지 없이 이 '아담 선택지'가 여러 면에서 허점이 있다고 생각할 것이다. 일단 가장 확연한 모순은 이사야 14장이나 에스겔 28장 어디에 명백히 아담이 등장하느냐에 대한 의문이다. 어떤 영어 성경을 봐도 아담의 이름이 없다. 적어도 두 본문 중 한 곳에라도 아담이 언급돼야 둘 다 뱀이 아닌 최초의 인간 반역을 언급한 것이라고 보지 않겠는가. 대체 아담은 어디에 있는가?

그 해답은 11-19절에 대한 전통 히브리어 마소라 본문(MT)과 칠십인역 사이의 차이에서 찾을 수 있다. 마소라는 칠십인역 역자가 헬라어로 옮기는 과정에서 '해소해 버린' 몇몇 문법적 난제를 안고 있었다. 전통 마소라보다 칠십인역을 선호하는 사람이라면 아담이 에스겔 28:11-19에 등장한다고 할 것이다. 독자의 귀에는 분명 이상하게 들릴 소리이기에 어째서 그런지 예시로 설명하는 게 좋겠다.[30]

Whitelam, "King and Kingship," *ABD* 4:47. Whitelam은 고대 근동 지역 내 신적 왕권의 공통 패턴을 찾는 학자들의 대표격으로 이스라엘 군주제를 포함한 Engnell의 연구를 지목한다(Ivan Engnell, *Studies in Divine Kingship in the Ancient Near East* [Uppsala, 1943]). 이 견해를 반박한 것이 Henri Frankfort의 *Kingship and the Gods*(Chicago: University of Chicago Press, 1948)이다. Curtis는 "하지만 전반적으로 이스라엘 사람들이 신성한 또는 심지어 신적 존재로서 왕권 형태를 믿었다는 관념은 널리 수용된 견해는 아니다"라고 말한다. (A. H. W. Curtis, "Canaanite Gods and Religion," *DOTHB* 142). 이와 관련해 A. R. Johnson, *Sacral Kingship in Ancient Israel*, 2nd ed. (Cardiff: University of Wales Press, 1967)를 보라. 성경 저자들과 동시대 독자들이 아담을 신적 존재로 보았다는 관념은 내적 모순을 안고 있기도 하다. 관련 논의를 참조하라.

30. 에스겔 28:11-19 본문을 이해하는 세 가지 접근방식이 있다. (1) 전통 마소라 본문(MT)의 자음들과 마소라 서기관들이 추가한 모음들(vowel pointing)을 수용한다. 이것이 우리가 가진 인쇄판 히브리어 본문이고 아래 논의 속 MT 번역의 원문이다. (2) 마소라 본문의 자음들을 수용하고 군데군데 모음들을 바꾼다. (3) 칠십인역을 따라간다. 여기서 칠십인역은 역자가 때때로 MT가 아닌 다른 히브리어 본문을 참조했거나 느슨한 의역을 했음을 시사한다. 이 구절의 본문상 차이에 관한 가장 중요한 근래의 연구는 Hector M.

에스겔 28:13b-14는 곧장 문제의 핵심으로 우리를 인도한다. 여기 본문상의 차이점을 보자.

> MT 13) 네가 지음을 받던 날에 그것들이 준비되었도다 14) 너는 기름 부음을 받고 지키는 그룹임이여 내가 너를 세우매 네가 하나님의 성산에 있어서 불타는 돌들 사이로 왕래하였도다(ESV).

Patmore, *Adam, Satan, and the King of Tyre: The Interpretation of Ezekiel 28:11–19 in Late Antiquity* (Leiden: Brill, 2012). Patmore는 MT와 칠십인역과 탈굼을 철저하게 분석한 다음 교부들과 랍비 문헌에서 이 장을 어떻게 받아들이고 해석했는지를 논한다. Lydia Lee가 이 본문에 관한 연구에서 고찰했듯 "최근 팻모어는 칠십인역과 유사한 14절 독법을 제시한 바 있다. 즉, 기름부음 받은, 덮는 그룹이 두로 왕이 아니라고 본 것이다. 아주 흥미롭게도 팻모어는 '에스겔 28:12-19은 발음과 엑센트를 추가한 서기관(들)에 의해 (의도적으로든 혹은 다른 방식으로든) 오독되었다'고 제안하며 히브리어 본문에서 모음들과 캔틸레이션 표시(성경 구절에 운율을 넣어 낭창하는 표시)를 제거한다면 두로 왕의 정체가 그룹이 아닌 신(**אלהים היית**)이 된다고 한다." 다음을 보라. Lydia Lee, "'You Were the (Divine) Cherub': A Potential Challenge to Yahweh's Sole Divinity in Ezek 28:14," *JSOT* 41.1 (2016): 99–116 (esp. 101). 이 부분에 대한 Patmore의 번역은 이렇다. "네가 지음 받았을 때 펼쳐진, 덮는 그룹이 세워졌고, 그 후 내가 너를 거룩한 산에 세웠으니 너는 신이라, 네가 불타는 돌들 가운데로 걸어다녔느니라"(Patmore, *Adam, Satan, and the King of Tyre*, 197–201). Patmore는 자신의 견해를 다른 두 문헌에서 상세히 설명한다. Hector Hector M. Patmore, "Did the Masoretes Get It Wrong? The Vocalization and Accentuation of Ezekiel XXVIII 12–19," VT 58 (2008): 45–57; Patmore, "Adam or Satan? The Identity of the King of Tyre in Late Antiquity," in *After Ezekiel: Essays on the Reception of a Difficult Prophet*, ed. A. Mein and P. M. Joyce (London: T&T Clark, 2011), 59–69 (esp. 60, 62). 어떻게 이 번역이 왕(또는 아담)을 부정적으로 묘사하는 초상에 기여하는지, 혹은 어떻게 (Lee가 시사하듯) 이것이 여호와에 대한 위협이 되는지는 종잡기 어렵다. 신들의 회의 모티프를 감안하면 에덴에는 다른 엘로힘들이 있었음이 분명하다. 창세기 3:22이 그 증거다. 아울러 13절 끝의 "그들이 준비되었을 때"(*kônānû*)가 14절 시작 전에 나오는데 왜 Patmore가 13절의 "네가 지음 받았을 때"를 뒤에 나오는 14절과 한 쌍으로 보았는지도 분명치 않다. Patmore의 번역에는 이 동사 형태가 생략되어 있는데, 만약 이 동사 형태를 집어넣는다면 그의 번역의 해석적 함의가 무너질 것으로 보인다.

칠십인역 14) 네가 지음을 받던 날로부터 내가 너를 하나님의 성산에 그룹과 함께 세웠더라 너는 와서 불타는 돌들 가운데 있었도다(LES).

칠십인역에선 하나님이 동산에 그룹과 "함께" 또다른 존재를 "세우셨음"이 쉽게 눈에 들어온다. 칠십인역을 선호하는 학자들은 자연스레 이 등장인물이 아담(유일한 대안은 하와)이라고 보았고, 그런 다음 두로의 인간 왕에 관한 이야기를 이 에덴의 인간과 연결시켰다.

형태론적 요소들과 문법적 난제를 자세히 분석하고 어떤 과정을 거쳐 칠십인역 역자가 마소라를 수정했는지, 또는 원문에 부재한 내용을 삽입했는지를 설명하는 것은 이 책에 적합한 수준을 넘어선다. 본문상 오류가 있거나 예외가 있었다는 얘기는 아니다. 이는 익히 알려진 사안들이며 수십 년 전에 합리적으로 해소되었다. 그러므로 마소라 본문을 버려야 할 필요는 없다.[31]

---

31. 마소라 본문의 이례적 특징들을 옹호하며 겔 28:11-19의 논점을 면밀히 분석한 자료는 다음을 참조하라. James Barr, " 'Thou Art the Cherub': Ezekiel 28.14 and the Post-Ezekiel Understanding of Genesis 2–3," in *Priests, Prophets, and Scribes: Essays on the Formation and Heritage of Second Temple Judaism in Honour of Joseph Blenkinsopp*, ed. Eugene Ulrich et al. (Sheffield: Sheffield Academic Press, 1992), 213–13; James E. Miller, "The Maelaek of Tyre (Ezekiel 28,11–19)," *ZAW* 105.3 (1993): 497–501; Lena-Sofia Tiemeyer, "Zechariah's Spies and Ezekiel's Cherubim," in *Tradition in Transition: Haggai and Zechariah 1–8 in the Trajectory of Hebrew Theology*, ed. Mark J. Boda and Michael H. Floyd (London: T&T Clark, 2008), 95–119; Knud Jeppesen, "You Are a Cherub, but No God!" *Scandinavian Journal of the Old Testament* 5:1 (1991); 83–94. 필자는 필자의 웹사이트(http://www.moreunseenrealm.com(11장)에 문법적 난제와 (MT를 옹호하는 입장에서) 그 해소 방안을 약술했다. 아울러 독자들은 칠십인역에 대한 어떤 호소로도 사 14:12-15에서 아담을 찾아낼 순 없음을 유념해야 한다.

칠십인역에 대한 과도한 선호는 이사야 14:12-15과 에스겔 28:1-19이 창세기 3장의 신적 반역자 이해에 어떤 기여도 하지 못하게 만들었다. 이 외에도 칠십인역 선호는 여러 다른 취약점을 가지고 있지만, 보다 근본적인 문제들이 있다.

첫째, 방법론적 문제가 있다. 만일 이사야 14:12-15과 에스겔 28:1-19이 신적 반역자에 관한 주석으로 기능하지 못하도록 배제한다면, 대관절 어떤 근거로 아담에 관한 주석으로는 기능하도록 허용하는지 궁금하다. 두 본문이 뱀은 안 되고 오직 아담에 관한 이해만 조명하도록 허락하는 것은 편향된 방법론이다. 둘째, '아담 선택지'가 가능하려면 창세기의 타락 에피소드에 없는 아담에 관한 내용을 추측해야 한다. 창세기 3장 어디에도 이사야 14:13-14과 에스겔 28:2의 표현처럼 아담이 하나님의 (의사결정) 공회의 일원이었다거나 신들의 모임에서 수장이 되길 갈망했다는 묘사가 없다. 아울러 아담이 스스로 신이라는 착각에 빠졌다는 단서도 없다.[32]

마지막 논점과 관련하여, 해석자들은 이사야와 에스겔이 언급한 악한 왕 비유와 아담을 결부시키기 위해 아담이 신적 존재인 왕이었다

32. "바다 한가운데에 있는" "신들의 자리"(seat of gods)에 관해선, 두 문구 모두 신들의 공회의 어전(보좌가 있는 방)을 가리킨다. 이는 우가릿(*m[t]b il*, "seat of El"; *KTU* 1.4.i.13)의 *moshab elohim*(신들의 자리)와 뚜렷한 평행구다. 참조, Clifford, *The Cosmic Mountain in Canaan and the Old Testament, 170; Mullen, Divine Council in Canaanite and Early Hebrew Literature*, 150–55. Wyatt는 가나안 왕이 엘을 대신하여 통치한다는 주장은 할 수 있지만 "엘과 일체성을 주장하는 것은 수용가능한 제한선을 넘은 것"이라고 고찰한다. 참조, N. Wyatt, *Space and Time in the Religious Life of the Near East* (Sheffield: Sheffield Academic Press, 2001), 155.

고 주장할 수 없다. 창세기 3:5, 22에선 명료하게 아담(그리고 하와)이 오직 선악을 알게 하는 나무 열매를 먹어야만 "신들과 같이"(*kē'lōhîm*) 되리라고 말한다. 당연히 신적 존재가 아니었다는 말이다. 아울러 "신들과 같이"라는 표현이 신성(divinity)을 뜻하는 것도 아니다. 두 사람이 열매를 먹은 후 오직 한 가지 면, 즉, "선악을 아는" 면에서만 '신들과 같이' 된다는 얘기다. 이런 면에서 아담과 하와는 신들(에덴의 하나님의 공회에 참여하는 신적 존재들)과 '같이' 되었지만 여전히 신은 아니었다. 어떤 한 가지 새로운 면에서 신적 존재와 '같이' 되는 것이 곧 신이 '되는 것'과 동격은 아니다.[33]

일관성 면에서 '아담설'의 또다른 문제점은 이사야 14:12-15과 에스겔 28:1-19에서 묘사된 범죄와 관련이 있다. 이 범죄는 스스로를 신으로 간주하거나 지존자와 같이 되겠다, 혹은 스스로가 신들의 회의를 주재하기에 적합하다는 주제넘음에서 표출된 극한의 교만 내지 오만이다(사 14:13-14. 겔 28:2).[34] 그런데 창세기 3장 어디에서 아담과 관

33. 하나님의 형상을 담지한 대표자라는 점에서(창 1:26-27) 아담과 하와는 이미 금지된 열매를 먹기 전부터 하나님/하나님의 공회에 속한 신적 존재들과 같았다. 이는 신과 '같다'는 것이 곧 신이라는 의미는 아니라는 뚜렷한 증거다. 아담과 하와는 타락 전에도, 후에도 인간이었고, 인간을 넘어서지 못했다. 마지막으로, 아담의 신성이 아담을 사 14장과 겔 28장과 연결짓는 데 도움이 된다는 (일각의) 주장은 편리하게도 하와는 배제시킨다. 하와 역시 아담과 동일하게 하나님의 형상을 담지한 존재였고 이는 하나님이 맡기신 임무 완수를 위해 부여된 속성이기도 했다. 아울러 하와 역시 창 3:5, 22에 포함되어 있다. 그런데도 사 14:12-14와 겔 28:1-19에 관한 '아담설' 옹호자들은 '하와'의 신령한 왕권에 대해선 함구한다. 이 불평등성은 '아담설' 궤적의 작위성과 논리적 허술함을 보여준다.

34. 다른 범죄들(겔 28:16-18)은 비유의 또다른 축인 두로 왕에 해당한다.

련하여 이런 성향이나 행태를 읽을 수 있는가?[35] 달리 말하면, 이 비유의 일관성은 대체 어느 대목에 있는가?

창세기 3장은 한번도 아담의 범죄를 '반항적' 행위로 그린 적이 없다. 아담은 그저 선악과를 따먹은 하와에게 반응하고 동참했을 뿐이다. 창세기 3장 어디에도 아담이 "하나님의 뭇 별 위에 내 자리를 높이리라"고 마음 먹었다거나 신들의 회의에서 수장이 되려 한다거나 스스로를 신처럼 대단한 존재로 여겼다는 단서가 없다. 설령 아담이 내심 이런 마음을 품었다고 할지라도 독자에게 알려진 바는 없다. 이런 디테일은 앞서 고찰했듯 위의 본문들이 창세기 3장에 등장하는 다른 존재(뱀)가 아닌 아담에게 적용되길 희망하는 이들의 과한 본문 해석임이 틀림없다.

그렇다면 사탄인가?

대부분의 독자들은 이번 장에서 논의한 모든 것이 사탄에 관한 것이라고 짐작할 가능성이 크다. 이는 틀린 생각인 동시에… 옳은 생각이

35. 하나님이 인간의 타락 후에도 지상의 에덴에 남아계셨음(즉, 에덴이 타락 후에도 지상의 독보적 장소로 존속했음)을 시사하는 내용이 없으므로, 아담과 뱀 둘 다 신의 존전으로부터 "쫓겨났다"고 생각할 수 있다. 그러므로 그 방면에서 겔 28:16의 언어는 반역자에 관한 두 견해(인간 또는 신적 존재) 모두에 활용될 수 있다. 이 구절에 대해 ESV가 "내가 너를 멸하였도다"로 번역한 동사 *'abad*는 고통을 겪을 운명에 처하게 만든다는 의미로 "재앙에 넘겨주었도다"로 이해할 수도 있다. 참조, *HALOT*, s.v. אבד (I).

기도 하다. 필자는 이제껏 가급적 '사탄'이라는 용어를 사용하지 않으려고 노력했다. 이 책 도입부에서 계시록 12:9이 뱀을 마귀 및 사탄과 동일시했다고 지적했을 때만 짧게 언급했을 뿐이다. 필자의 이전 연구인 『보이지 않는 세계』와 친숙한 독자들은 그 이유를 알 것이다. 히브리어 사탄(*śāṭān*)이 인격체의 이름인 '사탄'으로 둔갑했는데, 실은 그래선 안 된다. 이 히브리어 용어는 고유명사가 아니다. 그러므로 우리가 신약에서 사탄으로 알고 있는 특정 캐릭터 이름이 아니다.

왜 그런가는 성경 히브리어 문법에 기초한 사항이기에 명쾌하다. 성경 히브리어에서 정관사("the")는 단일 글자(헤; "h")다. 정관사라는 명칭이 시사하듯 정관사는 정관사가 없으면 일반 명사("사람")로 쓰일 것을 더 구체적이고 확정적으로 만든다("그 사람"). 히브리어도 같은 방식으로 작동한다. 차이점은 히브리어에선 정관사가 명사와 일체화된다는 것이다(h 글자 + 명사=the[명사]). 아울러 히브리어 역시 영어처럼 정관사가 고유명사에 선행하지 않는다는 법칙이 있다. 가령 필자는 the Mike가 아니다. 우리는 서로의 이름을 부를 때 앞에 the를 붙이지 않는다. 히브리어 문법 규칙상 정관사가 앞에 붙은 명사는 고유명사가 '아니다'.[36]

히브리어 레마 사탄(*śāṭān*)은 히브리어 성경에 27회 등장하는데, 그중 10회는 정관사가 없다.

36. *GBH* §137b; GKC §125d.

정관사(*ha-*)+*śāṭān*(17회)	정관사 없는 *śāṭān*(10회)
슥 3:1, 2(2회), 욥 1:6, 7(2회), 8, 9, 12(2회), 2:1, 2(2회), 3, 4, 6, 7	민 22:22, 32, 삼상 29:4, 삼하 19:23, 왕상 5:18, 11:14, 23, 25, 대상 21:1, 시 109:6

영어 성경에서 '사탄'으로 번역한 욥기 1-2장과 스가랴 3장의 사탄(*śāṭān*)은 예외 없이 정관사가 붙어 있었다. 그러므로 이 구절들에서 이 용어를 고유명사로 옮겨선 안 된다(영어 독자들에겐 이 구절이 에덴의 원조 반역자[사탄] 교리에 결정적 중요성을 가진다). 즉, 욥기 1-2장과 스가랴 3장의 등장인물은 뱀(또는 신약의 언어로 "마귀")이 아니라는 얘기다.

이 유명한 장면들 속 '사탄'의 올바른 번역은 정관사가 붙은 "대적자"(the adversary) 또는 "고발자"(the accuser)다.[37] 이 선택지들은 맥락상의 용례에 근거한 것이다(둘 다 이 단어를 사용할 때 떠오르는 인간들과 신적 존재들과의 관계성을 고려한 것이다). 가령 시편 109:6-7을 보자.

> 6) 악인이 그를 다스리게 하시며
> 고발자(*śāṭān*)가 그의 오른쪽에 서게 하소서
> 7) 그가 심판을 받을 때에 죄인이 되어 나오게 하시며
> 그의 기도가 죄로 변하게 하시며

---

37. HALOT, s.v. שָׂטָן. 또한 다음을 보라. DCH, s.v. שָׂטָן.

골딩게이는 고발자들(참조, 1-5절)이 "하늘 법정에서 자신의 주장을 펼치고 있으며" "피의자 곁에 고발자 또는 검사(*a śāṭān*, 참조, 스가랴 3장의 천상 고발자)로 설 누군가를 정해 달라고 요청하고 있다"고 고찰한다.[38] 다른 주석가들처럼 골딩게이 역시 그들의 요청이 "자신들과 같이 믿음 없는 사람(참조, 2절)"을 요청한다는 면에서 기괴하다고 본다. "그들은 어쩌면 공의가 이루어지길 바라면서도 공의가 무엇을 의미하는지에 관해 뒤틀린 견해를 가지고 있는 듯하다"고 했다.[39] 스가랴 3장에 관한 골딩게이의 언급은 주목할 만한 가치가 있다. 이 유명한 본문 속 사탄(*śāṭān*)이 이스라엘의 대제사장 여호수아를 고발하고 있기 때문이다.[40]

일부 학자들은 욥기 1-2장과 더불어 위와 같은 본문을 보고 사탄(*śāṭān*)이 "검찰 총장과 유사한 역할을 하는 천상회의의 일원"이라고 보았다.[41] 하나님은 사탄(*śāṭān*)이 욥의 성품에 대한 하나님의 질문에

38. John Goldingay, *Psalms, Vol. 3: Psalms 90–150* (BCOT; Grand Rapids: Baker Academic, 2006), 280.

39. Ibid., 280.

40. "여호와 앞에 서 있는" *śāṭān*에 관하여 Meyers가 쓴 글이다. "이 전문적 언어(*'md plny*, 참조, 아래의 4절)는 선지자의 환상 속 배경이 여호와가 재판장으로 주재하는 천상 법정임을 보여준다… 신들의 회의 또는 공회라는 개념은 고대 근동에 두루 퍼져있는 모티프였다. 법정에 올라온 사안은 여호수아와 그의 대제사장직에 관한 것이었다. 여호수아의 반대자는 *haśśāṭān* 또는 고발자이며, 변호인은 *mal'āk*(여호와의 메신저 또는 전령)이다. 천상 법정 장면의 적절함은 제기된 사안의 중차대성에서 비롯된다." (Carol L. Meyers and Eric M. Meyers, Haggai, *Zechariah 1–8: A New Translation with Introduction and Commentary* [AYB; New Haven, CT: Yale University Press, 2008], 182).

41. Bruce Baloian, "שָׂטָן," *NIDOTTE* 3:1231. Handy는 그가 천상 법정의 '공직자'(officer)라고 말한다(Lowell K. Handy, "The Authorization of Divine Power and the Guilt of

답하기를 기대하시며, 또 그가 무언가 보고할 내용을 가지고 왔다고 짐작하신다.[42] 하나님에 대한 사탄(*śāṭān*)의 이런 업무 보고나 복종이 그 자체로 악한 것으로 간주되거나 신들의 회의 자리에서 발생한 이례적인 일이라는 암시는 없다. 그(*śāṭān*)는 보고하기는 하지만, 보고 중에 욥에 대한 하나님의 평가(와 결론적으로 하나님의 전지성이나 진실성)에 이의를 제기함으로써 욥기의 나머지 사건을 촉발한다. 하나님의 성품을 시험대에 올린 것이다.[43]

결과적으로 사탄(*śāṭān*)을 정관사와 함께 '사탄'(Satan)과 같은 고유명사로 바꾸어버린 번역은 히브리어 문법에 위배되며 해당 구절의 본

God in the Book of Job: Useful Ugaritic Parallels," *JSOT* 18.60 (1993): 107–18 (특히 109). 욥기 1:6, 2:1의 언어는 *śāṭān*이 하나님의 아들들 중 하나인지 혹은 그 자리에 모인 신들의 공회에 그저 얼굴을 비춘 방문자인지 여부를 판단하는 데 필요한 적확성이 결여되어 있다. Hartley는 이런 질문을 한다. "*śāṭān*은 하나님의 아들들 중 하나였는가? 다수의 학자들은 그렇다고 짐작한다. Driver-Gray는 전치사 among(히. *bətôk*)이 그가 신들의 모임에서 요직을 맡았음을 나타낸다고 이해한다. 그러나 근래에 일부 학자들은 그 본문이 *śāṭān*을 침입자로 그린다고 이해한다. 그들이 이런 입장을 취한 경로는 also(히. gam)를 '~외에'로 해석했거나 전치사 among이 아웃사이더를 나타낸다고 이해했기 때문이다. 이런 성격 규정은 그를 신들의 모임에서 여타 구성원들에 맞서는 역할을 가진 무리와는 구별되는 구성원(distinct member)으로 상정하는 듯하다." 참조, John E. Hartley, *The Book of Job* (NICOT; Grand Rapids: Eerdmans, 1988), 72.

42. *śāṭān*이 분명하게 고발/기소하는 맥락에 등장한 것이 후일 제2성전기의 여러 '사탄들'이 하나님의 존전에서 인간의 선하고 악한 행동을 보고한다는 개념에 기여했음이 틀림없다(에녹1서 40:7).

43. 바로 그래서 *śāṭān*이 욥의 생명을 앗아가는 것을 빼고는 무엇이든 원하는 대로 할 전권을 받은 것이다. 만약 *śāṭān*에게 개입의 자유를 주지 않았다면 그가 욥이 하나님을 저주하게 만드는 데 성공하여 하나님의 평가가 틀렸음을 입증했을 거라는 인상을 공회에 남겼을 수 있다. *śāṭān*이 개입하도록 허락하면서도 욥은 살아남아야 했다. 둘 다 *śāṭān*이 틀리고 하나님이 옳았음을 입증하기 위해 필요한 조치였다.

뜻을 저해한다.[44] 고유한 인격체로 사탄 캐릭터를 가리킬 '만한' 구절은 정관사가 붙지 않은 사탄(*śāṭān*) 구절뿐이다. 여기서 필자가 가리킬 '만한' 구절이라고 한 것은 정관사가 붙지 않았다고 해서 그 명사가 반드시 고유명사가 되는 건 아니기 때문이다. 정관사가 없더라도 일반명사로서 '어느 대적자'가 될 만한 가능성이 충분히 있다(그리고 필자는 그렇게 주장한다).[45] 그런데 정관사가 결여된 용례는 단 세 가지 예외만 빼고는 모두 인간(인간 대적자)을 지목한다.

그 예외란 민수기 22:22, 32절과 역대상 21:1이다. 민수기에서 발람과 당나귀 이야기에 등장한 사탄(*śāṭān*) 호칭은 모두 주(여호와)의 천사를 가리킨다.

---

44. 덧붙이자면, 민감한 독자들은 위의 표에서 *śāṭān* 레마가 창세기 3장에는 등장하지 않았음을 알아차렸을 것이다. 사실 창세기 3장의 나하쉬는 히브리어 성경 어디에서도 사탄이라고 불린 적이 없다. 참조, Peggy Day, *An Adversary in Heaven: śāṭān in the Hebrew Bible* (Atlanta: Scholars Press, 1988); John H. Walton, "Satan," *DOTWPW* 714–17. 필자가 『보이지 않는 세계』에서 고찰했듯 "*śāṭān* 명칭의 '기능성'이 어떤 연고로 후일 유대 저술이 창세기 3장에서 에덴의 파멸을 초래한 뱀 캐릭터를 가리키는 고유명사로 이 명칭을 채택하게 되었는지를 설명해 준다. 그 캐릭터는 하나님이 인간 형상 담지자들을 위해 단행한 여러 선택에 반기를 들었다. 창세기 3장의 어두운 캐릭터는 종국에는 '모든 대적자들의 어머니'로 간주되었으며 *śāṭān*이라는 이름표를 가지게 되었다. 충분히 그럴 만한 자격을 갖추었다. 여기서의 논점은 구약이 그 용어를 에덴의 신적 범죄자를 가리키는 용도로 쓰지 않았다는 것뿐이다(57). 어떻게 *śāṭān* 레마가 후일 유대 문헌과 신약에서 고유명사로 사용되게 되었는지에 관해선 본 연구 4장을 참조하라.

45. 예시를 들자면, 히브리어 *'ādām*에는 종종 정관사가 붙어 'the man'으로 번역된다(창 2:15, "여호와 하나님이 그 사람[*ha-'ādām*]을 이끌어 에덴 동산에 두어"). 관사가 없는 히브리어 *'ādām*은 '아담'이 될 수 있지만(고유명사, 창 5:1, "이것은 아담[*'ādām*]의 계보를 적은 책이니라") 또 맥락에 따라 '인류, 사람'으로 번역하는 게 최상인 경우도 있다(창 1:26, "우리의 형상을 따라… 우리가 사람[*'ādām*]을 만들고"). 이런 선택은 맥락에 따라 달라진다.

> 그가 감으로 말미암아 하나님이 진노하시므로 여호와의 사자가 그의 대적[*śāṭān*]으로 막으려고 길에 서니라 발람은 자기 나귀를 탔고 그의 두 종은 그와 함께 있더니(민 22:22).

> 여호와의 사자가 그에게 이르되 너는 어찌하여 네 나귀를 이같이 세 번 때렸느냐 보라 내 앞에서 네 길이 사악하므로 내가 너를 막으려고[*śāṭān*] 나왔더니[직역하면, 내가 어떤 *śāṭān*으로 왔더니](민 22:32).

당연히 위 본문에 등장하는 여호와의 사자는 에덴의 반역자가 아니며 훗날 유대교와 신약의 '사탄'도 아니다. 그렇다면 이제 우리에게 사탄, 곧 마귀를 가리키는 호칭으로 가능한 것은 역대상 21:1밖에 없다. 역대상 21장은 '사탄'(Satan)이 다윗을 격동하여 인구조사를 시키고 하나님의 심판과 이스라엘의 대량 인명 상실을 초래한 사건으로 유명한 본문이다. 일부 학자들은 이 한 구절만큼은 정녕 사탄을 지목하는 것이라고 제언한다. 이 입장은 옹호하기 곤란하다. 이 사건은 히브리어 성경의 다른 곳(삼하 24장)에도 기록되어 있는데, 그 기술에선 여호와 자신이 다윗을 격동하신 것으로 나온다. 여호와가 사탄인가?

위의 두 기술을 놓고 사건 이해에 곤란함을 겪던 학자들은 여호와와 사탄을 동일한 격동 이면에 배치할 기상천외한 여러 묘수를 생각해 냈다. 필자는 만약 역대상 21:1을 정관사 없는 사탄(*śāṭān*)이 신적 존재를 묘사하는 유일한 다른 용례인 민수기 22:22, 32에 비추어 해석한다면 간단하게 해결된다고 본다. 더 폭넓은 맥락이 이 접근의 타당성을 확증한다. 평행구절부터 시작해 보자.

역대상 21:1-2	삼하 24:1-2
사탄이 일어나 이스라엘을 대적하고 다윗을 충동하여 이스라엘을 계수하게 하니라 다윗이 요압과 백성의 지도자들에게 이르되 너희는 가서 브엘세바에서부터 단까지 이스라엘을 계수하고 돌아와 내게 보고하여 그 수효를 알게 하라 하니	여호와께서 다시 이스라엘을 향하여 진노하사 그들을 치시려고 다윗을 격동시키사 가서 이스라엘과 유다의 인구를 조사하라 하신지라 이에 왕이 그 곁에 있는 군사령관 요압에게 이르되 너는 이스라엘 모든 지파 가운데로 다니며 이제 단에서부터 브엘세바까지 인구를 조사하여 백성의 수를 내게 보고하라 하니

누가 다윗을 격동했는가? 사탄인가 여호와인가? 얼핏 모순처럼 보이는 이 상황의 해결책은 놀랍게도 단순하다. 민수기 22:22, 32에서 발람과 당나귀의 길을 가로막은 것은 여호와의 사자다. 이 사자가 발람을 상대하는 여호와의 '대적자'(*śāṭān*) 역할을 한 것이다. 이 사자는 사실상 하나님께 임명 받은 대적자였다. 더욱이 필자가 다른 곳에서 상세하게 설명했듯, 이 특정 사자는 인간의 형체로 나타난 여호와셨다.[46]

민수기 22장의 관련 기사에 비추어 볼 때 역대상 21:1은 "그때 대적자가 이스라엘을 대적하여 일어나…"로 번역해야 한다. 이 대적자는

46. Heiser, *Angels*, 57–63; Heiser, "Old Testament Godhead Language" and "The Name Theology of the Old Testament," *Faithlife Study Bible* (Bellingham, WA: Lexham Press, 2012, 2016). 이스라엘 하나님의 신격(Godhead) 개념에 관한 학문적 발표는 다음을 참조하라. Michael S. Heiser, "Co-Regency in Ancient Israel's Divine Council as the Conceptual Backdrop to Ancient Jewish Binitarian Monotheism," *BBR* 26.2 (2016): 195–226).

'두 기사 모두에서'(대상 21:14-15, 삼하 24:15-16) 여호와의 사자로 훗날 정체가 밝혀진다. 만약 구약의 다른 기사들에서 분명히 드러난 것처럼 여호와와 그 사자가 동일한 정체성을 가지고 있거나 독자적 정체성의 경계가 모호했다면(예, 창 48:15-16, 출 3장[비교, 수 5:13-15], 삿 6장) 이 본문들 간에는 어떤 모순도 없다. 사자와 여호와는 공동 정체성을 가지고 있을 수 있다. 누가 다윗을 격동했냐는 질문에 대한 답은 두 기사에서 모두 '여호와'다.[47]

함의

최초의 반역을 일으킨 신적 존재에 관해 우리는 무엇을 배웠는가? 고대 이스라엘인이라면 창세기 3장의 나하쉬를 이스라엘 용어 사탄(*śāṭān*)으로 칭하지 않았을 것이다. 하지만 분명한 것은 그가 성경 역사의 흐름 속에서 대적자, 즉 하나님의 목적에 적대적인 존재였다는 것이다. 그의 반역으로 말미암아 인류는 창조주와 더불어 신들의 거처

47. 독자들이 자연스레 갖게 될 의문은 하나님이 무슨 이유로 그렇게 격동하셨는가 하는 점이다. 필자가 다른 출간물에서 고찰했듯 "왜 여호와가 추후 징계받을 일을 다윗이 하도록 격동하셨을까? 두 기사 모두에서 여호와가 다윗이 아닌 이스라엘 백성에 대해 진노하셨다는 언급으로 시작한다. 여호와는 수세기 후 느부갓네살을 도구로 사용하신 것처럼 이 백성을 심판할 도구로 다윗을 사용하기로 택하신 것이다. 바벨론 왕 느부갓네살이 자신의 행동에 책임져야 하는 것처럼 다윗도 그러하다. 심판(그리고 그 수단)은 둘 다 여호와께 속해 있지만 인간 대행자에 대해서도 여전히 책임을 물을 수 있다." (참조, Michael S. Heiser, *I Dare You Not to Bore Me with the Bible* (Bellingham, WA: Lexham Press, 2014), 73. 『건너뛰지 않고 성경 읽기』(좋은씨앗).

에서 누릴 영생을 빼앗겼다. 물론 여호와는 이 결과에 대해 아담과 하와에게 미리 경고하셨다. 그 경고조차 피조물을 향한 그분의 사랑이다. 하나님은 두 사람에게 (선악을 알게 하는 나무의 실과를 먹지 말라는) 명령을 어기면 그들을 죽이겠다고 말씀하신 적이 없다. 하나님은 그저 "네가 반드시 죽으리라"고만 말씀하셨다. 생명의 근원인 하나님의 존전으로부터 유리되어 에덴에서 추방된다면 죽음의 상황에 처하게 될 것이기 때문이다.[48]

감사하게도 이야기는 거기서 끝나지 않았다. 하나님은 아담과 하와와 그 후손을 위한 구속을 약속하셨고 인류의 치욕스런 실패로부터 구원 역사의 이야기가 다시 시작되었다. 인류의 실패는 다스림 받기보다는 다스리기 원했던, 하나님의 보좌를 지키는 한 신적 존재에 의해 촉발되었다.

신적 존재이나 최초의 반역자가 된 에덴의 악당은 "이 세상/세대의 신"(고후 4:4)으로 인식되기에 이르렀다. 바울의 이 표현은 언어 유희인 동시에 신학적 진술이기도 하다. 우리가 살펴본 세 본문 모두(사 14:12-15, 겔 28:11-19, 창 3) 초자연적 존재인 원조 반역자가 신들의 모임(천상회의/신들의 회의) 구성원 자격을 박탈 당하고 땅으로 "쫓겨내려" 갔다고 기술한다.[49] 필자가 『보이지 않는 세계』에서 상세히 설명

48. 어떻게 타락이 가능했고 왜 하나님이 타락을 강제한 것이 아닌지에 관한 논의는 다음을 참조하라. Heiser, *Unseen Realm*, 56-70. 『보이지 않는 세계』(좋은씨앗).

49. 욥기 1-2장의 *śāṭān*은 이 등장인물이 아님을 상기하라. 그러므로 욥기의 두 장과 에덴의 신적 반역자에게 내려진 징계 간에는 어떤 모순도 없다. 이들 본문의 '쫓겨내려감'의 언어에 관해선 다음을 참조하라. 겔 28:8, 17, 사 14:9, 11-12, 15.

했듯, '땅'(에레스)을 가리키는 히브리어 용어는 사후세계를 가리키는 용어이기도 하다.

> 이 교만한 신적 존재가 쫓겨나 수치를 당한 '땅'에도 관심을 가질 필요가 있다. 땅으로 번역된 히브리어는 '에레츠'다. 에레츠는 우리가 발을 딛고 선 땅을 뜻하는 일상어다. 그러나 에레츠는 또한 지하세계, 곧 사후세계(the realm of the dead, 예. 욘 2:6, "구덩이"), 고대 용사 및 왕이 죽어 동류를 기다리는 곳(겔 32:21, 24-30, 32; 사 14:9, "스올", "구덩이")을 가리키기도 한다. 물론 아담은 이미 땅에 있었으므로 땅으로 떨어지는 벌을 받을 수 없다. 그렇다고 아담이 지하세계로 떨어진 것도 아니다. 이런 종류의 표현은 천상의 존재가 천상회의로부터 추방되었을 때 사용됐을 법한 언어다.[50]

성경 우주론에서 지하세계는 (그 이름이 시사하듯) 땅 '속' 또는 '아래'에 있다. 그러니까 땅의 일부분이라는 말이다. 그런 면에서 반역자에게 언도된 형은 이치에 부합한다. 즉, 반역자는 땅으로, 동시에 땅 아래로 추락한 것이다. 뱀이 사후세계와 연관성을 가지는 이유는 뱀이 그곳으로 보내졌기 때문이다. 다음 장에서 보겠지만 이스라엘과 후대의 유대인들은 이 세계가 가나안의 바알신에게 속해 있다고 여겼다. 그래서 바알에게 속한 별칭과 모티프들이 이 에덴에서 쫓겨난 그룹에

---

50. Heiser, *Unseen Realm*, 80-81. 『보이지 않는 세계』(좋은씨앗).

게 적용되기 시작했다. 이스라엘의 지하세계의 주인은 가나안 지하세계의 주인과 점점 닮은꼴이 되어갔다.

인류의 추방은 아담의 죄로 말미암아 온 인류에 죽음이 전파됨을 의미했다(롬 5:12). 죽음과 뱀은 성경의 사고에서 상호 연관성을 가지게 되었다. 앞의 장들에서 우리가 논한 흑암, 죽음, 질병, 혼돈의 모든 모티프가 이 연관성의 일부분이다. 이는 그들이 창세기 3장에 거론되었기 때문이 아니라(실은 거론되지 않았다) 모든 개념상의 연결점들이 사후세계로 이어졌기 때문이다.

신적 존재인 최초의 반역자 프로필에는 어떤 특징이 있을까? 하나님을 향한 오만, 인류에 대한 적개심, 죽은 자들이 거하는 흑암의 영역에 대한 지배권 등이 그 특징이다. 창조주 하나님의 더 큰 권능의 개입이 부재하다면 죽은 자들 모두는 그의 영토에 거하게 될 것이다. 구약의 이런 관점은 후일 제2성전기 유대 문헌에 명백하게 드러난다. 이제 다음 장에서 구약의 이런 관점이 제2성전기 문헌에서 어떻게 발달되었는지를 살펴볼 것이다.

4장.
제2성전기 유대교 속 사탄

구약의 원조 신적 반역자와 관련한 데이터는 두 가지 고찰로 귀결된다. 첫째, 욥기 1-2장과 스가랴 3장에 관한 바른 이해에 비추어보면, 창세기 3장 외에 이 초자연적 악당의 프로필 정립에 보탬이 될 만한 구절은 그리 많지 않다.[1] 둘째, 제한된 데이터에도 불구하고 구약이 하나님의 천상 수행단 내 최초의 이탈자에 관해 말하는 바는 명확하다. 원조 반역자는 스스로를 하나님과 여타 신적 존재인 공회원보다 높은 자리에 올라가려는 그릇된 기도를 했고, 그 후로 한결같이 오만한 캐릭터로 그려진다. 그는 속이는 자로서 하나님의 형상 담지자들인 인간들을 향한 적개심을 표출하는 활동을 한다. 그에게 내려진 하나님의 처벌은 죽음, 하나님으로부터의 유리, 사후세계의 지배와 연

1. 구약 학자들이 사 14:12-15과 겔 28:1-19이 이 사안에 어떤 발언권도 가지지 못하게 함으로써 오히려 데이터 풀(pool)을 더 축소시켰다는 게 아이러니하다.

관되어 있다.

이번 장에서 우리는 구약 시대 이후 유대 저술에서 이 캐릭터를 어떻게 여겼는지를 조사할 예정이다.[2] 이미 개요에서 구약과 이 시기 저술 간에 연속성을 기대할 수 있으나(제2성전기 유대 저자들은 그들의 신성한 성경의 콘텐츠를 대체하려는 시도를 하지 않았다) 일부 발전한 부분도 발견할 것이라고 말했다. 우리는 이 발전과 관련된 두 궤적을 살펴볼 것이다. 첫째, 에덴에서 반역을 일으킨 신적 존재에 대한 이야기를 구약의 다른 신적 존재 반역자의 이야기들과 병합하는 경향이다. 우리는 최초의 반역 이후의 후속 반역 사건을 아직 상술하지 않았으나 그들이 홍수 이전 하나님의 아들들의 범죄(창 6:1-4)와 바벨 심판에서 열국을 배정받은 하나님의 아들들의 부패(신 32:8-9, 시 82)에 관한 것임은 언급한 바 있다. 둘째, 일부 제2성전기 저자들은 성경 에피소드들의 빈구멍을 창작으로 메우는 데 주저함이 없었다. 결과는 아무리 완곡하게 말해도 구약 자료의 창조적 윤색이었다.

아울러 독자들은 제2성전기 저자들이 위에서 언급한 병합과 윤색에 늘 동의하진 않았을 것임을 인식해야 한다.[3] 제2성전기 유대교는

2. 이 저술들이 해당 시기 사탄 개념의 변화 발전에 어떤 기여를 했는지를 다룬 간략한 요약은 다음을 참조하라. Derek R. Brown, *The God of This Age* (Tübingen: Mohr Siebeck, 2015), 27-48.

3. 그러므로 신약의 사탄으로 귀결되는 어떤 단일한 발달 경로가 있다는 전제는 현명하지 않다. 차라리 거꾸로 구약과의 연결고리를 찾고 어떻게 그 연결고리들이 때때로 방향 재설정과 윤색으로 이어졌는지를 논하는 게 한결 견고한 방법이다. 이 논의는 자연히(많든 적든) 지식에 기반한 추측성 논의일 수밖에 없다. 내가 이 점을 언급하는 이유는 학자들이 이제껏 수집된 것보다 더 나은 증거를 요하는 특정 세력들을 전제하는 경향성을 보이기 때문이다. 제2성전기의 귀신론을 연구하는 많은 이들이 제2성전기 저자들이 유일

현대 기독교가 획일적 통일체가 아닌 것만큼 하나의 통일된 종교적 세계관을 갖고 있지 않았다. 오늘날 현대 기독교의 대표 주자들(로마 가톨릭, 개신교, 정통교)과 수십 개의 군소 교파들과 인종 지향성으로 갈라진 분파들은 기독교 교리와 관행 등 여러 면에서 엇갈린 견해를 가지고 있다. 제2성전기 유대교도 매한가지였다. 다만 제2성전기 유대교는 오늘날 기독교의 큰 우산 아래 있다고 할 만한 분파들에 비해 훨씬 분파 수가 적기는 했다. 제2성전기 저자들은 구약의 용어를 자기 방식대로 자유롭게 사용했으며 악한 영들에 관한 데이터 지점들을 다양한 방식으로 연결했다.

신교로 돌파구를 찾기 위해 많은 귀신을 이름없는 존재로 남겨두었다, 혹은 우리가 1부에서 보았듯, 신적 복수성을 반영하는 특정 히브리어 어휘를 daimōn으로 옮겨버렸다는 등의 견해를 무비판적으로 받아들인다. 다른 귀신들의 본질적 우두머리인 '수장 귀신'의 더 명료한 프로필이 제2성전기에 부상한 건 맞다. 그러나 이것이 신적 복수성 언어를 피하기 위한 발로였다고 볼 만한 본문적 근거는 이 논증의 일관성만큼이나 빈약하다. 가령 쿰란 본문은 (일견) 귀신들에게 이름이나 인격을 부여하지 않음으로써 귀신을 비주류적 역할에 제한시키려 했으나, 에녹1서와 희년서 같은 책들은 그 면에서 별 거리낌이 없었다. 아울러 더 후대의 유대 작품들은 귀신에게 이름을 붙이는 데 두려움이 없었다. 더욱이 이스라엘에서 종국에 완성된 (우리가 생각하는) 유일신교로 불리는 무언가로 귀결되는 깔끔한 진화 궤적에 관한 관념은 데이터와 일치하지 않는다. 이는 여호와가 다른 엘로힘들과 가졌던 관계에 대한 이스라엘 사람들의 인식을 두고 벌어진 현대인의 추정에 의존한다. 참조, Heiser, "Monotheism, Polytheism, Monolatry, or Henotheism," 1–30; Heiser, "Monotheism and the Language of Divine Plurality in the Hebrew Bible and the Dead Sea Scrolls," 85–100; Hayman, "Monotheism—A Misused Word in Jewish Studies?" 1–15.

사탄인가 사탄들인가?

사탄(*śāṭān*)이라는 용어는 우리 논의에 편리한 진입로를 제공한다. 베니 레이놀즈가 사해 두루마리의 귀신론에 관한 논문에 쓴 글이다.

> 익히 알려졌듯 신약 귀신론에는 사탄(Satan)이라는 이름의 강력한 우두머리 귀신이 있다. (…) 여러 연구를 통해 제시되었듯 우두머리 귀신인 '사탄' 관념은 히브리어 성경에는 존재하지 않는다. (…) 오히려 히브리어 성경에서 우리가 발견하는 바는 때때로 신적 존재로서 공무를 수행하는 자(official)이거나 신하 노릇을 하는 어떤 대적자 또는 고발자에 관한 보다 통칭적 개념이다.[4]

우리가 앞 장에서 보았듯 히브리어 레마 사탄(*śāṭān*)이 에덴의 뱀에 대해 사용된 적은 한번도 없었음을 감안하면 위의 고찰은 충분히 타당하다. 오히려 사탄(*śāṭān*)은 하나님에 대한 불순종을 보고하는 공적 임무를 수행하는 신적 존재였다(욥 1-2장).

제2성전기 중 특정 저자들의 머릿속에서 욥기 1-2장의 검사 역할에 대한 견해가 달라지기 시작했다. 사탄(*śāṭān*)의 행동은 욥에 대한 하나님의 평가에 이의를 제기하는 것(사실상 하나님의 오류를 지적하는 것)

---

4. Bennie H. Reynolds III, "Understanding the Demonologies of the Dead Sea Scrolls: Accomplishments and Directions for the Future," *Religion Compass* 7.4 (2013): 103–14 (esp. 108).

으로 분석될 수 있었고 또 그렇게 분석되었다. 이런 신들의 회의 내에서 드러난 대결 구도는 자연스레 창세기 3장의 악당이 하나님의 뜻을 대적하는 존재라는 후대의 인식 형성에 기여했다.

이 사고의 궤적은 어렵지 않게 역추적할 수 있다. 뱀이 '대적자'(레마 *śāṭān*)라는 이름표를 달기까지는 어느 정도 시간이 소요되었지만 결국 그렇게 되었다. 그리고 그 이름표는 계속 뱀을 따라다녔다. 구약이 창세기 3장의 반역자를 '우두머리 귀신'으로 그린 건 아니었다. 하지만 (성경 이야기의 다른 신적 반역 사건들을 통해 더 많은 악당들이 배출된 후에도) 구약의 독자들이 뱀을 하나님의 원수들의 우두머리로 여기지 않았다고 결론 내릴 근거는 없다. 제2성전기 저자들은 틀림없이 뱀이 우두머리라는 궤적을 따라 사고했을 것이다. 레이놀즈의 잇따른 논평은 이런 정황을 소개한다.

> 신약에서 알려진 사탄(Satan)이 쿰란 무대에 등장하는가? 몇몇 연구는 그 답이 '아니오'임을 제시했다… 우리가 쿰란에서 발견하는 것은 대적자로 인식되던 '사탄'(satan)이 나중에 귀신이라는 범주 또는 종(species)으로 바뀌었다는 것이다.[5]

레이놀즈는 쿰란 본문이 '사탄'(satan)이라고 불리는 귀신의 '범주'를 알고 있다는 증거로 두 개의 두루마리를 제시한다. 바로 아람어 레

---

5. Ibid., 108.

위기 3:9(=4QLevi[b] ar 1 17, 또는 4Q213a)과 11QPsalms[a] XIX, 15(=11Q5)이다. 레이놀즈는 첫 번째를 "어떤 사탄도 나를 지배하지 못하게 하소서"라고 번역했고, 두 번째도 유사하게 "어떤 사탄이나 더러운 영도 나를 지배하지 못하게 하소서"[6]라고 번역했다.

두 경우 모두 두루마리의 히브리어 본문 속 레마 사탄(*śāṭān*)에 정관사가 없다.[7] 따라서 두 본문 속 해당 단어는 모두 '사탄'(Satan, 고유명사)이나 '어떤 사탄'(a satan, 레이놀즈의 번역), 또는 단순하게 '어떤 대적자'라고 번역될 수 있다.[8] 두 번째 본문(11QPsalms[a] XIX, 15)은 사탄(*śāṭān*)을 악한("더러운") 영과 나란히 언급함으로써 더 뚜렷하게 초자연적 존재임을 시사한다. 여기서 '어떤 사탄'(a satan)이라는 도착어를 선택한 레이놀즈와 달리 일부 학자들은 이 문구를 "사탄(Satan)도 더러운 영도 나를 다스리지 못하게 하소서"라고 옮겼다.[9] 골자는 레이놀즈는 두 본문 모두 '사탄들'(satans)이 귀신의 범주로 고착화된 증거로 본다. 하지만 둘 중 어떤 본문도 이런 평결을 뒷받침하지 못한다.

히브리어 레마 사탄(*śāṭān*)은 사해 두루마리에 여섯 번 더 등장하는데, 그때마다 매번 정관사가 빠져 있다.[10] 다음은 그 예와 번역이다.

---

6. Ibid.

7. 두 두루마리들의 히브리어는 각각 *ʾl tšlṭ by kl śṭn*(4Q213a) 그리고 *ʾl by śṭn wrwḥ ṭmʾh* (11QPsalms[a] XIX, 15)이다.

8. '대적자'라는 판단은 Florentino García Martínez and Eibert J. C. Tigchelaar, *The Dead Sea Scrolls Study Edition*, 2 vols. (Leiden: Brill, 1997–1998), 449의 결정이다.

9. García Martínez and Tigchelaar, Dead Sea Scrolls Study Edition, 1175.

10. 이 계수는 다음의 데이터베이스 검색에 기초한 것이다. Martin G. Abegg, Jr., *Qumran Sectarian Manuscripts* (Bellingham, WA: Logos Bible Software, 2003). 2Q20과 11Q6

- "모든 거룩함의 대적자"(1Q28b [=1QSb] col. i, 8번째 줄)
- "모든 파괴하고 살인하는 대적자"(1QH[a] col. xxii middle, 2번째 줄)
- "모든 대적자와 파괴자"(1QH[a] col. xxiv middle, 2번째 줄)
- "그에겐 대적자도 악도 없었다"(2Q20 frag. 1:2 [=Jub 46:2])
- "대적자가 없었다"(4Q504 frags. 1-2 iv, 12번 째 줄)
- "어떤 대적자나 어떤 악한 영들도 나를 다스리지 못하게 하소서" (11Q6 frags. 4-5, 16번째 줄 [=11QPsalms[b]])

거의 파편화된 본문을 각각 검토해 보면 맥락상 초자연적 대적자를 지목하는 사례는 11QPsalms[a]가 유일함이 드러난다.[11] 11QPsalms[a] 본문은 '사탄들'(satans)이라는 귀신 범주를 생성하도록 번역하거나 ("어떤 사탄[a satan]이나 어떤 악한 영들이 나를 다스리지 못하게 하소서")[12] 고유명사("사탄[Satan]이나 악한 영들이 나를 다스리지 못하게 하소서")로 옮길 수 있다. 번역의 유연성과 데이터의 미미함을 감안할 때 아직은 쿰란에 '사탄들'이라는 범주(a category of "satans")가 존재했다고 결론짓기는 이르다.

그러나 다수의 '사탄들'이 여타 제2성전기 유대 문헌의 귀신론의

에서 *śāṭān*은 다른 본문들을 기초로 재구성되었다.

11. 11Q6는 11QPsalms[a]의 평행 본문이다. 16번째 줄의 연관 구절은 11QPsalms[a]의 평행구를 토대로 재구성되었다.

12. 이런 번역을 선택한 것은 Tofleif Elgvin, "Belial, Beliar, Devil, Satan," *DNTB* 154-55. Garc a Mart nez and Tigchelaar opt for "Satan" (García Martínez and Tigchelaar, *Dead Sea Scrolls Study Edition*, 1175)이다.

일부였음은 의심의 여지가 없다. 가장 대표적인 사례가 에녹1서다.[13] 에녹은 천상 여행 중 자신이 목격한 "영들의 주"(the Lord of Spirits, 에녹1 40:1) 앞에 서 있는 수많은 초자연적 존재를 묘사한다. 에녹은 연이어 네 천사의 음성을 듣는데, 우리의 이목을 집중시키는 것은 네 번째 음성이다.

> 그리고 내가 들어보니 네 번째 음성이 사탄들(the Satans)이 땅에 거하는 자들을 비난하고자 영들의 주 앞에 나오지 못하도록 막아서더라(에녹1 40:7).[14]

구약 어디에도 다수의 사탄(satans)을 인정하지 않지만 이 구절은 그렇게 할 뿐 아니라 욥기 1-2장에 확연하게 드러난 대로 사탄(*śāṭān*)을 공적 임무를 수행하는 다수의 신적 존재로 그리는 듯하다. 만일 이것이 사실이라면 그들은 악한 존재가 아닐 것이다. 그럼에도 네 번째 천사의 음성(대천사 파누엘[에녹1서 40:9])이 이들이 하나님께 접근하는 것을 막아선 이유가 궁금하다.

---

13. 대중적으로 '에녹서'라고 불리는 책이다. 숫자의 함의는 학자들에게 알려진 에녹의 책이 한권 이상이라는 것이다. 에녹1서는 연대기적으로 앞섰기에 1서가 되었다.

14. R. H. Charles, "Book of Enoch," *APOT*, 2:211. 필자가 이 대목에서 찰스의 번역을 선호한 이유는 그가 *sayṭān*을 더 문자적으로 'satan'이라고 옮겼기 때문이다. *OTP* 에녹1서의 역자는 불가해한 이유로 이 용어를 'demons'라고 옮겼으며, *sayṭān*의 문자적 독해는 각주로만 처리했다(참조, *OTP*, 1:32, 각주 g). 여기서 사용한 찰스의 번역은 도착어를 대문자화했지만("Satans") 복수형은 고유 인명일 수 없으므로 소문자로 이해하는 편이 낫다("satans"). 아마도 찰스와 다른 역자들이 대문자를 사용한 이유는 신약과 친숙한 독자들이 응당 대문자를 기대하기 때문일 수 있다.

파누엘(*pnw'l*)이라는 이름은 야곱이 실은 천사였던(호 12:3-4) '남자'와 씨름하던 장소 이름인 창세기 32:30의 브니엘(*pny'l*)의 언어 유희다. 이 성경 속 장소의 이름은 "하나님의 얼굴"(*pānîm+'ēl*)을 뜻하며 *penū'ēl*(Phanuel)은 동사 *pānāh*(문자적 또는 비유적으로 회개하여 '돌이키다') + *'ēl*이다. 니켈스버그는 결과적으로 파누엘이 "종종 다른 신들에게로 돌이킴을 묘사하지만 하나님'께로' 돌이킴을 뜻할 수도 있다"고 고찰한다.[15] 바로 이런 이유로 파누엘은 "회개와 영생의 상속자들의 소망을 주관하는"(9절) 자로 해석될 수 있다.[16] 그렇다면 파누엘이 사탄들을 차단하는 임무를 맡은 까닭은 신실한 신자들에 관한 사탄들의 비난이 그릇되거나 효력이 없기 때문일 것이다. 그러므로 에녹1서 40:7의 사탄들은 하나님의 충성된 종들이 '아닐' 것이다.

이 원수 사탄들은 에녹1서 후반부에서 (역시 사탄[Satan]이라고 불리는 그들의 우두머리를 대동하고) 재등장한다. 이 기이한 정황을 이해하려면 에녹1서의 몇몇 구절을 같이 살펴볼 필요가 있다.

에녹1서 53장에서 에녹은 "역병의 천사들이 협력하며 사탄(Satan)의 모든 사슬을 준비하는" 광경을 목격한다(에녹1 53:3). "사탄의 사슬"(chains of Satan)이 무엇을 뜻하는지 전적으로 명확한 건 아니다. 그 다음 구절에서 에녹은 "저들이 누구를 위하여 이 사슬을 준비하고 있

---

15. George W. E. Nickelsburg and James C. VanderKam, *1 Enoch 2: A Commentary on the Book of 1 Enoch, Chapters 37–82* (Hermeneia; Minneapolis: Fortress, 2012), 134.
16. Charles, "Book of Enoch," *APOT*, 2:211, note 7.

나이까?"라고 묻는다. 즉시 돌아온 답은 "이 땅의 왕들과 유력자들을 멸하기 위함이라"이다(에녹1 53:4-5). 따라서 "사탄의 사슬"은 "사탄을 결박할 사슬"을 뜻하는 게 아니다.[17] 니켈스버그와 밴더캠은 이 발상이 하나님의 진노를 집행하는 "징벌의 천사들"이 등장하는 에녹1서의 다른 본문들과 통한다고 본다.

> 징벌의 천사들이… 왕들과 유력자들(53:3)과 반역자 천사들(56:1-4에 비추어 읽은 54:3)의 징벌 장소를 예비하며 왕들과 유력자들을 ("죄인들의", 62:11, 63:11, 아울러 41:2 참조) 파멸로 몰아가더라 하나님이 종말의 사건을 시작하기 원하실 때 천사들이 왕들을 부추겨 멸망의 전쟁으로 뛰어들게 하리라(56:5-8, 참조, 10:9의 거인들).[18]

이 접근은 사탄(Satan)을 따르기로 작정한 자들이 결국 사탄과 최후의 운명을 함께 맞이하게 되는 하나님의 종말적 심판과 여타 심판을 천사들이 집행한다는 신구약 본문들과 일관성을 보인다.[19] 이 발상은 신약(고전 5:5, 고후 12:7)과도 연관성이 있다. "사탄의 사슬"은 하나님이 아닌 사탄의 길을 택할 만큼 어리석었기에 멸망받아 마땅한 자들의 운명을 표현한다. 대화는 에녹이 화자로 말하는 에녹1서 54장으

---

17. *OTP*, 1:37-38.

18. Nickelsburg and VanderKam, *1 Enoch 2*, 43.

19. 사 13:4-13; 40:26; 45:12; 시 78:48-51; 슥 14:5; 마 16:27 [cp. 마 25:31; 26:53; 막 8:38; 눅 9:26]; 계 7:1-2; 8:5-13; 9:1, 13-15; 10:1, 5, 7; 15:1, 6, 7, 8; 16:1, 5; 17:1; 18:1, 21; 19:11-16.

로 이어진다.

> [1] 그 다음 내가 몸을 돌려 땅의 다른 면을 보니 불타는 깊은 계곡이 있더라 [2] 그들이 왕들과 유력자들을 데려다 이 깊은 계곡 속으로 던지니 [3] 내 눈에 그들의 사슬이 보이는데, 어마어마한 무게의 철 족쇄로 만들었더라 [4] 내가 동행하던 평강의 천사에게 누구를 위하여 이 감옥 사슬을 준비하나이까 물으니 [5] 그가 내게 말하길 이 사슬은 아사셀의 군대를 위한 것이라 이 사슬은 영들의 주가 명하신 대로 그들을 잡아다 완전한 멸망의 무저갱으로 던져버리기 위해 준비한 것이라 이 사슬이 그들의 턱을 거친 돌로 뒤덮을 것이라 [6] 그 다음 큰 심판의 날에 미가엘, 라파엘, 가브리엘, 파누엘이 직접 그들을 결박하여 그날 불타오를 풀무(불) 속으로 던지리라 이는 사탄(Satan)의 전령들이 (행한) 압제와 땅에 거하는 자들을 시험한 것에 대한 영들의 주의 복수라.[20]

3절의 단어 선택은 해명이 필요하다. "그들의 사슬"은 앞 장(에녹1 53:3-5)의 "왕들과 유력자들"에게 씌운 사슬을 칭한다고 볼 수 없다. 에녹1서 54:3-4의 사슬은 여전히 제작 중이기 때문이다. 이미 54장에서 "왕들과 유력자들"은 에녹1서 53:3-5에서 전조로 보여주었듯 불타는 "깊은 계곡" 속으로 던져져 마땅한 보응을 받고 있다. "아사셀의

20. Nickelsburg and VanderKam, *1 Enoch 2*, 37–38.

군대"의 응징은 아직은 미래의 일, 즉, 종말의 "큰 심판의 날"에 속한 일이다.[21] 아사셀의 군대는 에녹1서 40장과 똑같은 네 명의 대천사들에게 사로잡힐 것이고 천사 중 하나의 임무는 이 고발자들이 하나님께 접근하지 못하도록 막는 것이다(에녹1 40:7).

아사셀

아사셀(Azaz'el, 에녹1서에선 Asael이라는 철자법으로도 표기한다)에 대한 언급과 그 초자연적 군대의 성격을 "사탄의 전령(사자)들"(messengers of Satan)로 규정한 것이 의미심장하다. 이 요소들의 병렬적 배치는 아사셀과 그 군대가 사탄의 지휘 체계 아래 있거나 아사셀과 사탄이 동일한 존재임을 의미한다. 에녹1서를 연구하는 대부분의 다른 학자들처럼 니켈스버그와 밴더캠은 후자를 선호한다. "해당 문맥은 사탄과 아사셀을 동일시하는 듯하다. 어쩌면 아사셀이라는 호칭은 가령 신약에서 입증된 시험하는 자(tempter)와 우두머리 귀신처럼 '사탄'의 변화 발전하는 정체성을 반영한 것일지도 모른다.[22]

독자들은 이 책 1장의 논의를 통해 아사셀(*ʿăzāzēl*)이라는 이름을 기

21. Nickelsburg와 VanderKam이 고찰하듯 "여기서 '큰 날'은 '큰 심판의 날'(10:6, 아울러 참조, 16:1; 19:1; 22:4; 25:4; 94:9; 98:10; 99:15; 104:5)또는 '심판의 큰 날'(22:11, 84:4)을 줄인 것이다. (Nickelsburg and VanderKam, *1 Enoch 2*, 202–3).

22. Nickelsburg and VanderKam, *1 Enoch 2*, 203.

억할 것이다. 속죄일에 광야로 내몰린 염소는 "아사셀을 위한" 것이었다(레 16:8, 10, 26). 광야가 '염소 귀신들'과 연관성이 있다는 사실은 레위기 17:7에서 광야를 떠돌던 이스라엘 백성에게 "그들은 전에 음란하게 섬기던 염소 귀신들(세이림)에게 다시 제사하지 말 것이니라"고 하신 여호와의 말씀에서도 분명하게 드러난다. 광야는 혼돈의 장소이자 이스라엘의 우주 지형론에서 음부(netherworld)로 인식되었다.

지금 살펴보고 있는 에녹1서에서 아사셀은, 불경건한 땅에서 무시무시한 존재(레 17:5의 "염소 귀신들")에게 바치는 희생제와 연관된 고유명사에서, 악한 초자연적 세력의 우두머리의 이름으로 탈바꿈한다.[23] 핑커는 "오직 위경 문헌에서만… 아사셀이 전면적인 귀신적 존재로 등장하며, 희생염소 의식은 귀신 축출과 귀신 세력에 대한 종말론적

23. 에녹1서를 연구한 학자들은 순찰자들(Watchers)의 우두머리의 정체에 관한 에녹1서의 비일관성을 오랫동안 주목해 왔다. 이 어려움은 여타 제2성전기 문헌에도 있다. Nickelsburg의 설명이다. "아사엘(Asael)을 으뜸 귀신으로 규정한 것은 에녹1서를 기점으로 여타 유대 문헌의 대부분의 지층(strata)에서 발견되는 어떤 추세다. 그 추세란 (a) 순찰자들의 강림과 거인의 출생을 계속 언급한다. (b) Shemihazah라는 이름을 소멸시킨다. (c) 아사엘/아사셀의 이름은 강조하나 천사적 지식을 가르친 죄는 말하지 않는다. 에녹1서 12-16장은 쉐미하자와 그 동류에게 귀속된 죄를 강조하지만 쉐미하자라는 이름을 언급하진 않는다. 그러나 6-11장의 최종 보간자의 보간(interpolation)으로 보이는 본문에선 아사엘과 그의 계시의 죄가 언급된다(13:1-3). 동물묵시록(85-90장)에선 아사엘이 먼저 강림하고 그 후 우두머리가 없는 순찰자 무리가 강림하여 인간 여자들과 짝을 맺는다(86장). 〈비유의 책〉은 거인들을 주목하지만 '아사셀'과 그 동류의 계시를 강조한다. 4Q180 1 6-8에선 이 병합 과정이 완료된다. 아사셀은 거인을 낳은 천사들의 우두머리로 밝혀진다. 이 추세의 유일한 예외는 〈거인서〉인 듯하다. 출간된 유대와 마니교(Manichaean) 본문들은 하나같이 쉐미하자가 거인들의 아버지라고 언급하며 아사셀은 단 한번만 언급한다. 참조, George W. E. Nickelsburg, *1 Enoch 1: A Commentary on the Book of 1 Enoch, Chapters 1–36; 81–108* (Hermeneia; Minneapolis: Fortress, 2001), 172.

승리의 상징으로 간주된다"고 고찰한다.[24]

이 변화를 어떻게 설명해야 할까? 당연히 제기되는 두 질문이 있다. 첫째, 어떻게 레위기 16장의 아사셀이 사탄 캐릭터로 인식될 수 있을까? 데이터를 통해 완벽한 답을 얻기란 불가능하다. 그러나 이런 사고의 일반론적 타당성은 파악할 수 있다.

이 책 1장에서 타월의 상세한 조사를 통해 이스라엘 사람들이 메소포타미아의 귀신과 그 사막 본거지에 관한 사유를 기초로 아사셀이라는 이름을 귀신과 연관지어 생각할 수 있음을 살펴보았다. 아울러 타월은 레위기 16장의 언어가 귀신을 반대하는 메소포타미아 의식의 요소와 분명한 상관점이 있음을 제시한다. 이런 면에서 에녹1서 10:4-6에서 아사셀의 징벌을 묘사한 장면이 흥미롭다.

> 주가 라파엘에게 아사셀의 수족을 묶어 흑암으로 던져버리라고 분부하시니 그가 두다엘(Duda'el)에 있는 사막에 구멍을 내 아사셀을 던지고 그 위에 거칠고 날카로운 돌무더기를 쌓았더라 그리고 그가 빛을 보지 못하도록 얼굴을 가렸더라 그는 큰 심판 날에 불 속으로 보냄을 받으리라.[25]

---

24. Aron Pinker, "A Goat to Go to Azazel," *JHS* 7 (2007): 18. Pinker가 인용한 본문상 참조점은 다음과 같다. 1 Enoch 8:1; 9:6; 10:4–8; 13:1; cf. 54:5–6; 55:4; 69:2; Apocalypse of Abraham 13:6–14; 14:4–6; 20:5–7; 22:5; 23:11; 29:6–7; 31:5.

25. *OTP*, 1:17

에녹1서의 사탄 캐릭터 아사셀은 이렇게 땅의 깊은 틈바구니에 갇히는 형을 언도 받고 사막 구멍을 통해 그 구덩이 속으로 던져진다. 그리고 빛을 차단하는 거칠고 날카로운 돌무더기 아래 깔리게 되었다. 두다엘의 정확한 위치는 알려지지 않았으나 에녹1서 19:1은 두다엘을 신명기 32:17과 레위기 17:7의 지명과 연결시킴으로써 "염소 귀신들"과 어떤 사막의 장소를 염두에 두고 있음을 분명하게 밝힌다.

> 그리고 우리엘이 내게 말하길 여인들과 어울린 천사들이 저기 서 있으니 그들의 (여러 형태를 덧입은) 영이 확실한 심판을 받을 큰 심판 날까지 그들이 사람을 멸망으로 인도하며 신께 하듯 귀신들에게 희생제를 바치도록 미혹하리라.[26]

에녹1서는 랍비 자료보다 수세기 앞선다. 그렇다면 탈굼 유사-요나단 본문에서 레위기의 "아사셀을 위한" 염소가 "소크(Soq), 곧, 벳 하두리(Beth Haduri) 광야의 거친 바위 투성이 장소에서 죽도록"(레 16:10, 21) 보내졌다는 내용이 의미심장하다.[27] 니켈스버그는 이 지명이 '날

---

26. Nickelsburg, *1 Enoch 1*, 276, Deut 32:17(LEB)은 "그들이 하나님이 아닌 귀신들(*šēdîm*), 그들이 이전에 알지 못하던 신들에게 희생제를 드렸나니"라고 되어 있는 반면 레위기 17:7은 "그리하여 그들이 음란하게 섬기던 염소 귀신들에게 더이상 희생제를 바치지 못할 것이라"고 되어 있다.

27. 번역은 Michael Maher, "Targum Pseudo-Jonathan: Leviticus," in *Targum Neofiti 1: Leviticus and Targum Pseudo-Jonathan: Leviticus*, vol. 3 of *The Aramaic Bible*, ed. Kevin Cathcart, Michael Maher, and Martin McNamara (Collegeville, MN: The Liturgical Press, 1994), 167. Maher는 레 16:10에 대한 각주에서 이렇게 논평한다. "히브리어 *ṣwq*[소크]는 '꼭대기, 절벽'을 뜻하지만 희생염소를 내던진 산을 가리키기도 한다. 참

카롭다'(*okseis*)라는 뜻의 헬라어에서 유래했을 가능성을 제안한다.[28] 달리 말하면 랍비 자료상 아사셀을 위한 염소는 두다엘과 비슷한 발음의 거칠고 날카로운 바위 투성이 장소를 묘사하는 곳으로 보내졌다. 두말할 나위 없이 독자들은 이 이미지와 언어가 구약의 스올과 신약의 마지막 날 불 못으로 던져질 사탄에 관한 발상(계 20:10)과 비슷함을 눈치챘을 것이다.[29]

아사셀(사탄)이 순찰자들의 우두머리?

두 번째 질문은 충분히 고려할 가치가 있다. 어떻게 아사셀이 순찰자

조, *m. Yoma* 6, 4-5." (167, 각주 30).

28. Nickelsburg, 1 Enoch 1, 220-21. Nickelsburg와 다른 학자들은 이 지명에 대해 d와 r 자음을 교체한 아람식 이름들이 있다고 고찰한다(예, Stuckenbruck, *The Book of Giants from Qumran: Texts, Translation, and Commentary*, ed. Martin Hengel and Peter Schäfer [Tübingen: Mohr Siebeck], 1997.) Barker는 이런 흥미로운 부연설명을 했다. "히브리어 사본에서 가능한 혼돈을 감안하면(d와 r이 매우 비슷해 보인다) 이 세 [지명]은 희생염소가 속죄일에 광야로 추방된 아사셀을 나타냄(아사셀이었음)을 보여준다… 초기 교회의 위대한 성경 학자 오리겐은 희생염소가 아사셀을 나타냈음을 알았다(*Contra Celsum* 6.43). Margaret Barker, *The Hidden Tradition of the Kingdom of God* (London: Society for Promoting Christian Knowledge, 2007), 37. Nickelsburg의 논평 전체는 다음과 같다 "그 지명은 어원이 무엇이든 '날카로운'((ὀξεῖς 〈 Aram. חדד/חד) 바윗돌에서 파생되었을 수 있다." 참조, Nickelsburg, *1 Enoch* 1, 222.)

29. Nickelsburg는 "저자의 심판에는 죽음, 매장, 부활 이미지가 내포되어 있다(참조, [1 En] 22:10-11, 100:4, 103:6-8). 따라서 그 무덤은 더이상 빛을 볼 수 없는 흑암 또는 암울한 땅 스올과 신화적으로 동일시된다." 참조, Nickelsburg, *1 Enoch* 1, 221.

의 우두머리로 연관성을 가지게 된 걸까? 에녹1서는 하나님의 아들들이 여자들과 동침함으로써 하늘과 땅의 경계를 범했다는 창세기 6:1-4 일화를 재기술한다. 에녹1서에 재기술된 이 에피소드와 친숙한 독자라면 아사셀이 범죄한 순찰자들(에녹1 8:1, 9:1-6, 10:1-4)의 우두머리로 그려졌음을 알 것이다.[30] 이 홍수 이전 에피소드에서 노아는 인류가 타락한 천사들, 곧 '사탄들'의 밀교적(occult) 지식을 전수받았기에 심판 받을 것(6절)이라고 절망한다.

> 1) 그 날에 노아가 땅을 보니 땅이 뒤틀려 곧 멸망하게 되었더라 2) (노아가) 거기서 일어나 머나면 땅끝으로 가 할아버지 에녹에게 세 번 비통한 목소리로 내 말을 들으소서 내 말을 들으소서 내 말을 들으소서 부르짖더라 3) 내가 그에게 말하길 이 땅에서 행해지는 일이 무엇인지 내게 말해 주소서 땅이 이렇게 고통 받고 요동하니 어쩌면 그 충격으로 내가 땅과 함께 멸망할까 하노라 4) 그러자 나의 할아버지 에녹이 내 곁에 와 이르기를 왜 이리 비통한 눈물을 흘리며 슬피 울부짖느냐 5) 땅에 거하는 자들에 대하여 여호와의 법정에서 명이 내려졌으니 그들의 멸망이 임박하니라 6) 이는 그들이 천사의 모든 비밀과 사탄들의 모든 압제하는 행위와 마술 행하는 자의 온갖 기술과 온갖 염료를 (뒤섞는 이들의) 온갖 기술과 부어 만든 우상을 만드는 이들의 온갖 기술

30. 에녹1서를 꼼꼼히 연구한 사람이라면 이 책이 순찰자들의 지도부에 대해 늘 일관된 그림을 제시하는 건 아님을 알 것이다. 관련 논의와 후속 각주 참조하라.

에 관한 지식을 얻었음이라.[31]

위 본문은 순찰자들, 즉 "아사셀의 군대"가 사탄(아사셀)의 지배 하에 있다면서 그들에게 사탄이라는 이름표를 붙였다. 에녹1서 69:5-6 역시 동일한 궤적을 따른다. 이 장에선 에녹1서의 창세기 6:1-4 재기술에 등장한 타락한 반역자 천사들을 열거한다. 특별히 한 천사에 관한 묘사가 우리의 논의상 주목할 만하다.

> 1) 이 심판 후 그들이 그들을 겁먹고 비명 지르게 할 것이라 이는 그들이 땅에 거하는 자들에게 이 (비밀스런 것의 지식을) 보여주었음이라 2) 이제 보라 내가 이 천사들의 이름을 밝힐 것이라 그들의 이름은 첫째는 셈야즈, 둘째는 아리스타키스, 셋째는 알멘, 넷째는 콕바엘, 다섯째는 투렐, 여섯째는 룸얄, 일곱째는 다니울, 여덟째는 네콰엘, 아홉째는 바라켈, 열째는 아사셀, 열한째는 알마로스, 열두째는 비트레이얼, 열셋째는 바사셀, 열넷째는 하나넬, 열다섯째는 투렐, 열여섯째는 시페세엘(열일곱째는 에테렐), 열여덟째는 투마엘, 열아홉째는 투렐, 스무째는 루멜, 스물한번째는 아사셀이라 3) 이는 천사들의 수장들의 이름이니 그들은 백부장이요 오십부장이요 십부장이라 4) 첫째의 이름은 에콘이니 그는 천사들의 모든 자녀를 미혹하여 땅으로 내려가 사람의 딸들로 굽은 길을 가게 한 자라 5) 둘째의 이름은 아스벨이라 그

31. *OTP*, 1:45.

는 거룩한 천사들의 자녀들에게 악한 조언을 하여 그들이 사람의 딸들로 스스로 육신을 더럽히게 만들게 미혹한 자라 6) 셋째의 이름은 가데렐이라 그는 사람의 자녀들에게 온갖 사망의 쏘는 것을 보여주었고 하와를 미혹하였으며 사람의 자녀들에게 전쟁을 위한 방패, 흉배, 검 (같은) 죽음의 도구와 사람의 자녀들에게 모든 (다른) 죽음의 도구를 보여준 자라.[32]

위 본문은 하나님의 범죄한 아들들의 목록을 열거한 후 (이 무리는 앞서 에녹1서 65:6에선 사탄들로 불렸다) 그 중 하나(6절)를 구체적으로 지목하여 하와를 미혹한 신적 존재라고 한다. 아무리 완곡하게 말해도 충격적인 구절이다. 앞서(에녹1 54:4-6) 아사셀은 악의 궁극의 권세인 (고유명사) 사탄과 동일시되었다. 구약과 친숙한 현대 독자라면 아사셀이 에덴의 뱀과 동격이었다고 짐작할 것이다. 그런데 이 장에서 아사셀은 천사 목록상 열 번째에 불과하며 하와를 속인 공은 다른 천사/사탄(satan)에게로 돌아간다.[33]

---

32. *OTP*, 1:47.

33. 에녹1서를 연구하는 학자들은 그 귀신론이 이런 비일관성을 회피하고 있음을 오래 전부터 알고 있었다. 우리의 목표는 그 비일관성을 파헤치는 것이 아니라 구약과의 연결점을 주목하고 신약이 Satan과 귀신들에 관해 말하는 바에 관한 우리의 후속 논의에 영향을 미칠 만한 발달과정을 주목하는 것이다. Nickelsburg와 VanderKam은 에녹1서 저자의 논리를 파악하고자 노력한다. "하와를 언급한 것은 처음에는 당혹스럽다. 하와는 에녹1서에서 중요한 캐릭터가 아니며 다른 곳에선 아담과 나란히 32:6에서 단 한 번 언급되었을 뿐이다. ('연로한 당신의 아버지와 연로한 당신의 어머니'). 하와는 무기와 전쟁에 초점을 맞춘 이 문단과 잘 맞지 않는다. 그럼에도 여기서 그녀의 등장이 이상하지 않은 이유가 두가지 있다. 첫째, 창세기 3장에 의하면 그녀는 선악과를 먹음으로써 세상에 죽음을 불

미리 요약하자면 신구약은 몇 가지 면에서 에녹1서 65장 및 69장의 사고와 엇갈린다. 우리가 앞서 보았듯 구약은 그 어떤 악한 영들도 사탄이라고 칭하지 않았다. 신약은 사탄의 복수성(사탄들)을 증거하지 않는다. 신약이 아는 것은 고유명사 '사탄'(Satan)으로 불리는 단 하나의 사탄일 뿐이다. 물론 신약에 사탄이 다른 신적 반역자들과 함께 흑암 권세를 다스린다는 묘사가 있긴 하다. 사탄은 세상을 통치하며 자신의 왕국과 자신의 군대를 가지고 있다(마 25:41, 요 12:31, 고후 4:4, 계 12:7-9, 20:7-9). 이는 구약에는 없는 디테일이나 에녹1서와 앞으로 살펴볼 여타 제2성전기 본문 진술과는 일관성을 가진다. 더욱이 에녹1서는 불의한 자들, 아사셀(사탄), 아사셀(사탄)의 군대에 대한 마지막 날의 불 심판을 묘사한다. 위의 모든 발상은 구약에선 어느 하나 찾아볼 수 없지만, "마귀와 그 천사들"(마 25:41)과 심판 날의 불못(계 20:10-15)에 관한 신약 신학을 공명한다.

다른 이름으로 불리는 악한 영들의 우두머리

다른 제2성전기 본문들은 악한 영들의 우두머리에 관해 무슨 이야기를 할까? 그들은 '사탄'이라는 용어를 어떻게 사용했을까? 이 캐릭터

러들였다. 창세기 3:4에서 '뱀' '여인' '죽는다'의 병렬적 배치에 유의하라. 아울러 '뱀이 하와를 미혹하였다'(*eksapataō; Eth. 'asḥata*)고 한 고후 11:3과 마귀(*diabolos*)의 시샘이 세상에 죽음을 초래했다는 지혜서 2:24과 죽음이 에덴의 죄의 결과라는 롬 5:12-17을 참조하라. 참조, Nickelsburg and VanderKam, *1 Enoch 2*, 301.

는 다른 신적 존재인 반역자들과 어떤 관계였을까? 당연하겠지만 여타 제2성전기 작품은 어떤 지점에선 에녹1서와 통하지만 어떤 경우에는 에녹1서 저자의 사고와 엇갈린다.

그런 문헌 작품 하나가 위경에 속한 '희년서'다.[34] 특히 희년서 10장이 이 논점에 적합한 사례다. 희년서 10장의 배경은 홍수 이후다. 이즈음 노아에겐 손주가 여럿 있다. 손주들의 아버지인 노아의 아들들이 연로한 가부장에게 다가와 홍수 이후 출현한 귀신들이 노아의 손주들을 노리고 있다고 보고한다.[35] 노아의 기도다.

---

34. 희년서 10:11-13은 더 오래된 '노아서'를 참조하는데, Sacchi는 노아서가 (에디오피아어) 에녹1서 6-11장으로 재집필되었다고 추측한다. 참조, Paolo Sacchi, *Jewish Apocalyptic and Its History*, trans. William J. Short, OFM (Sheffield: Sheffield Academic Press, 1990), 213.. 노아의 글들은 희년서의 다른 곳에도 언급되며 제2성전기 유대 문헌 학자들은 특정 사해 두루마리들에 '노아서'가 존재하며(1Q19, 4Q534-536) 이것이 희년서 7:20-39의 토대라고 주장해 왔다. 참조, M. J. Bernstein, "Noah and the Flood at Qumran," in *The Provo International Conference on the Dead Sea Scrolls: Technological Innovations, New Texts, Reformulated Issues*, ed. D. Parry and E. Ulrich (Leiden: Brill, 1998), 199–231; D. Dimant, "Noah in Early Jewish Literature. Appendix: The So-Called Book of Noah," in *Biblical Figures Outside the Bible*, ed. M. E. Stone and T. A. Bergren (Harrisburg, PA: Trinity Press International, 1998), 123–50 (esp. 144–46); C. Werman, "Qumran and the Book of Noah," in *Pseudepigraphic Perspectives: The Apocrypha and Pseudepigrapha in Light of the Dead Sea Scrolls. Proceedings of the International Symposium of the Orion Center for the Study of the Dead Sea Scrolls and Associated Literature*, ed. E. G. Chazon and M. E. Stone with the collaboration of A. Pinnick (Leiden: Brill, 1999), 171–81; Dorothy M. Peters, *Noah Traditions in the Dead Sea Scrolls* (Atlanta: Society of Biblical Literature, 2008).

35. "당신의 순찰자들(Watchers), 이 영들의 아버지들"(노아의 손주들을 못살게 구는 영들, 곧 귀신들)이라는 표현을 유의하라. 귀신들은 순찰자들의 거인 자식들(네피림)이 죽었을 때 탈육신한 순찰자-영일 것이다. 에녹1서 15-16장과 본 연구의 6장을 참조하라. Stuckenbruck의 고찰이다. "희년서가 악한 영들의 기원을 설명하는 방식은 순찰자서와 거인서에서 이런 영들을 사망한 거인들의 영이나 혼과 동일시한 관점과 비슷하다(희년서 10:5과 에녹1서 15:8-11 비교). 또다른 유사점은 세상에 존재하는 악 그 배후의 귀신 세력들

[오 여호와여] 이 영들과 살아있는 영들의 아비인 당신의 순찰자들이 나의 때에 어떤 일을 하였는지 아시나이다 그들을 가두고 심판의 장소로 데려가소서 오 나의 하나님이여, 잔인하고 멸망을 위해 지음 받은 그들이 당신의 종의 아들들 가운데 부패를 일으키도록 허락하지 마소서 6) 그들이 살아있는 자의 영을 다스리지 못하게 하소서 오직 당신만이 그들의 심판을 아시나이다 그들이 지금부터 세세토록 의인의 자녀를 다스릴 권세를 가지지 못하게 하소서.[36]

하나님은 기도 응답으로 대천사들에게 악한 영들을 결박하라고 지시하신다. 그런데 악한 영들의 주가 하나님께 나아와 청원한다.

우리의 하나님 여호와가 우리[대천사들]에게 그들 모두를 결박하라 하셨으니 7,8) 영들의 우두머리 마스테마가 나아와 말하길 오 창조주 여호와여 그들 중 일부를 내게 남겨두시고 내 음성에 복종하게 하소서 내가 그들에게 이르는 모든 것을 그들이 행하게 하소서 만일 그들

이 궁극적으로 심판이 보장된 세력으로 여겨진다는 것이다. 달리 말하면 그들은 이미 패배한 존재들이며 온전한 파멸은 단지 시간 문제다(심판 날까지, 참조, 희년서 10:7, 8, 11). 참조 Loren T. Stuckenbruck, "The Book of Jubilees and the Origin of Evil," in *Enoch and the Mosaic Torah: The Evidence of Jubilees*, ed. Gabriele Boccaccini et al. (Grand Rapids: Eerdmans, 2009), 302. VanderKam은 희년서 10장의 영들이 "에녹1서 12-16장의 순찰자들의 후손(1-.5)과 일치하는 면이 다소 있다"는 것에 동의한다. 참조, James James C. VanderKam, *The Book of Jubilees* (Sheffield: Sheffield Academic Press, 2001), 131.

36. *OTP*, 2:76.

중 일부를 나를 위해 남겨두시지 않으면 내가 사람의 자녀들 가운데 내 뜻대로 권세를 행할 수 없나이다 이는 사람의 아들들의 악이 심히 크기에 나의 심판 이전에 그들이 부패하고 그릇된 길로 나아가기로 (작정하였나이다) [9] 그러자 여호와가 말씀하시길 그들 중 10분의 1은 남기고 십분의 구는 심판 장소로 내려가게 하라 [10] 그가 우리 중 하나에게 노아에게 모든 치료법을 가르치라고 이르셨으니 이는 그들[순찰자들]이 바른 길로 걷지 않고 의롭게 살지 않을 것을 아셨음이라 [11] 우리가 여호와의 모든 분부대로 행하였으니 우리가 모든 잔인하고 악한 자를 심판 장소에 결박하였으나 10분의 1은 땅에서 사탄에게 복종하도록 남겨두었더라 [12] 노아가 땅의 약초를 가지고 치유하도록 악한 자들의 모든 병의 치료법과 악한 자들의 미혹하는 법에 관해 우리가 노아에게 일렀으니 [13] 노아가 우리가 가르쳐준 대로 온갖 치료법을 책에 기록하였더라 악한 영들이 노아의 아들들을 뒤좇지 못하게 되더라.[37]

우리가 희년서 10:11-13을 통해 알게 된 것은 범죄한 순찰자들의 10분의 9가 그 범죄로 말미암아 무저갱(abyss)에 감금되었으나 10분의 1은 땅에 잔류하여 "사탄에게 복종하도록" 허락받았다는 것이다. 11절에서 (10절 이후 화자인) 대천사가 '사탄'(Satan)이라고 칭한 존재가 '마스테마'라는 '영들의 우두머리'일까? 얼핏 그렇게 보이기도 한다.

---

37. *OTP*, 2:76.

이 수장이 자신의 사법적 지배권을 근거로 청원했으며(7-8절) 대천사들이 그 합의를 바꾸었다는 언급이 없기 때문이다.

과연 마스테마(Mastema)의 정체는 무엇일까? 에녹1서의 특정 구절에선 사탄과 아사셀이 동일시되나 희년서에는 아사셀이라는 이름을 찾아볼 수 없다.[38] 마스테마라는 이름은 사탄을 가리키는 호칭으로 사용되며, 한번도 마스테마보다 우월한 악당의 지배를 받는 모습으로 그려진 적이 없다.[39] 밴더캠이 고찰한 바와 같이 마스테마는 사해 두루마리에 등장한다.

> 히브리어에서 [그의] 온전한 호칭은 '마스테마의 군주'(Prince of Mastema)라는… 사르함 마스테마(*śar-ham-maśṭmâ*)다(예, 4Q225 2.2.13)…. 마스테마라는 단어는 명사로서 후일에 이름 또는 직함으로 부상했다. 히브리어 성경(호 9:7-8)에는 마스테마가 '반감, 적개심'이라는 뜻으로 두 번 등장한다. 희년서의 '마스테마의 군주'라는 표현은 분명 이 호칭으로 불리는 어떤 개별적 존재를 지목하는데, 마스테마가 그 자체로 어떤 이름이 되어버린 듯하다. 희년서 10.11의 문맥은 마스테마가 사탄과 동일시됨을 암시한다. 그는 하나님 존전에 있는 천사의 상대역인 듯하다.[40]

---

38. 반대로 마스테마라는 용어 역시 에녹1서에 등장하지 않는다.
39. 희년서 10:7-8을 제외하고 마스테마가 언급된 구절은 희년서 11:5, 10-11, 17:16, 18:9, 12, 19:28, 48:2, 9, 12, 15, 29:2이다.
40. VanderKam, *The Book of Jubilees*, 43-44.

마스테마와 사탄을 동일시(또는 동일한 우주론적 캐릭터에 대해 두 용어를 사용하는 것)하게 된 것은 두 가지 요인에 의해 추동되는 듯하다. 첫째, 마스테마(*maśṭēmâ*)는 '적대적 관계에 있는, ~를 향해 적대적이다'를 뜻하는 동사 *śṭm*에서 파생된 명사다.[41] 이 동사는 언어학적으로 *śṭn*(*śāṭān* 고발자, 대적자)와 관련이 있다. "구약성경에서 어근 *śṭn*으로부터 '~에게 적대적이다'라는 칼(qal) 동사와 주격 *śāṭān*(반대자)와 *śiṭnâ*('적개심')이 파생되었다… 이형(by-form) *śṭm*로부터 파생된 것은 칼 동사 형태와 명사 마스테마(적개심)다."[42] 둘째, 일부 제2성전기 저자들은 하나님이 아닌 신적 존재들의 적개심은 곧 악이라는 전제에 사로잡힌 듯하다. 희년서 저자는 몇몇 구약 일화를 변형하여 마스테마를 여호와의 처소에서 악을 추동하는 자로 묘사했고, 이로써 구약보다 더 뚜렷한 우주적 이원론을 창출했다.[43]

---

41. HALOT, s.v. שׂטם.

42. *TLOT*, s.v. שָׂטָן. 'by-form'(biform이라는 철자법도 가능하다)은 단일한 문법적 또는 의미적(lexical) 요소의 형태음소적 변화"다(Paul Korchin, "Biforms," *EHLL* 1:352).

43. Fröhlich의 고찰이다. "희년서에서 마스테마는 노아 시대 귀신들의 우두머리다. 그 후 희년서 서사에서 마스테마는 홀로 등장하며, 늘 주동자로 그려진다. 우르 시대에는 Kesed의 아들로서(희년서 11:5-6), 그 후에는 데라(Terah) 시대에 등장한다(희년서 11:10-12). 아브라함 시대에는 마스테마가 이끄는 더러운 귀신들이 세상을 다스렸다. 이 귀신들은 타락한 천사들의 후손으로 묘사된다(희년 19:8-10). 아브라함은 이 귀신들을 제압하는 권능을 가지고 있다. 아브라함의 권능의 원천은 그의 의로움이다. 아브라함은 우르 도시에 살 때 우상에게 제사 지내기를 거부했으며 '우상의 집'을 불사르기도 했다(희년 12:12). 희년서는 이삭 결박에 관한 성경 이야기('*aqedah*)도 재구성한다. 희년서에서 이삭을 바치려는 시도는 마스테마의 요청에 의한 것으로 그려진다. 마스테마가 하나님께 아브라함의 믿음을 시험하라고 요구했다(희년 17:16). 미디안을 떠나 애굽으로 돌아가는 모세를 죽이려고 한 것도 마스테마였다(희년 48.1-2). 애굽에서 모세와 겨루는 애굽 술사들을 도운 자 역시 마스테마였다(희년 48.9-18)." 참조, Ida Fröhlich, "Theology and Demonology in

다시 희년서 10장으로 돌아가보자. 하나님이 이 발상을 승인하기 전 순찰자 징벌의 임무를 맡은 어느 대천사에게 "그들[땅의 순찰자 잔당]이 올바르게 행하지 않고 의롭게 살려고 노력하지 않을 것을 아셨기에 그들의 모든 치료법을 노아에게 가르치라"고 명하셨다(희년 10:10). 이어지는 대목이다. "노아가 우리가 가르쳐준 대로 온갖 치료법을 책에 기록했으니 악한 영들이 노아의 아들들을 뒤쫓지 못하게 되었더라."[44]

이 구절 속 마스테마의 요청과 그 요청에 하나님이 응답하셨다는 것 모두 이상하다. 가볍게 읽으면 마스테마가 사람을 미혹하는 일에 하나님의 도움을 청했고, 하나님이 이를 허락하셨다고 결론 내릴 수 있다. 어쩌면 이는 인류가 두 '영'(선하거나 악한 초자연적 영향력) 중 하

Qumran Texts," *Henoch* 32.1 (2010): 101–29 (esp. 122). 희한하게도 Sacchi는 이 장면들에서 하나님이 마스테마를 "부린다"고 말한다. 희년서 저자가 하나님을 악으로부터 분리해 내길 원하는 듯하다는 사키의 제언은 나름 설득력이 있지만 본문을 과잉해석 하고 있다. 참조, Sacchi, *Jewish Apocalyptic and Its History*, 225. Stuckenbruck이 고찰하듯(Fröhlich의 논평은 Stuckenbruck의 생각을 공명한다) 희년서의 마스테마 관련 구절을 이렇게 해석할 수 있는 것은 희년서 저자가 "마스테마 같은 천상 통치자들(희년 48.9,12)이 늘 하나님의 통제 하에 있지 않은 반면 하나님께 엄격하게 복종을 유지하는 천사들은 이스라엘의 유익을 위해 행한다(참조, 희년 48:13)는 전제를 가지고 있기에" 가능하다. 참조, Loren T. Stuckenbruck, "Angels of the Nations," *DNTB* 30. 멸망의 천사들(*mashḥît*)과 여호와의 천사가 악한 존재라고 전제하는 것은 그릇된 발상이다(출 12:13, 21,23, 대상 21:15-16). 구약은 이런 식으로 그들의 캐릭터를 그리지 않는다. 그들은 악을 징벌하기 위한 하나님의 대리자이지만 구약은 마치 하나님이나 하나님께 속한 충성된 구성원들이 더러운 작업은 할 수 없다는 듯 하나님이 이런 과업을 수행할 목적으로 따로 악하고 타락한 존재를 택한다는 발상을 암시하거나 긍정하지 않는다. 하나님은 그가 적합하다고 여기시는 어떤 방식으로든 징벌하실 도덕적 권리를 가지고 계시다. 인간에 대한 신적 시험이나 행악자의 심판 자체에 '악'이라는 꼬리표를 다는 것은 그릇된 발상이다.

44. *OTP* 2:76, [ ]안에 삽입한 내용은 필자.

나를 따르게 예정되어 있다고 믿었던 쿰란파를 지배했던 강성 예정주의 관념의 반영일 수 있다. 하지만 이것이 전체 그림은 아니다. 남아 있는 귀신의 10분의 1은 인류를 심판하고 시험하는 수단으로 그려진다.

> 희년서에서 순찰자들의 아들들의 영은 홍수 이후 죄와 피흘림, 오염, 질병, 기근을 야기한다(특히 희년서 11:2-6). 그런데 희년서는 그들의 소행이 하나님의 계획 안에 있음을 명확하게 밝힌다. 귀신들은 노아의 일생 동안 숫적으로 감소했고, 하나님이 마스테마에게 부여한 악인을 멸하고 미혹하는 신적 과업을 수행하고자 마스테마 수하로 들어간다(10:8-9). 희년서는 행여 독자들이 마스테마와 그 일당이 우주적 이원론의 어두운 일면이거나 하나님과 활발하게 갈등을 빚는 악한 세력이라고 상상하지 않도록, 이 땅의 귀신적 존재가 하나님이 인류의 고질적 악을 인정한 결과임을 강조한다(10:8-9). 고난을 초래한 주체는 귀신일 수 있지만 그들의 행동은 실수가 없으신 공정한 신적 사법 체계의 일부분이라는 확신을 독자에게 부여하는 것이다(참조, 희년 5:13-14).[45]

---

45. Annette Yoshiko Reed, "Enochic and Mosaic Traditions in Jubilees: The Evidence of Angelology and Demonology," in *Enoch and the Mosaic Torah: The Evidence of Jubilees*, ed. Gabriele Boccaccini et al. (Grand Rapids: Eerdmans, 2009), 357–58. Reed가 부분적으로 인용한 희년서 5:12-15이 유익한 이유는 그 예정론적 사고 때문이다. 홍수 후 하나님은 "모든 피조물이 온갖 본성을 따라 영원히 죄를 짓지 않고 늘 의롭도록 각각의 종류를 위해 새롭고 의로운 본성을 만드셨다. 그들 모두의 심판을 섭리로 정하시고 불의가 없는 천상 돌판에 기록하셨다. (만약) 그들 중 누구라도 예정된 길에서 벗어나

흥미롭게도 에녹1서(하와를 기만한 자는 귀신들의 우두머리 아사셀이 '아니었다')의 사례와 마찬가지로 희년서 어디에도 마스테마와 창세기 3장의 원조 반역자 뱀이 동일한 존재라고 말하지 않는다. 희년서의 타락 이야기(희년 3:17-31)에는 뱀은 등장해도 '사탄'과 '마스테마'라는 이름은 등장하지 않는다. 그러므로 에녹1서와 희년서 둘 다 '사탄'이라 불리는 귀신들(홍수 이전의 범죄한 순찰자들 혹은 홍수 이후 그들의 영적 자녀들)의 우두머리 캐릭터를 간간이 인정하나 그 캐릭터를 뱀과 연결 짓지는 않았다.

이 흑암의 세력의 우두머리는 제2성전기 문헌에서 여러 다른 이름들로 불렸다. 마스테마와 사탄보다 더 흔한 호칭은 히브리어로 '사악함'을 뜻하는 벨리알(히. *bĕliyya'al*)이다. 구약에선 벨리알이 사탄의 고유한 이름으로 나오지 않지만 위경 문헌과 사해 두루마리에선 종종 사용되었다.[46] 신약에선 벨리알이 마귀의 이름으로 딱 한 번 등장한

범죄하거나 그 길을 벗어나 행한다면 그들이 받을 (온갖) 성격과 종류의 심판이 그 돌판에 기록되어 있다. 하늘이나 땅, 빛이나 어둠, 스올이나 깊은 곳, 흑암의 장소 어느 곳 하나 열외인 곳은 없었다. 모든 심판이 예정된 대로 기록되었고 돌에 새겨졌다. 모든 사람이 하나님의 심판을 받을 것이다. 위대한 자는 그 위대함대로, 작은 자는 그 작음대로 각각 그가 행한 길대로 심판받을 것이다"(*OTP* 2:65). 1QS 3:15-17을 참조하여 Sacchi가 제2성전기의 예정론적 세계관에 관해 쓴 글이다. "만일 하나님이 전능하시다면, 즉, 인간의 입에서 나온 말조차 예견하시고 예정하실 정도로 전능하시다면, 그분은 천사와 관련된 일도 정하셨을 것이다. 에센파, 적어도 에센파의 위대한 본문들은 천사의 타락 신화를 사용하지 않는다. 하나님은 태초부터 두 영, 두 천사적 존재를 창조하셨고 둘 중 하나는 빛의 머리로, 하나는 어둠의 머리로, 하나는 사랑하도록, 하나는 미워하도록 배정하셨다. 이 어둠의 군주는 마귀에 대한 또다른 새로운 해석이다. 하지만 이 경우 어둠의 군주는 하나님 편에 속하도록 배정된 영들과 인간에 대해 모든 권능을 행사하시는 하나님의 피조물이다. 참조, Sacchi, *Jewish Apocalyptic and Its History*, 225-26.

46. Lewis는 위경 문헌 속 벨리알에 대한 방대한 언급을 고찰했다(Theodore J. Lewis,

다(고후 6:15). 구약 일부에서도 벨리알이 언급된다. 벨리알은 의인화된 악의 고유명사는 아니지만 특히 시편 18:4-5과 시편 41:8 같은 구절에서 스올과 죽음과 밀접한 연관성을 보이며 신화적 분위기를 자아낸다.[47]

벨리알(Belial 또는 Beliar)은 사해 두루마리와 위경에서 흑암 군주의 가장 흔한 이름 및 호칭이다. 마귀 무리의 왕이라는 그의 성격 규정에는 어떤 모호함도 없다.

> 벨리알은 사악한 천사, 이 세상 통치자로 불린다(이사야의 순교 2:4, 4:2). 그는 마귀 권세의 우두머리다(이사야 순교 1:8). 이원론적 방식에 의해 벨리알의 법과 뜻은 여호와의 법과 뜻에 반하는 것으로 묘사된다(납달리 유언 2:6, 3:1). 그의 길은 빛에 반하는 어둠의 길이다(레위 유언 10:1, 참조, 요셉 유언 20:2). 벨리알의 천사들은 여호와의 천사들에 맞서게 되어 있다(T. Ash. 6:4). 그는 그릇된 영들의 수장이다(유다 유언 25:3, 스불론 유언 9:8, 레위 유언 3:3, 참조, 유다 유언 20:1 진실의 영과 그릇된 영). (…) 그는 미움의 천사로 불리며(CD 16:5, 1QM 13:11) 사악한 왕국의 군주다(1QM 17:5-6). 그는 흑암의 세력을 이끌며 종종 빛의

"Belial", *ABD* 1:655). 이런 사례들은 Jubilees, Testaments of the Twelve Patriarchs, Sibyline Oracles, Martyrdom of Isaiah, Ascension of Isaiah, Lives of the Prophets에서도 찾아볼 수 있다. 루이스에 의하면 "벨리알은 쿰란 자료에서 흑암 세력의 우두머리로 가장 자주 사용된 호칭이었다. 특히 *War Scroll*(1QM)과 *Thanksgiving Hymns*(1QH)에 자주 등장한다"(Ibid.). 사해 두루마리 속 벨리알 언급은 위경 본문 속 언급만큼이나 방대하다.

47. Lewis, "Belial," 655.

아들들 또는 "하나님의 분깃"을 대적하는 "벨리알의 군대/대군 또는 분깃"으로 불린다(1QM 1:1, 13, 11:8, 15:3, 1QS 2:2, 5). "그 분깃에 속한 모든 영, 파멸의 천사들은 흑암의 법대로 행하며 그 유일한 소원은 오직 흑암의 법이라"(1QM 13:12). (…) 벨리알의 통치 또는 지배(*mmšlit bly'l*)는 쿰란 자료에 자주 등장한다(예, 1QM 14:9, 18:1, 1QS 1:18, 24, 2:19, 3:21-22, CD 12:2). 사람들은 이 세상이 그의 통치 하에 있다고 믿는다(참조, 1QS 2:19 "해를 거듭하여 벨리알의 지배가 지속되는 동안").[48]

사해 두루마리 속 벨리알에 대한 니찬의 연구는 벨리알과 마스테마의 연결점을 드러낸다.[49] 전쟁 두루마리에선 벨리알이 마스테마와 평행으로 등장한다.

당신은 구덩이를 위하여 마스테마 천사(=미움의 천사)
벨리알을 창조하셨으니
그 관할은 흑암이요
그 자문은 악과 사악함이라
그 분깃에 속한 모든 영,
파멸의 천사들은

48. Lewis, "Belial," 655.

49. Bilha Nitzan, "Evil and Its Symbols in the Qumran Scrolls," in *The Problem of Evil and Its Symbols in Jewish and Christian Tradition*, ed. Henning Graf Reventlow and Yair Hoffman (London: T&T Clark, 2004), 91. 이하 1QM XIII의 번역은 Nitzan.

흑암의 법대로 행하며
그 유일한 소원은 흑암의 법이라(1QM XIII 10-12).

동일한 본문은 바로 몇 줄 앞에서 "벨리알은 그 적대적[마스테마] 계획 속에 저주 받을지어다"라고 한다(1QM XIII 4). 벨리알은 소수의 사해 두루마리본에서 멜키레샤(*Melchi-resha'*, 사악함의 왕)로 알려지기도 했다(4QAmram[=4Q544] 2.3, 4Q280 2.2). 니찬은 멜키레샤라는 이름이 벨리알과 그 분깃(추종자들)에 대한 저주와 연결되어 있음을 주목한다. 이 이름이 쿰란 본문들에 선한 세력의 지도자로 등장하는 멜기세덱의 의도적 상대역이라고 생각하는 학자들도 있다.[50] 해밀튼이 고찰했듯 "종국에 [벨리알]은 하나님의 성령의 사슬에 결박되어(레위 유언서 18:12) 사르는 불 속으로 던져질 것이다(유다 유언서 25:3)."[51]

뱀, 속이는 자, 시험하는 자

이 시점에서 명확하게 드러난 제2성전기 유대교 속 사탄에 관한 몇 가

---

50. Ibid., 91. 이와 관련하여 Nitzan은 Kobelski의 연구를 인용한다: P. J. Kobelski, *Melchizedek and Melchiresa* (Washington, DC: The Catholic Biblical Association of America, 1981). 아사셀이라는 이름이 쿰란 거인서(4Q203 frag. 7)에 언급되어 있음을 유의해야 한다. 4Q180 frag. 1:7-8에서도 반역하는 천사들과 거인들과 나란히 아사셀이라는 이름이 언급되어 있다.

51. Victor P. Hamilton, "Satan," *ABD* 5:988.

지 사실이 있다. 몇몇 본문은 하나님의 대원수를 악한 영들의 우두머리로 그린다. 그 존재는 (여러 다른 이름이나 호칭 중에서도) '사탄'이라고 불린다. 특정 본문들은 그 존재를 에덴의 속이는 자 뱀이 아닌 창세기 6장에서 악명 높은, 반역한 순찰자들(하나님의 아들들)과 연결시킨다.[52] 신약과 친숙한 이들에겐 이런 특징들이 이상하게 다가오지 않을 것이다. 그러나 구약에는 이런 특징들이 부재하다. 구약에는 사탄이 다른 신적 반역자들의 우두머리임을 시사하는 구절이 없다.

그렇다면 왜 제2성전기 저자들은 이런 연결 짓기를 시도했을까 하는 궁금증이 생긴다. 그들이 그저 콘텐츠를 쥐어짜내느라 그랬다는 것은 답이 되지 못한다. 이런 데이터 지점들 간의 연결점은 비록 본문상 연결점은 아니라도 추상적 연결점으로 구약에 이미 존재한다. 어떻게 제2성전기 저자들이 이 데이터 지점들을 취합했는지 발견하는 것도 가능하다.

창세기 3장을 읽고 하나님의 권위와 인간 운명에 대해 악감을 품은 우주적 원수가 예로부터 있었다고 결론 짓는 것은 황당하지 않다. 이 결론을 피하려면 하나님이 뱀이 하와를 속인 것에 대해 어떤 안타까움도 갖지 않으셨으며, 뱀의 속임이 어떤 폐해도 끼치지 않았다고 가정해야 한다. 누구나 아다시피 둘 다 틀린 진술이다. 따라서 뱀을 인류

52. 제2성전기 유대교가 Satan을 창세기 3장의 뱀으로 생각했는지 여부는 아담의 죄가 인류에 미친 영향과 인간 속 죄(패역)의 충동 같은 관련 문제들과 구별되어야 한다. 기독교 역사에서 그랬듯 제2성전기 유대교에서도 이런 문제들은 관련성은 있지만 구별된 주제들이었다. 제2성전기의 인간 죄성에 대한 설명은 다양하게 나타난다. 한 가지 사례가 쿰란의 '두 영'(two spirits) 교리다.

를 향한 하나님의 뜻에 적개심을 품은 원수인 신적 존재로 보아야 앞뒤가 맞는 결론이다.

이 결론 위에 또다른 일관된 논점을 쌓아올릴 수 있다. 구약이 뱀을 사탄(*śāṭān*)과 동일시하진 않지만 욥기 1-2장의 사탄(*śāṭān*)과 하나님 간의 대결은 화합이 아닌 적대성을 특징으로 한다. 욥기 1-2장의 사탄(*śāṭān*)을 하나님의 원수로 인식할 수 있다는 얘기다. 이 결론을 가지고 창세기 3장을 다시 읽을 수 있다(제2성전기 자료를 보면 제2성전기 저자들이 실제로 그렇게 했음을 알 수 있다).

세 번째 추상적 궤적은 죽음과 사후세계에 관한 것이다. 뱀이 죽음과 연관성을 가지게 된 것은 에덴에서의 추방이 불멸성의 상실을 뜻했기 때문이다. 신적 반역자는 지하세계(스올 구덩이)로 쫓겨났다.[53] 제2성전기 유대 문헌에서 범죄한 순찰자들 역시 무저갱으로 추방되었기에 순찰자들도 개념적으로 사후세계와 연관성을 가지게 되었다.

결론적으로 제2성전기 문헌에 등장하는 사탄 프로필은 설득력이 있다. 그 초상이 지탱하는 일관성은 원조 반역자가 후속 반역자들의 우두머리로 부상하여 관련 존재들 간에 위계질서가 생겼다는 사실로 훼손되지 않는다.

---

53. 이 추방은 '땅' 또는 '지상'(*'ereṣ* 사 14:12, 겔 29:17), 스올(*she'ôl* 사 14:15), '구덩이'(*bôr* 사 14:15)로 갔다는 것으로 묘사된다. 이스라엘 우주론에서 사후세계는 땅 속에 있었다. 히브리어 *'ereṣ*는 때때로 사후세계, 도망갈 수 없는 창살 속 '구덩이'(*shaḥat*)(욘 2:6)나 여호와를 버린 자들의 종착지(렘 17:13)와 구체적 연관성이 있다. 따라서 *'ereṣ*라는 용어는 둘 다에 적합하다. 참조, Luis Stadelmann, *The Hebrew Conception of the World* (Rome: Biblical Institute Press, 1970), 165–76; Lewis, "Dead, Abode of the," 103; D. A. Neal, "Sheol," *LBD*.

제2성전기 유대 저자들이 밟은 추상적 경로를 파악했다고 해도 그 저자들이 말하는 대상이 뱀인지 아닌지, 만약 뱀이라면 뱀에 관해 무슨 말을 하는지 알아보아야 공평할 것이다. 실제로 그 자료에서 뱀에 관한 내용은 사탄에 관한 제2성전기 유대 사고의 개념 매트릭스에 하나씩 더하기를 하는 식으로 누적되었다.

제2성전기 문헌은 창세기 3장 이야기를 인정한다. 가령 희년서 3장의 창세기 3장 이야기 재기술은 구약 이야기를 바짝 따라가고 있다. 시빌의 신탁(1:55)에선 뱀이 "기만의 원인"으로 기술되어 있다.[54] 독자들은 솔로몬의 지혜서를 통해 "마귀의 시샘으로 죽음이 세상에 들어왔고 마귀의 세계에 속한 자들이 죽음을 경험한다"는 사실을 알게 된다(지혜 2:24).[55] 브라운은 이 구절의 명쾌한 함의를 수긍하며 "솔로몬의 지혜서는 마귀가 세상에 악을 들여온 장본인이었음을 암시한다"고 말한다.[56] 사키의 고찰이다.

> 비록 지혜서는 한번도 뱀을 명시한 적이 없지만 하나님이 죽음을 창조하지 않으셨으며(1.14) 죽음이 오직 마귀의 수작으로 세상에 들어왔음을 인정한다(2.24). 이는 에덴 이야기와 아담의 불순종을 염두에 둔 사고라고 설명할 수밖에 없다. 지혜서 속 마귀는 '궁극의' 악으로, 죽음

---

54. *OTP*, 1:336.
55. *APOT*, 1:538.
56. Brown, *God of This Age*, 29.

의 원인 제공자로 남아 있다.[57]

그렇다면 일부 사해 두루마리가 뱀을 스올과 연관 짓는 것은 전혀 놀랄 일이 못 된다.

> 깊은 곳이 샘물 위로 끓어오를 때 거대한 파도를 이루며 큰 소리를 내며 물보라가 깊은 곳으로부터 밀려올 때 스올과 아바돈이 열릴 것이라 구덩이의 [모든] 화살이 큰 소리를 내며 무저갱으로 내려가며 뱀의 [모든] 행위로 [말미암아] [스올]의 관문이 열릴 것이니(1QH[a] XI 15b-17).

이 사해 두루마리는 지하세계에 다른 영들이 있다는 사고로 나아간다. "구덩이의 문들이 불의를 기대하는 자 위로 닫히고 세세토록 있을 철문이 뱀의 영들 위에 닫히리니"(1QH[a] XI 18).[58] "뱀의 영들"은 뱀을 섬기는 영들이라고 해석할 수 있다. 또다른 본문(4Q525 frag. 15)은 뱀을 흑암, "죽음의 불길", "유황의 불길"과 연관 짓는다. 앤더슨의 고찰이다. "쿰란에서 의인의 혼은 사후에 '천사들처럼' 하나님과 더불어 사는 반면, 악인의 혼은 벨리알의 영들과 합류하고자 떠난다(1QS

---

57. Sacchi, *Jewish Apocalyptic and Its History*, 226–27.

58. 일부 학자들은 18째 줄의 *rwḥy 'p'h* 구절을 '뱀의 영들' 대신 '사악한 영들'로 옮겼다. 다른 사례들에서 *'p'h* 레마는 분명 뱀을 지칭한다(욥 20:16, 사 30:6, 59:5, [cp. 1QIsa[a]: 'p'']). 참조, *HALOT*, s.v. **אפעה**.

4:6-8, 11-13, 1QM 12:1-7)."[59] "벨리알의 영들"은 사후의 악인이거나 다른 악한 영들 혹은 둘 다이다.[60] 이런 류의 언어는 에덴의 원조 반역자와 그의 징벌을 제2성전기의 흑암 권세에 관한 담론으로 끌고 들어간다.[61] 이런 본문과 이미지의 함의를 고려할 때 창세기 3장을 배제하는 것이 어떻게 앞뒤가 맞는 처사인지 물어야 한다. 추가적으로 이 본문들이 신약보다 시기적으로 앞선다는 사실을 간과해선 안 된다.

위의 기술에서 앤더슨은 사후세계를 뱀(들)과 결부시킨 본문은 참조하지 않았다(참조했다면 오히려 자신의 논점을 뒷받침하는 데 도움이 되었을 것이다). 구약에서 사후세계는 불의 이미지로 묘사되었을 뿐 아니라 물의 장소로도 묘사되었다(욥 26:5-6, 2:6).[62] 1QH[a] col. XI는 계속하여 사후세계를 "아바돈으로 밀려드는" "벨리알의 급물살"로 침잠된 곳으로 묘사한다(32번째 줄). 벨리알은 사탄임이 너무도 확실하기에 어떻게 제2성전기 저자들이 벨리알을 뱀과 연관지었을지 쉽게 파악할 수 있다. 신약의 뱀, 사탄, 지하세계와 지하세계의 다른 영들 간 연관성의

---

59. F. I. Andersen, "2 (Slavonic Apocalypse of) Enoch," *OTP*, 1:139, note p (2 En 22:10).

60. 위에서 설명한 두 영들의 예정론 신학을 참조하라(99쪽 각주 45번).

61. 다른 식으로 표현하자면 글을 읽을 줄 아는 제2성전기 유대인이라면 창세기 3장을 발상의 매트릭스에 포함시켰을 것이다. 신약 기자들은 글을 읽을 줄 알았다. 유대 독자들이 당대에 '오직' 한 권의 책 또는 전집 한 세트만 알았을 것이라고 단정 짓는 것은 비합리적이다.

62. Johnston은 물의 이미지를 스올과 연관짓는 것이 적절한가에 회의적이다. 그런데 Johnston은 이 회의론을 표현하는 단락에서 쿰란 자료를 인용하지 않았다. 1QH[a] col. XI의 저자가 "벨리알의 급물살이 아바돈에서 터지고" "삼키는 불처럼 흘러넘쳐" (의도적으로 보다 친숙한 비유를 인용한 것을 유의하라) "사망의 굴레"가 어떤 도망도 허용치 않는다고 말했을 때 이는 분명 지하 세계를 묘사한 언어일 수 있다. 참조, Johnston, *Shades of Sheol*, 114-23.

모든 구체성이 이 본문들 속 추상적 관계를 통해 발견된다.

다른 데이터 지점들도 "마귀와 그의 천사들"(마 25:41)에 관한 신약의 사고로 귀결된 발상 매트릭스에 포함될 수 있다. 이런 면에서 지혜서 2:24의 '마귀'(디아볼로스) 용어의 쓰임을 눈여겨봐야 한다. 드실바가 고찰했듯 지혜서의 저작 연대는 오랫동안 논란의 대상이었다.

> [저작 연대는] 기원전 220년과 기원후 100년 사이의 어느 시점으로 추정된다. 최초 연대는 저자의 이사야서, 욥기, 잠언의 헬라어 번역 사용으로 설정했다. 그 중 최초의 헬라어 역은 아마도 기원전 200년에 나왔을 것이다(라이더 1957: 14, 홈즈 1913:520). 최후 연대는 몇몇 신약 저자들의 작품 사용을 기준으로 추정했다(홈즈 1913: 521, 라이더 1957:14). 로마의 이집트 지배 초기, 특히 로마 제정(Principate) (또는 제국) 초기 시점이 가장 가능성이 높은 듯하다.[63]

---

63. DeSilva, *Introducing the Apocrypha*, 132. 칠십인역 욥기가 주전 200년경에 완성되었다는 판단에 대해 Claude Cox는 동조하며 그 시점을 주전 2세기말로 밀어붙인다. "칠십인역 욥기의 첫번째 입증은 Alexander Polyhistor가 발췌한 본문인 Aristeas의 On the Jews에 사용된 것이다. 아리스테아스가 칠십인역 욥기를 사용했음은 세 친구들을 '왕'과 '전제군주'(tyrant)로 칭한 데서 분명하게 드러난다. Polyhistor의 저작 연대가 대략 기원전 1세기 중반이기에 아리스테아스는 같은 세기 상반기로 저작 연대를 설정해야 한다. 칠십인역 욥기는 그보다 다소 앞서야 하기에 주전 2세기말이 아닐까 한다. 참조, Cox, Cox, "11.3.1 Septuagint [of Job]," in *Textual History of the Bible: Volume 1C: Writings*, ed. Armin Lange and Emanuel Tov (Leiden: Brill, 2017), 176. 또다른 주전 2세기 본문(Wisdom of Ben Sira)은 뱀에 대해 *diabolos*나 *śāṭān* 같은 용어를 사용하는 것에 모호한 입장을 취한다. 한편으로 저자는 "경건치 못한 자가 사탄(the satan)을 저주할 때 그는 자신의 혼을 저주하는 것이다"(시락서 21:27)라고 썼다. 사탄에 정관사를 붙인 것은 사탄을 비인격적(impersonal)으로 썼음을 시사한다. 그러나 책 후반부에선 에덴의 유혹하는 자를 상정한 듯 "죄의 시작은 여자였고 우리는 그녀 때문에 모두 죽는다"(시락

로마 제정은 주전 27년에 탄생했다. 그러므로 솔로몬의 지혜서가 신약 시대보다 연대기상으로 앞설 가능성이 크다. 그러나 더 중요한 논점은 솔로몬의 지혜서에서 욥기 칠십인역을 사용한 것에 관한 드실바의 논평에 있다. 칠십인역 욥기는 욥기 1-2장 내내 디아볼로스를 사탄(*śāṭān*)의 도착어로 사용했다. 이 도착어 선택은 합리적이다. 디아볼로스라는 용어는 '비난하는 자'(slanderer)를 뜻한다. 우리가 앞서 논했듯 비록 욥기의 사탄(*śāṭān*)이 신들의 회의에서 합법적으로 기소하는 검사 역할을 했다고 해도, 그는 욥에 대한 하나님의 평가에 도전함으로써(본질적으로 하나님의 진실성을 비방함으로써) 선을 넘고 말았다.

선을 넘은 결과가 드러나야 했다. 우리는 이미 솔로몬의 지혜서 2:24에서 창세기 3장의 악당을 디아볼로스로 칭한 사실을 보았다("마귀[디아볼로스]의 시샘으로 죽음이 세상에 들어왔고 그의 세계에 속한 자들이 죽음을 경험하니"). 지혜서 저자는 칠십인역 욥기에 디아볼로스라는 용어가 사용된 것을 알고 있었다. 글을 읽을 줄 아는 제2성전기 유대인이라면 이 지혜서 본문뿐 아니라 창세기 3장의 반역자를 불의한 자가 사후에 가는 장소와 연관 지은 쿰란 자료 역시 익히 알고 있었을 것이다. 이는 비합리적 추론이 아니다.[64]

서 25:24)라고 썼다.

64. 학자들은 *śāṭān*을 창세기 3장과 동일시하는 논의를 할 때 신약과 동시대 및 후대 자료를 참조하는 경우가 빈번하다. 연대기적으로 신약에 선행하며 신약의 사탄관에 대해 개념적 선례를 제공하는 우리가 본 연구에서 검토한 제2성전기 자료는 오히려 드물게 참조한다. Hamilton이 대표적이다. "비록 창세기 3장에 *śāṭān*이 등장하진 않지만 후대의 랍비 문헌들은 사탄을 에덴의 뱀과 동일시했다(*Soṭa*. 9b; *Sanh*. 29a). 그는 보다 비인격적 방식으로 인류를 오염시키는 악한 성향과 동일시된다(B. Bat 16a). 그는 보다 인격적인 방식으

주전 2세기로 저작 연대가 추정되는 12족장의 유언서라는 위경 작품은 사탄을 악한 영적 인격체로 묘사한다. 일부 언급은 중립적인데 반해(루벤의 유언서 3:6) 사탄을 악한 영들, 구체적으로 순찰자들의 우두머리로 규정한 에녹1서를 긍정한 언급도 있다(단의 유언서 5:6, 6:1). 사탄 캐릭터는 인류에 미친 도덕적 후과로 말미암아 에덴의 타락과 결부되는 듯하다. "사탄은 모든 인간들 가운데 미움의 영으로 인류의 죽음에 대한 연약함을 틈타 역사한다"(갓의 유언서 4:7).[65] 아울러 12족장의 유언서에는 이 악당이 마귀라는 언급도 나온다(납달리의 유언서 8:4, 6, 아쉐르의 유언서 3:2). 쿰란 본문들 역시 이런 식으로 "사람을 지배하는… 공동체의 규칙을 범하라고 사람을 유혹하는" 존재인 벨리알에 관해 말한다.[66]

신약보다 시기적으로 앞설 가능성이 큰 또다른 제2성전기 유대 작품은 욥의 유언서다. 학자들은 이 본문의 저작 연대를 주전 1세기와 주후 1세기 사이로 본다.[67] 학자들은 이 위경 작품 속에 드러난 사탄

로 하나님이 아브라함을 시험하실 때 그 배후의 원흉이었다(*Sanh*, 89b). 추가적으로 *śāṭān*은 구약에서 언급된 여러 죄의 원흉이다. 가령 그는 모세가 시내산에서 돌아오지 않을 것이라는 거짓말로 이스라엘 백성이 금송아지를 숭배하게 만들었다(*Šabb* 89a). 그는 다윗이 밧세바에게 죄를 저지른 배후의 추동자였으며(*Sanh*, 107a) 이방인으로 하여금 유대 율법을 비웃도록 부추겨 유대인의 종교적 충성심을 약화시켰다(*Yoma* 67b). 새해에 뿔나팔을 부는 것은 *śāṭān*을 혼란스럽게 만들기 위함이었다(*Roš. Haš*. 16b). 오직 속죄일에만 *śāṭān*이 무력해진다. 이는 *śāṭān*의 숫자인 364에서 추론한 것이다. 그가 무력한 날은 일년에 단 하루다(*Yoma* 20a)." Hamilton, "Satan", *ABD* 5:988.

65. *OTP*, 1:815.

66. Brown, *God of This Age*, 38.

67. *OTP* 1:833-34. 더 정확한 연대 추정은 가능하지 않다. Haralambakis는 이 작품에 관한 긴 분량의 비평 연구 끝에 "본 논문은 원맥락(날짜, 작자, 배경 및 기능)과 관련된 사안

교리가 여타 제2성전기 본문들보다 한층 발전된 수준이며 신약의 사탄관과 더 닮은꼴임을 눈여겨 보았다. 욥의 유언서는 '마귀'를 욥과 그의 가족을 시험하고 괴롭힌 자로 그린다(욥의 유언서 3:3). 사키의 고찰이다.

> 여기서 사탄(Satan)으로 불리는 마귀는 하나님보다는 인간의 적대자로 나온다. 그는 인간 본성을 기만하고자 노력한다는 의미에서 "인간 본성을 속이는" 자다(3.3.). 그는 시험하는 자로서 일을 벌일 자유를 갖고 있으며 그를 제지할 것은 인간의 양심밖에 없다. 그러나 만약 사탄이 물리적인 방식으로 누군가를 공격하려면 하나님께 허가를 구해야만 한다(8장).[68]

욥의 유언서는 마귀를 '사탄'(Satan)이라고도 칭한다(욥 유언서 3:6, 7:1, 16:2, 20:1, 22:2, 23:1-3, 27:1, 6, 41:5). 사탄은 인간을 속이는 자다(욥 유언서 3:6). 그는 "최고의 원수"(enemy)다(욥 유언서 47:10, 참조, 7:11).[69]

에 관해 확실한 결론을 끌어내기가 불가능하거나 어렵다는 관점을 뒷받침한다"고 한계를 인정했다. Maria Haralambakis, *The Testament of Job: Text, Narrative and Reception History*, ed. Lester L. Grabbe (London: T&T Clark, 2012), 183. Brown은 날짜를 주후 5세기로 이동시키려고 시도한 Davila의 근래 연구를 참조한다. 참조, Brown, *God of This Age*, 39; James R. Davila, *The Provenance of the Pseudepigrapha: Jewish, Christian, or Other?* (Leiden: Brill, 2005), 195-99.

68. Sacchi, *Jewish Apocalyptic and Its History*, 230.

69. Brown은 욥의 유언서가 바울의 사탄 신학에 구체적인 함축성을 가진다고 고찰한다.

요약

필자가 서두에서 제2성전기 사탄관을 개괄하며 고찰했듯, 우리는 신약과 신약의 관점으로 귀결된 여러 제2성전기 작품을 살펴보았다. 우리는 학계 최고 기준에 부합하는 제2성전기 작품들로 스스로 연구 범위를 제한시켰다.[70] 우리는 제2성전기 유대 문헌에 에덴의 원조 신적 반역자 사탄에 관한 하나의 통일된 관점이 없음을 보았다. 그럼에도 신약 속 사탄 신학의 모든 구체성은 이 제2성전기 문헌들에 내포되어 있다. 그리고 그 구체성의 기초는 구약에 있다. 물론 제2성전기 본문과 신약 모두 다양한 방식으로 구약의 데이터를 취합하여 신학적 모자이크를 맞춰갔지만 말이다. 앞으로 우리가 살펴볼 구약의 2차, 3차 신적 반역에서도 동일한 역학이 드러날 것이다.

---

70. 일부 독자들은 마귀와 그 무리들이 에덴에서 아담을 경배하라는 명을 어떻게 거부했는지에 관한 기막힌 초상인 아담과 하와의 일생(Life of Adam and Eve)에 관한 논의를 기대했을 수 있다(*LAE* 14:3). 이 책의 저작 연대는 주후 100-600년경이다. 참조, Martinus de Jonge and Johannes Tromp, *The Life of Adam and Eve and Related Literature* (Sheffield: Sheffield Academic Press, 1997), 77. 일부 학자들은 책의 저작연대를 주후 1세기 초로 바꾸려 한다. Pinero가 대표적인데, 그는 헬라어 저작에서 파생된 라틴어본의 연대가 주후 70년 이전이라고 주장한다. 참조, A. Pinero, "Angels and Demons in the Greek Life of Adam and Eve," *Journal for the Study of Judaism in the Persian, Hellenistic and Roman Period* 24 (1993): 191–214 (esp. 192). DeJonge와 Tromp가 이 점에 대해 상세하게 반박했기에 필자는 이 작품을 배제했다. 동일한 저작 연대상 배제가 Satanael을 언급한 본문들에도 적용되었다(에녹2서, 바룩3서). 이들은 분명 기독교 시대로부터 유래한다.

5장.
2차 신적 반역:
우리의 형상 담지자를 만들리라

창세기 6:1-4이 논란이 다분한 본문임은 공공연한 비밀이다.

> [1] 사람이 땅위에 번성하기 시작할 때에 그들에게서 딸들이 나니 [2] 하나님의 아들들이 사람의 딸들의 아름다움을 보고 자기들의 좋아하는 모든 자로 아내를 삼는지라 [3] 여호와께서 가라사대 나의 영이 영원히 사람과 함께 하지 아니하리니 이는 그들이 육체가 됨이라 그러나 그들의 날은 일백 이십 년이 되리라 하시니라 [4] 당시에 땅에 네피림이 있었고 그 후에도 하나님의 아들들이 사람의 딸들을 취하여 자식을 낳았으니 그들이 용사라 고대에 유명한 사람이었더라.

이 본문을 보면 떠오르는 여러 당연한 질문들이 있다. 하나님의 아들들은 누구인가? 그들은 신적 존재인가, 인간인가? 네피림은 또 누구인가? 그들은 왜 유명했을까?

유대인이건 그리스도인이건 대부분의 해석자는 이 본문 속 "사람의 딸들"과 동침한 "하나님의 아들들"이 셋의 후손 또는 왕족 계보의 유한한 인간 남자들이라고 본다. 창세기 6:1-4에 대한 비(非)초자연주의적 접근의 타당성을 옹호하는 흔한 전략은 이 구절에 관한 기독교 전승의 통일성에 호소하는 것이다.[1] 물론 이 견해는 이 에피소드에

1. 가장 오래된 '모호하지 않은' 하나님의 아들들의 '인간설'에 대한 기독교계의 언급은 Julius Africanus(주후 160-240년)의 저술에서 찾아볼 수 있다. 1세기 후로는 아우구스티누스가 이 접근의 주창자가 되었다. 그의 영향력은 오늘날까지 여실히 느껴진다. Newman의 고찰이다. "아우구스티누스(주후 354-430년)는 자신의 저작 〈하나님의 도성〉(City of God)에서 창 6:1-4을 논한다. 그의 기본적 접근은 15:22에서 엿볼 수 있다. '하나님의 아들들이 사람의 딸들에게 반해 하나님을 버렸을 때 그들은 사랑, 그 후에는 자비와 애착의 질서를 교란했다. 그리고 이 두 이름들(하나님의 아들들과 사람의 딸들)에 의해 두 도시[하나님의 도시와 사람의 도시]가 뚜렷하게 구분되기에 이르렀다. 비록 전자는 본질상 사람의 자녀들이지만 은혜에 의하여 다른 이름을 소유하게 되었다.' 연이어 아우구스티누스는(15.23) 실제로 천사들이 육신을 덧입고 출현하기도 하며 그의 시대에 요정과 귀신에게 겁탈 당한 여인들 이야기가 회자되었음을 인정한다. 하지만 아우구스티누스는 '나는 하나님의 거룩한 천사들이 이렇게까지 타락할 수 있음을 결코 믿을 수 없다'고 말한다. 그는 벧후 2:4이 사탄의 태고적 타락을 가리키는 것으로 해석한다. 그는 '천사'라는 단어가 성경적 근거만 있다면 사람에게 적용될 수도 있다고 지적한다. 아울러 이 일이 일어났을 때 땅에는 이미 거인이 존재했기에 거인이 하나님의 아들들과 사람의 딸들의 소생은 아니라고 한다. 또한 거인은 엄청나게 큰 사람이라는 뜻이 아니라 오늘날에 발견되는 거구의 사람을 말한다고 한다. 창 6:3의 하나님의 반응은 인간을 향한 것이기에 '천사들'은 곧 인간이었다. 아우구스티누스는 '이른바 외경(apocryphal)이라는 성경의 우화들'을 멸시한다. 참조, Robert C. Newman, "The Ancient Jewish Exegesis of Genesis 6:2, 4," Grace Theological Journal 5.1 (1984): 13–36 (quote from 25–26). 에녹1서를 경외한 마니교인들을 향한 적개심으로 물든 아우구스티누스의 사고에는 심각한 결함이 있다. 이번 장이 제시하듯 아우구스티누스는 창 6:1-4의 메소포타미아 원맥락을 의식하지 못했다. 그러나 그 불찰을 그의 탓으로 돌리긴 어렵다. 관련 자료가 대부분 유실되었고 어떤 식으로든 번역되기 전이었기 때문이다. 아우구스티누스의 잘못이라면 하나님의 도성이라는 자신의 해석학적 틀에 성경 본문을 끼워맞춘 것이며, 신적 존재가 얼마나 악할 수 있는지에 관해 자신의 주관적 견해만 제시한 것이다. 아울러 그는 벧후 2:4에 대한 설명으로 한 사건(천사의 3분의 1을 빼내간 것으로 추정되는 사탄의 타락)에 호소한다. 성경에는 이런 사건이 기록된 바 없다. 우리가 앞 장에서 보았듯 사탄의 통제나 영향력 하에 있는 복수의 천

대한 초자연적 해석을 선호하는 '선대'(earlier)의 폭넓은 공감대에서 이탈한 것이다. 아마 이런 공감대가 선대에 존재했다는 것조차 모르는 독자들이 많을 것이다. 하나님의 아들들에 대한 '인간설'은 오늘날에는 지배적 입장이지만 한때는 소수파의 입장이었다. 초자연적 해석이 지배했던 이유는 단순하다. 창세기 6:1-4을 인유한 성경 기자들이 하나님의 아들들을 신적 존재로 이해했고 제2성전기 유대 저술가들이 압도적으로 그 궤적을 추종했기 때문이다.[2]

사들을 우리가 처음 발견한 곳은 에녹1서와 (아우구스티누스가 우화라고 불렀던) 유사 본문들이다. 만일 계 12:1-9에 호소한다면 즉각 장애물에 봉착하게 된다. 계 12:1-9의 언어는 명확하게 초림을 배경으로 한다(계 12:4-5). 이 구절에는 홍수의 언급이 없다. 오히려 벧후 2:5에는 노아와 홍수에 대한 언급이 포함된다. 베드로가 언급한 범죄한 신적 존재들(천사들) 무리는 창 6:1-4일 수밖에 없다. 솔직히 아우구스티누스의 견해는 작위적이다. 마니교에 대해선 다음을 참조하라. John C. Reeves, *Jewish Lore in Manichaean Cosmogony: Studies in the Book of Giants Traditions* (Cincinnati: Hebrew Union College Press, 1992)). 인용문에 실린 글이다. "리브스는 유대 에녹 문헌의 모티프들, 구체적으로 순찰자와 거인 이야기의 모티프가 마니의 우주론적 가르침의 골격을 형성했으며 창세기 1장부터 11장이 인도와 중국의 국경까지 이르는 근동 사유의 밑거름이 되었음을 제시한다." Van Oort가 고찰하듯 "서방 교회의 가장 영향력 있는 교부인 히포의 아우구스티누스(354-430)의 생애와 작품은 마니교와 불가분의 관계였다." H. van Oort, "Augustine and Manichaeism: New Discoveries, New Perspectives," *Verbum et Ecclesia* 27.2 (2006): 709-28(esp. 709).

2. 유대 탈굼(구약의 아람어 번역)은 인간설에 살짝 발을 담그지만 기독교가 이탈하기 전(주후 3세기)까지는 초자연적 견해로부터 완전히 이탈하지 않았다. 이 방면에 관한 Newman의 글이다. "탈굼을 어디에 배치해야 할지 판단하기 어렵다. 이 성경의 아람어 역본은(종종 의역을 하거나 심지어 논평들도 있다) 기독교 출현 이전 회당 예배의 구전적 배경을 가지고 있으나 현존하는 문서 형태는 훨씬 후대의 것으로 보인다. 그 중 *Targum Pseudo-Jonathan*[*Tg. Ps-J.*]은 적어도 부분적으로 초자연적 해석을 제시한다. 현존하는 유사-요나단 탈굼은 주후 7세기의 이슬람 부상보다 시기적으로 뒤처지지만, 그 중에는 더 이른 시대의 자료도 포함되어 있다. (…) [이 역본의] '위인의 아들들'은 비초자연적 해석을 반영하는 듯 하나 샴하자이와 아사엘이 하늘에서 떨어지는 것을 언급한 내용은 초자연적이다. 에녹1서가 현존하는 에디오피아판에 이르기까지 두 차례의 번역을 거쳤음을 감안할

창세기 6:1-4에 대한 모든 비(非)초자연적 견해는 하나같이 결국 극복 불가한 난항에 부딪히고 만다. 바로 본문의 메소포타미아 원맥락을 무시한 결과 성경 기자가 의도한 논쟁을 포기한다는 것이다. 달

때 여기서 제시한 이름들은 에녹1서의 이름들과 비슷한다. 아울러 유사-요나단 탈굼에서 에녹서, 희년서, 요페수스와 같이 네피림을 천사의 소생이 아닌 천사와 동일시했음을 주목하라. (…) *Targum Neofiti*[*Targ. Neof.*]는 모세오경에 대한 팔레스타인 탈굼의 유일하게 온전한 현존 필사본이다. 이 필사본의 연대는 16세기지만 본문의 저작연대는 주후 1세기부터 4세기까지 다양하다. 여기선 창 6:3의 필사본에 등장하는 동사 **ידון**에 동족(cognate) 명사를 사용한 아람어 **בני דייניא**(판관들의 아들들)을 히브리어 **בני האלהים** 대신 사용했였다. 네피림은 **גיבריה**(전사, warriors)로 옮겼다. 탈굼 본문은 비초자연적 해석을 반영하는 듯하다. 6:4의 마지막 문장('이들은 태초부터 (거기) 있던 전사들이니, 놀라운 명망을 가진 전사들이라')을 억지로 인간을 배제하도록 비틀지 않는 한 탈굼 본문은 비초자연적 해석을 반영하는 듯하다. 이런 분위기가 6:4에도 나타난다. '그 시대에 땅에 거하는 전사들이 있었고 그 후에 천사들의 아들들이 아들들의 딸들과 (혼인으로) 결합한 후에도 그러하더라.' 이렇게 *Targ. Neof*의 본문은 비초자연적인 듯한데 난외는 분명 초자연적이다. (…) The *Targum of Onqelos*[*Tg. Onq*]는 유대교에서 모세오경의 공식 탈굼으로 채택한 책이다. 바벨론 탈무드[*Bab. Talm.*] (Meg. 3a)에 의하면 이 책의 연대는 주후 2세기 초로 추정되나 이는 아킬라의 헬라어 역본과 혼돈을 빚은 탓인 듯 싶다. 다양한 탈굼들 간의 관계는 전달 과정의 상호 영향에 의해 복잡해지지만, 온켈로수의 팔레스타인 자료를 기초로 바빌로니아에서 주후 400년 이전에 완성되었을 것이다. 온켈로스 본문에서 **בני רברביא**, '위인들의 아들들'은 아마도 지배자들을 가리키는 것으로 보인다." 참조, Newman, "The Ancient Jewish Exegesis of Genesis 6:2,4," 21, 23-24. 1세기 저자 필로가 두 견해를 '모두' 반영했음을 유념해야 한다. 뉴먼의 고찰이다. "자신의 논문 〈거인에 관하여〉에서 알렉산드리아 출신 유대 철학자 필로(주전 20-주후 50)는 이 구절을 ἄγγελοι τοῦ θεοῦ와 γίγαντε로 판독한 옛 헬라어(Old Greek) 역본을 인용한다. 안타깝게도 필로는 명료한 표현력의 작가는 아니었다. 얼핏 보면 필로가 이 구절들의 문자적 의미를 천사들과 여자들로 해석한 듯하다. 창 6:2을 인용한 직후 곧장 이렇게 말했기 때문이다, '다른 철학자들이 귀신[또는 영]이라고 부르는 공중에 날아다니고 떠도는 혼에게 천사의 이름을 부여하는 것이 모세의 관습이었다. 그리고 부디 아무도 여기서 한 말을 신화로 여기지 않기를 바란다.' 그러나 필로는 비육신적 영의 실재성에 관해 장황하게 논한 후 이 구절을 알레고리화하고 만다. '그렇다면 그[모세]가 우리 앞에 제시한 거인들은 전혀 신화가 아니다. 모세는 우리에게 어떤 인간들은 지상에서 태어났고 어떤 이는 하늘에서 태어났으며 어떤 이는 하나님으로부터 태어났음을 보여주고자 했다.' 참조, Newman, "Ancient Jewish Exegesis," 19.

리 말하면 비(非)초자연적 견해들은 해당 구절을 원맥락에서 분리해 낸 다음 원저자가 의도치 않았던 의미와 이국적 맥락을 덧입힌다. 이는 건전한 해석학적 방법이 아니다. 창세기 6:1-4의 원래 메소포타미아 배경은 왜 고대인이 하나님의 아들들에 대하여 인간설을 채택하지 않았는지, 어떻게 제2성전기 저술이 그 원맥락을 보존했는지, 어째서 베드로서와 유다서가 노아 홍수(벧후 2:4-5)와 연결 지어 "범죄한 천사들"을 언급했는지에 관한 명쾌함을 제공한다.[3] 이는 귀신의 기원을 이해하는 데에도 결정적이다.[4] 바로 이런 이유로 우리는 이번 장에서 창세기 6:1-4의 메소포타미아 맥락을 알아보는 데 대부분의 관심을 할애할 것이다. 그러나 그 논의에 돌입하기 전에 먼저 비(非)초자연적 접근의 부족함에 관한 몇몇 일반적 고찰을 살펴볼 것이다.

셋 후손설

창세기 6:1-4에 대한 셋 후손설은 하나님의 아들들이 아벨이 살해 당

3. 벧후 2:4-6의 불경건한 자 비유에 관한 구약 논점들의 연대기적 흐름을 주목하라. 범죄한 천사들 다음에 홍수가 나오고 그 후에 소돔과 고모라 사건이 나온다. 아우구스티누스에 관한 앞의 논평에서 고찰했듯, 범죄한 천사 무리를 언급한 구약 본문은 창세기 6:1-4밖에 없다. 창 6:1-4이야말로 자명한 참조점일 뿐 아니라 유일한 참조점이다.

4. 다음 장에서 상세히 논하겠지만, 광범위한 제2성전기 유대 본문이 창 6:1-4의 반역(순찰자의 반역)이 귀신의 기원이라는 발상을 제시한다. 구체적으로 하나님의 아들들과 유한한 인간 여자들의 결합으로 태어난 거인들이 죽을 때 그 육신을 이탈한 영들이 제2성전기와 신약 복음서에서 귀신으로 알려진 존재다. 따라서 이번 장의 논의는 귀신의 기원에 관한 의문과 직결되어 있다.

한 후 아담과 하와가 낳은 아들 셋의 계보에 속한 사람들이라는 주장이다(창 4:25-26, 5:3-4). 이 견해에 의하면 셋의 시대에 "사람들이 비로소 여호와의 이름을 부르기 시작"(창 4:26)했기에 셋의 족보에 오른 사람들은 경건하다. 본질적으로 셋은 아벨을 살해한 악한 가인의 반대자 또는 상대역이다. 더욱이 창세기 6:1-4의 여자들은 (1) 가인의 불경건한 후손들이며 (2) 족보의 조상들로 말미암아 본원적으로 불경건한 자들이다. 그러므로 창세기 6:1-4은 경건한 셋의 후손들과 불경건한 가인의 후손들 간의 혼인을 묘사한다는 것이다.[5]

셋 후손설은 심각한 결함을 안고 있다. 이 견해가 성립하려면 몇 가지 데이터 지점을 서사의 독해 속으로 끌고들어가야 한다. 성경 어디에도 셋 계보를 "하나님의 아들들"로 칭했다는 언급이 없다. 아울러 셋 계보에 속한 모든 남자가 경건했다는 결론을 도출할 근거도 전무하다. 이 논점에 관해 창세기 4:26은 "비로소 여호와의 이름을 불렀"

---

5. John Calvin이 주창했기에 자연스레 널리 채택된 견해다. 참조, John Calvin, *Commentaries on the First Book of Moses Called Genesis*, trans. John King, 2 vols. (Edinburgh: The Calvin Translation Society, 1847), 1:238. 이 견해의 현대판은 다음을 참조하라. K. A. Mathews, *Genesis 1-11:26* (NAC; Nashville: Broadman & Holman, 1996), 329. 매튜스(그리고 여타 셋 후손설 옹호자들)가 이 견해를 선호하는 이유는 "4장과 5장이 아담 후손의 두 계보(가인과 셋)를 대조하기 때문이다… [홍수]는 실제로 셋 족보 사이에 들어가 있으며 노아의 죽음 소식이 전해지기까지(9:29) 이 족보는 완성되지 않았다." (Mathews, Genesis 1-11:26, 329-30). 홍수와 셋 후손 간에 어떤 관계가 있음은 분명하다. 그들은 홍수가 일어난 시대에 살았던 사람들이다. 그러나 어떻게 그들의 존재가 (다른 곳에선 신적 존재를 나타내는 복수형으로 쓰인) "하나님의 아들들"의 개념을 정의하는 해석학(definitional hermeneutic)으로 쓰일 수 있는지는 분명치 않다. 아울러 이 궤적은 서사 속으로 결정적 콘텐츠 항목들을 끼워넣어 해석해야 하는 셋 접근의 또다른 취약점을 그대로 노출한다. 또한 우리의 논의를 통해 고찰했듯 셋 견해는 베드로서와 유다서의 발언을 설명하지 못하며 창 6:1-4의 메소포타미아 원맥락과도 무관하다.

던 사람들이 남자건 아니건 셋의 후손이라고 말하지 않는다. 아울러 셋 후손이 자신들이 원하는 대로 부정한 여인을 취했다면 과연 그들이 경건했는지도 의문이 든다. 마찬가지로 창세기 6:2, 4의 "사람의 딸들"에 대한 두 차례 언급에는 그녀들이 가인의 후손이라는 말이 없다. 아울러 창세기 1-5장에서 아담과 하와로부터 뻗어나온 인류의 여러 가문 간에 혼인하는 것을 금했다는 말도 없다. 그러므로 셋 후손설의 모든 주요 요소들은 본문에 없는 내용이다. 마지막으로 셋 후손설은 금지된 결합에 따른 소생인 네피림의 본질도 설명하지 못한다.[6]

6. 네피림이란 용어의 형태론과 의미에 관해선 다음을 참조하라. Heiser, *Unseen Realm*, 105-7. 『보이지 않는 세계』(좋은씨앗). 많은 사람이 이 단어가 fallen ones(즉, 타락한 자 또는 전투에서 쓰러진 자들)을 의미하길 원한다. 칠십인역 역자들은 이 용어를 이런 식으로 해석하지 않았다. 아울러 이 용어의 형태론 역시 이런 선택지를 지지하지 않는다. 필자가 『보이지 않는 세계』에서 논했듯 "네피림이라는 단어의 철자는 이 용어의 뿌리말에 대한 단서를 제공한다. 네피림은 히브리어 성경에서 nephilim과 nephiylim 두 가지 방식으로 표기된다. 차이점은 두 번째 단어에는 알파벳 '요드'(영어 음역에서는 y로 표기함)가 있다는 것이다. 히브리어에는 원래 모음이 없다. 모든 단어가 자음으로만 표기된다. 세월이 흐르면서 히브리어 필사자들은 장모음 소리를 표시하기 위해 일부 자음을 사용했다. 영어에서 자음 y가 때로는 모음으로 쓰이는 것과 마찬가지로, 히브리어 역시 '요드'(י)를 모음으로 사용한다. 여기서 짚고 넘어갈 점이 있다. 두 번째 철자 네피일림을 보면 이면의 뿌리말에 복수형 접미사 '-im'이 추가되기 전 장모음 '-i'(y)가 있었다는 것이다. 이 부분은 이 단어가 "추락하는 자들"이라는 의미가 아님을 규명하는 데 도움이 된다. 만일 그랬다면 이 단어의 철자는 nophelim이었을 것이다. 동사 naphal을 '추락하다'로 번역했다는 주장은 요드 철자법에 의해 힘을 잃는다. 만일 이 단어가 동사 나팔에서 비롯되었다면 '추락하다'는 nephulim이라는 철자로 표기했어야 옳다(*Unseen Realm*, 106). 다음 장에서 분명하게 보겠지만, 히브리어 성경을 신성한 문헌으로 계승한 제2성전기 유대인들은 네피림이 귀신의 기원이 된 거인들이라고 생각했다.

일부다처제 왕족의 혼인

초자연적 견해를 따르길 꺼려했던 주석가들이 셋 후손설의 여러 명확한 난제 앞에서 다른 대안을 찾았음은 그리 놀랄 일이 못 된다. 이 대안은 창세기 6:1-4의 "하나님의 아들들"이 고대인이 신성시한 인간 왕이라고 본다. 이 견해의 주창자는 시편 82:6과 시편 82:1에서 엘로힘이라고 부른 "지극히 높은 자의 아들들"이 인간이라고 상정한 다음 그 전제로부터 창세기 6:1-4을 해석한다. 이 주장은 하나님이 인간을 자신의 자녀라고 칭한 출애굽기 4:23과 시편 2:7 같은 구절들로 뒷받침된다. 따라서 여기서 말하는 혼인은 왕족의 일부다처제 관행이다.

우리는 시편 82편의 엘로힘을 인간으로 보는 것이 합리적이지 않음을 살펴보았다.[7] 시편 82:1의 "지극히 높은 자의 아들들"은 하나님의 공회에 참여하는 존재들이다. 그들은 두 본문 모두에서 엘로힘이라고 불린 장본인들이다. "지극히 높은 자의 아들들"이 "하나님의 아들들"과 유의어라는 것이 자명한 이유는 성경 기자들이 "지극히 높다"고 부를 만한 존재는 오직 이스라엘의 하나님밖에 없기 때문이다. 시편 89:5-7은 여호와의 공회에 속한 하나님의 아들들이 "하늘에 있다"고 했다(하나님이 거하시는 천상을 말한다). 따라서 신들의 회의에 참여하는 하나님의 아들들(시편 82:6의 "지극히 높은 자의 아들들")은 인간이 아니다. "하나님의 아들들"을 여느 구약 본문과 마찬가지로(욥 1:6,

7. 1장 참조,

2:1, 38:7, 시 29:1) 초자연적 존재들로 읽는 편이 훨씬 합리적이고 성경적으로도 일관성이 있다.

이 근본적인 결함 외에도 창세기 6장 본문은 한번도 이 혼인이 일부다처제식 혼인이었다고 말한 적이 없다. "자기들의 좋아하는 모든 자로 아내를 삼는지라"(창 6:2)는 표현을 해석하기 위해 일부다처제라는 발상을 끌어들여선 안 된다. 매튜스가 고찰하듯 이런 해석은 "기껏해야 추론적인데다 이 혼인에 어떤 강제성이 작용했다는 함의도 전혀 없다."[8] 더욱이 이 견해를 옹호하고자 제시된 고대 근동의 평행 본문은 신성한 아들 자격을 논하는 언어를 '개별' 왕에 국한하여 사용한다. '한 무리'의 왕실 남자들이 (집단적으로) 신성을 가진 신의 자녀로 여겨진 선례는 없다.[9]

---

8. Mathews, *Genesis 1-11:26*, 329.

9. 왕의 신격화는 왕 즉위식과 그 제의적 절차와 연결되어 있다. 아울러 신격화는 선전선동을 통해서도 달성될 수 있다. Frankfort 같은 학자들은 오래전부터 왕의 '실제적' 신성에 관한 믿음이 메소포타미아와 가나안보다는 이집트 사유의 일부분이었다고 고찰했다(H. Frankfort, *Kingship and the Gods: A Study of Ancient Near Eastern Religion as the Integration of Society and Nature* [Chicago: University of Chicago Press, 1948], 5-6). Michalowski는 고대 근동에서 "모든 왕은 신성하고 신성과 세속의 중간으로 여겨졌지만 모든 왕들이 신은 아니다"라고 고찰했다(Piotr Michalowski, "The Mortal Kings of Ur: A Short Century of Divine Rule in Ancient Mesopotamia," in *Religion and Power: Divine Kingship in the Ancient World and Beyond*, ed. Nicole Brisch [Chicago: The Oriental Institute of the University of Chicago, 2008], 34). 거대한 집합체로 신격화된 인간 왕권은 성경에선 '종말론적' 개념이므로 이를 창 6:1-4의 홍수 이전 맥락 해석에 끌어들여선 안 된다. 필자가 다른 지면에 썼듯 집합적인 신성한 왕권은 "인간 자녀들이 하나님의 권위 하에서 하나님의 대표자로서 (하나님의 영광의 임재 안에서) 땅을 다스리는 섬기는 통치자(servant rulers)가 되는 것이고, 이것이 하나님의 원래 비전이었다." 상실한 에덴 비전의 회복 계획에는 궁극적으로 이스라엘이라는 민족을 창조하고 그들에게 메시아의 원형인 왕(다윗)을 허락하는 것이 포함된다. 종말론의 마지막 단계는 메

"하나님의 아들들"이 신격화된 인간 왕을 가리킨다는 견해의 주창자들은 신적 존재들과 인간 여인의 결혼을 그린 고대 근동 텍스트가 부재하다는 사실에 종종 호소한다. 이 접근에는 근본적인 문제점이 있다. 창세기 6:1-4은 꼭 혼인을 적시한 건 아니다. 그 발상은 영어 번역으로부터 잘못 비롯된 것이다. '아내'로 종종 번역된 히브리어 용어는 '여자'(*nāšîm*)를 뜻하는 흔한 단어다. 창세기 6:2의 해당 표현은 단순히 "그들이 스스로를 위해 여자를 취했다"이다. 2절과 4절 둘 다 하나님의 아들들이 사람의 딸들을 "취하고" "들어갔다"라며 성관계를 뜻하는 완곡어법의 언어를 사용하고 있다. 이 본문의 골자는 하나님의 아들들이 인간 여자들과 동침했다는 것이지 혼인했다는 것이 아니다.[10] 창세기 6:1-4에 대한 비(非)초자연적 접근의 실패는 베드로서와 유다서가 창세기 6:1-4의 주인공을 초자연적 존재로 상정했다는 사

시아가 궁극의 다윗 왕이 되고 영화롭게 된 모든 신자들이 전지구적 새 에덴에서 그 통치에 동참하는 것이다. (…) 신자가 열국을 다스린다는 발상은 신 32:8-9에서 하나님이 파양한 열국 되찾기의 맥락에서 읽어야 한다. (…) 전지구적 에덴 속 영화롭게 된 인간 통치자들에 관한 종말론적 초상이야말로 호 1:10이 창 6:1-4의 하나님의 아들들이 인간이라는 논거로 사용될 수 없는 이유다. 첫째, 호세아 본문은 창 6:1-4에 대한 적확한 평행구가 아니다. 둘째, 호세아 본문은 성경 신학의 더 큰 맥락 속에서 봐야 한다. 호 1:10은 '종말론적'이며, 이스라엘의 '북방' 왕국이 하나님의 백성으로 회복될 때의 먼 미래 시점을 내다보고 있다. 이 종말론적 사건은 신자의 궁극의 영화(glorification)와 동시에 일어난다(신자들은 현재나 미래나 살아계신 하나님의 자녀로서 전지구적 새 에덴에서 원래 의도했던 대로 여호와와 함께 다스리고 통치할 것이다). 하나님이 인간 가족이 에덴의 원래 목표를 달성할 것으로 보신다는 사실이 하나님에게 또다른 신적 가족이 있다는 사실을 뒤집지 못한다. 마지막 날에 인간 신자들이 영화롭게 되면 두 가족과 공회가 '통합'될 것이다. 하나님의 한 가족이 다른 가족을 말소하는 게 아니다." 참조, Heiser, Unseen Realm, 96(9번 각주 포함). 『보이지 않는 세계』(좋은씨앗).

10. Heiser, *Unseen Realm*, 96, note 8. 『보이지 않는 세계』(좋은씨앗).

실로 말미암아 더욱 부각된다. 우리의 현 논의상 가장 편리한 길은 창세기 6:1-4의 고대 메소포타미아 맥락이 이 신약 본문들 속 "범죄한 천사들"에 대한 묘사의 전조라고 간주하는 것이다.

창세기 6:1-4 이면의 메소포타미아 이야기: 개요

창세기 6:1-4은 메소포타미아의 '압칼루'(*apkallu*) 이야기를 인유한 것이다. 대부분의 성경 학도뿐 아니라 학자들조차 압칼루가 금시초문일 것이다. 그 이유는 창 6:1-4의 제반 요소를 염두에 두고 익숙한 메소포타미아 홍수 이야기를 재고찰하려는 조직적 노력이 2010년 이후에 들어서야 이뤄졌기 때문이다.[11] 그 전에는 어떤 창세기 영어 주석에서도 압칼루에 대한 언급을 찾아보기 어려웠다.[12] 2010년 이전에는 창

---

11. 19세기 말 이래로 메소포타미아의 홍수 이야기들이 성경의 홍수 이야기와 누가 봐도 명확한 평행성을 가지고 있음이 널리 알려졌다. 그 비교에 관한 일반적 개괄은 다음을 참조하라. Jack P. Lewis, "Flood," *ABD* 2:798-803. 홍수 이야기와 메소포타미아 자료의 관계에 관한 상세한 논의는 다음을 참조하라. David Toshio Tsumura, "Genesis and Ancient Near Eastern Stories of Creation and Flood: An Introduction," in *I Studied Inscriptions from before the Flood: Ancient Near Eastern, Literary, and Linguistic Approaches to Genesis 1-11*, ed. Richard S. Hess and David Toshio Tsumura (Winona Lake, IN: Eisenbrauns, 1994), 44-57.

12. 일례로 복음주의적 목회자들이 가장 빈번하게 이용하는 대표적인 주석집(NAC, WBC, NICOT, TOTC, AYB 등)을 검색해 보면 New American Commentary(Mathews), JPS Torah Commentary(Sarna), Word Biblical Commentary(Wenham)에만 압칼루라는 용어가 수록되어 있다. 세 주석집에서 총 10회 등장하는 압칼루라는 용어는 홍수와 관련해선 단 한번밖에 언급되지 않았다. 이 유일한 언급은 압칼루가 소제목으로 등장하는 각주에 나온다(Mathews, Genesis 1-11:26, 323, 81번 각주). 따라서 몇년 전만 해도 목회자

세기 6:1-4과 중요한 관계를 가지고 있다는 이유로 압칼루 이야기를 구체적으로 추적한 논문은 단 두 편 밖에 없었다.[13]

설형문자 전문가 아마르 애너스의 연구로 이런 상황이 뒤집혔다.[14] 애너스의 연구에 뒤이어 몇몇 후속 연구들이 진행되었다.[15] 우리는 이번 장과 다음 장을 통해 하나님의 타락한 아들들(순찰자들)에 대한 제2성전기 유대 자료를 압칼루와 연결 짓는 구체적인 목표를 가졌던 애너스의 연구를 들여다볼 것이다. 그러나 먼저 편의상 그린필드의 간략한 압칼루 소개에서 시작하도록 하자.

들과 성경 학도들은 창 6:1-4의 진짜 맥락에 거의 노출되지 못했다고 할 수 있다. 초기 교부들과 루터와 칼뱅 같은 중요 인물들 역시 이 구절의 메소포타미아 배경에 노출되지 못했음이 분명하다. 메소포타미아의 주요 문헌은 알려지지 않았고 알려졌더라도 판독되지 못했다. 앞으로 보겠지만 사해 두루마리들은 메소포타미아 맥락으로 돌아가는 연결고리를 제공한다. 하지만 사해 두루마리는 20세기 중반에 들어서야 발견되었다.

13. 두편의 논문은 Anne Draffkorn Kilmer, "The Mesopotamian Counterparts of the Biblical Nephilim," in *Perspectives on Language and Text: Essays and Poems in Honor of Francis I. Andersen's 60th Birthday*, ed. E. W. Conrad and E. G. Newing (Winona Lake, IN: Eisenbrauns, 1987), 39–44; Helge Kvanvig, "Gen 6: 1–4 as an Antediluvian Event," *Scandinavian Journal of the Old Testament* 16.1 (2002): 79–112.

14. Amar Annus, "On the Origin of the Watchers: A Comparative Study of the Antediluvian Wisdom in Mesopotamian and Jewish Traditions," *JSP* 19.4 (2010): 277–320.

15. David Melvin, "The Gilgamesh Traditions and the Pre-History of Genesis 6:1–4," *Perspectives in Religious Studies* 38.1 (2011): 23–32; Ida Fröhlich, "Mesopotamian Elements and the Watchers Traditions," in *The Watchers in Jewish and Christian Traditions*, ed. Angela Kim Hawkins, Kelley Coblentz Bautch, and John C. Endres, S.J. (Minneapolis: Fortress, 2014), 11–24; Henryk Drawnel, "The Mesopotamian Background of the Enochic Giants and Evil Spirits," *DSD* 21.1 (2014): 14–38; J. C. Greenfield, "Apkallu," *DDD* 72–74. Kvanvig, who published one of the essays before 2010 noted above, expanded on his study in his subsequent monograph: Helge Kvanvig, *Primeval History: Babylonian, Biblical, and Enochic: An Intertextual Reading* (Leiden: Brill, 2011).

> 메소포타미아 종교에서 압칼루(수메르어로 압갈[*abgal*])은 비상한 지혜를 타고난 전설적 존재를 가리키는 용어였다. 그들의 수는 일곱이다. 그들은 홍수 이전 시대의 문화 영웅이었다. (…) '스물한 가지 치료법'(Twenty-one Poultices)이라는 신화에서 "압수의 7인의 압칼루"라고도 불렸던 "에리두의 7인의 압칼루"는 에아(Ea[Enki])를 섬겼다. (…) 홍수 이전 시대의 다양한 지혜 전승은 압칼루에 의해 전수된 것으로 알려져 있다. (…) 강 속에서 지음 받은 이 7인의 현자들은 "하늘과 땅의 계획이 바르게 이행되도록 일하는 자"였다. 압칼루는 에아 신의 본을 따라 인류에게 지혜와 사회 관례와 기술을 가르쳤다. 저주의 주문과 마법, 치료법 같은 여타의 '지혜' 범주를 다룬 본문들의 저자가 바로 이 7인의 압칼루다.[16]

그린필드의 소개글을 통해 우리는 압칼루가 인류에게 저주와 마술을 비롯한 구체적인 지식을 가르친 신적 존재였음을 알게 된다. 우리는 앞 장에서 인류가 "천사의 모든 비밀에 관한 지식을 습득"(에녹1서 65:6)했기에 홍수 심판이 임했다고 노아가 개탄한 맥락에서 그가 순찰자의 우두머리를 '사탄'이라고 칭했음을 보았다. 후에 이 논점으로 되돌아가겠지만 당장은 이것이 순찰자들과 창세기 6:1-4의 하나님의 타락한 아들들과 압칼루 사이의 최초의 연결고리라고만 해 두자.

아울러 그린필드는 7인의 압칼루가 메소포타미아 사고에서 원시

16. Greenfield, "Apkallu," 72.

의 깊은 곳이나 지하세계(또는 사후세계 무저갱)인 "강"(the river)에서 창조되었음을 주목한다. 이스라엘 사고에서 이 우주론적 입지가 가지는 연관성을 생각할 때 이는 창세기 기자에게 긍정적이거나 중립적 발상이 아니었음이 분명하다. 애너스의 글이다.

> 메소포타미아 문헌에서 압수(Apsu)는 종종 지하세계와 혼동된다. 이는 단순한 혼동에 기인한 것이거나 압수 자체가 심술궂은 영들이 거하는 음부라고 생각한 이들이 있었기 때문이라는 증거가 있다. 두 번째 선택지가 더 가능성 있어 보이는 이유는 많은 문학적 참고 자료가 지하세계의 신적 존재들과 귀신들의 소재지로 압수를 지목했기 때문이다.[17]

그린필드는 압칼루에 대해 "문화 영웅"이라는 표현을 썼다. 이 표현은 (메소포타미아인들에게) 압칼루가 자신들의 문명을 위대하게 만들어준 주역이라는 발상을 전한다. 크반비히가 고찰하듯 압칼루는 "이 땅에 문명과 예술을 가져다준 문화 영웅들"이었으며 "이후 세대는 어떤 새로운 것도 발명하지 못한 채 그저 원조 계시를 전달하고 실행했을 뿐이다."[18] 이 신념으로 말미암아 메소포타미아 문화의 지식인층인 메소포타미아 서기관들은 "대홍수 이전 인물들이 자신들의 물리적

---

17. Annus, "Origin of the Watchers," 302. See also Wayne Horowitz, *Mesopotamian Cosmic Geography* (Winona Lake, IN: Eisenbrauns, 1998), 342–43.

18. Kvanvig, *Roots of Apocalyptic*, 201.

조상으로서 자신들과 동등한 존재임"[19]을 정립하고자 노력했다. 서기관들은 이런 연결고리를 정립함으로써 자신들이 한때 신의 전유물이었던 지식의 소유자라고 내세울 수 있었고, 그렇게 함으로써 자신들의 지위와 권력과 영향력에 정당성을 부여했다.[20]

이런 메소포타미아의 신학적 선전 선동은 현 연구에 중요한 의미를 가진다. 바벨론 서기관들의 전승에는 홍수 이전 7대 왕 엔메두란키(Enmeduranki)가 신들로부터 신성한 지식을 전수받았다는 주장이 수록되어 있다. 학자들은 수메르의 왕 계보와 창세기 4-5장 족보의 유사성에 착안해, 성경에 나오는 홍수 이전 7대 가부장이 에녹이었다고 고찰한다(창 5:23-24).[21] 에녹은 아담의 7대손으로서 (유 14장) 땅에서 천상으로 들리운 자였다. 이 상응점이 제2성전기 유대 외경 문헌에서 에녹의 권위를 뒷받침하는 근거가 되었다. 아담의 7대손 에녹은 신들의 지식에 접근성을 가진 자였다.

압칼루는 인류가 홍수 이전에 신들로부터 입수한 지식이 대범람 가운데서도 명맥을 유지하도록 보존한 결정적 공로자였다. 메소포타

---

19. Annus, "Origin of the Watchers," 295.

20. 이런 주장에 관해선 다음을 참조하라. Alan Lenzi, *Secrecy and the Gods: Secret Knowledge in Ancient Mesopotamia and Biblical Israel* (Helsinki: The Neo-Assyrian Text Corpus Project, 2008).

21. Annus, "Origin of the Watchers," 278. 복잡한 사안인 성경의 에녹과 엔메두란키의 관계에 관해 Annus는 두 가지 주요 연구를 주목한다. James C. VanderKam, *Enoch and the Growth of an Apocalyptic Tradition* (Washington, DC: Catholic Biblical Association of America, 1984); Helge S. Kvanvig, *Roots of Apocalyptic: The Mesopotamian Background of the Enoch Figure and of the Son of Man* (Neukirchen-Vluyn: Neukirchener Verlag, 1988).

미아인은 그들 문명(그러므로 그들 자신의 위대함)의 정수로 드러난 지식의 보고가 "총체적으로 압칼루의 지혜로 귀속된다고 보았다."[22] 렌지의 설명이다.

> 학식 있는 서기관은 모든 서기관이 선대로부터 본문을 전수받는 것과 같은 방식으로, 그러니까 다른 서기관으로부터 사본을 계승받는 방식으로 은밀한 본문을 전수받았다. 그러나 어떻게 '신들로부터' 사본을 물려받을 수 있었을까? 이 대목에서 에아(Ea) 신과의 연관성이 학자들이 전수 메커니즘을 제시하여 비밀 문서의 존재를 정립하는 데 보탬이 되었다. 에아 신은 아주 초기부터 홍수 이전에 살았던 압칼루라고 불린 신화적 일곱 현자와 연관성을 가졌다. 학자들은 자신들의 길드 구성원들이 고대 압칼루가 누렸던 지위의 전문적 계승자가 되었다는 신화를 만들어냈다.[23]

메소포타미아 서기관들은 자신들의 지위를 선전하기 위해 자신들의 저술에 압칼루의 이름을 따라 제목을 붙였다. 메소포타미아의 천문학/점성술에 관한 프란체스카 로크버그의 글이다.

---

22. Ibid. 289. 이 주제에 관해선 다음의 monograph을 참조하라. William Hallo, *Origins: The Ancient Near Eastern Background of Some Modern Western Institutions* (Leiden: Brill, 1996).

23. Lenzi, *Secrecy and the Gods*, 106-7.

이는 식자층의 설형문자 전승 속 점성술, 별자리 운세, 천문학을 아우르는 메소포타미아 서기관들의 지식의 뿌리에 대한 규명이다. 그리고 이런 식으로 지식, 즉, 체계화되고 일정 정도 성문화된 지식 요소를 규명하는 것은 그 원천이 홍수 이전의 신들이라는 주장과 결합되었다.[24]

그러나 에녹(메소포타미아인에겐 엔메두란키)은 홍수 이전 시대의 인물이었다. 다양한 메소포타미아 홍수 전승을 통해 만신전의 높은 신들이 시끄럽고 성가신 존재인 인간을 벌하고자 홍수를 내렸음을 아는 독자들이 많을 것이다. 길가메쉬 서사시의 홍수 이야기에선 메소포타미아의 에아 신이 웃나피쉬팀이라는 남자에게 신들이 슈루팍이라는 도시를 멸할 계획을 가지고 있다고 경고한다. 에아 신은 남자의 꿈에 나타나 경고하며 배를 만들라고 지시한다.

웃나피쉬팀은 이웃에게 위험을 경고하지 말고 오히려 이웃이 배의 용도에 관해 물어오면 속여넘기라는 지시를 받는다. 그는 배에 "온갖 생명의 씨"와 일가족, 친인척, 숙련된 기술자, 짐승을 태워야 했다. 그들은 모든 신이 "개처럼 웅크린"(XI 115) 7일간의 태풍이 임할 때 승선했다. 선체가 니시르산에 안착한 지 7일째 되던 날, 웃나피쉬팀은 비둘기, 제비, 까마귀 한마리씩을 배 밖으로 보냈다. 까마귀는 돌아오지 않았다. 그가 배에서 나와 희생제를 드릴 때 "달콤한 향내를 맡은" 신들

---

24. Francesca Rochberg, *The Heavenly Writing: Divination, Horoscopy, and Astronomy in Mesopotamian Culture* (Cambridge: Cambridge University Press, 2004), 17.

이 주변에 “파리 떼처럼” 몰려들었다(XI 161). 엔릴은 살아 남은 인간이 있다는 사실에 분노했으나 다른 신들이 그를 구슬렀다. 웃나피쉬팀과 그 아내는 영생을 받았다.[25]

몇몇 메소포타미아판 홍수 이야기가 있다. 또다른 이야기의 주인공은 아트라하시스(Atrahasis) 또는 지우수드라(Ziusudra)로 알려져 있다. 1956년 메기도에서 출토된 길가메쉬 서사시의 파편은 가나안 사람들이 메소포타미아 홍수 이야기를 알고 있었음을 시사한다.[26]

홍수 이후 시대를 살았던 메소포타미아 서기관들은 어떻게 이런 대홍수라는 멸망 사건 와중에 압칼루의 지식을 전수받았다는 주장을 할 수 있었을까? 우룩에서 발견된 설형문자 서판이 답을 제공한다.[27] 서판에는 홍수 이전에 살았던 일곱 왕이 열거되어 있다. 각각의 왕 이름 옆에는 왕을 도왔던 압칼루 이름이 나란히 등장한다. 이 신령한 자들(또는 ‘신성한 현자들’)은 문명을 고취하고 유지하기 위해 지식을 제공하는 자문관으로 각 왕에게 배정되었다. 다음은 홍수 이전 왕과 그들에게 자문을 제공한 압칼루 스승의 목록이다.[28]

---

25. Lewis, Flood, 799, 인용문 속(그리고 아래의 다른) 로마 숫자는 길가메쉬 서사시의 서판 번호에 상응한다.

26. Ibid.

27. 이 서판(W. 20030, 7)은 바벨론 시대 한참 후인 셀레우코스 시대의 것이다. 그럼에도 다른 설형문자 자료 속 압칼루 연구를 통해 확인된 바는 이 서판에 수록된 발상들과 이름들이 서판의 연대보다 훨씬 유구한 역사를 가지고 있다는 것이다. 참조, Lenzi, *Secrecy and the Gods*, 107-8.

28. 철자법의 출처는 Kilmer, “Mesopotamian Counterparts,” 40, 그리고 Seth L. Sanders,

(압칼루)우아나 - 아이알루 왕

(압칼루)우아네두가 - 알라가르 왕

(압칼루)엔메두가 - 아메루아나 왕

(압칼루)엔메갈라마 - 아메갈라나 왕

(압칼루)엔메불루가 - 엔메우숨갈라나 왕

(압칼루)아넨릴다 - 두무지 왕

(압칼루)우투압주 -엔메두란키 왕

홍수 이후 네 명의 압칼루는 메소포타미아 본문에도 등장한다.[29] 네 명의 '홍수 이후' 압칼루가 "인간 후손"이라고 묘사된 부분이 눈길을 끈다.[30] '홍수 이후' 네 번째의 압칼루는 단지 "3분의 2만 압칼루"라는 묘사도 있다.[31]

압칼루가 메소포타미아의 신성한 "문화 영웅"이었다는 그린필드의 간략한 설명을 상기해 보면, 홍수 이후 압칼루가 반신반인이었음을 알게 된다. 킬머는 동일한 결론을 도출했다. 그는 홍수 이후 압칼루

From Adapa to Enoch: Scribal Culture and Religious Vision in Judea and Babylonia (Tübingen: Mohr Siebeck, 2017), 59.

29. 이름이 거명된 네 명의 압칼루는 Nungalpiriggaldim, Piriggalnungal, Piriggalab-su, Lu-Nanna이다. Kilmer("Mesopotamian Counterparts," 40)는 네 연구를 통해 편집된 몇몇 본문을 토대로 네 압칼루 이름을 열거했다. 네 연구 중 셋은 독일어로 되어 있고 영어 연구는 Erica Reiner, "The Etiological Myth of the Seven Sages," Orientalia 30(1961):1-11이다.

30. Kilmer, "Mesopotamian Counterparts," 40-41.

31. Ibid. 41.

가 창세기 6:1-4의 네피림과 뚜렷한 연관성이 있다고 본다.

> 네 명의 홍수 이후 압칼루가 "인간의 후손"이며 그중 네 번째 압칼루는 홍수 이전 순혈 압칼루와 후대의 인간 현자들(움마누, *ummanu*)과 대조적으로 "3분의 2만 압칼루"라는 묘사가 있다. 그러므로 우리는 인간과 압칼루의 동침 가능성을 추측해 볼 수 있다.[32]

그 함의는 신적 존재인 홍수 이전 압칼루가 창세기 6:1-4에서 인간 여자들과 동침한 하나님의 아들들이라는 것이다. 우리 연구의 여러 대목에서 고찰한 바와 같이, 제2성전기 유대 문헌에서 나타나듯 반역한 하나님의 아들들의 동격은 순찰자다. 압칼루와 연관성이 있는 아카드의 본문이 압칼루와 순찰자 사이에 누가 봐도 명백한 상관관계를 제공한다는 사실은 의미심장하다.

> 메소포타미아 건물의 초석 역할을 하는 지하에 매립돼 있던 상자들 속에서 악을 쫓아내는 압칼루 인형들이 발견되었다. 제의와 관련된 본문에 의하면 순찰자를 뜻하는 마싸레(*maṣṣarē*)가 아카드의 주문에서 이 인형을 가리키는 용어였다. 이 명칭은 선한 천사들과 순찰자 둘 다 가리키는 아람어 *ʿyryn*(깨어있는 자들)에 상응한다. (…) 부적 기능을 하는 압칼루 인형을 만들라고 처방한 앗수르 본문, KAR 298은 여기서만

32. Ibid. 42.

등장하는 주문의 첫째 줄, *attunu ṣalmē alkallē maṣṣarē*(너는 압칼루 형상, 순찰자이니라, 14번째 줄)을 종종 거론한다.[33]

마찬가지로 창세기 6:1-4의 금지된 결합으로 탄생한 비범한 네피림도 홍수 이후 반신반인 압칼루와 유사하다. 성경 자료에선 네피림을 거인이자 "힘센 자"(깁보림) 또는 "유명한 자"(창 6:4)라고 묘사한다. 민수기 13:32-33에 의하면 거인 아낙 족속(르바임과 아모리라고도 불린다)은 "네피림의" 후손이었다.[34] 반신반인 압칼루와 네피림과 네피림 후손의 상관관계는 메소포타미아 문헌 속 길가메쉬에 관한 묘사로 더욱 강화된다. 원통형 토기에 새겨진 길가메쉬 서사시는 길가메쉬를 "압칼루의 주인(master)"으로 칭하여 길가메쉬와 압칼루의 연관성

---

33. Annus, "Origin of the Watchers," 283, 314–15.

34. 참조, 신 2:10-11, 20-21, 3:8-11, 비교, 신 1:4, 31:4, 암 2:9-10. 필자는 네피림의 본질과 이 용어 자체의 의미에 관해 다른 지면에서 상세하게 논했다. 참조, Heiser, Unseen Realm, 105-6, 183-91. 『보이지 않는 세계』(좋은씨앗). 다음 장에서 더 상세하게 다루겠지만 네피림/아낙/르바임은 그리스 타이탄의 성경 상대역(counterpart)이다. 이 논점을 입증한 허다한 학문적 연구가 있다. 이미 인용한 Fröhlich, Kvanvig, Melvin의 연구 외에도 다음의 자료들이 있다. Amar Annus, "Are There Greek Rephaim? On the Etymology of Greek Meropes and Titanes," *Ugarit Forschungen* 31 (1999): 13–30; Loren T. Stuckenbruck, "Giant Mythology and Demonology: From Ancient Near East to the Dead Sea Scrolls," in *Demons: The Demonology of Israelite-Jewish and Early Christian Literature in Context of Their Environment*, ed. Armin Lange, Hermann Lichtenberger, and Diethard Römheld (Tübingen: Mohr Siebeck, 2003), 31–38; Stuckenbruck, "The 'Angels' and 'Giants' of Genesis 6:1–4 in Second and Third Century BCE Jewish Interpretation: Reflections on the Posture of Early Apocalyptic Traditions," *DSD* 7.3 (2000): 354–77.

을 명확하게 드러낸다.[35] 길가메쉬는 3분의 2는 신이고 3분의 1은 인간이다. 길가메쉬는 키가 11규빗에 달하는 거인이기도 했다(골리앗 신장의 거의 두배다).[36]

압칼루 이야기에 창세기 6:1-4의 모든 요소가 담겨 있음을 어렵지 않게 파악할 수 있다. 홍수 이전 신적 존재들이 인간 여자들과 동침했다. 그들의 소생은 신세대 문화 영웅이었다(창세기 6:4의 언어로 "명성이 있는 사람들"이었다). 그들은 거인 전사들이기도 했다. 메소포타미아 종교와 대조적으로 창세기 6장의 저자는 이 에피소드를 신이 정한 경계를 넘은 끔찍한 사건으로 그린다. 우리는 이제 창세기 저자의 신학적 논점을 상세히 살펴볼 것이다. 그 전에 창세기 6장, 제2성전기 유대 본문, 신약과 직접적 연관성이 있는 압칼루 자료를 더 검토해야 한다.

심판 받는 압칼루

홍수 이전 압칼루의 지식 덕분에 메소포타미아 문명이 보존되고 꽃피울 수 있었다. 그러므로 메소포타미아인들은 홍수 이전 압칼루를 매

35. Greenfield, "Apkallu," 73.

36. Annus, "Origin of the Watchers,"283, 296. 최근까지만 해도 길가메쉬의 11규빗 신장은 Standard Babylonian version of the Gilgamesh Epic(I 52-58)의 불확실한 판독에 근거한 것이었는데, 우가릿에서 발견된 길가메쉬 서사시의 다른 서판들에 의해 확증되었다. 참조, Andrew R. George, "The Gilgameš Epic at Ugarit," *Aula Orientalis* 25 (2007): 237-54.

우 긍정적으로 바라보았다. 그러나 인류의 멸망을 원했던 높은 신들은 압칼루를 못마땅하게 여겼다. 에라 서사시(I. 142-162)에 의하면 마르둑은 범죄한 압칼루를 "홍수 이후 압수(*Apsû*)로 내려보냈고 다시는 그들이 올라오지 못하게 하라고 명했다."[37] 마르둑은 선포하길, "내가 압수 속으로 기술자들을 내려보내 다시는 그들이 올라오지 못하게 하라고 명했으니 내가 메수(*mēsu*) 나무와 엘메수(*elmešu*) 돌의 위치를 바꾸고 누구에게도 보여주지 않았노라."[38]

스쳐가듯 말한 "메수 나무와 엘메수 돌의 위치"를 바꾸었다는 언급은 바벨론의 높은 신 마르둑이 압칼루가 이 나무와 돌 둘 다에 접근하지 못하도록 방책을 마련했다는 얘기다. 애너스는 이 의미를 이렇게 설명한다.

> 나무와 돌의 위치 변경은 마르둑이 홍수 때 현자를 압수로 내려보낸 맥락 속에서 "메수 나무와 엘메수 돌의 위치를 바꾸었다"는 에라 서사시의 모티프다(I 147-48). 두 번째 꿈에서 나무와 보석이 있는 정원은 길가메쉬 서사시(IX 173-90)에서 영웅적 여정의 끝에 있는 보석과 원석 열매가 달린 수목 정원에 비교할 수 있다.[39]

엘메수라는 돌은 유사-신화적 특성을 가진 귀금속 또는 원석이었

---

37. Annus, "Origin of the Watchers," 282.
38. Ibid. 309.
39. Ibid. 310.

다.[40] 메수 나무는 지상의 가장 낮은 곳으로부터 하늘까지 닿는 우주론적 나무였다.[41] 에스겔서 학자들은 두 사물 모두 신적 거처의 우주 지형론적 특징이라고 인식한다.[42] 여기서 소통하려는 발상은 압칼루가 그들의 범죄로 말미암아 마르둑과 그의 거처에 접근 금지를 당했다는 것이다.

창세기의 홍수 이야기에는 타락한 천상의 하나님의 아들들이 타락의 결과로 하나님께 접근 금지를 당했다는 발상이 없다. 그런데 신약의 베드로서와 유다서는 매우 명료한 용어로 이 발상을 제시한다. 베드로후서 2:4은 하나님이 범죄한 천사들을 그냥 내버려두지 않으시고 종말의 심판 때까지 "지옥[타르타루스]에 던져"버리셨다고 한다[43]. 유다서 6절은 이 천사들에 대해 매우 흡사한 언어로 "자기 지위를 지키지 아니하고 자기 처소를 떠난 천사들"을 심판날까지 "영원한 결박으로 흑암에 가두셨"다고 묘사한다. "타르타루스에 던져" 버리셨다는 표현은 동사 레마 타르타루(*tartaroō*)를 번역한 것이다. 이 레마는 그리스 고전의 타이탄 이야기에서 반역자 타이탄의 종착지였다. 타이탄 이야기가 압칼루 이야기와 창세기 6:1-4에 깊이 뿌리 내리고 밀접한

---

40. Daniel Bodi, *The Book of Ezekiel and the Poem of Erra* (Göttingen: Vandenhoeck & Ruprecht, 1991), 92–94.

41. Horowitz, *Mesopotamian Cosmic Geography,* 245.

42. Wyatt, *Space and Time in the Religious Life of the Near East, 147–82; Clifford, The Cosmic Mountain in Canaan and the Old Testament.*

43. 우리는 다음 장에서 제2성전기의 홍수 이야기 재기술이 압칼루에게 언도된 형과 순찰자에게 내려진 심판과 명백한 평행을 이룬다는 점을 살펴볼 것이다.

상관관계가 있음은 익히 알려진 사실이다.[44] 그곳에서 타이탄은 "안개 낀 흑암 아래 숨었고… 포세이돈이 그 위를 놋문으로 고정시켜 타이탄이 빠져나오지 못하게 한다."[45]

우리의 목적에 부합한 대목은 무저갱으로 던져진 타락한 신적 존재들이 귀신의 활동과 연관성을 가지게 되었다는 것이다. 물론 이 무저갱이야말로 우리가 악한 영을 발견하길 기대함직한 곳이다. 압칼루가 거인과도 관련 있다는 점은 지하세계 속 르바임의 존재에 우리의 이목을 집중시킨다. 르바임의 죄목은 인간의 유익을 위해 신성한 지식을 보존했다는 것이다.

우리는 다음 장에서 이 모든 논점을 자세히 들여다볼 것이다. 각

---

44. G. Mussies, "Titans," *DDD* 872–74; Mussies, "Giants," *DDD* 343–45; David M. Johnson, "Hesiod's Descriptions of Tartarus (*Theogony* 721–819)," *The Phoenix* 53.1–2 (1999): 8–28; J. Daryl Charles, "The Angels under Reserve in 2 Peter and Jude," *BBR* 15.1 (2005): 39–48; Bradly S. Billings, " 'The Angels Who Sinned … He Cast into Tartarus' (2 Pet 2:4): Its Ancient Meaning and Present Relevance," *Expository Times* 119.11 (2008): 532–37; Birger A. Pearson, "A Reminiscence of Classical Myth at II Peter 2.4," *Greek, Roman, and Byzantine Studies* 10 (1969): 71–80; Jan N. Bremmer, "Greek Fallen Angels: Kronos and the Titans," in *Greek Religion and Culture, the Bible, and the Ancient Near East* (Leiden: Brill, 2008), 73–99. M. L. West는 타이탄과 그 반역의 주요 출처인 그리스 작가 헤시오도스의 작품이 "타르타루스를 하데스보다 훨씬 아래에 배치했다. (…) 타이탄은 땅 저 아래의 타르타루스에 결박되었다"고 고찰했다. 참조, West, *East Face of the Helicon*, 139, 297.

45. Carolina López-Ruiz, *When the Gods Were Born: Greek Cosmogonies and the Near East* (Cambridge, MA: Harvard University Press, 2010), 113. 로페즈-루이즈의 연구 109-25쪽은 타이탄 saga와 우가릿 자료의 관계를 상술한다. 후자와 히브리어 성경 속 신들의 회의와 "하나님의 아들들"과의 관계 역시 잘 알려져 있다. 참조, Richard A. Parker, "Son of (the) God(s)," *DDD* 794–99; Michael S. Heiser, "Divine Council," *DOTWPW* 112–16.

논점은 압칼루 순찰자의 행위가 신의 질서를 교란했다고 본 제2성전기 유대 저자들에 의해 작품화되었다. 애너스가 고찰하듯 "메소포타미아의 압칼루는 '하나님의 아들들'로, 그 아들들은 후대 에녹 문헌에서 홍수 이전 순찰자, 거인, 인류의 불법적 스승으로 출현한 네피림(창 6:3-4)으로 악마시되었다(에녹1서 6-8)."[46]

논쟁의 과녁

우리는 메소포타미아의 압칼루 이야기가 창세기 6:1-4의 각 요소에 대해 설명을 제공한다는 판단을 피해갈 수 없다. 이 적나라한 상관관계를 해명하지 못하는 창세기 6:1-4 해석은 그 어떤 것도 옳다고 할 수 없다. 압칼루 서사시에는 어째서 창세기 6:1-4이 창세기 책에 수록되어 있는지, 우리가 오랫동안 찾아헤매던 근거가 있다. 그 목적은 셋의 경건한 인간 계보에 관해 알려주기 위함이 아니었다. 신격화된 왕들의 하렘 소유에 반감을 표하기 위함도 아니었다. 창세기 6:1-4이 거룩한 성경에 포함된 이유는 창세기 저자가 메소포타미아 신학과 바벨론 우월성의 신화를 정조준했기 때문이다.

압칼루는 메소포타미아 문명이 명맥을 이어가고 인류가 홍수 재앙에서 회복하도록 지식을 보존했고, 이로써 마르둑과 그 공회의 소원

46. Annus, "Origin of the Watchers," 282, 289.

을 저해했다. 홍수 이후 압칼루 전사/현자들은 찬란한 바벨론 문명의 주역이었다. 그런데 창세기 저자의 시선은 달랐다. 창세기 6:1-4에서 하나님의 아들들이 경계를 넘은 범죄로 말미암아 결국 가나안 약속의 땅 정복에 최대 위협이 된 네피림과 네피림의 후손인 거인 족속이 출생했다. 요단강 양편의 아낙과 거인 족속을 네피림과 연결시킨 것은 이 논점을 명료하게 전달하기 위함이었다(민 13:32-33, 신 2-3).[47] 훗날 에녹1서의 저자가 표현했듯 동침의 죄는 본질적으로 창조자 행세를 한 데 있었다. 즉, 그들의 형상을 담지할 생명체를 스스로 창조했다는 얘기다. 에녹1서 68:4-5에는 범죄한 하나님의 아들들을 벌하고자 파견된 대천사들의 회동 장면이 나온다.

> 그후 그들이 영들의 주 앞에 섰을 때 미가엘이 라파엘에게 말하길 그들은 여호와의 목전에서 번성하지 못할 것이라 그들은 여호와의 형상을 만들어 영들의 주와 다투었노라 그러므로 감추어진 모든 것이 세세토록 그들 위에 임할 것이라 어떤 천사나 사람도 그 자리에 가선 안 될 것이라 (그리하여) 오직 그 (악한 자들)만이 세세토록 자신에게 내려진 심판을 받을지어다.[48]

그러나 하나님의 아들들의 패역은 여호와의 자녀인 이스라엘 백성

---

47. 어떻게 가나안 정복 기술이 거인 족속의 제거를 지향했는지에 관해선 참조, Heiser, *Unseen Realm*, 183-214을 보라. 『보이지 않는 세계』(좋은씨앗).

48. *OTP*, 1:47.

에게 치명적 위협을 가한 것 이상의 결과를 초래했다. 구약에 의하면 거인 족속의 계보는 다윗 시대에 종식되었다. 그 이래로 제2성전기 유대인은 바벨론의 '압칼루 신학'에 맞서기 위해 창세기 6:1-4 논쟁의 두 가지 다른 측면에 천착했다. 우리는 본 연구를 통해 네피림과 그 후손의 죽음이 귀신의 기원에 대한 설명이 된다는 첫 번째 측면은 이미 살펴보았다. 두 번째 측면은 제2성전기 저자들이 금단의 신적 지식을 인류에 나눠준 것이 인간 타락상을 초래했다는 관점이다. 압칼루라는 참조적 틀(frame)이 없었던 현대 주석가들과 달리 고대의 유대 독자는 왜 창세기 6:1-4에서 하나님의 아들들의 패역을 기술한 직후 창세기 6:5이 등장했는지를 간파했을 것이다.

> 여호와께서 사람의 죄악이 세상에 관영함과 그 마음의 생각의 모든 계획이 항상 악할 뿐임을 보시고.

왜 창세기 저자는 하나님의 아들들의 패역을 인간의 악과 연결지으려 했을까? 왜 그들은 거인의 죽음으로 귀신이 탄생했다고 생각했을까? 이 신념들과 구약과의 연결점은 반드시 창세기 6:1-4 이면에 도사리고 있는 압칼루 논쟁에 비추어 보아야만 이해할 수 있다. 이제 흑암 권세에 관한 고대 유대 신학의 두 가지 논점을 살펴보자.

6장.
제2성전기 유대교 속 반역과 귀신

구약 스토리 라인 중 신적 존재들의 2차 반역에 대한 고대 원맥락을 살펴봤으니 이젠 제2성전기와 신약의 기자들이 그 반역을 어떻게 소화했는지를 이해할 준비가 되었다.[1] 우리는 창세기 6:1-4와 메소포타미아 압칼루 이야기 사이의 대응관계를 논하며 쿰란의 〈거인서〉 같은 제2성전기 유대 본문들이 메소포타미아 본문에서 영향을 받았음을 간략하게 고찰했다. 이번 장에선 앞으로 검토할 신약의 귀신 신학의 서두격으로 이 상관관계를 더 깊이 파고들 계획이다.

필자가 앞 장 끝머리에서 고찰한 바와 같이, 고대의 유대 저자들과 제2성전기 독자들은 창세기 6:1-4과 그 이면의 메소포타미아 이야기를 귀신의 기원에 대한 설명으로 보았다. 성경 저자들은 (바벨론인들이

1. 제2성전기 저자들이 창 6:1-4을 신적 존재들의 반역으로 읽었다는 점은 반박불가하다. 아래의 상세한 논의 참조, Wright, *The Origin of Evil Spirits*, 138-65.

보기엔) '영웅적'인 압칼루의 행위를 '패역'으로 보았다. 이에 관한 아마르 애너스의 고찰이다.

> 메소포타미아의 압칼루는 "하나님의 아들들"과 그 소생인 네피림(창 6:3-4)으로 악마시되었다. 이들은 후대 에녹 문헌에서 순찰자와 거인, 홍수 이전 인류의 불법적 스승으로 등장한다(에녹1서 6-8 참조). (…) 다양한 메소포타미아 과학과 기술이 홍수 이전 압칼루로부터 발원했다는 이념적 관념 덕분에 에녹과 순찰자 모두 홍수 이전 시기의 가르치는 능력자로 그려졌다. (…) 비교해 보면 순찰자서 8.1은 인류에게 금지된 최초의 예술 목록을 열거한다(이 목록의 주를 이루는 것이 유용한 세공 기술이다). 금단의 비밀 계시를 범죄시한 이유는 이 계시가 음란과 폭력을 부추겼기 때문이었다.[2]

이를 해석적 비약으로 여길 수도 있다. 하지만 그건 (신약 시대와 신약 이전 세대들이 읽었던) 제2성전기 유대 문헌에 익숙치 않은 현대 독자의 시선으로 봐서 그렇다.[3] 고대인이 창세기 6:1-4에서 본 것을 우

---

2. Annus, "Origin of the Watchers," 282, 289.

3. 성경 기자들이 제2성전기 자료를 기피했다는 관념은 크게 잘못되었다. 성경 기자들이 외경과 위경의 책에서 자료를 끌어온 소수의 사례가 있으며 신약 기자들은 수십 차례에 걸쳐 이 책들의 내용을 인유했다(참조 Heiser, *Reversing Hermon*, 203-56 [Appendix IV: "New Testament Allusions to Books of the Pseudepigrapha"]) 외경과 신약의 관계에 관해 드실바가 쓴 글이다. "비록 외경의 어떤 책도 외경이라고 대놓고 인용하거나 밝힌 적은 없지만 재맥락화와 재구성의 풍성한 사례들이 있다. 즉, 신약 저자들은 외경의 표현과 논증을 그들의 새로운 텍스트에 씨줄과 날줄로 끼워넣었다. 아울러 신약 저자들은 외경 본문에 수록된 사건과 이야기를 인유하기도 했다. paraphrase라는 단어가 그 관계

리도 보려면, 그리고 어떻게 고대인의 고찰이 압칼루 맥락과 통하는지를 이해하려면, 창세기 6:1-4에 대한 가장 상세한 재기술로부터 출발해야 한다.

에녹1서의 순찰자 이야기

앞 장에서 우리는 압칼루 인형이 아카드어로 마싸레(순찰자)임을 보았다. 따라서 (바벨론 배경의) 다니엘서에 이 용어의 아람 대응어인 이르(*ʿîr*)가 나온 것은 그리 놀랄 일이 못 된다(단 4:13, 17, 23). '이르'의 동격 수식어가 "거룩한 자"(단 4:13, 23)인데, 이는 '순찰자'(하나님의 아들들 중 하나이자 천군의 일원)의 기본개념이 악한 신적 존재가 아님을 분명히 보여준다.[4]

'순찰자'는 '하나님의 아들들' 이야기를 재기술한 제2성전기 문헌에 자주 선택된 단어였다. 순찰(watching)의 의미와 아람어 '이르'의 가능한 어원학적 기원과 관련하여 니켈스버그는 '순찰자'가 '깨어 있다, 유심히 살피다'를 뜻하는 어근에서 파생했을 가능성이 크다고 고

에 대한 적합한 묘사가 될 것이다"(deSilva, *Introducing the Apocrypha*, 22). 드실바는 이 진술 후 신약에서 이런 재맥락화가 일어난 몇몇 명확한 사례를 제시한다(Ibid. 23-25).

4. ESV는 아람어 표현 *ʿîr wĕqaddîš*를 "순찰자와 거룩한 자"가 아닌 "순찰자, 거룩한 자"로 올바르게 옮겼다. 이 표현을 둘러싼 맥락은 바브(*waw*) 접속사가 동격 관계를 창출한다는 이해를 방증한다(본 구절에서 다니엘과 대화하는 이는 단 '하나'의 천상 존재이며 이 천상의 존재가 말할 때 저자는 단수형 분사를 사용한다).

찰한다.

> 이런 해석은 [에녹1서] 39:12, 13, 40:2, 61:12, 7:17("잠자지 않는 자" *'ella 'iyenawwemu*) 저변에 깔려 있으며 14:23에도 나타난다고 말할 수 있다. 두 사례 모두에서 이 천상의 존재들은 24시간 하나님을 보좌하는 임무를 수행한다(그 일이 하나님을 찬양하는 일이든 어전에서 경호하는 역할이든 말이다).[5]

학자들은 에녹1서 1-36장에 '순찰자'라는 제목을 붙였다. 이 제목은 에녹1서의 홍수와 가까운 과거 및 미래 사건의 재기술에서 순찰자가 큰 비중을 차지한다는 점을 부각시킨다. 그 중에서도 6-16장이 우리의 당면 연구에 각별한 중요성을 가진다. 콜린스가 묘사한 이야기의 흐름이다.

> 6-16장에서 저자는 두 이야기를 하나로 엮은 듯한 순찰자 이야기를 들려준다. 첫 번째 이야기에서 타락한 천사들을 이끄는 우두머리는 이름이 아사엘이며(에디오피아 본문에선 아사셀) 그의 가장 큰 죄는 부적절한 계시다. 또다른 이야기의 우두머리는 쉐미하자인데, 그의 가장 큰 죄는 인간과 결혼하여 거인을 출산한 것이다. (…) 순찰자들은 인간

---

5. Nickelsburg, *1 Enoch 1*, 140. Nickelsburg의 보좌 수호 관념은 원조 반역자가 보좌의 수호자였다는 묘사와 에녹1서와 여타 제2성전기 저자들이 사탄을 순찰자의 우두머리와 종종 연관지었던 경향과 연계되어 즉각 이목을 집중시킨다.

여자와의 결합으로 지상에 거인을 배출한다. 이 거인들로부터 인류를 미혹하는 악한 영이 발원한다(에녹1서 15:11-12, 이 모티프를 한층 발전시킨 것이 희년서다). 단기적 차원에서 순찰자로 인한 위기는 하나님이 땅을 청소하고자 홍수를 보내셨을 때 해소된다.[6]

콜린스의 논평이 시사하듯 에녹1서에 묘사된 순찰자들의 죄는 창세기 6:1-4을 확대발전시킨 것이다. 그런데 독자들은 확대주의적 자료가 모두 작위적이라고 단정해선 안 된다. 차차 보겠지만, 그 중 상당 부분은 압칼루 이야기의 영향을 받았다. 이를 판별하려면 여기서 관련 장들을 일부 읽어야 한다.[7]

> 6:1) 그 무렵 사람의 자손의 수가 계속 늘어나 아리따운 딸들이 태어났으니 2) 순찰자들 즉, 하늘의 아들들이 그들을 보고 탐하였더라 순찰자들이 서로 이르길 자, 저 사람의 딸들 중 각자 아내를 택하여 자식을 낳자 3) 그들 중 우두머리인 쉐미하자가 말하길 어쩌면 너희들은 이 일

6. J. J. Collins, "Enoch, Books of," *DNTB* 314. 아담의 죄에 관한 마지막 논평은 이 책에서 몇몇 장에 걸쳐 탐구할 대상이다. 짐작이 가겠지만 이 관점은 특정 신약 구절의 해석에 영향을 미친다. 아울러 다음을 참조하라. Kevin Sullivan, "The Watchers Traditions in 1 Enoch 6–16: The Fall of the Angels and the Rise of Demons," in *The Watchers in Jewish and Christian Traditions*, ed. Angela Kim Harkins, Kelley Coblentz Bautch, and John C. Endres, S. J. (Minneapolis: Fortress, 2014), 91–106.

7. 여기에 실린 에녹1서 6–8장 번역은 Nickelsburg, *1 Enoch*(174, 182, 188)이다. 필자는 편의상 재구성된 단어들과 이름에 대해 [꺾음 괄호]를 생략하기로 했다. 아울러 필자는 순찰자 이름에 대한 대안적 철자법과, 동일한 범죄를 묘사한 에녹1서의 다른 본문에 등장하는 대안적 이름을 사용하기도 했다.

을 하길 원치 않는데 나 혼자만 큰 죄를 지을까 두렵노라[8] 4) 그들이 하나같이 대답하길 다같이 맹세하고 저주를 걸어 이 일을 완수할 때까지는 아무도 이 계획에서 돌이키지 못하게 하자 5) 그리하여 그들이 모두 맹세하고 돌이키는 자에겐 저주가 임하게 하였더라 6) 야레데의 시대에 헤르몬산 꼭대기에 강림한 자들이 모두 이백 명이더라 그 산을 헤르몬[9]으로 명명한 것은 거기에서 배반하는 자를 저주한다는 맹세를 한 까닭이라[10] 7) 우두머리의 이름은 이러하니 으뜸은 쉐미하자요, 둘째는 아르테코프, 셋째는 레마쉘, 네째는 코카벨, 다섯째는 아르무마헬, 여섯째는 라멜, 일곱째는 다니엘, 여덟째는 지켈, 아홉째는 바라켈, 열째는 아사엘, 열한째는 헤르마니, 열두째는 마타렐, 열셋째는 아나넬, 열네째는 세타웰, 열다섯째는 삼쉬엘, 열여섯째는 샤리엘, 열일곱째는 툼미엘, 열여덟째는 투리엘, 열아홉째는 야미엘, 스물째는 예하디엘이더라 8) 이들은 십부장이더라.

---

8. 이 묘사는 에디오피아 본문에는 있지만 일부 헬라어 필사본에는 없다.

9. 에디오피아 본문에서 헤르몬산을 직접 언급한 부분은 부식되었다. 그 진위성은 사해 두루마리 중 아람어 에녹1서 자료(4QEn의 첫 여섯 단어)와 일부 헬라어 필사본에 의해 입증되었다.

10. 히브리어에서(그리고 아람어에서) 헤르몬(*ḥermōn*)은 (동사로) "멸하기로 작정하다"를 뜻하며 (명사로는) "멸하기로 작정된 [것]"을 뜻한다. 이 용어는 성경의 정복 기술에서 두드러지게 부각된다. 참조, Heiser, *Unseen Realm*, 183-214. 『보이지 않는 세계』(좋은씨앗). Nickelsburg는 이 언어 유희가 "히브리어와 아람어 모두에서 가능한 헤르몬산(참조, 창 4:17, 28:10-19, 31:46-49)이라는 이름에 대한 노골적이고도 전형적인 어원활용이다"라면서 이는 "순찰자들(동사 **חרם** 참조 4QEn[a] 1 3:3)의 상호 저주의 현장이 된 산(**חרמון**) 이름에 대한 설명이 된다. 헤르몬산 주변의 유구한 종교 활동 역사는 충분히 문서화되어 있다"고 고찰했다(Nickelsburg, *1 Enoch 1*, 177).

[7:1)] 십부장들과 다른 모든 이들이 자신을 위하여 여자를 택하여 아내로 삼았더라 그들이 여자들에게로 들어가 스스로를 더럽히기 시작했더라 또 여자들에게 마술과 주문을 가르치고 약초 뿌리와 식물 자르는 법을 보이더라 [2)] 여자들이 거대한 거인을 잉태하였더라 그 거인들이 네피림을 낳았고 네피림에게서 엘리우드가 태어났더라[11] 그들은 거인이라 거구로 자라났더라[12] [3)] 그들이 모든 사람의 아들들이 땀흘려 일한 것을 먹어치워 사람들이 그 양식을 공급하지 못하자 [4)] 거인들이 사람을 잡아먹었더라 [5)] 거인이 새와 짐승과 기어다니는 것과 물고기에

---

11. Nickelsburg가 번역용으로 정한 본문에는 거인, 네피림(*něpîlîm*), 엘리우드(Elioud), 이렇게 세 자손이 나온다. 각 집단이 후속 집단을 잉태한다. Nickelsburg의 글이다. "이 본문의 해석과 구체적으로 '거인'(*něpîlîm*)과 '강한 자'(*gibbôrîm*) 간의 관계는 오랫동안 논쟁의 대상이었다. 비록 다양한 해석이 에녹 전승 형태에 대한 지식을 반영한 것일 수 있으나 고대 해석자들 간에도 이견이 존재했다. 두 집단의 동일시는 칠십인역만큼이나 유구한 것이다. 칠십인역은 두 명사 모두 *οἱ γίγαντες*[*hoi gigantes*](거인들)로 번역한다. (…) 현대 해석자들 간에도 두 명사가 지목하는 바에 대해 이견이 분분하다. 해석은 종종 전승 역사에 대한 해석자의 이해에 달려있다. 웨스터만에 의하면 가장 큰 가능성은 현재의 창세기 본문 상태에 비추어 두 집단이 서로 동일하다고 보는 것이다"(Nickelsburg, *1 Enoch 1*, 184). Nickelsburg는 원래 두 용어가 "동일한 대상을 지목한 것이 아닌 이유는 네피림은 이름인 반면 **גברים**[*gibbôrîm*]은 어느 집단에 관한 묘사이기 때문"이라고 한 클라우스 웨스터만을 인용한다. 참조, Westermann, *A Continental Commentary: Genesis 1-11*(Minneapolis: Fortress, 1994), 378-79. 필자는 이 사안에 대해 웨스터만(과 그 동조자들)과 의견을 같이 한다. 우리의 목적(신약 해석을 위한 순찰자 이야기 정립)에 한해 보자면 이 사안은 그리 중요하지 않다. 엘리우드라는 용어는 알쏭달쏭하다(여타 대안적 해석에 관한 간략한 연구는 다음을 참조하라. Nickelsburg, *1 Enoch 1*, 185). 필자가 선호하는 해석은 이 용어가 공통의 셈어 어근인 *'-l-y*(높이 들리다, exalted)에서 유래했으며 '거만한 자들'(arrogant ones) 같은 의미라는 것이다. 참조할 사례로는 우가릿어로 *'ly*-동사: '상승하다', 또는 '공격하'다, 형용사: '높이 들린'(*DULAT* 1:160-61, s.v. "*'ly*")이 있다.

12. Nickelsburg가 선호한 본문(Syncellus 헬라어판)에는 네피림의 신장에 관한 언급이 생략되어 있다. 에디오피아 본문과 일부 헬라어 사본은 네피림의 신장이 3,000 또는 300 규빗이라고 한다. Nickelsburg의 본문은 거인들이 (인간 여자와 동침하여) 대를 이어 거인 자손을 낳았다고 하니 성교가 불가능할 정도의 신장은 어불성설이라고 본다.

대해 범죄하고 거인끼리 서로 잡아먹고 피를 마셨더라 6) 그때 땅이 이 무법한 자들을 고발하였더라(에녹1서 6:1-7:6).

이 시점까지는 창세기 6:1-4의 성경 내용을 확장한 것이 훤히 보인다. 그러나 에녹1서의 다음 장부터 저자는 창세기에 없는 내용을 끌어온다.

8:1) 아사엘이 사람에게 철로 검과 무기와 방패와 흉배와 모든 전쟁 도구 제작하는 법을 가르쳤더라 아사엘이 그들에게 땅의 금속을 보이고 금 세공법을 가르치고 은을 가지고 여인을 위한 팔찌와 장신구 만드는 법을 가르쳤더라 아사엘이 또한 그들에게 휘안석을 보여주고 눈 화장과 온갖 귀금속과 염료 염색법을 가르쳤더라 사람의 아들들이 자신과 자신의 딸들을 위하여 이 모든 것을 만드니 딸들이 거룩한 자들을 유혹하여 경계를 넘어 범죄하더라[13] 2) 땅에 경건치 못한 일이 관영하고 그 길이 황무하더라.

3) 쉐미하자가 마법의 주문과 식물 뿌리 자르는 법을 가르쳤더라

---

13. 에녹1서 8:2의 대사는 학자들이 에녹1서가 본문 자료와 전승의 종합이라고 판정내린 이유를 보여준다. Nickelsburg의 글이다. "두 번째 절에 의하면 이 여자들은 그후 거룩한 순찰자들을 유혹했다. 즉, 6-7장에 묘사된 쉐미하자와 그 동료들이 저지른 죄의 궁극적 단초는 아사엘의 지시였다. 이 발상은 6-7장에 없는 두 가지 다른 발상을 암시한다. 첫째, 범죄한 원조 천사와 여기서 말하는 악의 원저자는 쉐미하자가 아닌 아사엘이었다. 둘째, 천사들이 여자에 의해 유혹 당했다"(Nickelsburg, *1 Enoch 1*, 195).

헤르마니가 마법의 주문과 마술과 기술을 가르쳤더라
바라켈이 번갯불의 징조를 가르쳤더라
코카벨이 별의 징조를 가르쳤더라
지켈이 별똥별의 징조를 가르쳤더라
아르테코프가 땅의 징조를 가르쳤더라
샴시엘이 태양의 징조를 가르쳤더라
샤리엘이 달의 징조를 가르쳤더라
그들 모두 아내와 자녀들에게 신비를 계시하기 시작하였더라.

[4] (그리하여) 남자들이 죽어가매 원성이 하늘에 자자하더라(에녹1서 8:1-4).

에녹1서 8장의 표면적 내용은 명쾌하다. 순찰자들이 인류에게 에녹서 저자(그리고 더 넓게는 제2성전기 유대교)가 금기시한 다양한 기술과 비법을 가르쳤다. 그러나 저자가 소통하는 정서는 이교도 문화에 대한 경건한 반감 그 이상이다.

부패와 패역

위의 지식을 넓게 범주화하면 세공 기술과 전쟁, 유혹, 마술, 점술과 관련된 밀교적 기법으로 나뉘어진다. 이 지식 목록을 압칼루가 홍수 전후로 바벨론인들에게 전수한 지식과 비교해 보면, 압칼루 이야기가 단지 창세기 6:1-4에 묘사된 에피소드의 뒷배경이 아니라 창 6:5의 부패한 인류에 대한 평결의 근거임이 명확하게 드러난다. 아넷 요시코 리드의 고찰이다.

> 에녹1서 16장에 의하면 천사가 천상의 지식을 땅의 인간들에게 전수한 것은 하나님의 질서정연한 피조세계 내의 뚜렷한 구분을 오염시킨 것으로 이해할 수 있다. 천상의 거민인 순찰자들은 천상의 모든 비밀을 알고 있었다. 이 지식을 지상 거민에게 계시한 것은 명백히 구분된 영역 간 범주를 훼손한 부적절한 행동이었을 뿐 아니라 도덕적으로도 파괴적이었다.[14]

에녹1서 8장에서 묘사된 금단의 지식은 세공 기술이나 점치는 수단으로 분류된다. 둘 다 메소포타미아 서기관 신학에선 압칼루와 결부된 것이다. 여호와를 따르는 자들은 두 범주 모두가 패역과 우상숭배의 촉매가 되었다고 보았다.

메소포타미아인들은 에녹서 저자가 지적한 '세공' 기술이 압칼루로부터 직접 전수받은 것이기에 비밀로 간직해야 한다고 생각했다.[15] 경이로운 바벨론 문명의 총화인 이 지식의 보고는 안전하게 지켜야

---

14. Annette Yoshiko Reed, *Fallen Angels and the History of Judaism and Christianity* (Cambridge: Cambridge University Press, 2005), 46.

15. Lenzi, *Secrecy and the Gods*, 140–62. Lenzi는 몇 가지 일차 본문(설형 서판)을 통해 이 논점을 예시한다. 아울러 다음을 참조하라. Annus, "Origins of the Watchers," 289.

할 대상이었다. 한편 에녹1서 저자는 압칼루의 지식이 파괴적이며 본원적으로 악하다고 보았다. 메소포타미아 비문에 돌이나 금속 세공 등 특정 기술은 해당 기술을 주관하는 신으로부터 내려온 것이라고 명백히 밝히고 있기 때문이다.

일부 학자들은 메소포타미아 "장인(craftsmen)의 지식"과 압칼루 현자들과 에녹서 순찰자 간의 관계를 주목했다. 가령 드로넬은 에녹1서에 묘사된 순찰자들과 후기 바벨론 신전의 장인 간의 조직, 지식, 활동의 평행성을 주목한다.[16]

우리는 바벨론 경제, 군사, 신전(제의적) 활동과의 연결점을 통해 행간 읽기를 할 수 있다. 이런 지식이 신들로부터 임했다고 믿는 바벨론인이라면 응당 이런 기술과 세속적 성공과 종교 간의 밀접한 상관관계를 기대했을 것이다. 주어진 지식은 단지 인간 문명의 촉매 역할뿐 아니라 신들을 예배하는 데에도 활용되어야 했다. 신들은 자신에게 충성하는 헌신자들에게 군사적, 경제적 성공이라는 축복으로 응답한

---

16. Henryk Drawnel, "Professional Skills of Asael (1 Enoch 8:1) and Their Mesopotamian Background," *Revue Biblique* 119.4 (2012): 518–42 (esp. 518, 538). 별개의 글에서 Drawnel은 순찰자가 제사장 계급과 장인 계급이 아닌 압칼루와 상관관계가 있다는 견해에 반대한다. "추가적으로 초기 에녹 문헌의 사회적 배경을 분석해 보면 순찰자가 신화의 압칼루를 나타낸다고 말하기 어렵다. 이런 접근은 신화로부터 저자의 현실 삶에 내린 닻을 박탈하기 때문이다." 참조, Drawnel, "Knowledge Transmission in the Context of the Watchers' Sexual Sin with the Women in 1 Enoch 6–11," The *Biblical Annals* 2.59 (2012): 123–51 (esp. 134, note 18). Annus는 그 대안은 부인하지 않는다. 즉, 이 이야기들에서 인간 장인이 전수된 지식의 수여자라는 것은 부인하지 않는다는 얘기다. 결론부터 말하면 Drawnel의 반대는 잘못되었다. 순찰자와 메소포타미아의 상관관계는 '양자택일'의 문제가 아니라 '둘 다'의 문제다. 신적 존재들과 인간 실행자 모두에 대해 상관관계를 이끌어낼 수 있다는 말이다.

다. 지식이야말로 바벨론과 그 신들의 위대함을 입증하는 요소였다.

"눈 화장과 온갖 귀금속과 염료 염색"에 관한 언급은 현대 독자들에겐 맥락과 동떨어진 것으로 느껴질 수 있다. 맥락상 이 항목들이 유혹과 관련된 것은 분명하다. 하지만 학자들이 이 용어들을 바벨론의 엘리트 식자층에게 알려진 마술/의학 지식을 가리키는 메소포타미아 단어와 성공적으로 연결시켰다는 사실은 잘 알려져 있지 않다.[17]

에녹1서가 정죄한 엘리트들의 "마술과 점술" 범주에 속한 지식 역시 메소포타미아 지식과도 상관관계가 있다. 점술의 관점에서 보면 직접적인 관계가 더 드러난다.

> 메소포타미아 제사장과 학자에겐 이 금단의 기술에 관련된 거의 모든 항목이 친숙할 것이다. "주문과 식물 뿌리 자르는 법"은 바벨론 의학(*asûtu*)과 관련이 있다. 헤르마니가 가르친 기술은 축귀술, 곧 아쉬푸투(*āšipūtu*)에 사용된 기술이다.[18] '하나님의 번개'를 뜻하는 이름인 바라켈의 전문지식은 "아닷의 징조" 곧 에누마 아누 엔릴 시리즈 중 37-49

17. Drawnel, "Professional Skills," 534–37.

18. 이 용어에 대한 Annus의 각주는 여기에 복사할 만한 가치가 있다. "아카드의 전문 용어 *āšipūtu*는 다니엘서에 빈번하게 사용된 *'špt'*의 형태로 아람어로 차용되었다. 아람어판 순찰자서 7.1에서 순찰자들은 '마술과 부적'(socery and charms)을 가르치는데, 여기서 두 번째 단어(charm)를 정확히 *'špt'*로 읽을 수 있다. (…) 메소포타미아의 마술을 반대하는 책 *Maqlû*에서 마술의 실행자는 '에리두의 7인의 현자들'이다. 참조, Annus, "Origins of the Watchers," 290, note 3. Annus cites Nickelsburg, *1 Enoch 1*, 197. 그리고 T. Abusch and D. Schwemer, "Das Abwehrzauber-Ritual Maqlû ('Verbrennung')," in *Omina*, Orakel, Rituale und Beschwörungen, ed. B. Janowski and G. Wilhelm (Gütersloh: Gütersloher Verlagshaus, 2008), 163.

번 서판의 기상학적 흉조에 관한 것이다. 별들의 흉조 시리즈 중 첫 두 단락인 "죄의 징조"(1-22 서판)와 "샤마쉬의 징조"(23-36 서판)는 순찰자서에서 삼쉬엘과 샤리엘이라는 적절한 이름의 천사들이 인류에게 가르친 것이다.[19] 코카벨이 가르친 "별들의 징조"는 행성의 흉조를 다룬 에누마 아누 엔릴의 50-70번 서판과 관련된 전승 지식이 틀림없다. (…) 마지막으로 천사 아르테코프가 가르친 "땅의 징조"는 아마도 흙점(geomancy)이 아니라 지리적 흉조 시리즈인 숨마 알루(*Šumma ālu*)와 관련 있을 것이다… 여하튼 위의 목록은 바벨론의 여러 중요한 '홍수 이전' 과학을 두루 반영하고 있으며 모든 중요한 메소포타미아 과학의 표본으로 해석할 수 있다. 만일 이 목록이 독자적 기원을 가지고 있다면, 홍수 이전 7인의 현자들에 상응하는 7인의 이름을 제시하고 있음도 시사점이 크다.[20]

결론적으로 에녹1서에서 순찰자들이 인류에게 가르친 모든 것은

19. 샴시엘(Shamsiel)은 '태양'을 뜻하는 *shamash*에 대응된다. 샤리엘(Sahriel)은 "*sahrî'ēl*, שהריאל"의 부패"이다(Nickelsburg and VanderKam, *1 Enoch* 2, 297). 이 이름의 첫 세 자음은 새벽별을 뜻하는 히브리어와 우가릿어 용어에 상응한다. 참조, S. B. Parker, "Shahar," *DDD* 754; E. *Lipiński*, "Shemesh," *DDD* 764.

20. Annus, "Origins of the Watchers," 289-91. Annus(289)는 메소포타미아 장인과 은밀한 지식에 대한 그들의 접근성에 관해 두 문헌을 인용한다. Christopher Walker and Michael B. Dick, "The Induction of the Cult Image in Ancient Mesopotamia: The Mesopotamian *mīs pî* Ritual," in *Born in Heaven, Made on Earth: The Making of the Cult Image in the Ancient Near East*, ed. Michael B. Dick (Winona Lake, IN: Eisenbrauns), 55–122; A. R. George, "Babylonian Texts from the Folios of Sydney Smith," *Revue d'assyriologie* 82 (1988): 139–62 (esp. 147, lines 19–28).

바벨론의 지식 수호자들과 연관성이 있다. 바벨론 종교와 연결된 이들은 자신의 지식을 압칼루의 공으로 돌렸다. 바벨론 제국의 역사와 특성에 친숙했던 유대인에겐 이 발상 매트릭스가 생소하지 않았을 것이다. 바벨론의 신비는 헬라 시대에 들어선 한참 후까지 위력을 떨쳤다. 고전적 선지자들(이사야, 예레미야, 에스겔)은 여호와의 백성이 유배당한 것은 바벨론 신들이나 여타 제국의 우월성 때문이 아니라는 중요한 신학적 주장을 펼치는 사역을 했다. 그 제국들은 신실하지 못한 자기 백성을 징계하는 여호와의 도구에 불과했다. 바벨론과 후속 제국과 신들은 여호와가 자신의 백성을 속량하신 후 여호와의 심판을 받을 것이다. 여호와야말로 유일한 참 하나님이시다.

그렇다면 제2성전기 유대인이었던 에녹1서 저자는 압칼루의 실체를 꿰뚫어 보았을 것이다. 인류에게 전달된 신적 지식의 합법적 원천은 오직 하나밖에 없다. 바로 만유의 창조주이신 이스라엘의 여호와였다. 따라서 개념적으로 다른 어떤 신적 존재가 인류에게 지식을 전수했다는 것은 아무리 좋게 봐도 주제넘은 행위이며 최악은 적대적 공모였다. 성경 기자는 창세기 6:1-4에서 하나님의 아들들이 네피림의 조상이 된 과정을 묘사한 후 바로 다음 절에서 "여호와께서 사람의 죄악이 세상에 관영함과 그 마음의 생각의 모든 계획이 항상 악할 뿐임을 보시"(창 6:5)었다는 결론으로 직행한다. 이 진행의 근거가 바로 메소포타미아의 압칼루 이야기다. 에덴의 원조 반역자에 의해 불씨가

점화된 인간의 패역은 새로운 반역에 의하여 거센 불길로 타올랐다.[21] 그러므로 인류가 자기파괴와 우상숭배로 전락한 것은 신적 존재인 반역자들(초자연적 지성)로부터 시작되었다.

귀신의 기원 - '악한 영'

에녹1서의 순찰자 이야기 속에 네 명의 대천사(미가엘, 샤리엘, 라파엘, 가브리엘)가 지극히 높은 자에게 땅의 관영한 범죄를 보고하는 에피소드가 나온다(에녹1서 9:1-11). 보고를 들으신 하나님은 홍수를 선포하시며(에녹1서 10:1-3) 범죄한 순찰자들을 결박해 심판날까지 무저갱에 가두라고 명하신다.

> 9) 그[하나님]가 가브리엘에게 말씀하시길 가브리엘아 악당, 혼혈족, 혼잡한 성교를 한 아들들에게로 가라 가서 사람의 아들들 가운데 있는 순찰자의 아들들을 멸하라 그들이 파멸케 하는 전쟁으로 서로를 상하

21. 제2성전기 유대 사유에 초점을 맞춘 학자들은 유대교의 패역(depravity) 교리에서 창 6:1-4, 에녹1 6-16장, 그리고 순찰자들(하나님의 아들들)의 범죄가 차지하는 핵심 비중을 수긍한다. 참조, Miryam Brand, *Evil Within and Without: The Source of Sin and Its Nature as Portrayed in Second Temple Literature* (Göttingen: Vandenhoeck & Ruprecht, 2013); Loren T. Stuckenbruck, "The Origins of Evil in Jewish Apocalyptic Tradition: The Interpretation of Genesis 6:1-4 in the Second and Third Centuries BCE," in *The Fall of the Angels*, ed. Christoff Auffarth and Loren T. Stuckenbruck (Leiden: Brill, 2004), 87-118.

> 게 하라 그들은 장수하지 못할 것이며 10) 영원히 살게 해 달라는 어떤 청원도 그 아비들에게 (허락되지) 않을 것이라 그들의 날은 오백 년이 채 못 될 것이라 11) 그가 또 미가엘에게 말씀하시길 미가엘아 가서 쉐미하자를 따르며 사람의 딸들과 결합하여 자신들의 깨끗치 못함으로 스스로 더럽힌 자들을 결박하라 12) 그들의 아들들이 죽고 그들이 사랑하는 자들의 멸망을 목격할 심판과 완성의 날까지, 영원한 심판이 완결될 날까지, 그들을 땅의 계곡에 칠십 세대간 묶어 두어라 13) 그 다음 그들이 불의 무저갱으로 끌려가 영원한 고통의 감옥에 갇혀 있으리라 (에녹1서 10:9-13).

이 구절(그리고 다른 구절들)의 언어가 바로 베드로서와 유다서에서 홍수 때 범죄한 천사들이 타르타루스에 보내져 흑암 가운데 결박된다는 서술의 개념적 출처다.[22] 설리번은 "신과 인간의 결합으로 땅에

---

22. 독자들은 이것이 에녹1서에서 순찰자의 운명과 그들의 감금 장소를 묘사한 유일한 구절이 아님을 유의해야 한다. 필자가 이 사실을 언급하는 이유는 에녹1서 10:9-13에 흑암에 관한 언급이 부재하기 때문이다. 제2성전기의 다양한 본문이 이 우주론적 감옥을 순찰자와 연관지어 묘사한다. Bauckham의 글이다. "동사 ταρταροῦν[*tartaroun*]과 (다소 흔한) καταταρταροῦν[*katatartaroun*]은 '타르타루스 속으로 던지다'를 뜻하며 거의 항상 초기 그리스 신들의 기원에 관한(theogonic) 신화를 언급할 때 사용되었다. 이 신화들에서 고대 거인인 싸이클로페스(Cyclopes)와 타이탄은 우라노스, 크로노스, 제우스에 의해 지하세계의 가장 아래층인 타르타루스에 투옥되었다. (…) 이 동사들은 에녹1서의 헬라어판에는 사용되지 않았다. 하지만 τάρταρος[*tartaros*](타르타루스)는 에녹1서 20:2에서 신을 벌하는 장소로 사용되었고, 그외 유대 헬라 문헌에서도 사용되었다(lxx Job 40:20; 41:24; Prov 30:16; *Sib. Or.* 4:186; Philo, *Mos.* 2.433; *praem* 152). 그러나 헬라파 유대인들은 그리스 신화의 타이탄이 순찰자의 타락과 어떤 유사성이 있음을 인식하고 있었으며(필로, Gig. 58는 이 비교를 거부하지만) 때때로 순찰자의 아들인 거인(네피림)을 타이탄과 비교하기도 한다(요세푸스, Josephus, Ant. 1.73; cf. lxx Ezek 32:27; Sir 16:7). 하지만 Jdt 16:6(

서 잉태된 영은 필연적으로 땅에 머물러야 한다… 순찰자들이 저지른 일은 그들과 그 후손의 천상 출입이 금지될 정도로 끔찍하게 악한 행위였다"[23]고 고찰한다. 그런데 창세기 6:1-4의 신적 존재들의 반역에 대한 에녹의 재기술은 여기서 끝나지 않는다. 우리는 에녹1서 15장에서 이 에피소드가 유대 귀신론의 요체임을 알게 된다. 하나님이 에녹에게 말씀하신다.

> [2] 자신들을 위해 청원하도록 너를 보낸 천상 순찰자들에게 가서 전하라 너희가 인간을 위하여 청원해야지 인간이 너희를 위하여 청원하면 되겠느냐 [3] 어찌하여 너희는 높은 하늘과 영원한 성소를 버리고 여자들과 누웠느냐 어찌하여 사람의 딸들과 더불어 스스로를 더럽혔느냐 어찌하여 그들을 아내로 삼아 땅의 아들들처럼 행하였느냐 어찌하여 너희에게서 거인 아들들이 태어나게 하였느냐? (…) [8] 그러나 이제 그들이 영과 육으로 잉태한 거인은 땅의 악한 영이라 칭할 것이라 그들은 땅을 거처로 삼을 것이라 [9] 그 육신의 몸에서 나온 영은 악한 영이라 이는 그들이 인간에게서 나왔으며 거룩한 순찰자로 잉태했음이라

그리고 기독교의 시빌린의 신탁 2:231)에선 순찰자 자신을 τιτᾶνες[titanes](타이탄)이라고 부르는 듯하다. (…) 저자는 유다의 '사슬'(δεσμοῖς[*desmois*], 유다서 6절 참조)이 천사의 감금 장소인 흑암(ζόθος[*zothos*]는 지하세계의 암울함)의 메타포라고 해석했다. 참조, Richard J. Bauckham, *2 Peter, Jude*(WBC, Dallas, Word, 1998), 249. 『유다서 베드로후서』(솔로몬). 타르타루스와 관련하여 Wright(Origin of Evil Spirits, 116)는 우두머리 순찰자(아사엘)이 두다엘의 흑암 속으로 내던져졌으며(에녹1서 10:4-5) 금단의 지식을 인류에게 준 타이탄 프로메테우스 역시 비슷하게 타르타루스로 내던져졌다는 사실을 주목한다.

23. Sullivan, "The Watchers Traditions in *1 Enoch* 6-16," 95, 96.

그들은 지상의 악한 영이 될 것이며 악한 영으로 불릴 것이라 10) 하늘의 영은 하늘을 거처로 삼으나 땅에서 난 영은 땅을 거처로 삼을 것이라 11) 거인의 영은 땅에서 미혹하고 폭력을 행하고 황폐케 만들고 침략하고 겨루고 던지고 질병을 일으킬 것이라 그들은 아무것도 먹지 않으며 음식을 삼가며 목마르고 곤고할 것이라 12) 그 영이 사람의 아들들에 맞서, 여자들에 맞서 일어날 것이라 이는 그 영이 사람들로부터 나온 까닭이라.

여기서 귀신의 기원은 구체적으로 순찰자 사건(창 6:1-4)과 연결된다.[24] 리드는 이와 관련된 제2성전기 유대교 신학을 이렇게 요약한다.

---

24. 이 주제에 관한 가장 치밀한 논의는 다음을 참조하라. Wright, *Origin of Evil Spirits*, and Loren T. Stuckenbruck, *The Myth of Rebellious Angels* (Tübingen: Mohr Siebeck, 2014). Stokes는 자신의 논문에서 에녹1서 15:7b-16:1과 관련하여 이렇게 고찰을 했다. "일부 학자들은 이 본문을 통해 제2의 전승의 존재를 간파한다. 이 전승에 의하면 순찰자의 자녀들은 결코 육신을 가진 적이 없으며 출생할 때부터 악한 영으로 존재했다는 것이다. 학자들은 만일 영들이 거인의 몸에서 나왔다는 구절(15:9a와 16:1)의 진술을 제거한다면, 악한 영은 한번도 육신을 덧입은 적이 없으며 영으로 태어났다는 가르침만 남는다고 논증한다. 이 학자들은 이 기원설(etiology)의 추가적 증거로 에녹1서 10:15을 거론한다. 이 구절에서 하나님은 천사 미가엘에게 '혼혈종과 순찰자의 아들들의 모든 영들을 멸하라 그들이 인간에게 그릇 행하였느니라'고 말씀하셨다." Stokes는 왜 이것이 일관성이 결여된 시각인지를 지적한다. "순찰자의 소생이 처음부터 악한 영이었다는 가상 전승의 존재를 상정하는 데에는 몇 가지 문제점이 있다. 첫째, 이 발상을 15:7b-16:1에서 도출하려면 15:9a와 16:1을 이 구절에서 제거해야만 이 가설적 가르침에 도달할 수 있다. (…) 둘째, 이런 식으로 이 구절을 재구성할지라도 이런 신념에 대한 논증은 침묵을 근거로 한 논증과 다를 바 없다. 재구성된 구절을 가지고 순찰자서의 맥락과는 모순된 방식으로 해당 구절을 해석하도록 강제할 수 없다. 즉, 이 구절을 순찰자의 자녀들이 한번도 거인이었던 적이 없으며 출생 시부터 탈육신 영이었다는 의미로 해석하도록 강제할 수 없다. 셋째, 그들은 '영과 육으로 잉태된 거인들'이다(15:8, 강조는 [Stokes]). 육신이 없는 거인들(gigantes)은 상상하기 어렵다. (…) 넷째, 10:15에서 선포된 '혼혈종의 모든 영들을

> 그들은 거인의 출생을 "영과 육"의 뒤섞임의 견지에서 탐구한다(15:8). 천사의 합당한 거처는 하늘이고 인간의 합당한 거처는 땅인데(15:10) 거인의 본질은 혼재성이다. 범주의 경계를 훼손한 죄가 끔찍한 결과를 초래한다. 육신의 죽음 후 "그들의 몸에서 빠져나온" 거인의 악한 영이 인류를 괴롭힌다(15:9, 11-12, 16:1).[25]

위에서 요약한 에녹1서 본문은 독보적인 게 아니다. 여타 제2성전기 유대 본문도 창세기 6:1-4의 초자연적 관점과 귀신의 기원이 네피림이라는 견해를 수긍한다. 스투켄브룩은 "몇몇 초기 유대 전승은 이 존재가 본질적으로 악하며 하나님의 창조의 본래 목적을 거스르는 세력의 대표격이라고 간주했다"[26]고 고찰한다.

멸하라'는 명령은 악한 영의 기원론과 양립불가하다. 만일 이 기원론에서 설명하는 현존의 존재가 노아 시대에 완벽하게 멸절되었다면 이 얼마나 형편없는 기원론인가! 이 명령은 단순히 순찰자들의 거인 자녀를 죽이라는 명령일 가능성이 더 크다. 아울러 이 존재들이 한때 거인 형태로 육신을 덧입었다는 신념과 별개로 순찰자의 자녀가 악한 영이라는 기원설이 이 시기 유대 문헌 속에 유통되었다는 가설은 근거가 희박하다. 참조, Stokes, "Rebellious Angels and Malicious Spirits," 71-73.

25. Reed, *Fallen Angels and the History of Judaism and Christianity*, 46.

26. Stuckenbruck의 부연설명이다. "물론 이 그림은 서력 기원 이전에 저작된 묵시록과 지혜 문헌을 통해 가장 잘 알려져 있으며, 그 존재는 사해 두루마리의 유적을 통해 입증되었다. 여기에는 초기 에녹 전승들(특히 순찰자서, 동물묵시록, 거인서), 벤시라, 희년서, 다마스커스 문서, 솔로몬의 지혜서, 마카비3서, 바룩3서, 그외 전에는 알려지지 않은 작품들의 몇몇 파편 본문들(예, 4QSongs of the Sage [4Q510-11]; 4QAges of Creation [4Q180-81]; 4QExhortation Based on the Flood [4Q370]; and 11QApocryphal Psalms [11Q11] col. 5)이 있다." 참조. Stuckenbruck, "The 'Angels' and 'Giants' of Genesis 6:1-4 in Second and Third Century BCE Jewish Interpretation," 354-55. Fröhlich, "Theology and Demonology," 102.

가령 희년서에는 순찰자를 아버지로 둔 귀신들이 나온다(희년 10:1, 5). 우리의 연구를 통해 이미 보았듯 귀신(거인의 영)은 "신적 허가를 받고 활동하며 그러므로 패배가 정해진(10:8) 제한된 권능(10:3)으로 존재한다."[27]

사해 두루마리도 사례를 제공한다.[28] 토마스는 사해 두루마리 가운데 "순찰자와 거인 전승과 유사성을 보이는"[29] 다량의 본문을 찾아냈다. 특정 두루마리는 귀신의 세력을 "부정한 영들"(루호트 맘제림)이라고 칭하는데, 이는 귀신이 네피림 거인의 몸에서 빠져나온 순찰자의 영이라고 상정하기 때문이다.[30] 토마스는 더 나아가 악한 영에 대한 주

---

27. Stuckenbruck, " 'Angels' and 'Giants,' " 372.

28. 이미 인용된 연구(Thomas, "Watchers Traditions in the Dead Sea Scrolls")에 추가하여 쿰란 자료 속 악한 영과 순찰자/거인들의 연관성에 관해선 다음을 참조하라. Wright, *Origin of Evil Spirits*, 166-90.

29. Thomas, "Watchers Traditions in the Dead Sea Scrolls" 137. 토마스가 열거한 두루마리들은 4Q201-202, 204-212 (1 Enoch의 파편) and 1Q23-24; 2Q26; 4Q203; 4Q206; 4Q530-532; 4Q556; 6Q8 (Ibid., 137-38). 아울러 토마스는 쿰란(Ibid. 137)에서 나온 것으로 여겨지는 에녹1서의 추가 파편들이 근래에 발견되었다고 고찰한다. 추가적으로 "쿰란에서 나온 몇몇 다른 아람어 저작 중 순찰자를 언급하거나 인유한 자품들은 the *Genesis Apocryphon* (1Q20); the so-called 'Elect of God' text (4Q534-36); and the *Visions of Amram* (4Q543-49)" (Ibid., 138). See also Angela Kim Harkins, "Elements of the Fallen Angels Traditions in the Qumran *Hodayot*," in *The Fallen Angels Traditions: Second Temple Developments and Reception History*, ed. Angela Kim Harkins, Kelley Coblentz Bautch, and John C. Endres (Washington, DC: Catholic Biblical Association of America, 2014), 8-24.

30. 4Q510 1 5; 4Q511 35 7; 4Q444 2 i 4. '악당'(bastard)이라는 용어는 에녹1 10:9(*mazereoi*)에도 등장한다. Wright가 고찰하듯 "악당이라는 용어는 성경 본문에서 의심스런 출생 배경을 가진 사람(신 23:3) 또는 이교도 계보에 속한 사람(슥 9:6)을 말한다. (Wright, *Origin of Evil Spirits*, 150). 동일한 발상을 시사하는 맥락의 파편적 본문들이 더 있다. 1QHa 24 XVIII 1-16. 다른 두루마리들은 에녹1서(아람어 에녹서)의 콘텐츠

문이 수록된 쿰란 두루마리를 주목한다.

> [4Q510-511]은 거인의 영이 홍수 후까지도 계속 인류를 괴롭힌다는 발상을 시사한다(심지어 당연시하는 듯하다). (…) 관련된 종파적, 축귀적 본문 4Q444는 맘제림(*mamzerîm*)을 "부정한 영(spirit of impurity)"에 병렬적으로(혹은 동격으로?) 언급했다…이는 "악당"(bastard)의 의미를 밝히는 데 도움이 된다.[31]

쿰란 창세기 외경(1QapGen) 역시 순찰자-네피림 전승이 압도적임을 조명한다. 주전 1세기와 주후 1세기 사이로 저작 연대가 추정되는 이 본문은 최초로 발표된 사해 두루마리 중 하나로 유명하다. 아울러 이 본문은 창세기에 실린 사건들의 "재기술", 구체적으로 노아의 출생을 둘러싼 주변 정황, 곧, 노아의 아버지 라멕이 노아의 어머니에게 그녀가 순찰자의 자식을 임신한 게 아니냐고 묻는 장면으로 유명하

와 일치한다. 4Q202 IV 5-11 (= 1 En 10:8-12); 4Q204 V 2 (= 1 En 10:13-19 + 12:3). Fröhlich은 이 히브리어 표현에 대해 고찰하길, "4Q510-11의 *rwḥwt mmzrym*라는 표현은 귀신을 지목한다. 악당 영과 파괴하는 천사들은 아마도 땅의 여자들과 불법적 성관계를 가진 순찰자가 등장하는 에녹 전승에서 비롯되었을 것이다." 참조, Fröhlich, "Theology and Demonology," 109, 그리고 Giovanni Ibba, "The Evil Spirits in Jubilees and the Spirit of the Bastards in 4Q510 with Some Remarks on Other Qumran Manuscripts," *Henoch 31* (2009): 111-16.

31. Thomas, "Watchers Traditions in the Dead Sea Scrolls," 146. 주전 2세기의 Visions of Amram(4Q543-49)은 순찰자와 관련된 또 하나의 본문일 수 있지만 상당히 파편적이다. 다음의 논의를 참조하라. Thomas, "Watchers Traditions in the Dead Sea Scrolls," 143-44; Wright, *Origin of Evil SPirits*, 124, 170-71.

다. 토마스의 고찰이다.

> 초기 유대 아람어 문헌에서 순찰자와 거인은 노아와 홍수 이야기와 밀접한 연관성을 가졌고, 홍수 이야기는 더 오래된 메소포타미아의 길가메쉬와 웃나피쉬팀 이야기와 복합적 연관성을 가졌다. 가령 거인서 저자(들)은 길가메쉬와 호바비쉬(훔바바) (그리고 어쩌면 아탐비쉬=웃나피쉬팀)이 실은 거인이라고 이해했을 가능성이 크다. 이는 쿰란의 '노아의 출생' 자료(1QapGen ar 2-5, 에녹1서 106-107, 1Q19 3, 참조, 4Q534-36)에서 다소 선언적으로 밝힌 옛 메소포타미아 영웅들과의 확연한 유사성과 노아의 출생을 둘러싼 해괴한 정황에도 불구하고 노아가 순찰자 소생이 '아니었음'을 설명하는 데 도움이 될 수 있다.[32]

이렇게 제2성전기 유대 문헌은 우리에게 악한 영에 관한 발상 매트릭스를 제시한다. 창세기 6장의 신적 존재들의 집단적 반역은 하나님의 백성과 인류 전체의 파멸을 목표로 한 끔찍한 사건이었다. 하나

---

32. Thomas, "Watchers Traditions in the Dead Sea Scrolls," 140-41. 라멕과 그 아내(비테노쉬)의 말다툼에 관해선 다음을 참조하라. Pieter W. van der Horst, "Bitenosh's Orgasm (1QapGen 2:9-15)," *Journal for the Study of Judaism* 43 (2012): 613-28; Stuckenbruck, *Myth of the Rebellious Angels*, 58-77. 앞 장에서 고찰했듯 앗수르 연구자 Amar Annus와 Andrew George의 연구는 길가메쉬가 거인이었음을 정립했다. 참조, Andrew R. George, "The Gilgameš Epic at Ugarit," *Aula Orientalis* 25 (2007): 237-54. Atambish의 주장이 모호하긴 하나 거인서에 관한 학문적 연구는 (길가메쉬 자신을 비롯한) 몇몇 거인 이름이 다음 본문들에 등장한다는 사실을 확인했다. Hobabish(Humbaba), Mahaway, Ohyah, and Hahyah. See Nickelsburg, 1 Enoch 1, 185; Stuckenbruck, Book of Giants, 27. 이 거인들의 프로필은 다음을 보라. Stuckenbruck, *Myth of the Rebellious Angels*, 36-57.

님의 타락한 아들들(순찰자)로 말미암아 인류가 부패했고 우상숭배로 치우쳤다. 네피림의 후손은 물리적 파괴를 일삼았고 탈육신한 영이 되어 지속적으로 육적, 영적 황폐함을 야기했다.[33] 라이트는 이 신학적 논점을 이렇게 요약한다.

> 순찰자 전승 속 거인들은 인간 형태의 몸을 가지고 태어난 영적 존재들로 묘사된다(에녹1서 15.4, 8, 16.1). (…) 거인은 범주적으로 악하다고 간주된다. 이는 그들이 인간과 천사 본성의 불법적 혼합의 결과물이기 때문이다(에녹1서 15 참조). 에녹1서의 물리적 세계에서 거인의 기능은 인류를 파멸시키는 것이었다. 사후의 악한 영으로서 그들의 목표는 인간을 미혹하여 하나님으로부터 멀어지게 하는 것이었다.[34]

33. 에녹1서 19:1이 전체 그림의 일관성을 훼손한다고 보는 학자들이 있음을 지적해야겠다. 이 구절은(Stokes의 논문에 실린 번역) "저기 여자들과 뒹군 천사들이 서 있으니 그들의 영은 여러 모양을 덧입어 사람을 멸망으로 인도했고 최후 심판을 받을 큰 심판 날까지 사람을 미혹하여 마치 신에게 제사하듯 귀신에게 희생제를 바치게 했도다(19:1)." 다시금 Stokes의 이 사안에 대한 논평이 유의미하다. "여기서 앞의 기원론과 마찬가지로 이 유해한 영들은 홍수 이전 범죄한 순찰자들과 관련이 있다. 그런데 해당 구절은 악한 영이 '그들의[천사들의] 영'이라고 한다. 이 기원론은 에녹1서 15장의 기원론과 다를 수 있다. 여기서 영들은 순찰자의 혼혈 자녀들의 탈육신한 영이 아니라 순찰자 자신들의 영으로 간주된다. 이 구절을 이렇게 이해하려면 범죄한 천사들이 감옥에 갇힌 동시에 땅에서도 말썽을 일으켜야 한다. 영들이 천사들과 동일 인물들일 가능성은 적다. 그러므로 이 구절의 영들은 15:7b-16:1처럼 순찰자 소생의 잔당일 가능성이 크다." 참조, Stokes, "Rebellious Angels and Malicious Spirits," 77.

34. Archie T. Wright, "Some Observations on Philo's *De Gigantibus* and Evil Spirits in Second Temple Judaism," *Journal for the Study of Judaism* 36.4 (2005): 471–88 (esp. 482).

초기 기독교 저자들 역시 홍수 이전 하나님의 아들들/순찰자 에피소드를 알았고 그 해석을 수용했다.[35] 스투켄브룩이 사례를 제시한다.

> 구체적인 사례로 기독교의 '솔로몬 유언서'(5:3, 17:1)가 있다. 5:3에서(5:1-11 단락 내) 솔로몬 유언서 저자는 인간 어머니와 천사가 낳은 귀신 아스모데우스를 재해석한다(이는 더 긴 분량의 교정판[참조, 코덱스 시나이티쿠스 3:7-8, 17, 6:14-15, 17, 8:2-3, 12:15]을 따르는 토빗서를 의도적으로 참조한 것이다.) 후자의 본문에서(17:1-5) 예수에게 패한 귀신 권세(막 5:3의 인유)는 살인적 분쟁으로 죽은 거인 중 하나로 밝혀진다. 이와 유사하게 유사-클레멘틴 호밀리스 8:12-18도 거인들을 언급한다. 홍수 이전 시대의 그들은 '악당'(18절, 참조, 15절)과 '귀신'(14

---

35. Stuckenbruck과 Schultz의 문헌에 더하여 순찰자 전승과 초기 기독교 신학의 교차점에 관해선 다음을 참조하라. Silviu N. Bunta, "Dreamy Angels and Demonic Giants: The Watchers Traditions and the Origin of Evil in Early Christian Demonology," in *The Fallen Angels Traditions: Second Temple Developments and Reception History*, ed. Angela Kim Harkins, Kelley Coblentz Bautch, and John C. Endres (Washington, DC: Catholic Biblical Association of America, 2014), 116–38; Franklin T. Harkins, "The Magical Arts, Angelic Intercourse, and Giant Offspring: Echoes of Watchers Traditions in Medieval Scholastic Theology," in *The Fallen Angels Traditions: Second Temple Developments and Reception History*, ed. Angela Kim Harkins, Kelley Coblentz Bautch, and John C. Endres (Washington, DC: Catholic Biblical Association of America, 2014), 157–79; Randall D. Chesnutt, "The Descent of the Watchers and its Aftermath According to Justin Martyr," in *The Watchers in Jewish and Christian Traditions*, ed. Angela Kim Harkins, Kelley Coblentz Bautch, and John C. Endres, S.J. (Minneapolis: Fortress, 2014), 167–80; Annette Yoshiko Reed, "The Trickery of the Fallen Angels and the Demonic Mimesis of the Divine: Aetiology, Demonology, and Polemics in the Writings of Justin Martyr," *Journal of Early Christian Studies* 12.2 (2004): 141–71.

절, 17절) 둘 다로 규정된다. 거인들은 탈육신한 "커다란 혼"의 형태로 대범람에서 살아남았다고 한다. 그들의 홍수 후 활동은 어떤 천사를 통해 그들에게 주어진 "어떤 의로운 법"의 규정을 받았다. (…) 상세한 분석을 요하는 터툴리아누스의 '변증' 22에서 타락한 천사들의 소생이 "우리 몸에 질병과 다른 중차대한 재앙을… 일으키는"… "귀신 족속"이라고 했다는 점도 눈길을 끈다. 3세기 북아프리카 주교 코모디아누스의 '지침'(Instructions)(3장)에 의하면 … 사후에 탈육신한 거인은 "여러 몸"의 파괴와 결부된다. 이처럼 거인 전승이 서력 기원(common era) 전환기의 귀신론 개념에 어떤 함의를 가졌는지에 관한 인식은 이제껏 충분하지 못했다.[36]

36. Stuckenbruck, "The Origins of Evil in Jewish Apocalyptic Tradition," 103, 35번 각주. Stuckenbruck의 맺음말의 평가는 과소평가다. 아우구스티누스의 영향으로 말미암아 오늘날 전문가 중 초기 교회에서 창세기 6:1-4에 대한 초자연적 해석이 지배적이었음을 아는 이가 거의 없다. D. R. 슐츠가 중요한 초기 교회 교부 이레네우스에 관한 주석에 쓴 글이다. "이레네우스는 에녹1서, 희년서와 다른 후기 유대 위경 작품을 강력하게 연상시키는 언어로 죄의 기원을 직접적으로 사탄과 그 세력에게 귀속시킨다. (…) 죄는 직접적으로 천사 세력과 관련 있고 1차적으로는 이 세력의 우두머리인 사탄과 관련 있다. 사탄은 하나님께 최초로 범죄한 자이며 훗날 다른 이들을 죄나 배교로 이끈 자이다. (…) 그러므로 배교는 사탄에게서 시작되고 그 다음 죄와 범법과 반역 가운데 사탄을 추종한 여타 천사들로부터 임한다. 더 나아가 사탄으로 말미암아 시작되고, 배교한 천사들을 통해 지속된 배교가 인류 전체로 퍼져나간다. 이레네우스는 영원한 불로 하나님의 벌을 받을 모든 자를 열거하며 '경계를 넘어 배교자가 된 천사들과 사람들 중 경건치 않으며 불의하고 사악하고 신성을 모독하는 자들'을 꼽았다(Irenaeus, Against Heresies, 1, 10, 1[1,2]). (…) 이레네우스는 창세기 6:1-4과 창세기 6:5의 잇따른 악 사이에 인과관계가 존재함을 확실히 이해하고 있다. (…) 그는 사탄의 배교가 인류에게로 확산된 방식을 검토함으로써 더 큰 명료함에 도달했다. 이레네우스는 인류를 더럽힌 천사에 관해 두 가지 묘사를 한다. 첫 번째 묘사는 사람의 딸들의 소생과 천사들의 '불법적 결합'과 관련되어 있다. 이 '불법적 결합'은 지상에 '거인'을 배출함으로써 인간의 죄성을 부추겼다. 이레네우스가 '악명높은 인간 족속'(infamous race of men)이라고 부른 이 거인들은 열매 없고 사악한 일을 저

우리는 메소포타미아, 히브리어 성경, 제2성전기 본문 자료를 넘나들며 그 서사적 요소(신적 존재들이 유한한 여자들과 동침하여 거인을 낳다)에 일관성이 있음을 보았다. 하지만 마지막 항목인 악한 영은 어떠한가? 압칼루는 문화 영웅들이었다. 그들이 악마적이라고 보는 관점도 있었을까? 과연 구약 속 거인과 악한 영이 연관성이 있었을까?

독자들은 이 질문들에 대한 답이 '그렇다'임을 기억할 것이다. 우리는 앞서 압칼루가 그 소행으로 말미암아 높은 신들의 존전에서 쫓겨나 마르둑에 의해 무저갱에 영구 유배되었음을 보았다. 메소포타미아 종교에서도 그들을 악하다고 본 것이다.

> 널리 알려져 있진 않지만 메소포타미아 문헌에서도 간간이 압칼루를 그 오만으로 신들을 분노케 하거나 마술을 행한 악의적 존재로 그린다. (…) 압칼루는 반(反)마술 시리즈인 '마클루'(*Maqlû*)에서 적어도 두 번 마술사로 등장한다. (…) 압칼루가 압수에서 태어나 종종 그곳에 거한다는 사실은 그들이 전적으로 긍정적인 캐릭터가 아니라는 증거다. 악마적 피조물도 신성한 강 심연에서 발원한다는 사고가 많았기 때문이다.[37]

질렀다(Irenaeus, *Proof of the Apostolic Preaching*, 18 and *Against Heresies* 11.4,36,4 [4,58,4])." D. R. Schultz, "The Origin of Sin in Irenaeus and Jewish Pseudepigraphical Literature," *Vigiliae Christianae* 32.3 (1978): 168–69, 172–73.

37. Annus, "Origin of the Watchers," 297-303. 압칼루를 물고기-사람으로 규정한 것은 메소포타미아 종교에서 압칼루가 무저갱의 물에서 발원했기 때문이다. 아울러 압칼루를 새-사람으로 규정하기도 하는데, 이는 신적("하늘의") 본성과 관련된 이미지일 가능성이 크다. 압칼루의 회화적 도상학에 관한 주요 연구는 다음을 보라. F. A. M. Wiggerman,

우리는 이 책 1장의 르바임 논의를 통해서도 구약에서 르바임이라는 용어가 네피림의 후손 거인을 가리킬 뿐 아니라 지하세계 거민을 가리키기도 함을 밝혔다. 고대 우가릿 문헌과 종교에선 르바임이 거인이 아니라 지하세계에 거하는 전사-왕의 탈육신한 영에 불과했다. 반면 구약의 르바임은 두 발상을 모두 포괄한다. 우가릿 문헌에는 창세기 6:1-5에 비할 만한 신적 존재들의 집단 반역 이야기가 없기 때문이다. 창세기 6:1-5은 그 자체로 바벨론의 압칼루 전승에 대한 논쟁적 대응이다. 제2성전기 유대 저자들은 바벨론 유배로 말미암아 우가릿 본문이 아닌 바벨론 문헌과 친숙했다.

요약

현 시점까지의 연구를 통해 우리는 제2성전기 유대의 흑암 권세 신학이 구약과 구약보다 폭넓은 고대 근동 맥락을 끌어왔음을 살펴보았다. 세상에 악한 권세가 존재하는 것은 에덴에서 일어난 최초의 신적 존재의 반역과 대홍수 즈음에 일어난 집단적인 신적 존재들의 반역 탓이다. 제2성전기 저자들은 두 반역 사례 모두에 대하여 구약에 산발적으로 흩어져 있는 데이터 지점들을 연결했다. 결과는 연결점들과 그 연결점들로부터 떠오른 초상에 일관성이 있으며 그로부터 악

Mesopotamian Protective Spirits: The Ritual Texts (Leiden: Brill, 1992).

한 영 신학에 창조적인 발전이 일어났다는 것이다. 우리는 이 신학에서 일관성과 창조성을 둘 다 엿볼 수 있다. 앞으로 우리는 신약 기자들이 그들 나름의 흑암의 권세를 묘사하기 위해 어떻게 제2성전기 자료와 그 출처인 구약을 끌어다 썼는지 볼 것이다. 그러나 신약으로 들어가기 전에 먼저 살펴봐야 할 구약의 신적 존재들의 반역이 하나 더 남아 있다.

7장.
3차 신적 반역:
열국의 혼돈

구약에 기술된 신적 존재들이 일으킨 3차 반역의 중심이 유명한 바벨탑 이야기다. 이 이야기 자체는 신적 존재들의 반역에 관한 것이 아니지만, 그 한복판에 여호와의 천군에 속했던 구성원들이 또다시 여호와로부터 이탈한 기점이 있다. 이를 간파하려면 먼저 성경에서 열국의 흩어짐을 묘사한 창세기 11:1-9에서 출발한 다음 훨씬 지명도가 낮은 다른 사건에 대한 기술로 가야 한다. 이 다른 사건이야말로 어떻게 바벨탑 사건을 계기로 내려진 하나님의 심판이 성경의 나머지 전체를 관통하는 풍파를 일으켰는지를 이해하는 데 결정적이다.

바벨탑

이 유명한 구약 이야기의 배경은 홍수 이후의 세상이다. 노아와 그 가족이 홍수에서 살아남은 후(창 6-7) 하나님은 인류의 남은 자들에게 에덴의 명령을 재천명하시며 "생육하고 번성하여 땅에 충만하라…땅에 가득하여 그 중에서 번성하라"(창 9:1, 7)고 명하신다. 하나님은 오래 전 아담과 하와에게 내리신 '땅을 정복하라'는 명령의 실현을 돕고자 노아에게 "땅의 모든 짐승과 공중의 모든 새와 땅에 기는 모든 것과 바다의 모든 물고기가 너희를 두려워하며 너희를 무서워하리니 이것들은 너희 손에 붙였음이니라"고 말씀하신다(창 9:2).

땅에 가득하라는 명령은 "'땅에' 편만하며 '그 중에서' 번성하라"는 언어에서 확연하게 드러난다. 창세기 10장을 읽은 독자는 노아의 아들들과 그 후손이 하나님이 재천명하신 에덴 명령에 복종했으리라 짐작할 것이다. 10장에 열거된 족속들이 홍수 이후 태어난 "노아의 아들 셈과 함과 야벳의 족보"임은 분명하다(창 10:1). 그러나 바벨탑 이야기는 우리를 색다른 결론으로 인도한다. 창세기 11:1-9을 통해 우리는 '노아의 아들들'의 후손이 땅에 편만하라는 하나님의 뜻에 어떻게 복종하게 되었는지 그 내막을 알게 된다.

> [1] 온 땅의 언어가 하나요 말이 하나였더라 [2] 이에 그들이 동방으로 옮기다가 시날 평지를 만나 거기 거류하며 [3] 서로 말하되 자, 벽돌을 만들어 견고히 굽자 하고 이에 벽돌로 돌을 대신하며 역청으로 진흙을 대신하고 [4] 또 말하되 자, 성읍과 탑을 건설하여 하늘에 닿게 하여 우리 이름을 내고 온 지면에 흩어짐을 면하자 하였더니 [5] 여호와께서 사람들이 건설하는 그 성읍과 탑을 보려고 내려오셨더라 [6] 여호와께서 이르시되 이 무리가 한 족속이요 언어도 하나이므로 이같이 시작하였

으니 이후로는 그 하고자 하는 일을 막을 수 없으리로다 7) 자, 우리가 내려가서 거기서 그들의 언어를 혼잡하게 하여 그들이 서로 알아듣지 못하게 하자 하시고 8) 여호와께서 거기서 그들을 온 지면에 흩으셨으므로 그들이 그 도시 건설하기를 그쳤더라 9) 그러므로 그 이름을 바벨이라 하니 이는 여호와께서 거기서 온 땅의 언어를 혼잡하게 하셨음이니 여호와께서 거기서 그들을 온 지면에 흩으셨더라(LEB).

창세기 1:26-27와 마찬가지로, 바벨로 알려진 곳에서 일어난 이 에피소드에는 천군(heavenly host), 곧 천상회의(신들의 회의)가 연루되어 있다. 창세기 11:7에서 여호와는 "자, '우리'가 내려가서 거기서 그들의 언어를 혼잡하게 하자"라고 제안하신다. 다시금 창세기 1:27과 마찬가지로 여호와가 어떤 무리를 향하여 선포하신 직후 여호와 홀로 일사천리로 심판을 집행하신다. "여호와께서 거기서 그들을 온 지면에 흩으셨으므로"(창 11:8). 두 문장의 문법적 특성이 두 장면을 연결 짓는다.[1] 이와 관련한 밀러의 고찰이다.

---

1. 창세기 1:26-27의 복수형 언어와 하나님의 형상 개념 이해를 위한 함의 논의는 다음을 참조하라. Heiser, *Angels*, 28-32, 『천사를 말하다』(좋은씨앗). Heiser, *Unseen Realm*, 49-70. 『보이지 않는 세계』(좋은씨앗). 복수형을 삼위일체로 해석하는 것은 앞뒤가 맞지 않는다. 삼위일체의 구성원은 함께 영원하며 함께 전지전능하기에 이런 선언이 필요치 않다. 아울러 주석적으로도 복수형 언어를 3인으로 제한할 수 없다. 하나님이 그분의 천군 구성원들과 이야기하시는 다른 장면들도 있다(왕상 22:19-23, 사 6:1-8, 시 82:1, 6, 욥 1:6, 2:1). 창세기 1:26, 11:7의 복수형 언어에 관한 치밀한 학문적 문법 논의는 다음을 참조하라. W. Randall Garr, *In His Own Image and Likeness: Humanity, Divinity, and Monotheism* (Leiden: Brill, 2003), 17-94.

창 3:22과 마찬가지로 바벨탑 건축 역시 신의 세계, 곧, 신의 영역으로 진입하려는 시도의 일환이며 하나님을 거스르는 죄에 해당한다. 두 경우 모두 피조물의 경계가 훼손될 위협을 제기함으로써(3:22a, 11:6-7) 하나님의 심판을 불러일으킨다. 창 3:22과 마찬가지로 창세기 11장의 심판 발언은 우주적 질서를 지키기 위하여 인간계에 혼돈을 일으키자는, 그러니까 신과 인간 세상 간의 관계 질서 붕괴를 막고자 인류에 혼돈을 야기하자는 천상회의의 칙령이다.[2]

그러나 창세기의 기사는 바벨 심판에 관한 구약 신학의 일부분에 불과하다. 인류의 흩어짐과 열국(민족들, nations)의 등장에는 더 많은 내용이 있다. 신명기 32:8-9이 결정적 디테일을 추가한다.

> [8)] 지극히 높으신 자가 열국(개역개정, "민족들")에게 기업을 주실 때에,
> 인종을 나누실 때에
> 하나님의 아들들(개역개정, "이스라엘 자손")의 수효대로
> 민족들(개역개정, "백성들")의 경계를 정하셨도다

---

2. Miller, *Israelite Religion and Biblical Theology*, 435. 창 3:22에 대한 Miller의 언급은 선악과를 따먹지 못하게 한 금지 명령에서 언급된 엘로힘의 복수성에 관한 것이다. 창 3:5("너희가 그것을 먹는 날에는 너희 눈이 밝아 엘로힘과 같이 되어 선악을 알 줄을 하나님이 아심이니라")과 창 3:22("여호와 하나님이 가라사대 보라 이 사람이 선악을 아는 일에 우리 중 하나 같이 되었으니")를 비교해 보면 이 점이 자명하게 드러난다. "우리 중 하나 같이"라는 표현은 5절의 엘로힘을 복수형으로 읽어야 함을 분명하게 보여준다. ("너는 [하나님의 공회의] 신들과 같이 되리라", 비교, 창 1:27-27의 복수형 언어).

9) 여호와의 분깃은 자기 백성이라
야곱은 그가 택하신 기업이로다.

많은 영어 성경은 8절의 "하나님의 아들들의 수효대로"(according to the number of the sons of God)를 "이스라엘 아들들의 수효대로"라고 옮겼다. 그 차이는 여러 갈래로 엇갈리는 필사본 해석에서 비롯되었다. 사해 두루마리는 "하나님의 아들들"이 올바른 독법이며 신적 복수성에 관해 우려한 서기관들이 전통 히브리어 본문(마소라 본문)을 수정했을 가능성이 크다는 사실을 확정적으로 보여준다. 이 본문상의 사안과 그 함의는 구약 학계에서 익히 알려진 문제다.[3] 가령 제프리 티가이는 자신의 신명기 주석에서 이렇게 고찰한다.

> 다양한 해석에서 드러난 열국의 숫자가 "하나님의 아들들"의 숫자와 일치한다는 발상은 이 존재들이 각 족속과 짝으로 연결되었음을 시사

3. 신명기 32:43에도 동일한 류의 수정이 있다. 이 구절에 대해 사해 두루마리는 (복수형) 엘로힘을 쓴다("오 하늘들이여, 그와 함께 즐거워하라, 모든 신들이여, 그 앞에 엎드리라 Rejoice with him O heavens, bow down to him, all gods"). 이 사실은 신 32:8에서 애굽에 내려간 이스라엘인의 숫자를 토대로 "이스라엘의 아들들"을 정당화하려는 어떤 시도도 성립 불가한 것으로 만든다. 다른 신명기 구절의 열국 배정 언어에 관한 후속 논의에서 분명히 드러나겠지만 그 언어는 오직 초자연적으로 해석해야만 의미가 통한다. 마지막으로 "이스라엘의 아들들"은 성경 역사 흐름과도 전혀 맞지 않는 해석이다. 바벨 당시 이스라엘은 아직 존재하지도 않았고 창세기 10장의 열국 목록에도 이스라엘은 등장하지 않는다. 이 사안에 관한 논의는 다음을 참조하라. Heiser, "Deuteronomy 32:8 and the Sons of God," 52–74; Paul Sanders, *The Provenance of Deuteronomy 32* (Leiden: Brill, 1996), 156; Emanuel Tov, *Textual Criticism of the Hebrew Bible*, 3rd ed. (Minneapolis: Fortress, 2012), 248–49.

한다. 헬레니즘과 탈무드 시대의 유대 문헌은 이 그림을 상술하며 하나님이 자신을 대신하여 열국을 통치하도록 신적 존재들을 임명했음을 시사한다. 벤 시라는 우리의 구절을 아래와 같이 의역한다.

> 온 세상의 백성들을 나누는 과정에서
> 그가 모든 백성마다 그 위에 한 통치자를 임명하셨으나
> 여호와의 분깃은 이스라엘이라

벤 시라가 의역한 "통치자"는 신명기의 "하나님의 아들들"과 동격이다. 벤 시라와 동시대인인 다니엘은 다니엘서에서 그들을 "지배자"(governors) 또는 "군주"(princes, 히. *sarim*)라고 칭하며 그들을 다양한 민족의 천사 수호자 및 옹호자로 묘사한다.[4]

신명기 32:8-9이 우리에게 알려주는 바는 바벨에서 인류에 내려진 심판으로 인류가 분열되고 흩어졌을 뿐 아니라 여호와의 천군-공회 구성원들에게 인류가 배분되는 결과를 초래했다는 것이다. 이 방면에서 9절의 배정(allotment) 언어가 의미심장하다. 이스라엘은 여호와에게 배정된 분깃이라고 한다. 그 함의는 이스라엘을 제외한 여타 열국은 하나님보다 하등한 신적 존재들, 곧 여호와의 천군 중 "하나님의 아

4. Tigay, *Deuteronomy*, 514. 열국(그리고 마찬가지로 그 열국을 배정받은 천상의 군주들)의 수는 창세기 10장의 열국 목록에서 비롯된 70이다. 칠십인역 창세기 10장에 나온 수는 역자가 일부 지명을 분리하여 72가 되었다.

들들"에게 '배정되었다'는 것이다.

구약 신학은 여호와에 의해 열국에 신들이 배정되었으며 이스라엘은 인류 중 여호와의 "분깃"으로 "취함 받았기에"(선택 받았기에) 열국을 통치하는 신들을 숭배하는 것이 금지되었다는 발상을 제시한다. 열국과 그 (열국을 다스리도록 배정받은) 신들을 언급한 신명기의 다른 본문들이 이 발상을 확증한다. 신명기 4:19-20은 이 논점을 입증하기 위한 논리적 출발점이다.

> 19) 또 그리하여 네가 하늘을 '향하여' 눈을 들어 해와 달과 별들, 하늘 위의 모든 천체 곧 너희의 하나님 여호와께서 천하 만민을 위하여 배정하신 것을 보고 미혹하여 그것에 경배하며 섬기지 말라 20) 여호와께서 너희를 택하시고 너희를 쇠 풀무불 곧 애굽에서 인도하여 내사 자기 기업의 백성을 삼으신 것이 오늘과 같아도(LEB).

위 단락은 이스라엘의 하나님 여호와가 천하 만민을 위하여 "해와 달과 별들"을 숭배하도록 열국에 배정하셨으며 대신 하나님은 이스라엘을 자신의 기업으로 삼으셨음을 분명히 밝히고 있다.[5] 해달별은 신명기 32:8에 언급된 신들이며, 이 논점은 신명기의 다른 두 구절을 통해서도 확인할 수 있다.

---

5. 학자들은 종종 이 배정이 상호적이었다고, 즉 쌍방향으로 작용했다고 고찰한다. 신명기 4:19-20은 신들이 열국에 배정되었다고 했는데, 신 32:8의 언어는 열국이 신들에게 배정되었다고 시사한다.

[2] 네 하나님 여호와께서 네게 주시는 어느 성중에서든지 너희 가운데에 어떤 남자나 여자가 네 하나님 여호와의 목전에 악을 행하여 그 언약을 어기고 [3] 가서 다른 신들(엘로힘)을 섬겨 그것에게 절하며 내가 명령하지 아니한 일월성신에게 절한다 하자 [4] 그것이 네게 알려지므로 네가 듣거든 자세히 조사해 볼지니 만일 그 일과 말이 확실하여 이스라엘 중에 이런 가증한 일을 행함이 있으면 [5] 너는 그 악을 행한 남자나 여자를 네 성문으로 끌어내고 돌로 쳐죽이되(신 17:2-5, JPS).

[21] 여호와께서 곧 이스라엘 모든 지파 중에서 그를 구별하시고 이 율법책에 기록된 언약의 모든 저주대로 그에게 화를 더하시리라 너희 뒤에 일어나는 너희 자손과 멀리서 오는 객이 그 땅의 재앙과 여호와께서 그 땅에 유행시키시는 질병을 보며 [22] 그 온 땅이 유황이 되며 소금이 되며 또 불에 타서 심지도 못하며 결실함도 없으며 거기에는 아무 풀도 나지 아니함이 옛적에 여호와께서 진노와 격분으로 멸하신 소돔과 고모라와 아드마와 스보임의 무너짐과 같음을 보고 물을 것이요 [23] 여러 나라 사람들도 묻기를 여호와께서 어찌하여 이 땅에 이같이 행하셨느냐 이같이 크고 맹렬하게 노하심은 무슨 뜻이냐 하면 [24] 그 때에 사람들이 대답하기를 그 무리가 자기 조상의 하나님 여호와께서 그들의 조상을 애굽에서 인도하여 내실 때에 더불어 세우신 언약을 버리고 [25] 가서 자기들이 알지도 못하고 여호와께서 그들에게 주시지도 아니한 다른 신들(엘로힘)을 따라가서 섬기고 절한 까닭이라(신 29:21-25, JPS).

위의 신명기 본문은 해달별을 열국에 배정된(신 29:25) 엘로힘(신들, 신 17:3, 29:25)으로 칭한다. 신명기 32:8-9이 분명하게 밝히듯, 이 신들은 하나님이 바벨에서 온 인류를 심판하실 때 열국에 배정되었다. 신명기 32장에서 몇 절 뒤로 가면 이스라엘 백성이 "하나님께 제사하지 아니하고 마귀에게 하였으니 곧 그들이 알지 못하던 신들, 근래에 일어난 새 신들, 너희 열조가 두려워하지 않던 것들"(신 32:17, NRSV)이라는 대목이 나온다.[6] 골자는 이스라엘의 탄생 이래로 여호와가 그들의 조상(아브라함, 이삭, 야곱)의 하나님이셨다는 것이다. 그렇기에 여호와는 이스라엘의 원조 하나님이었다. 다른 어떤 신이라도 나중에 온 자들이었다.

시편 82편: 신적 존재들의 반역과 열국 신들에 내려진 심판

신명기 32:8-9와 연관 구절들은 어떻게 인류와 창조주 하나님 간의 직접적 관계가 다른 신 숭배로 변형되었는지에 관한 성경의 설명이다. 이것이 구약으로부터 부상하는 그림이다. 바벨 심판이 그 관계를 뒤바꾸었다. 하나님은 인류와 결별하시고 이스라엘과 새출발하기로 선택하셨다.

인간의 관점에서 보자면 여호와의 심판은 가혹하긴 하나 최종적이

6. 일부 대중적 성경 역본들의 신명기 32:17 번역은 졸역이다. 참조, Heiser, "Does Deuteronomy 32:17 Assume or Deny the Reality of Other Gods," 137–45.

진 않았다. 하나님은 바벨탑 사건의 여파로 새로운 인간 가족(이스라엘)을 두기로 작정하셨을 때 열국에 아브람과의 언약을 통한 구원의 여지를 남겨두셨다. 땅의 모든 족속은 아브람의 후손을 통해 복을 받게 될 것이다(창 12:1-3). 물론 그 약속은 그리스도 안에서 완성될 것이다(갈 3:16, "이 약속들은 아브라함과 그 자손에게 말씀하신 것인데 여럿을 가리켜 그 자손들이라 하지 아니하시고 오직 하나를 가리켜 네 자손이라 하셨으니 곧 그리스도라"). 이방인들은 약속의 인물이 도래하기 전까지는 참 하나님과 바른 관계를 맺으려면 다른 신을 버리고 이스라엘에게로 귀화해야 했다. 이스라엘 백성은 자신들의 하나님인 여호와와 함께 하는 선한 삶을 증거함으로써 제사장 나라가 되어야 했다. 그러나 열국은 심판 아래 있었기에 그동안 열국 거민에 대해 드러내놓고 복음 증거를 시도한 바는 없었다. 하지만 바울은 하나님이 인류의 모든 족속에 대해 "저희의 연대를 정하시며(allotted) 거주의 경계를 제한하신" 것은 "사람으로 하나님을 혹 더듬어 찾아 발견케 하려"는 뜻임을 간파했다(행 17:26-27).

열국을 배정받은 신적 존재들의 관점에서 보면 어떨까? 이스라엘이 일월성신을 숭배했다고 정죄를 받은 반면, 구약 어디에도 바벨에서 열국을 배정받은 하나님의 아들들이 배정 당시 '타락했다'(여호와를 대적했다)는 언급은 없다. 배정의 맥락이 징벌임은 분명하지만, 그렇다고 해도 구약 어디에도 여호와가 그 하나님의 아들들이 숭배받는 것을 기뻐하신다는 언급은 없다. 만일 하나님이 열국을 하나님의 아들들에게 배정하시면서 마땅히 열국이 그 하나님의 아들들을 숭배하도록 의도하셨다면, 이런 숭배가 하나님의 심기를 건드릴 하등의 이유가 없다. 물론 이스라엘은 예상대로 하나님의 아들들을 숭배했다. 여호와 외 다른 신들을 숭배하는 이스라엘 백성을 정죄하는 구절은 수십 개에 달한다. 하지만 이런 숭배에 대한 성경의 정죄는 상속권을 박탈당한 열국까지 포괄하는 보다 일반론적인 언어다(시 97:7, 사 2:12-21). 하나님은 열국 백성들과 그 신들을 심판하신다(신 12:31, 18:9-14, 20:15-18). 열국에 배정된 신들은 가짜이며(렘 14:22, 18:15) 그들을 숭배하는 것은 무가치한 일이다(시 96:5. 97:7).

이걸 어떻게 이해해야 할까? 바울이 로마서 1:18-25에서 피력한 관점, 즉, 우상숭배를 고의적인 악으로 정죄한 관점이 가장 이치에 맞는 듯하다. 사도행전 17:26-27의 바울의 말을 되새겨보면, 하나님이 인류와 갈라서신 의도는 인류가 하나님과 바른 관계를 회복하고자 하나님을 더듬어 찾게 만드는 자극제가 되게 하려는 것이었다. 오직 이스라엘만이 관계 재정립의 매개체가 된다. 그러나 성경 이야기는 그와 반대 방향으로 전개된다. 이스라엘을 향한 적대감, 하등한 신들에 대한 의도적 숭배, 그리고 이스라엘 스스로의 불충으로 점철된다.

혹자는 여호와가 낮은 서열의 엘로힘들(하나님의 아들들)로부터 더 높은 수준의 행보를 기대하셨으리라 짐작할 것이다. 즉, 그들이 주권자를 대신하여 숭배 받는 것을 엘로힘들 스스로 혐오했으리라 기대하셨을 수도 있다. 하지만 성경에는 그들이 그런 행보를 보였다는 언급이 없다. 여호와야말로 신 중의 신이요 창조주요 창조계를 다스리는 주권자로서 장소 불문하고 누군가의 숭배를 받을 만한 유일한 신이라는 기대가 있었다. 그렇다면 하등한 엘로힘들의 역할은 열국의 행정적 통치였다는 의미가 된다. 하나님은 자신과 인류의 관계는 단절하셨어도 여전히 자신의 형상을 따라 창조된 자들이 학대 당하지 않고 공의로운 통치를 받길 원하셨다.

어느 시점에선가 하나님의 아들들은 인간 형상 담지자들을 위한 지상 질서와 공의로운 통치에 대한 여호와의 뜻을 저버리고 열국에 혼돈의 씨를 뿌렸다. 이것이 열국의 신들이 자신들의 통치권을 남용했다는 이유로 여호와의 책망을 받은 시편 82편의 뚜렷한 궤적이다.

> 1) 하나님은 신들의 공회 가운데에 서시며
> 하나님은 신들 가운데에서 재판하시느니라
> 2) 너희가 불공평한 판단을 하며
> 악인의 낯 보기를 언제까지 하려느냐(셀라)
> 3) 가난한 자와 고아를 위하여 판단하며
> 곤란한 자와 빈궁한 자에게 공의를 베풀지며
> 4) 가난한 자와 궁핍한 자를 구원하여
> 악인들의 손에서 건질지니라 하시는도다
> 5) 그들은 알지도 못하고 깨닫지도 못하여
> 흑암 중에 왕래하니
> 땅의 모든 터가 흔들리도다
> 6) 내가 말하기를 너희는 신들이며
> 다 지존자의 아들들이라 하였으나
> 7) 그러나 너희는 사람처럼 죽으며
> 고관의 하나 같이 넘어지리로다
> 8) 하나님이여 일어나사 세상을 심판하소서

모든 나라가 주의 기업이 되겠음이니이다.

시편 82편이 바벨에서 파양된 열국에 관한 것임은 마지막 절에 드러난다. 시편 기자는 하나님께 "모든 나라(열국)가 주의 기업이 되"게 해 달라고 부르짖는다. 여호와의 공회(시 82:1, 6)에 속했던 신들(엘로힘)을 "지존자(엘룐)의 아들들"이라고 칭한 것은 지존자(엘룐)가 그 아들들에게 열국을 배정한 것과 완벽하게 부합한다.[7] "주의 기업이 되다"(inherit, 나할, *nāḥāl*)로 번역된 히브리어 레마는 신명기 32:8에서 "기업/유업"(inheritance)으로 번역된 단어와 동일하다.[8]

시편 82편 5절의 언어가 눈길을 끈다. 열국을 통치하던 신들의 부패는 땅에 혼돈을 유발한다. ("땅의 모든 터가 흔들리도다.") 몇몇 학자들은 피조세계가 "하나님과 인류에 적대적인 무질서한 초자연적 존재

---

7. 일부 학자들은 신명기 32:8-9와 시편 82편의 언어가 여호와와 엘(엘룐)이 별개의 신이라는 증거라고 보고 이것이 초기 이스라엘의 다신주의를 방증한다고 본다. 이 관점에 대한 학계의 반응과 왜 시편 82:1의 복수형 *'elōhîm*과 천상회의(신들의 회의) 관념이 성경 사유에서 다신주의의 증거가 아닌지에 관한 논의는 다음을 참조하라. Michael S. Heiser, "Are Yahweh and El Distinct Deities in Deut. 32:8–9 and Psalm 82?" *HIPHIL* 3 (2006): 1–9; Heiser, "Divine Plurality in the Hebrew Bible," 1–24. 동일한 논점에 대한 비교적 전문적이지 않은 논의는 다음을 참조하라. Heiser, *Unseen Realm*, 23-37). 『보이지 않는 세계』(좋은씨앗).

8. 신명기 32:8의 원문은 *běhanḥēl 'elyōn gôyim*이다. 부정사의 목적어는 *gôyim*이다. 32:8 속 형태(*běhanḥēl*)는 사역형(Hiphil) 절대 부정사이지만 연계형 부정사(*běhanḥil*)의 오자로 이해해야 할 듯하다. 샌더스가 고찰하듯 동사 *n-ḥ-l*의 히필(Hiphil, 사역형)은 "*accusativus personae*(상속 받는 사람, 그러므로 '지존자가 열국에 그들의 기업을 주셨을 때') 또는 *accusativus rei*(무엇을 상속 받는가, 그러므로 '지존자가 열국을 기업으로 주셨을 때'로 해석된다) 둘 다와 연결"될 수 있다. 참조, Sanders, Provenance of Deuteronomy 32, 154. 다른 사례로는 신 1:38; 3:28; 21:16; 31:7; 수 1:6; 삼상 2:8; 슥 8:12; 그리고 잠 8:21가 있다.

와 세력들에 의해 훼손되었고 영구적 위협에 처했다"는 구약에 제시된 발상을 발전시켰다.[9]

게이어는 열국의 심판을 말하는 신탁(oracles)에 관한 자신의 중요한 연구에서 모든 고전적 선지자들에게 임한 이 열국에 관한 신탁은 단지 여호와의 날에 이스라엘의 지상 대적만을 가리키는 게 아니라고 주장한다. 열국 황폐화에 대한 묵시론적 환상은 열국 신들에 대한 심판이기도 하다는 것이다.

> 이른바 시온 신학에서 여호와가 왕으로 인정 받을 때 그는 땅이 요동하지 못하도록 땅의 터를 견고하게 세우신다(시 xciii:1). 그러나 혼돈의 때에 세상은 전율하고 요동한다(사 xiii 13). 이 현상은 시편 lx.4에서도 나타나는데 이는 성소의 축제의 일환이며(8절) 4절의 혼돈은 열국의 반역과 동일시된다(10-14절). 시편 lxviii 9은 여호와가 사막의 대적을 제압하실 때 땅이 요동함을 묘사한다. 시편 lxxvii는 태고의 물에 관한 묘사 후(17절) 땅의 흔들림(19절)을 묘사한다. 이 혼돈의 요소는 이사야, 예레미야, 에스겔서에서 열국에 대한 신탁이 내려질 때 네 번 언급되었다(사 xiii 13, 렘 xlix 21,1 46, li 29). 예레미야가 열국의 왕으로 여호와를 드높일 때(x 7, 10) 그는 땅이 요동했다고 기록한다. 땅의 황폐화의 마지막 단계는 우주의 완전한 녹아내림이다. 하늘의 주인들이 전반적 혼돈에 의해 아수라장에 빠진다. 해달별은 더이상 빛을 발하지 않

9. Robert Murray, *The Cosmic Covenant: Biblical Themes of Justice, Peace and the Integrity of Creation* (London: Sheed & Ward, 1992), xx.

으며 세상은 흑암으로 빠져든다(사 xiii 10, 겔 xxxii 7-8).[10]

열국을 위임통치하는 신들이 부패한 관료가 되었고 천상에서도 혼돈의 씨를 뿌렸다. 여호와는 의(세다카)와 평강(샬롬)을 특징으로 하는 세계를 창조하셨다. 시편 82편에서 "신들은 인간계에서 공의를 이루지 못했다는 이유로 사형 선고를 받는다… '우주' 영역 역시 사회 질서의 공의에 영향을 받는다. 불의는 그 존재 자체로 우주 질서를 밑둥부터 뒤흔든다."[11]

패트릭 밀러는 이 발상을 열국을 배정받은 신들이 심판을 받는 시편 82편 장면에 보다 전면적으로 적용한다.

> 여호와의 공회가 가장 적나라하게 드러나는 본문 중 하나인 시편 82편은 이런 뒷배경과 함께 고찰해야 한다. 비록 이야기 흐름 상 세상이 여호와의 전적 통치와 통제 하에 있음이 분명하지만 시편 82편의 무대는 전적으로 신들의 세상이다. 이 시편은 하나님이 기립하셔서 신들에 대한 심판을 선고하는 "신들의 회의"(1절) 장면을 그린다. 신들에 대한 평결의 근거가 조목조목 어떤 모호함도 없이 열거된다. 지상 열국 가운데 질서와 공의를 확립해야 할 신들, 즉, 신성한 자들이 본분 이행에

10. Geyer, "Desolation and Cosmos,"50-51. 그리고 John B. Geyer, "Mythology and Culture in the Oracles against the Nations," *VT* 36 (1986): 129-45.

11. Patrick D. Miller Jr., "When the Gods Meet: Psalm 82 and the Issue of Justice," *Journal for Preachers* 9 (1986): 4-5.

철저하게 실패했다. 그들은 악한 자들의 손을 들어주었고 빈자와 약자의 권리 옹호에 실패했다. 그 결과 세상의 기초가 요동하였다는 진술이 이어진다. 여기서 말하는 질서 유지란 명백하게 도덕적 영역에서 공의를 수호하고 부자와 악인을 통제하며 빈자의 무질서에 맞서는 것이다. 질서 유지 실패는 일종의 우주론적 혼돈으로 표면화되었다. 공의를 유지하지 못하면 우주가 무너진다는 말이다.[12]

이 개념은 단순명료하다. 신의 영역에서 혼돈이 존재하면, 즉, 여호와의 공회원들이 여호와의 뜻과 조화를 이루지 못하면, 지상에 비참함과 혼돈, 불의, 죽음이 초래된다는 것이다. 여호와는 공의로 다스리시기에 열국 통치자들에게도 동일한 공의를 기대하신다. 그러나 우리가 구약에서 읽은 바로는 열국의 현실은 전혀 그렇지 못했다. 오히려 열국을 배정받은 신들은 더 악해져 여호와의 분깃인 이스라엘에도 혼돈을 전파하고자 지존자 대신 자신들을 숭배하도록 미혹했다.

우주 지형론과 열국의 흑암 군주

신명기 32장과 시편 82편에서 제시된 성경적 세계관은 학자들이 구약 사유 중 '우주 지형론'(cosmic geography)이라고 부르는 부분의 토

12. Miller, *Israelite Religion and Biblical Theology*, 438–39.

대다. 신명기 32:9의 언어에 의하면, 하나의 영토와 민족으로서 이스라엘은 "여호와의 분깃"이자 그분에게 "배정된 기업"이었다. 따라서 이스라엘은 적대적 신들이 다스리는 대적들의 나라로 사면이 둘러싸여 있었다.

이 관념이 바로 바벨탑 사건을 기점으로 향후 이스라엘 민족 태동의 시발점이 된 아브라함의 부르심으로 이어지는 구약 이야기의 정수다. 이 관점에 비추어 볼 때, 여호와의 땅으로 가는 도중 광야에서 방황하던 이스라엘 백성이 광야 여정을 귀신들의 권세와 연관 지었음은 당연한 일일 것이다. 이 관점에서 보면 레위기 16장의 아사셀을 위한 염소와 레위기 17:7의 "염소 귀신들"이 더 잘 이해가 된다. 우리가 이 책 1장에서 보았듯 이스라엘 사람들은 당연히 사막 광야를 사후세계와 연관된 악한 영들의 본거지로 여겼다.

현대 독자는 기이하게 여길 요소가 포함된 몇몇 구약 에피소드도 우주 지형론적 사고를 배경으로 놓고 보면 쉽게 설명이 된다.[13] 일례로 "여호와의 기업"에서 쫓겨났다는 다윗의 발언이 있다(삼상 26:19 LEB). 다윗은 사울과 그 심복들이 "너는 가서 다른 신들을 섬기라"면서 자신을 추방했다고 화를 내며 불평한다(삼상 26:19, LEB). 다윗의 말은 영토와 신(deity) 간의 연결점을 암시한다. 앗수르 군대 장관 나아만은 엘리사 선지자의 지시에 순종하여 나병을 고침 받은 후(왕하 5) 고국에 이스라엘의 흙을 가져가도 되겠냐고 선지자의 허락을 구한다(왕

---

13. 향후 사례들에 대한 상세한 논의는 다음을 참조하라. Heiser, *Unseen Realm*, 117-22. 『보이지 않는 세계』(좋은씨앗).

하 5:17). 나아만이 여타 모든 신들에 대한 여호와의 주되심을 인정하면서 오직 여호와께만 희생제를 드리기로 서약했음을 헤아리지 못하면 이런 나아만의 요청을 해석하기 어렵다. 나아만이 이스라엘의 흙을 앗수르로 가져가도 되겠냐고 물은 이유는 여호와는 오직 여호와의 땅에서만 섬기게 되어 있었기 때문이다(왕상 5:17-19). 블레셋이 언약궤를 빼앗아 다곤 신전에 가져다 놓은 결과는 참담했다. 24시간이 되기도 전에 보이지 않는 힘에 의해 다곤 신상이 수족과 머리가 잘려나간 채 바닥에 나뒹군다(삼상 5:1-4). 쓰러진 다곤 신상을 본 제사장들은 비록 그 공간이 다곤 신전이었음에도 불구하고 여호와가 다곤을 부서트린 땅을 차마 밟지 못한다. 그 땅은 이제 여호와 차지가 된 정복당한 땅이었다.

어쩌면 우주 지형론의 가장 친근한 예시는 다니엘 10:13, 20이다. 여기에 등장하는 군주들이 초자연적 존재임은 이스라엘의 "군주"이자 "가장 높은 군주 중 하나"인 미가엘과 대면했다는 사실로 확인된다(단 10:13, 비교, 단 10:21, 12:1).[14] 군주 용어에 관한 콜린스의 고찰이다.

---

14. 앞으로 우리의 신약 연구를 통해서도 보겠지만, 이 군주 언어와 더 폭넓은 우적 지형론적 개념은 바울의 흑암 권세에 관한 어휘(예, 정사, 통치자)의 근간을 이룬다. 다니엘서 주석에서 존 콜린스가 한 고찰이다. "'군주'(prince)라는 호칭이 신적 존재보다 못한 신분을 암시하는 것은 아니다. 단 8:11의 천군의 군주(prince of the host)는 누가 봐도 이스라엘의 하나님을 가리키는 것이다. '군주' 명칭이 천사에게 적용된 선례는 수 5:14에 등장하는 **שר צבא יהוה**다. 이 호칭은 쿰란에서 가장 높은 천사 권세에 사용되었다. 가령 '빛들의 군주'(1QS 3:20, CD 5:18, 1QM 13:10의 '빛의 군주'[prince of light]와 비교하라)와 '악의 권세를 잡은 자'(prince of the dominion of wickedness)(1QM 17:5-6)가 있다. 참조, Collins, Daniel: A Commentary on the Book of Daniel (Hermeneia; Minneapolis: Fortress, 1993), 375. 그리고 Bampfylde, "The Prince of the Host in the Book of Daneiel and the Dead Sea Scrolls," 129-34.

> 미가엘 비유는 헬라와 바사의 "군주들"이 이 민족들의 수호 천사임을 분명하게 드러낸다. 민족별로 담당하는 신 또는 천상의 존재가 있다는 관념은 고대 세계에 만연했다. (…) 이 군주 발상의 기원은 고대 근동의 '천상회의' 개념에서 찾을 수 있다. 민족별로 담당하는 신이 존재한다는 발상은 랍사게의 조롱에도 전제되어 있다. "민족의 모든 신들 중에 누가 그의 땅을 내 손에서 건졌기에 여호와가 예루살렘을 내 손에서 건지겠느냐"(왕하 18:35=사 36:20).[15]

일부 학자들과 몇몇 영어 성경은 바사와 헬라의 "군주들"이 인간이라는 이해를 선택했다. 다니엘 10:13의 "내가 거기 바사 왕국의 왕들과 함께 머물러 있더니 가장 높은 군주 중 하나인 미가엘이 와서 나를 도와 주므로"라는 진술 때문이다. 이에 대한 스테판 밀러의 적절한 고찰이다.

> '왕'으로 번역된 히브리어는 복수형인데, 천사가 바사의 지상 왕들과 함께 "발이 묶여 있었다"는 개념은 앞뒤가 맞지 않는다. 천사의 전쟁이라는 맥락에서 이 "왕들"은 바사를 제패하고자 했던 영적 통치자들이었을 가능성이 크다.[16]

---

15. John J. Collinjs, "Prince,"*DDD* 663. *sār*(군주)라는 용어는 여호수아가 정복 전쟁 초에 만난 여호와 군대의 초자연적 우두머리에게도 사용되었다(수 5:13-15). 이 인물의 정체와 미가엘과의 관계(또는 관계 유무)에 관해선 다음을 참조하라. Heiser, *Angels,* 64-65. 『천사를 말하다』(좋은씨앗).

16. Stephen R. Miller, *Daniel* (NAC; Nashville: Broadman & Holman, 1994), 284.

신명기 신학의 명료한 선례에 비추어볼 때 다니엘 10장의 "군주들"의 본질은 명확하다. 아래의 하트만과 디 렐라의 평가는 구약 학계에 존재하는 열국을 다스리는 군주에 관한 폭넓은 공감대의 예시다.

> 다니엘 10:13에 두 번 언급된 "바사 왕국의 군주"와 10:20에서 단순히 "바사의 군주"라고 언급된 존재는 칼뱅과 대부분의 개혁 신학자들이 생각하듯 10:1의 바사왕 고레스나 바사 왕 집단을 하나로 일컫는 통칭이 아니다. 이 존재는 랍비와 대부분의 기독교 주석가들이 바르게 인지했듯 바사 왕국의 수호자로 있는 영이나 수호 천사다. (…) 민족들을 위한 수호 천사에 대한 믿음은, 도시국가나 민족, 제국별로 구체적인 방식으로 보호자 역할을 하면서 그 대가로 특별한 지위와 종교적 인정을 누리는 수호 신들이 존재한다는 고대 다신주의 신학의 잔재다. 이전 시대와 마찬가지로, 정통 유일신교 공동체에선 자신에게 배정된 민족의 안위를 돌보는 각각의 수호 신들을 유일신 하나님이 원활한 국정 운영을 보장하고자 위임한 존재로 여겼다. 만일 나라가 위태로워지면 지혜나 능력 부족으로 해당 수호 천사가 비난을 받을 수도 있었다. 이런 통치 방식으로 인해 하나님은 열국에 대한 부적절한 관리나 방임의 비난으로부터 면책된다. 이스라엘의 기본적인 유일신 강령을 보존하기 위해 수호 천사들은 하나님의 최고 권위에 종속된 존재로 여겨졌다.[17]

17. Louis F. Hartman and Alexander A. Di Lella, *The Book of Daniel: A New Translation with Notes and Commentary on Chapters* 1–9 (AYB; New Haven, CT: Yale

연이어 하트만과 디 렐라는 다니엘서 10장에 바사와 헬라의 군주들이 항명한 듯한 분위기가 깔려 있다고 제언한다. 이는 그들이 여호와를 섬기는 이스라엘의 수호신 미가엘을 반대했다는 문맥에서 자명하게 드러난다(단 10:21, 12:1). 다니엘서 10장은 시편 82편과 통한다. 제2성전기 저자들은 전에 창세기 3장과 6:1-4의 반역을 주목했듯 구약에서 드러나는 3차 신적 존재들의 반역의 정황 역시 주목했다. 제2성전기 저자들은 흑암의 권세들에 의한 열국의 우주 지형론적 통치를 긍정하고 그들이 하나님의 백성에 위협이 된다는 점을 창조적으로 표현했다. 이제 우리는 그 후속으로 신약이 묘사하는 초자연적 악의 초상에 대한 신학적-개념적 틀을 완성하기 위해 이 제2성전기 저자들을 만나보고자 한다.

University Press, 1978), 282-83.

8장.
제2성전기 유대교 속 열국을 다스리는 흑암 권세

D. 한나는 열국을 다스리도록 세워진 '수호 신-천사'에 관한 유대 신학 연구에서 "특정 천사들이 열국 또는 열국의 수호자나 후견자 역할을 했다는 개념은 제2성전기 유대교의 천사론에서 [큰] 비중을 차지했다"고 고찰한다.[1] 우리가 앞 장에서 보았듯, 이 신학은 신명기의 여러 본문과 시편 82편과 다니엘서 10장에서 유래했다. 세상의 열국(민족들)이 바벨탑 사건에 따른 하나님의 징계의 일환으로 하등한 신들에게 배정되었고, 이 신들이 지상에 혼돈의 씨를 뿌리고 여호와와 그 백성을 대적했다는 개념은 다양한 제2성전기 문헌에 등장한다. 이번 장에서 우리는 이 개념의 비중과 발달과정을 정립하기 위해 제2성전

---

1. Darrell D. Hannah, "Guardian Angels and Angelic National Patrons in Second Temple Judaism and Early Christianity," in *Angels: The Concept of Celestial Beings—Origins, Development and Reception*, ed. Friedrich V. Reiterer, Tobias Nicklas, and Karin Sch pflin (Berlin: De Gruyter, 2007), 413.

기 문헌을 살펴볼 예정이다.

열국을 다스리는 흑암 권세: 칠십인역

히브리어 성경의 헬라어역인 칠십인역은 제2성전기의 번역이다. 대부분의 칠십인역 필사본은 신명기 32:8을 '하나님의 천사들'(앙겔론 데우) 또는 '하나님의 아들들'(휴이온 데우)로 옮겼다. 두 번역 모두 우리가 앞 장에서 논한 사해 두루마리의 신명기 32:8 해석과 일치하는 히브리어 본문을 참조했다. 마소라 본문은 관련 구절인 신명기 32:43을 각주로 배치해 버렸다. 일종의 강등인 셈이다. 신명기 32:43은 열국의 신들도 지목하는데, 사해 두루마리 속 해당 구절은 전통 히브리어 마소라 본문과 다르다. 칠십인역 역시 다르지만 칠십인역은 개념상 사해 두루마리와 일치한다.

신명기 32:43[주1]		
마소라 본문	사해 두루마리 (4QDeutq)	칠십인역 (두 연[stanza] 추가)
너희 민족들아	하늘이여	하늘이여
주의 백성을 즐거워하라	그와 함께 즐거워하라	그와 함께 즐거워하라
	모든 신들이여(엘로힘)	하나님의 모든 아들들아 (huioi theou)
	그에게 절하라	그에게 절하라
		너희 민족들아

		주의 백성과 함께 즐거워하라
		하나님의 모든 천사들이 (angeloi theou) 주 안에서 힘을 얻게 하라
1. 여기 신명기 32:43 번역은 필자.		

신명기 32:8의 경우와 마찬가지로 마소라 본문은 신 32:43의 열국에 관련된 신적 존재들에 대한 언급을 생략해 버렸다. 주후 100년경 마소라 본문이 생성될 즈음에는 신명기 32:8과 43절 둘 다 변개된 상태였다.[2] 한나의 발언은 이 사안에 대한 학계의 압도적 공감대를 반영한다. "모세의 시(신 32:1-43)의 원문은 비록 후대 편집자들이 제거하려고 했으나 하등한 신적 존재든 천사든 일종의 우주적 후견자로서 열국을 다스리도록 배정된 천상의 수호자들이라는 믿음을 수긍한다

2. 학자들은 우리가 마소라 본문이라고 아는 것의 생성 연대를 보통 주후 100년으로 추정한다. 더 정확성을 기하려면 Brotzman의 고찰을 보자. "주전 3세기와 주전 1세기 사이 존재한 쿰란에서 발견된 다양한 본문 유형들은 적어도 주후 135년 전까지 권위 있는 단일 본문 유형으로 대체되었다." 참조, Ellis R. Brotzman, *Old Testament Textual Criticism: A Practical Introduction* (Grand Rapids: Baker Books, 1994), 43-44. Tov는 주후 1세기말의 역사적 상황을 이렇게 요약한다. "주후 1세기말 기독교는 칠십인역을 받아들이고 유대인은 칠십인역을 배척하는 상황에 이르렀다. 사마리아 모세오경의 사본들이 있었지만 그 종파는 세월이 흐르며 독자적 종교가 되었기에 그들의 본문은 더이상 유대가 아닌 사마리아의 것으로 간주되었다. 다량의 본문을 보존한 쿰란 종파는 성전 파괴 후 사라졌다. 그러므로 이 시기에 남아있던 본문은 유대교의 중심 집단이 복사하고 배분한 것들밖에 없었다. (…) 이 상황으로 말미암아 마소라 본문이 다른 본문들을 '축출했다'는 그릇된 결론이 도출되었다." 참조, Emanuel Tov, "Textual Criticism (OT)," *ABD* 6:395, 407. 신 32:8에 대한 쿰란 해석에 관한 추가 정보는 다음을 참조하라. E. Ulrich, F. M. Cross, S. W. Crawford, J. A. Duncan, P. W. Skehan, E. Tov, and J. T. Barrera, *Qumran Cave 4 IX: Deuteronomy, Joshua, Judges, Kings* (Discoveries in the Judaean Desert XIV; Oxford: Clarendon Press, 1996).

고 충분히 결론 내릴 수 있다."[3] 여기서 간과하면 안 될 핵심은 제2성전기 유대인들이 그들의 구약에서 열국에 배정된 신들에 관한 내용을 읽었을 것이라는 점이다.

외경 '벤 시라의 지혜'(칠십인역에 포함된 시락서)에는 신명기 32장의 세계관이 유대 신학의 한 축이었음을 보여주는 몇몇 흔적이 있다. 시락서 17장은 인류 일반을 하나님의 피조물로 묘사한 다음(시락서 17:1-7) 하나님과 언약 관계를 맺고 율법을 받은 유대인에게로 눈을 돌린다(시락서 17:12-14). 벤 시라(시락서 17:15-16)[4]는 유대인이든 이방인이든 관계없이 이렇게 묘사한다.

> 하나님은 인간의 행위와 사고에 대한 명확한 지식이 있으시며 모든 남녀에게 적절한 신적 보응을 내리신다. 여호와가 인간의 "길"을 아심은 "그들이 그의 눈으로부터 숨을 수 없기" 때문이라.[5]

그 다음 17절에선 "그[하나님]가 각 민족에 대해 한 우두머리를 정하셨고 이스라엘은 여호와의 분깃이라"(LES)고 한다. '우두머리'(leader)로 번역된 단어는 '감독, 지도자, 인도자 역할을 맡다'라는

3. Hannah, "Angelic National Patrons," 417
4. 벤시라의 지혜서의 모든 필사본에 해당 장의 16절이 수록된 건 아니다.
5. Patrick W. Skehan and Alexander A. Di Lella O.F.M., *The Wisdom of Ben Sira: A New Translation with Notes, Introduction and Commentary* (AYB; New Haven, CT: Yale University Press, 1987), 283.

뜻의 레마 헤게오마이(*hēgeomai*)의 분사 형태다.[6] 이 용어는 해당 구절과 칠십인역의 다른 구절에서(예, 신 5:23, 수 13:21, 삼하 6:21, 왕상 16:16, 겔 43:7) 분명하게 '고관' 또는 '군주의 권위를 가진' 이를 가리킨다.[7] 한 나는 시락서 17:17에 대해 "이는 신명기 32:8-9 원문의 정확한 평행 구절이다"[8]라고 평한다.

이 책 2장에서 살펴본 것처럼 다니엘서의 칠십인역 자료는 여러 갈래로 나뉘어진다. 칠십인역 다니엘서 10:13, 20의 테오도션 본문은 신적 존재들이 열국의 통치자라는 해석을 허락한다. 반면 여타 칠십

6. BDAG, s.v. "ἡγέομαι."

7. Ibid.

8. Hannah, "Angelic National Patrons," 418. Hannah의 부연설명이다. "흥미롭게도 후기 헬라 필사본 중 두 가지, 지극히 작은 70과 248은 시락서 17:17을 더 적확하게 언급하며 이 문장의 도입부에 '모든 땅의 열국이 나뉘어질 때 그가 한 통치자를 지명하셨으니'라는 경고문을 덧붙였다. Hannah는 이 작은 본문들(중세 본문들) 속에 있는 이 표현이 하나님이 열국에 천사 수호자들을 임명하셨다는 탈굼 유사-요나단(창 11:7-8, 신 32:8-9)과 Pirqe de Rabbi Eliezer 24의 랍비 가르침에 의거하여 랍비 시대에 추가되었을 가능성이 크다고 시사한다. 이 언급은 마소라 본문이 신명기 32장을 변개했음에도 불구하고 사해 두루마리 해석이 랍비 시대로까지 명맥을 유지했음을 분명하게 보여준다. Box와 Oesterley는 이 방면에서 랍비 가르침을 고찰한다. "그가 온 세상의 하나님이시기에 다른 열국에 대한 그분의 관심을 부정할 수 없다(비교, Midrash Sifre 40, 하나님은 이스라엘만 간섭하시는 게 아니라 모든 인간을 간섭하신다). 그러므로 하나님이 이스라엘 백성을 자신의 특별한 돌봄의 대상으로 보존하셨지만, 다른 인종을 돌보고 지키는 일을 천사들에게 위임하셨다. 유사-요나단 탈굼 창 11:7-8에는 모든 민족에게 각각 수호 천사가 있는데, 이 천사들이 하나님 존전에서 자기 보호 아래 있는 민족을 대변하고 청원한다고 되어 있다. 흥미로운 점은 더 후대에 가선 이스라엘의 신적 수호자 역할 역시 대천사 미가엘에게 위임되었다는 사실이다. *Ḥagigah* 12 *b* (*T. B.*)에서 미가엘의 직함은 '유대인의 옹호자'이고 *Yalkut Shimeoni Bereshith* 132에선 이스라엘 민족의 수호 천사로서 모든 천사들보다 높은 군주로 묘사된다. 미가엘은 하나님 존전에서 이스라엘의 대표자 및 수호자로 행하며 그가 대표하는 이스라엘 민족을 위해 중보한다"(*APOT*, 1:376).

인역 본문들은 이를 허락하지 않는다.[9] 위에서 살펴본 것처럼 시락서 17:17과 신명기 32:43은 (테오도션 다니엘 10:13, 20 외) 신명기 32장 세계관을 명확하게 증거하는 칠십인역의 명백한 사례들이다. 제2성전기의 위경 본문들도 마찬가지다.

열국을 다스리는 흑암 권세: 위경

알렉산드리아의 필로 역시 신명기 32:8-9 본문과 같은 입장에 서 있었다. 그는 하나님이 "하나님의 천사들의 수효대로 열국의 경계를 정하셨고 여호와의 분깃은 자기 백성 야곱이고 이스라엘은 그가 택하신 기업이 되었다"고 기록했다.[10]

제2성전기의 희년서는 구약 이야기를 재기술하는 과정에서 신명기 32장 세계관을 압축한 주장을 편다.[11] 우리가 앞 장에서 보았듯 희

---

9. 앞서 고찰했듯 테오도션 본문은 신약 시대에 선행하며 테오도션 다니엘 본문은 그 전부터 사용되던 칠십인역에 선행한다. 이 사안에 관한 Jobes와 Silva의 *Invitation to the Septuagint*, 28, 인용문 전문을 보려면 이 책 2장을 참조하라.

10. Philo, *De posteritate Caini* 89. 번역은 다음의 헬라어 본문에 기초한 필자. Peder Borgen, Kåre Fuglseth, and Roald Skarsten, *The Works of Philo: Greek Text with Morphology* (Bellingham, WA: Logos Bible Software, 2005).

11. Scott이 지적하듯 희년서 8-9장은 실은 창세기 10장에 대한 강해로서 "동편의 에덴 동산(희년 8:16)으로부터 스페인의 Gadir(=Cádiz)(8:23, 26, 9:12)까지 이어지는 세계와 그 속에서 이스라엘의 중심적 위치"를 반영한다. 참조, James M. Scott, *Paul and the Nations: The Old Testament and Jewish Background of Paul's Mission to the Nations with Special Reference to the Destination of Galatians* (Tübingen: Mohr Siebeck, 1995), 15. Scott이 자신의 논의를 희년서 10장으로 확장하지 않은 이유는 그의 목적이 제

년서 저자는 10장에서 하나님이 창세기 6장 사건에서 태동한 귀신들을 땅에서 척결하는 임무를 맡은 대천사들에게 귀신들을 결박하라고 지시하시는 장면을 묘사한다(희년 10:4-5). 악한 영들의 우두머리 마스테마는 일정 수의 귀신들은 자기 수하로 지상에 남겨달라고 청한다. 마스테마가 하나님께 허락을 구했음을 상기해야 한다(희년 10:8).

> 내가 그들에게 이르는 모든 것을 그들이 행하게 하소서 만일 그들 중 일부를 나를 위해 남겨두시지 않으면 내가 사람의 자녀들 가운데 내 뜻대로 권세를 행할 수 없나이다 이는 사람의 아들들의 악이 심히 크기에 나의 심판 이전에 그들이 부패하고 그릇된 길로 나아가기로 작정하였나이다.[12]

하나님은 이 청에 응하여 10분의 1이 심판을 피하게 하셨고(희년

2성전기 유대 귀신론이 아니기 때문이다. Scott은 신 32:8을 언급하는 과정에서 이스라엘의 지형론적 중심성이 마소라 본문의 해당 절 해석에서 비롯되었다고 상정하는 듯하다. 신 32:8에는 "이스라엘의 아들들" 또는 "하나님의 아들들"의 지형론적 위상에 관한 구체적인 내용이 없다. 이 발상은 구약 기자나 독자가 본문 해석을 통해 상정한 것일 수 있다. Scott은 열국을 통치하는 초자연적 존재에 관한 발상이 신 32:8(칠십인역, 쿰란)과 다니엘 10-11장(Paul and the Nations, 12)에서 비롯되었다는 발상을 수긍한다. Scott의 바울 문헌 논의에선 더 많은 초자연적 요소가 교차된다.

12. OTP, 2:76. Sherman은 바벨탑 본문 해석의 역사를 다룬 자신의 저작에서, 해당 에피소드의 희년서 버전 속 영들과 네피림으로부터 탈 육신한 순찰자-영들 간의 연결성을 분명히 인식했다. 하지만 그는 다소 의아스럽게도 희년서 10장에 나오는 열방을 신들에게 배정하는 대목에 대해선 주목하지 못한다. 참조. See Phillip Michael Sherman, *Babel's Tower Translated: Genesis 1–11 and Ancient Jewish Interpretation* (Leiden: Brill, 2013), 107–8. 놀랍게도 신 32:8-9는 해당 책 색인에조차 나오지 않는다.

10:6-11) 지상에 잔류한 귀신들이 "노아의 아들들은 좇지 못하게" 하셨다(희년 10:13). 홍수 이후 번성한 온 인류가 노아의 아들들의 후손인데 귀신들이 "노아의 아들들"을 해코지하지 못하게 금했다는 발상이 희한하다. 저자의 사고를 설명하는 데 희년서 15장이 도움이 될 듯하다.

> 30) 여호와가 이스마엘과 그 아들들과 형제들과 에서는 아브라함의 아들인데도 자신에게로 가까이 끌어오거나 택하지 않으셨으니 이는 그가 그들을 아셨음이라 그러나 그는 이스라엘이 자신의 백성이 되도록 택하셨으니 31) [하나님이] 이스라엘을 자기 백성이 되도록 택하셔서 이스라엘을 거룩하게 하시고 모든 사람의 아들들로부터 불러 모으셨으니 이는 허다한 나라와 허다한 사람이 있고 그들 모두가 그분께 속하였으나 그들 모두 하나님을 따르지는 못하도록 미혹의 영들 아래 두신 까닭이라 32) 다만 이스라엘의 유일한 통치자는 하나님 한 분이라 다른 어떤 천사나 영이 이스라엘을 다스리지 못하게 하셨으니 오직 하나님만이 그들을 보호하시며 그 천사의 손과 영들의 손과 모든 권세들의 손으로 그들을 찾으시고 지키시고 축복하시며 세세토록 하나님의 소유가 되고 하나님이 그들의 소유가 되게 하려 하심이라(희년 15:30-32).[13]

13. *OTP*, 2:87.

핵심은 32절이다. 하나님은 "다른 어떤 천사나 영이" 이스라엘을 다스리지 못하게 하셨다. 이는 명확하게 신명기 32장 세계관을 지목한 것이다. 이스라엘은 여호와께 배정된 기업이나(신 32:9) 다른 열국은 하등한 신들(영적 존재)의 권세 아래 배정되었다. 이 언어가 귀신의 10분의 1이 순찰자의 소생에서 유래했다는 희년서 10:1-13과 결합되면 홍수 즈음 순찰자들의 범죄와 바벨 사태 간에 미묘한 연결고리가 생긴다. 이 연결고리를 주목한 학자들이 있었다.

> 악한 영들은 적어도 장기적으론 노아의 '모든' 자녀를 좇는 것으로부터 배제되지 않았다. (…) 희년서는 귀신 역할의 이해에 민족들의 경계가 핵심이라는 주장을 하고 싶어한다. 궁극적으로 귀신은 이스라엘을 좇는 것만 금지되었다. (…) 희년서는 귀신과 우상숭배 간의 연결고리를 생성했고 더 나아가 귀신과 우상숭배를 이방 민족에 연결시켰다.[14]

희년서 15:31에선 하나님이 열국을 "그들 모두 하나님을 따르지는 못하도록 미혹의 영들 아래 두신" 것이라고 명확하게 말한다. 한나는 "열국이 하나님을 따르지 못하도록 미혹해야 하는 이유는 그들이 바

14. Todd R. Hanneken, "The Watchers in Rewritten Scripture: The Use of the Book of the Watchers in Jubilees," in *The Fallen Angels Traditions: Second Temple Developments and Reception History*, ed. Angela Kim Harkins, Kelley Coblentz Bautch, and John C. Endres (Washington, DC: Catholic Biblical Association of America, 2014), 23-68 (esp. 48).

벨탑에서 지은 죄 때문이었다"고 말한다.[15] 이로써 신명기 32장의 신학을 수긍하는 동시에 구약에서 발견되는 2차, 3차 신적 반역이 우두머리 사탄과 연결된다.[16] 구약에 하나님이 열국을 미혹케 하기를 '원하셨다'는 내용이 없다고 생각하는가? 그렇다면 시편 82:2-5에 묘사된, 열국을 다스리는 신적 존재들을 향한 하나님의 책망이 겉과 속이 다른 관념이 되어버린다.

이스라엘 역사에 대한 고도의 상징적 재기술인 동물묵시록(에녹1 85-90)도 신명기 32장 세계관의 반영이다. 패트릭 틸러는 에녹1서의 이 부분에 관한 학문적 주석에서 이렇게 설명했다.

> [동물묵시록]은 홍수 이전 시기의 족장 에녹의 알레고리적 꿈으로 제시된다. 꿈에서 에녹은 숫소, 양, 양을 잡아먹는 다양한 짐승들, 그리고 다양한 방식으로 양과 숫소와 상호작용하는 인간들의 이야기를 목격한다. 이야기의 각 요소는 주로 이야기 밖 인간 역사의 어떤 대목을 상징한다. 소는 아담부터 노아 때까지의 인간과 일부 초기 셈족과 이상적 미래의 회복된 인류를 나타낸다. 양은 이스라엘을 나타낸다. 다양한 부정한 육식성 또는 사체를 뜯어먹는 짐승과 새는 이방 민족을 나타낸다. 별은 타락한 순찰자를 나타내며 인간들은 하나님을 상징하는

15. Hannah, "Angelic National Patrons," 419.

16. 필자가 앞 장에서 주목했듯 이 발상들의 병합은 신약 사유에서 명확하게 드러난다. 그러나 신약 사유에는 하나님이 열국을 의도적으로 미혹케 하셨다는 구체적 근거가 드러나지 않는다. 실제로 사도행전 17:26-27은 이 근거를 부인하는 듯하다.

양 주인을 제외하곤 천사적 존재를 나타낸다.[17]

여기서 중요한 이미지는 양이 이스라엘을 나타내며 양 주인이 하나님을 나타낸다는 것이다. 동물묵시록에서 주인(하나님)은 양(이스라엘)을 "칠십인의 목자, 즉, 칠십인의 천사들"의 통제 하에 둔다.[18] 이는 "물론 수호 천사 전설(Angelic Patron Legend)의 칠십인 천사를 연상케 한다."[19] 하나님이 그의 양(이스라엘)을 칠십인 목자들에게 넘겨버리신 것은 다윗 왕조 유배기에 해당한다.[20] 칠십인 목자의 때는 네 시기로 나뉘는데, 그 중 마지막 시기는 메시아 시대의 미명이 밝아오는 것으로 끝난다.[21] 이는 학계에서 이 알레고리를 묵시록이라고 칭하는 근거

---

17. Patrick A. Tiller, *A Commentary on the Animal Apocalypse of 1 Enoch* (Atlanta: Scholars Press, 1993), 3.

18. 여기서 동사는 문자적으로 "내치다[내던지다]"를 뜻한다(*OTP*, 1:67, 4번 각주). Tiller가 고찰하듯 "혹자는 이를 주인이 양을 돌보라고 목동들에게 '위임'한 걸로 볼 수 있으나 양에 대한 주인의 행동은 89:55-56에서 양들을 내버린 것보다 훨씬 단호하고 부정적이다"(Tiller, *Commentary on the Animal Apocalypse*, 325).

19. Hannah, "Angelic National Patrons," 421.

20. 한나에 의하면 "이 시기는 바벨론 포로기(에녹1 89:55-71), 스룹바벨과 여호수아 치하의 제한된 재건기(에녹1 89:72-77), 페르시아와 헬레니즘 패권기(에녹1 90:1-7), 마카비 반역으로 귀결된 셀레우코스 왕조의 위기(에녹1 90:6-19)에 해당한다." 참조, Hannah, "Angelic National Patrons," 421.

21. Ida Fröhlich, "The Symbolic Language of the Animal Apocalypse of Enoch (1 Enoch 85-90)," *Revue de Qumran* 14.4 (1990): 629-36 (esp. 630-31). 여기서 눈여겨봐야 할 점은 Tiller는 칠십이라는 숫자가 신명기 32:8-9과 연결되어야 한다고 생각하지 않는다는 것이다(Tiller, *Commentary on the Animal Apocalypse*, 53, 주 80). 오히려 Tiller는 동물묵시록의 숫자가 렘 25:11-12에서 비롯된다고 본다. 그 이유는 에녹서 저자가 칠십인의 목자를 유배의 종식과 연결시키고 칠십이라는 숫자가 신 32:8-9에는 등장하지 않기 때문이다. 다만 Tiller는 칠십이라는 숫자가 창세기 10장의 열국 목록에서 비롯

중 하나다. 에녹1서의 이 부분을 쓴 저자를 비롯한 제2성전기의 여러 유대인은 메시아 시대가 이스라엘의 외세 종속으로 정의되는 유배에 종지부를 찍길 기대했다. 칠십인 목자는 일견 이방 민족들의 천사 수호자를 나타내는 것으로 보인다. 천사 수호자들의 역할은 양(이스라엘)의 압제다. 에녹1서 85-90의 저자는 영리하게도 이스라엘이 여호와의 배타적 소유이며 하나님의 아들들이 열국에 배정되었다는 신명기 32장 세계관의 이면을 들여다본다.

되었음은 인정한다. Tiller는 열국 목록을 신 32:8-9의 바벨 사건 언어와 연결시키지 않는 거의 유일한 학자다. 아울러 그는 신 32:6-7과 우가릿의 엘 종교와의 연관성을 전적으로 외면한다. 신명기 32:6-7은 여호와를 우가릿의 칠십인 신들의 창조주인 엘 묘사와 연결시킨다(엘이 배우자 아티랏과 칠십인 신들을 낳았다). 필자는 신 32:6-7과 우가릿 문헌에 관해 다른 지면에 이렇게 썼다. "이 구절들은 분명하게 고대의 엘 묘사로부터 끌어온 요소들을 포함하며 이를 여호와에 귀속시킨다. 우가릿에서 엘은 *ʾab ʾadm*(인류의 아버지; *KTU* 1.14:I.37, 43)와 *ṯ r ʾil ʾabh ʾil mlk dyknnh*(그의 아버지 숫소 엘, 그를 세운 왕 엘, *ʾab ʾadm*)로 불린다. 여호와는 '너를 세운'(וַיְכֹנְנֶךָ) '아버지'(אָבִיךָ)로 묘사된다. 여호와는 또한 6절에서 이스라엘(קָנֶךָ)을 '창조하신' 자다. 엘을 창조주로 칭하는 어근 *qny*는 Karatepe 비문의 *ʾl qn ʾrṣ*에 대한 호소에서 발견된다(엘, 땅의 창조주, *KAI* 26.III.18-19). 우가릿에서 이 동사는 엘 호칭인 *qny wʾadn ʾilm*(신들의 창조주와 주, *KTU* 1.3 V.9) 속에 등장하며 바알은 엘을 qnyn(우리의 창조주, *KTU* 1.10.III.5)라고 부른다. 창 14:19-22 역시 이 호칭을 엘에게 귀속시킨다. 신 32:7은 יְמוֹת עוֹלָם('과거 시대')와 שְׁנוֹת דּוֹר־וָדוֹר('허다한 세대들의 세월')을 언급하는데, 이는 우가릿에서 차례대로 엘의 묘사(*ʿlm*)와 호칭 *ʾab šnm*('세월의 아버지', *KTU* 1.3 v:2, 25; 1.4 v:4; 1.18 i:12)에 상응한다." 참조, Michael S. Heiser, "Are Yahweh and El Distinct Deities in Deut 32:8-9 and Psalm 82," 8. 히브리어 성경 기자들에겐 신 32:8의 "하나님의 아들들"이 칠십인이었다는 발상이 핵심이다. 에녹1서의 저자가 이런 연관성을 알고 있었을까? 우리는 이미 본 연구를 통해 에녹1서 저자가 고대 근동 문헌과 친숙했음을 보았다. 순찰자들이 강림한 헤르몬이라는 우주적 산은 우가릿과 메소포타미아 문헌에서 유구한 역사를 가지고 있다. 참조, Siam Bhayro, "Noah's Library: Sources for 1 Enoch 6-11," *JSP* 15.3 (2006): 163-77 (esp. 176-77); Edward Lipinski, "El's Abode: Mythological Traditions Related to Mount Hermon and to the Mountains of Armenia," *Orientalia Lovaniensa Periodica* 2 (1971): 13-69. 에녹1서의 저자가 동물묵시록 속 칠십이라는 숫자를 고려할 때 신 32:8을 배제했다고 보기 보다는 신 32:8-9과 렘 25:11-12의 전통을 '종합'했다고 보는 게 더 현명할 듯하다.

> 하나님이 이스라엘을 열국에 넘겨주신 것은 실은 이스라엘을 열국의 천상 수호자들에게 넘겨주신 것이었다. (…) 동물묵시록 저자는 열국의 천사 수호자라는 개념을 끌어온 다음 그 개념을 말하자면 거꾸로 뒤집었다. 여기서 천사 수호자들의 본연의 역할은 (물론 이방 민족 수호나 희년서의 이방인 미혹도 있지만) 이스라엘을 징계하는 수단이다.[22]

그러나 목자들은 맡은 바 임무를 지나치게 열심히 수행했다. 스투켄브룩이 고찰하듯 "목자들은 하나님이 이 임무에 대해 정해 놓으신 경계를 제멋대로 넘어 불순종하기 시작했다."[23] 이에 대해 하나님은 양의 처우를 감독하는 천사 서기관을 파견하여 목자들이 양을 지나치게 많이 도살하지 못하게 하신다(에녹1서 89:59-64). 이 서기관의 활동은 뒤에 에녹1서 89장 70-71, 76-77절, 90장 14, 17, 22절에 묘사되어 있다.[24]

위임 받은 목자-서기관은 학계의 많은 주목을 받았다. 스투켄브룩은 이 구절에 대해 "목자들이 이스라엘을 어떻게 취급하는지를 감독하고자 임명된 천사적 존재는 하나님의 백성과 천사를 연결짓는 어떤

---

22. Hannah, "Angelic National Patrons," 421.

23. Loren T. Stuckenbruck, "Angels of the Nations," *DNTB* 30.

24. Nickelsburg, *1 Enoch 1*, 390(에녹1서 89:61). 이는 하나님이 "또다른 목자 무리를 부르신다"는 *OTP* 1:68 번역에는 반영되어 있지 않다. Nickelsburg(*1 Enoch 1*, 387)와 Tiller(*Commentary on the Animal Apocalypse*, 324)는 하나님이 단일 인물을 임명하셨다고 본다. 이에 관한 이견은 필사본의 불일치에 기인한다. 더 폭넓은 맥락을 보면 서기관은 한 명이다. 이는 에녹1서 89:61에서 단일 인물이 훨씬 앞뒤 맥락에 부합함을 통해서도 드러난다.

전통을 상정하는 듯하다"고 말한다.[25] 물론 우리는 이 구절을 보고 이스라엘의 군주 미가엘을 묘사한 다니엘서를 떠올린다(단 10:21, 12:1). 다음은 학계의 보편적 의심을 반영한 한나의 고찰이다. "서사가 전개되는 과정에서 이 천사 캐릭터가 어쩌면 다른 누구도 아닌 대천사 미가엘이라는 몇 가지 단서가 드러난다."[26] 학자들이 이 목자-서기관을 미가엘과 동일시하는 근거로 포착한 단서 중에는 다니엘서에서 미가엘이 그랬듯 에녹1서 90:13-14에서도 이 목자-서기관이 양(이스라엘)을 위하여 전장으로 출정하는 장면이 나온다는 점, 그리고 칠십인역에서 이스라엘의 흔한 호칭인 "백성 중 선한 자"를 맡은 대천사로 미가엘을 불렀다는 점이 있다.[27]

쿰란과 "벨리알의 세력"

동물묵시록의 일견 견고해 보이는 듯한 동일시는 사해 두루마리 귀신론의 어떤 중요한 요소와 개념적 연결고리를 제공한다. 스투켄브룩이 그 연결고리를 간명하게 요약했다.

---

25. Stuckenbruck, "Angels of the Nations," *DNTB* 30.

26. Hannah, "Angelic National Patrons," 421.

27. 번역은 Nickelsburg, *1 Enoch 1*, 294. 이 구절에 대한 몇 가지 다른 필사본 해석이 알려져 있다. 이 번역이 앞뒤 맥락에 맞는지에 관한 논의와 그 근거는 Nickelsburg의 각주 (a) 참조, 칠십인역에 관한 고찰을 보려면 Hannah, "Angelic National Patrons" 참조, 레마 *laos*("백성")가 이스라엘을 가리키는 사례는 많다(예, 출 8:32, 9:7, 9, 신 2:4, 수 4:1.)

다니엘서 10-11장에는 바사와 헬라 제국 각각을 대표하는 천사 군주가 있고(단 10:13, 20) 이들을 반대하는 천사로 다니엘에게 출현한 천사이자 군주(단 10:13, 20-21, 11:1), 그리고 신실한 자들을 "호위하는 큰 군주"(단 12:1) 미가엘이 있다. 이와 비슷한 방식으로 묘사되는 전쟁 두루마리 속 "빛의 아들들"과 "흑암의 아들들" 간의 종말론적 갈등은 각각 (아마도 "빛의 군주"라고 불리는) 미가엘이 이끄는 세력과 벨리알이 이끄는 세력(1QM 13:9-13, 17:5-8, 참조, 1QS 3:20-25) 간의 분쟁으로 그려진다.[28]

벨리알은 마스테마와 나란히 신약의 사탄, 즉, 원조 신적 반역자의 이름이다.[29] 우리는 잠시 전 희년서에서 사탄이 이끄는 열국의 반역자 신들을 보았다. 이는 우리 연구의 앞부분에서 고찰한 아사엘/아사셀/쉐미하자라고 불리는 원조 우두머리 반역자, 그리고 그를 따르는 창세기 6:1-4의 반역한 하나님의 아들들(순찰자들)이 등장하는 제2성전기 유대 문헌과 유사한 패턴이다. 제2성전기에 부상한 귀신론의 초상은 세 차례 일어난 반역과 사탄의 개념적 일원화를 도모한다. 여기서 사탄은 (범죄로 말미암아 투옥된) 타락한 하나님의 아들들, (10분의 1은 인류를 괴롭히도록 허락받은) 거인들의 탈육신한 악한 영, 그리고 바벨 심판에서 열국을 배정받은 하등한 신들을 다스리는 우두머리다. 이 초상은 우리가 곧 만나볼 신약 귀신론의 판박이다.

---

28. Stuckenbruck, "Angels of the Nations," *DNTB* 30.
29. 이 책 4장 논의를 참조하라.

쿰란 전쟁 두루마리(1QM)에서 미가엘이 이끄는 "빛의 세력"은 당연한 소리겠지만 이스라엘 민족의 신실한 구성원들이다. 이는 논리적으로 벨리알이 이끄는 "흑암의 아들들"은 여타 모든 열국에서 온 자들임을 의미한다. 쿰란의 '공동체 수칙'/'훈련 매뉴얼'(1QS)은 이 생각을 "속임의 아들들에 대한 통치는 전적으로 흑암 천사의 수중에 있으니 그들은 흑암의 길로 행하니라"고 표현했다.[30] 콜린스는 1QS의 이 구절에 대해 "사해 두루마리의 이원론적 세계에선… 하나님이 신실한 자를 보호하고자 빛의 군주를 임명하시고 또 부패하도록 벨리알을 만드셨다"고 부연한다.[31] 이 생각은 하나님이 열국을 신들에게 배정하신 이유가 "[열국이] 하나님을 좇지 못하도록 미혹하는 영들의 치하에 두"(희년 15:31)셨다고 한 희년서 신학과 상당 부분 일치한다.

전쟁 두루마리에서 묘사된 전쟁은 단지 이스라엘을 나타내는 인간 "빛의 아들들"과 버려진 열국 백성들 간의 분쟁이 아니다. 이는 양편의 초자연적 존재들이 개입하는 전쟁이다. 밴더캠은 전쟁 두루마리를 "'빛의 아들들'과 '흑암의 아들들' 사이에서 벌어지는 최후의 전쟁을 묘사하는 종말론적 본문"[32]이라고 설명하며 이 본문의 신학을 이렇게 요약한다.

---

30. 1QS 3:20-21. 번역은 Garcia Martinex와 Tigchelaar, *Dead Sea Scrolls Study Edition*, 1:75.

31. J. J. Collins, "Prince," *DDD* 663

32. James C. VanderKam, *The Dead Sea Scrolls Today* (Grand Rapids: Eerdmans, 1994), 3.

다른 구절들은 이 전쟁을 "보복의 날"(7.5, 참조 15:3)과 "하나님의 전투"(9.5)라고 칭한다. 아울러 몇 줄은 빛의 아들들이 절대 홀로 싸우는 게 아니라 그들의 동맹인 천사들과 나란히 싸운다고 서술한다. 안타깝게도 흑암의 아들들에게도 천사 동반자들이 있다. 분쟁은 마지막 전투까지 팽팽한 접전 양상을 띤다(참조 12와 17열). 첫째 열은 빛의 아들들이 악에 대해 승리하는 세 "전투"와 흑암의 아들들이 승리한 세 전투를 묘사한다. 이는 양편이 각각 세번씩 승리함을 의미하는 듯하다. 3대 3 무승부가 있은 후 "일곱 번째 전투에서 하나님의 강한 손이 [사탄의 군대와 모든 사탄] 왕국의 천사들과 [그와 함께 한 모든 자를 영원한 멸망에] 빠트리실 것"이다(1QM 1.14-15, p. 106).[33]

따라서 쿰란파는 세상 열국이 벨리알/사탄이 이끄는 초자연적 존재들의 지배 하에 있다고 보았다. 전쟁 두루마리에는 이스라엘의 대적을 지원하는 신적 존재들(초자연적 흑암 권세)의 존재가 명확하게 그려진다. 여기서 수면 위로 떠오르는 그림은 여타 제2성전기 본문처럼 적나라하진 않아도 그럼에도 신명기 32장 세계관과 통한다.

구약의 3차 신적 존재들의 반역으로부터 파생된 신명기 32장 세계관을 끝으로 제2성전기 흑암 권세 신학에 관한 우리의 조망을 마친다. 이제 신약을 살펴보면 신약 기자들이 하나님을 반역하고 인류를 대적한 악한 영에 관한 제2성전기 유대 사고를 알고 있었으며 그 영향을

33. Ibid., 65-66.

받았음을 명확하게 알게 될 것이다.

제2성전기 본문 속 귀신이 출몰하는 광야

이 책 1장에서 우리는 광야 모티프에 관한 앨스톤의 논문과 가나안의 죽음의 신(모트)에 관한 탈몬의 연구를 추적했다. 그 과정에서 독자는 이스라엘 사람들이 광야를 혼돈과 연관 짓고 인간 멸절에 혈안이 된 생명과 생존의 안티테제로 인식했음을 배웠다. 광야와 죽음의 연관성은 "광야에 대한 신화적 이해가, 광야가 기이한 짐승과 적대적 귀신들의 서식지라는 관념으로 표현되는" 결과로 이어졌다.[34]

이런 인식은 제2성전기 유대 문헌에서도 찾아볼 수 있다.[35] 마카비4서 18:8은 "어떤 사막의 유혹하는 자도, 들판의 속이는 자도, 달콤한 말로 유혹하는 뱀도 내 순결한 처녀성을 더럽히지 못했으니"라고 항변하는 한 여인을 묘사한다. 순찰자 전승과 순찰자와 여인들 간의 연애를 가리키는 것이 분명한 이 구절은 "유혹하는 자와 속이는 자"를 사막과 연관 짓고 있다. 그러나 뱀에 대한 언급은 사탄을 시사한다고 볼 수 있다. 이것이 놀랍지 않은 이유는 제2성전기의 유대인들이 사탄(아사셀)을 순찰자들과 연관 지었기 때문이다. 에멧은 마카비4서 주

34. Alston, "The Concept of the Wilderness," 7.

35. 주목할 점은 예루살렘 제사장 집단의 신학적 절충을 비난하고 사막으로 떠난 쿰란 공동체는 사막 광야를 건지심과 연단의 장소로 그렸던 구약 콘텐츠를 강조했다는 것이다.

석에서 이에 동조한다.

> 이 구절은 여인이 악한 영의 꼬임에 넘어갈 위험에 처해 있다는 널리 알려진 유대 신념(창 6장, 희년 4, 5장, 에녹 6.ff, 루벤의 유언서 5:6)을 대변하고 있다. 첫 번째 결합의 소생인 네피림 거인은 인류를 타락케 한 귀신이 되었다(희년 7:27). (…) 사막이 귀신의 특별한 본향이라는 발상은 구약을 비롯한 여러 문헌에 걸쳐 두루 드러난다.[36]

심판날을 언급한 에녹1서 60장은 사막을 초자연적 악과 연관 짓는 또 하나의 본문이다.

> 7) 그날에 두 괴물이 갈라질 것이니, 레비아탄(리워야단)이라는 암컷 괴물은 여러 샘물 위 바다 무저갱에 거할 것이라 8) (다른) 베헤못이라는 이름의 수컷 괴물은 에덴 동산 동편 둔다인(Dundayin)이라는 보이지 않는 사막에서 자신의 가슴을 움켜쥐리라 에덴은 택함 받은 의인이 거하는 곳이라 영들의 주가 지으신 첫 사람 아담의 7대손인 내 조부가 그곳으로 들림 받았더라 9) 그 다음 내가 둘째 천사에게 이 괴물들이 (얼마나) 힘이 센지 보여달라고 청하였더라 또 내가 어떻게 그들이 그 날에 분리되어 하나는 바다 무저갱 속에, 하나는 메마른 사막으

---

36. C. W. Emmet, *The Fourth Book of Maccabees: Commentary* (London: Society for Promoting Christian Knowledge, 1918), 73–74.

로 던져졌는지 물었으니(에녹1 60:7-9).[37]

이 구절은 베헤못을 혼돈의 괴물 레비아탄의 육지(사막) 상대역으로 간주하고 있음이 분명하다. 이 바다-육지의 쌍둥이 혼돈 세력을 한 쌍으로 묶은 것은 욥기 49:15-41:34에 암시되어 있으며 랍비 문학으로 면면히 이어진 전통이었다.[38] 베헤못은 "보이지 않는 사막"이라고 불리는 둔다인에 거한다. 니켈스버그와 밴더캠은 필사본 데이터 속 둔다인이라는 지명의 철자법에 편차가 있음을 눈여겨 보았다. 네가지 다른 표기(*dundāyn, dundayin, dunudāyn, duydāyn*)는 "[에녹] 10:4의 두다엘(Doudael)과의 연결점을 나타낸다."[39] 이는 아사셀(사탄)이 추방되어 투옥된 뾰족한 바위 지대의 구덩이다(Dudael/Duda'el).

이 묘사가 의미심장한 이유는 구약 여기저기서 타락 이후엔 더이상 동산이 존재하지 않음을 강력하게 시사하기 때문이다. 에녹1서의 우주 지형론에서 에덴은 의인의 종착지, 곧, 천국의 메타포다. 만일 에녹1서 60:8이 말하듯 성경의 에녹이 에덴으로 들림 받았다면, 이는 하나님이 거하시는 "천국으로" 들림 받았음을 뜻하는 것이 틀림 없다(비

37. *OTP*, 1:40-41.

38. K. William Whitney, *Two Strange Beasts: Leviathan and Behemoth in Second Temple and Early Rabbinic Judaism* (Winona Lake, IN: Eisenbrauns, 2006).

39. Nickelsburg and VanderKam, *1 Enoch 2*, 233, note 8a (또한 240쪽). Black은 Dundayin과 Doudael(=Duda'el)이 연관성이 있다는 의심을 공명한다. 참조, Matthew Black, *The Book of Enoch or I Enoch: A New English Edition, vol. 7 of Studia in Veteris Testamenti Pseudepigrapha*, ed. A. M. Denis and M. de Jonge (Leiden: Brill, 1985), 227.

교, 에녹 5:24, 히 11:5["들리우다taken up"]). 에녹1서 60:8에서 저자는 천상의 (보이지 않는) 영역을 비가시적 상극인 둔다인과 병치시켜 두다엘과의 강력한 연결점을 시사한다.[40]

결론

우리가 살펴본 제2성전기 유대의 사유는 에덴의 초자연적 존재인 원조 반역자와 창세기 6:1-4의 하나님의 아들들의 범죄를 수용한 것처럼, 구약이 묘사하는 흉흉한 우주 지형론 역시 수용했다. 앞으로 3부와 4부에서 보겠지만, 신약의 기자들 역시 마찬가지였다.

40. 이 보이지 않는 장소가 "에덴 동편"에 있었다는 묘사로 인해, 추방 이후 "에덴 동편" 놋으로 간 가인으로 거슬러 올라가는 의도적 연결고리가 생성된다.

3부
마귀와 그 천사들:
신약 속 흑암 권세

개요

우리는 이제까지 흑암 권세와 관련된 구약의 용어를 살펴보았고 흑암 권세를 아우르는 고대 이스라엘의 개념적 세계관을 스케치했다. 구약은 신적 존재들이 일으킨 세 차례의 반역을 그리고 있다. 하나는 개인적 반역이었고 둘은 집단적 반역이었다. 최초의 반역은 지존자 하나님의 뜻에 적개심을 품은 에덴의 반역자에 의해 일어났다. 그다음 2차 반역은 하나님의 아들들의 범죄와 더불어 홍수로 이어지는 날들 동안에 일어났다. 하나님의 징벌적 거부에 따라 열국이 분열되어 신적 존재들의 지배 하에 배정되었고, 그런 다음 하나님은 자신의 분깃이자 백성으로 이스라엘을 창조하셨다. 하지만 이는 3차 반역의 불씨가 되었다. 이 반역은 열국을 배정받은 하나님의 아들들이 악한 길로 접어들었을 때 일어났다.

반역은 천군의 특정 구성원들과의 관계가 멀어지고 적대적으로 변했음을 뜻했다. 원조 반역자는 하나님의 존전으로부터 추방되어 지상과 지하 사후세계로 추락했다. 하나님의 타락한 아들들 역시 지하세계에 감금되었다. 열국을 다스리다가 반역한 엘로힘 역시 하나님으로부터 영영 분리되는 운명에 처해졌다. 그러나 그들의 최후는 여호와의 날이 임하기 전에는 도래하지 않을 것이다. 이스라엘의 초자연적 세계관 속에서 동일한 운명으로 귀결된 범죄한 반역자들은 한 집단으로 연결되었다. 그들은 하나같이 하나님이 인류에게 기대하신 생명과 안전과 안정을 보장하는 선한 질서를 위협했다.

제2성전기 유대 저자들은 이 초자연적 주체들 간의 개념적 연관성을 토대로 특정 궤적을 좇아 흑암의 권세들과 그 구성원들의 상호 지향성에 관한 구체적인 결론을 도출하기에 이르렀다. 결국 에덴의 반역자는 사탄이라는 이름을 얻었다. 이 반역자는 하나님의 형상 담지자인 인간들과 그들을 향한 하나님의 계획을 대적했다는 의미에서 사탄(*śāṭān*, 대적자)으로 불리게 되었다. 이는 합당한 명칭이다. 그러나 '사탄'은 이 시기에 이 존재에 부여된 여러 유용한 호칭 중 하나에 불과하다. 원조 반역자는 하나님의 타락한 아들들과 그들의 소생인 탈육신한 영들(귀신들)과 바벨에서 열국을 배정받은 하등한 신들을 총지휘하는 흑암의 우두머리로 간주되었다.

구약은 신적 반역자들 간의 이런 위계질서를 노골적으로 제시하진 않는다. 하지만 우리는 앞의 여러 연구를 통해 그 기초가 되는 구약의 자료들을 다루었다. 흑암의 권세들에 위계질서가 있다는 인식은 우리가 구약에서 받는 인상과 일치한다. 서열적 범주화는 신적 존재(들)의 반역에 대한 구약의 그림과 논리적으로 통한다. 달리 말하면 구체적 증거 본문의 부재에도 불구하고 그 관계의 기초를 구약에서 파악할 수 있다는 것이다. 사려 깊은 유대인이라면 이 관계를 신학적으로 해괴망측하다거나 허용불가한 것으로 여기지 않았을 것이다.

따라서 제2성전기 흑암 권세에 대한 초상이 뒤이은 신약 시대의 초상과 흡사하다는 것은 당연한 귀결일 것이다. 신약은 지적 진공상태에서 출발하지 않았다. 오히려 신약 기자들은 제2성전기 유대교가 남긴 숱한 유산에 대한 깊은 식견을 갖추고 있었다. 이는 우리가 신약에서 사탄의 성격, 권한의 경계, 예수와 조우한 장소, 최후 운명과 관련된 사탄의 프로필을 정립하는 과정에서 확연하게 드러날 것이다(9장). 10장에서 우리는 귀신, 귀신들림, 메시아가 귀신을 압도하는 권능을 가지리라는 유대인의 기대감으로 시선을 돌릴 것이다. 마지막으로 11장에선 신약에 내재된 우주 지형론적 관점과 (열국을 다스리도록 배정되었으나 반역한) 하나님의 아들들에 대한 폐위에 초점을 맞출 것이다.

9장.
마귀:
통치 영역과 운명

에덴의 원조 반역자는 신약 신학에 거듭 등장하는 주제다. 신약 기자들은 구약에 산발적으로 흩어져 있는 데이터 지점들을 연결하여 만든 제2성전기의 신학적 모자이크를 받아들였다. 아울러 신약 기자들은 사탄의 성격, 권한, 통치 영역, 최후의 운명에 관한 제2성전기의 이해를 노골적으로 따랐다.

사탄의 성격: 원조 반역자의 이름과 호칭

신약에서 으뜸 악당은 여러 이름으로 불린다. 그 중에는 해석적 이름도 있고(사탄의 성격에 대한 인식을 반영함) 구약에 뿌리를 둔 이름도 있다. '시험하는 자'(호 페이라존, 마 4:3)와 '원수'(호 에크트로스, 마 13:39, 눅 10:19) 같은 몇몇 이름표는 한 손으로 꼽을 정도로 적게 쓰였다. 두 이름표 모두 총칭으로 사용되며 구약과 제2성전기 문헌이 그리는 원조 반역자에 대한 초상을 반영한다. 이 외에도 눈여겨봐야 할 이름들이 있다.

1. 사탄(사타노스)

히브리어 명사 *śāṭān*의 음역인 '사탄'(Satan)이라는 고유명사는 신약에서 총36회 등장하는데, 그 중 거의 절반이 사복음서에 등장한다.[1] 사탄은 왕국을 소유하고 있다(마 12:26, 눅 11:18). 이 디테일은 사탄이 고위급 통치자임을 상정한다. 사탄이라는 용어는 사탄이 신자들을 향하여 대적자로 행동하는 마가복음 4:15과 누가복음 22:31 같은 본문에 등장할 때처럼 구약에서 사용된 명사의 의미를 일부분 전달한다. 사탄이라는 이름은 세 번 '마귀'와 호환적으로 사용되었다(계 12:9, 20:2, 비교, 계 12:7, 10).[2]

2. 마귀(디아볼로스)

하나님의 큰 원수를 칭할 때 종종 사용되는 또다른 이름은 '비난하는 자'(slanderer)를 뜻하는 디아볼로스(마귀)다.[3] 요한이 이 용어를 사용

---

1. 이번 장의 통계는 아래에 수록된 조사를 토대로 했다. Nestle-Aland Greek New Testament, 27th edition (*Novum Testamentum Graece*, ed. Eberhard Nestle, Erwin Nestle, Barbara Aland, Kurt Aland, Johannes Karavidopoulos, Carlo M. Martini, and Bruce M. Metzger, 27th ed. [Stuttgart: Deutsche Bibelgesellschaft, 1993]).
2. 요한복음 13:2, 27과 계시록 2:9-10을 짝으로 맞추어도 동일한 유형의 중첩이 생긴다.
3. BDAG, s.v. "διάβολος."

한 뒤(요 8:44) 연이어 쓴 "거짓의 아비"라는 표현은 어떤 성격의 비방자와 고발자인지 알려준다. 이 호칭의 출처는 욥기 1:6, 7, 9, 12, 2:1-4, 6-7, 스가랴 3:1-2, 역대상 21:1에서 초자연적 *śāṭān*의 번역으로 디아볼로스를 쓴 칠십인역인 듯하다. 사복음서의 마귀는 위 구약 본문들의 맥락에 충실하게 "예수의 대적(마 4:1-11, 평행구. 눅 4:13)과 예수 사역의 원수(마 13:39)로 그려진다."[4] 마태복음 25:41에서 마귀는 제2 성전기 유대 문헌의 사탄 묘사와 흡사하게 다른 악한 영들(천사들)의 우두머리역으로 그려진다.[5]

3. 바알세불

'바알세불'(Beelzebul)이라는 용어가 신약에 그리 자주 등장하는 건 아니다(마 10:25, 12:24, [비교, 막 3:22, 눅 11:15], 마 12:27 [비교, 눅 11:18,

---

4. Graham H. Twelftree, "Demon, Devil, Satan," *Dictionary of Jesus and the Gospels*, ed. Joel B. Green and Scot McKnight (Downers Grove, IL: InterVarsity Press, 1992), 164. 마가복음에는 디아볼로스가 사용되지 않았다. 이 레마는 요한복음에 세 번 등장하는데(요 6:70, 8:44, 13:2) 첫 번째 사례는 초자연적 으뜸 원수를 가리키지 않는다.

5. 디아볼로스라는 레마는 여러 위경 서적의 헬라어 본문에서 30번 넘게 발견된다(참조, Ken Penner and Michael S. Heiser, *Old Testament Greek Pseudepigrapha with Morphology* [Bellingham, WA: Lexham Press, 2008]). 그러나 디아볼로스라는 용어가 고유명사로 사용된 경우는 기독교의 영향을 강하게 시사하는 1세기 후반이나 더 늦은 연대의 책들이다. 유일한 예외라면 희년서 10:8인데, 희년서가 원래 히브리어로 쓰였다고 믿는 학자들은 '마스테마'라고 해석하는 것이 더 적절하다고 본다. 참조, Jacobus van Ruiten, "Angels and Demons in the Book of Jubilees," in *Angels: The Concept of Celestial Beings—Origins, Development and Reception*, ed. Friedrich V. Reiterer, Tobias Nicklas, and Karin Schöpflin (Berlin: De Gruyter, 2007), 585-610 (esp. 600); James C. VanderKam, *Textual and Historical Studies in the Book of Jubilees* (Missoula, MT: Scholars Press, 1977), vi.

19]).[6] 트웰프트리의 고찰에 의하면 "불가타 성경과 시리아 성경은 이 용어를 바알세붑(beelzebub), 즉 에그론의 신(왕하 1:2-3, 6, 16, 요세푸스 유대고대사 9.19)으로 교정하여 설명하려는 시도를 했다."[7] 거의 정설로 받아들여지는 맥로린(과 다른 학자들)의 견해는 바알세붑이 "거의 틀림없이 파생형 이름이며… 아마도 일부 구약처럼 영예로운 호칭을 수치스런 호칭으로 대체하려는 시도를 반영한다고 할 수 있다. 바알(Ba'al)을 '보셋'(bosheth)으로 대체한 경우처럼 말이다."[8]

전반적인 공감대는 이 이름의 앞 부분(beel-)이 셈어 바알(Ba'al, 군주, 주인)을 나타내며 어쩌면 신의 이름 바알(Baal)을 나타낼 가능성도 있다는 것이다. 그러나 뒷 부분 '세불'(zeboul)이 히브리어 *zebul*(높은 곳의 처소, exalted dwelling, 왕상 8:13)의 반영이므로 '천상의 주'(천상의 통치자)와 흡사한 뜻이 되어 '귀신의 군주'(*archonti tōn daimoniōn*, 마 12:24, 막 3:22, 눅 11:15)[9]가 된다고 보는 학자들도 있다. 이 호칭을 (성전이든 천상이든) "높은 곳의 처소"와 연관 지은 해석은 오류일 가능성이 매우 크다. 우가릿어 용법상 '군주'를 뜻하는 *zbl*이 성전을 가리키는 말

---

6. Twelftree는 소수의 필사본들에는 beezeboul이라고 되어 있다고 지적하며 이는 "l을 z로 통합했음을 나타낸다"고 고찰한다(Twelftree, "Demon, Devil, Satan,"164).

7. Ibid. 164.

8. E. C. B. MacLaurin, "Beelzeboul," NovT 20.2 (1978): 156-60 (esp. 156). 히브리어 *bōšet*은 '수치'를 뜻한다. 구약에 원래 *-baal* 요소가 포함된 특정 이름들은(사울 족보의 에스바알[Eshbaal, 대상 8:33, 9:39]) 바알 언급을 축소하거나 제거하고자 "*-bosheth*"(이스보셋[Ish-bosheth])으로 바꾸었다(삼하 2:8-15). 참조, P. Kyle McCarter Jr., *II Samuel: A New Translation with Introduction, Notes, and Commentary* (AYB; New Haven, CT: Yale University Press, 1984), 86.

9. 사례는 Twelftree, "Demon, Devil, Satan," 164.

로 사용된 적은 한번도 없다고 해도 될 정도다. 우가릿 본문에서 간간이 *zbl båal*(바알 군주)이 등장하긴 한다. 하지만 여타 "사례들에선 N. T. Beelzeboul처럼 고유명사 뒤에 호칭이 따라오는데, 여기서 Beel은 고유명사다."[10] 이는 바알세불이라는 이름이 '바알 군주/통치자'를 뜻하며 마태복음 12:24(또는 평행구) 속 아르콘티(*archonti*)라는 단어가 셈어 호칭인 *zbl*의 헬라어역임을 시사한다.[11] 셈어 사용권에선 바알세불이 '바알 군주'나 '바알 통치자'를 뜻하는 표현으로 익히 알려져 있었을 것이다. 이런 호칭을 속임수를 통해 인류에게 불멸성의 상실(죽음)을 초래하고 자신은 지상/지하세계로 추락한 에덴의 원조 반역자에 귀속시킨 것은 충분히 납득이 간다. "고대 셈족 종교에서 바알은 신들과 땅과 지하세계의 지배자"였기 때문이다.[12] 그러므로 바알세불은 바알이라는 호칭에 대한 헬라어 음역으로 이해하는 게 최상이다.

4. 악한 자(호 포네로스)

악한 자(The Evil One, *ho ponēros*)라는 호칭은 관념적으로 ('악'으로) 옮길 수 있는 마태복음 5:37, 6:13, 13:19(속격: *ponērou*)의 모호한 언급까지 포함한다면 신약에 거의 열 번 넘게 등장한다.[13] 흥미로운 사실은 이 호

---

10. MacLaurin, "Beelzeboul," 156–57.

11. Ibid.

12. Ibid., 158.

13. 참조, 마 5:37; 6:13; 13:19, 38; 요 17:15; 엡 6:16; 살후 3:3; 요일 2:13–14; 3:12; 5:18–19. 이 사례들에서 '악' 또는 '악한 자'가 적절한지 여부에 관한 France의 고찰이다. "속격 형태가 남성형이나 중성형 모두 같기에 '악' 또는 '악한 자'(마귀)라는 해석 둘 다 가능하다.

칭이 제2성전기 자료에선 간간이 '사탄'(satan)이란 포괄적인 표현과 한 쌍으로 출현한다는 것이다. 예를 들어보자.

- 찬란한 종말의 미래에는 "사탄도 없고 멸망케 하는 악(악한 자)도 없으니"(희년 23:29).
- 이스라엘이 미래에 순전케 되었을 때 "어떤 사탄이나 악(악한 자)도 없을 것이니"(희년 50:5).
- 악한 자가 이 서약을 미가엘의 손에 두었으니(에녹1서 69:15).

마지막 예를 눈여겨봐야 하는 이유는 그 맥락이 맹세 서약을 하는 장면이기 때문이다(모호한 복음서 언급의 맥락도 서약이었다). 더 넓은 맥락을 확정할 순 없지만, 이는 마태복음의 포네루(*ponērou*)가 사탄을 가리키는 것으로 이해하는 것이 옳다는 시각에 무게를 실어준다.

(…) 13:38의 비슷한 모호성은 바로 후속 절에서 대놓고 마귀를 언급함으로써 해소된다. 그러나 [이 사례들에선] 그런 단서가 없다." 참조, R. T. France, *The Gospel of Matthew* (NICNT; Grand Rapids: Eerdmans, 2007), 193 note 55. 다른 학자들은 요 17:15과 요한일서의 언급이 '악한 자'의 방향으로 마태복음의 모호성을 해소한다고 제언한다. Glancy는 제자들을 "악한 자로부터 지켜달라"고 구하신 예수의 겟세마네 기도(17:14-15) 중 이 표현이 속격으로 되어 있기에(*ek tou ponērou*) *ponērou*의 성별은 확정할 수 없다고 한다. 그러나 중성 비인격체가 아닌 남성 인격체로의 번역을 선호하는 이유는 요한일서에서 마귀를 가리킬 때 명확히 *ponēros*를 인격체로 썼기 때문이다[요일 2:13, 3:12, 5:19]. 이는 '악한 자'라는 표현이 요한이 몸담은 공동체에선 이미 통용되는 표현임을 시사한다. 참조, Jennifer Ann Glancy, "Satan in the Synoptic Gospels" (PhD diss., Columbia University, 1990), 254.

세상과 세상 귀신들의 통치자 사탄

우리는 앞서 바알세불이라는 호칭이 바알(ba'al zebul, 바알 통치자)의 통치자 직함에서 비롯되었음을 보았다. 마태복음 12:26-27에선 바알세불이 실제로 통치자 사탄과 동일시된다.

> 그리고 만약 사탄이 사탄을 내쫓는다면 스스로 분열된 것이니 그 나라가 어찌 서겠느냐 그리고 만약 내가 바알세불을 힘입어 귀신을 쫓는다면 너희 아들들은 누구를 힘입어 귀신을 쫓느냐

마태복음 역시 사탄을 "귀신들의 군주"(마 12:24, 비교, 마 9:34, 막 3:22, 눅 11:15)로 간주한다. 이로써 마태가 귀신을 사탄 왕국의 수하로 여겼음이 분명함을 알 수 있다. 이 관념은 합리적이다. 바알세불은 지하세계의 주, 바알을 뜻하는 오래된 셈어 호칭에서 비롯된 것이며 바알은 우가릿 본문에서 아홉 번 "이 땅의 통치자"로 불렸다.[14] 사탄을 바알과 연관 짓는 이런 면모는 제2성전기 유대 신학의 일부분이었던 신명기 32장 세계관과 맞아떨어진다. 각 민족은 귀신들의 통치 하에 있었기에 '이 땅의 지배자'인 바알과 연관된 존재가 귀신들의 지배자라고 보는 것이 논리적일 귀결이다. 복음서 기자들은 원조 반역자의 추방과 망자들의 주(lord)인 바알의 지하세계 집 사이에 개념적 연결고

14. 우가릿은 바알을 아홉 번 "이 땅의 통치자"(*zbl b'l 'arṣ*)로 칭했다. 참조, N. Wyatt, "Titles of the Ugaritic Storm God," *Ugarit Forschungen* 24 (1992): 403-24.

리가 존재한다는 점을 간파했다. 이 발상 매트릭스는 사탄에 관한 신약적 사고가 파고들수록 매우 창조적인 동시에 어떻게 구약에 굳건히 뿌리 내리고 있는지를 예시한다.

요한복음에선 비슷한 호칭인 "이 세상/세대의 통치자"(*ho archōn tou kosmou toutou*, 요 12:31, 14:30, 16:11)가 세 번 나온다. 글랜시는 공관복음과 요한복음의 비교를 포함한 공관복음 속 사탄에 관한 긴 분량의 연구를 통해 요한복음의 이 독보적 호칭이 요한복음이 뚜렷한 목적을 갖고 의식적으로 그린 악의 초상을 반영한다고 본다.

> 마가가 묘사한 사탄의 주된 초상은 묵시론적 갈등 속 예수의 대적자였다. 이 경쟁 구도는 공관 전승의 여타 저작물들을 관통하는 화두이기도 하다. 마태는 인간의 죄성에 대한 사탄의 개입에 유독 관심을 갖는다. 누가는 마가복음에서 이미 그린 사탄의 활동 가운데 특정 측면, 즉, 귀신 들림과 여타 신체적 고통을 통한 인류에 대한 공격을 집중 부각한다. (…) 요한복음의 마귀 호칭(12:31, 14:30, 16:11)인 "이 세상/세대의 통치자"는 공관 복음서에는 등장하지 않는다. (…) 그러니 시복음서의 네 번째인 요한복음은 "이 세상/세대의 통치자"라는 호칭을 예수가 자신의 죽음과 그 죽음의 의미에 관해 언급하시는 맥락에서만 사용한다. 요한복음에서 십자가 죽음은 천부께로 돌아가는 예수 승천의 시작점이자, 그것과 평행선상에 있는, 세상에 대한 마귀의 지배가 끝나는 시작점이기도 하다. 십자가는 아르콘(*archōn*, 통치자)의 패배의 상징이다. 공관복음 속 사탄 통치에 대한 언급은 예수의 비유(parable) 말씀에 등장한다. 요한복음은 몇몇 사례를 통해 첫 세 복음서에서 비

> 유로 들려준 것과 비슷한 발상을 메타포로 표현한다. (…) 만일 우리가 요한복음 역시 공관복음서와 마찬가지로 사탄의 통치에 관한 전승을 계승했다고 보면, 첫 세 복음서가 비유로 표현한 바를 제4복음서는 '이 세상 통치자'에 관한 생생한 이미지로 압축했음이 밝히 보일 것이다.[15]

요한의 "이 세상/세대의 통치자"를 공명하는 바울의 두 가지 묘사가 있는데, 바로 "공중의 권세 잡은 자"(엡 2:2)와 "이 세상의 신"(고후 4:4)이다. (문맥과 더불어) 인용한다.

> 1) 너희의 허물과 죄로 죽었던 너희를 살리셨도다 2) 그 때에 너희가 그 가운데서 행하여 이 세상 풍속(*ton aiōna tou kosmou*)을 좇고 공중의 권세 잡은 군주(prince)를 따랐으니 곧 지금 불순종의 아들들 가운데서 역사하는 영이라(엡 2:1-2).

> 3) 만일 우리의 복음이 가리었으면 망하는 자들에게 가리어진 것이라 4) 그 중에 이 세상의 신(*ho theos tou aiōna toutou*)이 믿지 아니하는 자들의

15. Glancy, "Satan in the Synoptic Gospels," 인용문, 216-218. 요한복음이 초자연적 악을 묘사하는 대목에서 사탄의 중심성을 부각하는 흥미로운 논점은 비록 요한복음에서 *daimonion*(귀신)이라는 레마가 여섯 번 사용되기는 했으나 모두 예수가 귀신이 들렸다고 비난한 반대자들의 언급 속에 쓰인 것이다. Köstenberger는 이 고찰과 관련하여 "요한은 초자연적 악의 중심에 사탄을 두고… 귀신에 관한 거의 모든 언급을 생략했다(예수가 귀신 들린 자라는 반대자들의 고발 속 언급은 해당하지 않는다). 참조, Andreas J. Köstenberger, *A Theology of John's Gospel and Letters: The Word, the Christ, the Son of God* (Grand Rapids: Zondervan, 2009), 281. 다이모니온의 여섯 사례는 요 7:20, 8:48-49, 52, 10:20-21이다.

마음을 혼미하게 하여 그리스도의 영광의 복음의 광채가 비치지 못하게 함이니 그리스도는 하나님의 형상이니라(고후 4:3-4).

몇 가지 눈여겨볼 만한 대목이 있다. 첫째, 레마 아이온(*aiōn*)이 악한 초자연적 '군주'(prince)에 관해 말하는 다른 구절들과 이 구절을 연결시킨다. 둘째, 해당 존재는 구속받지 못한 인류를 통제한다. 셋째, 이 구절의 '공중'(air)은 하늘(sky)로 이해하는 게 최상이다. 이는 이스라엘-유대 우주론에서 궁창 위 가장 높은 하늘(highest heaven)이 아니라 그보다 한참 아래인 인류와 근접한 낮은 곳의 (초자연적) 영적 세계라고 이해해야 한다는 것이다. 에베소서 2:2에 언급된 초자연적 권세자("공중의 권세 잡은 군주")는 다른 곳에서 마귀로 지목된 자(엡 4:27, 6:11) 또는 악한 자(엡 6:16)와 동일 존재일 것이다. 그는 요한복음 12:31과 16:11 등의 다른 신약 본문에서도 에베소서 2:2과 비슷하게 '세상'(kosmos)과 연관성을 가진다. 고린도후서 4:4에서 바울은 그를 "이 세상의 신"(문자적으로 *aiōn*을 사용하여 "이 세대의 신")으로 묘사한다.[16] 링컨은 악한 권세의 영향권을 나타내는 이 이름표들의 유의미성에 관해 상술한다.

여기서 이 지배자의 통치 영역을 '공중'(air)이라고 하는데, 에베소서의 다른 본문에선 적대적 권세자의 거처가 '천상계'(heavenly realms)

16. Andrew T. Lincoln, *Ephesians* (WBC; Dallas: Word, 1990), 94–95. 『에베소서』(솔로몬).

로 되어 있다(참조, 3:10, 6:12). 이 관념의 배경에는 천사들과 영적 권세자들이 종종 천상에 있는 것으로 표현된 구약과 유대의 사유가 있다(예, 욥 1:6, 단 10:13, 21, 마카비2서 5:2, 에녹1서 61.10, 90.21, 24). 아울러 필로도 이런 관념을 발전시켜 나갔다(참조, 특별한 율법에 대하여 1.66, 식물에 대하여 14, 거인론 6,7). '공중'과 '천상계'는 어떤 관계가 있을까? 에베소서 기자가 다른 우주론적 체제에서 비롯된 용어를 사용하는 것일 수도 있다. 하지만 기자의 의도가 두 용어를 통해 악한 존재가 거하는 동일한 세계를 나타내고자 했음이 거의 틀림없다. (…) 만일 두 용어가 서로 구별되는 함의를 가졌다면 '공중'은 그 세계의 더 낮은 부분을 나타낼 것이다. 그러므로 공중은 이 악한 권세자와 그 권세자가 세상에 미치는 영향력의 근접성을 강조한 것일 수 있다. 실제로 후기 유대교에선 "내가 또 그를 높은 곳에서 천사들과 함께 던지니 그가 무저갱 위 공중을 계속 날았더라"라는 에녹2서 29.4, 5처럼 공중을 궁창(firmament) 아래 영역으로 생각했다. (참조, 아울러 베냐민의 유언서 3.4, 욥 탈굼 5.7, 이사야 승천기 7.9, 10.29, 11.23에서도 궁창을 공중으로 칭했고 이 세상의 통치자와 그 사자들이 공중에 산다고 했다…).[17]

브라운은 바울의 사탄 신학을 부각한 자신의 최근 연구에서 바울의 "이 세상의 신"이라는 표현이 다른 지면에서 드러나는 바울 신학뿐 아니라 요한복음의 "이 세상/세대의 통치자"와도 연결된다고 주장

17. Ibid, 95-96.

하며, 설득력 있는 근거를 제시했다.

> ὁ θεὸς τοῦ αἰῶνος τούτου[*ho theos tou aiōnos toutou*, 이 세대의 신]을 바울이 로마서와 데살로니가서에서 언급한 사탄과 동일 존재로 간주할 수 있다. 여기에는 몇 가지 근거가 있다. 첫째, 다른 초기 기독교 본문들도 현세의 위력적 지배자인 사탄의 역할에 관한 신학적 관념을 표현하고자 비슷한 표현과 호칭을 사용했다. 가령 요한복음에선 세 번 사탄을 ὁ ἄρχων τοῦ κόσμου τούτου[*ho archōn tou kosmou toutou*, 이 세상/세대의 통치자]라고 칭했다(요 12:31, 14:30, 16:11, 개역개정, "이 세상의 임금"). 이 세 구절을 통해 요한복음 속 예수는 "이 세상/세대의 통치자"가 이미 심판과 정죄를 받았기에(12:31, 16:11, 참조, 16:33) 예수에 대해 무력하다고 말씀하신다(14:30). 마찬가지로 에베소서에선 "지금 불순종의 아들들 가운데서 역사하는 공중의 권세 잡은 지배자(τὸν ἄρχοντα τῆς ἐξουσίας τοῦ ἀέρος[*ton archonta tēs exousias tou aeros*])"(엡 2:2, 참조, 6:11-12)에 관해 이야기한다.[18]

---

18. Brown, *God of This Age*, 133. 브라운은 후에 이렇게 덧붙였다. "고후 4:4은 사탄을 묘사하고 있음이 분명하다. 바울이 잇따른 절들에서 ὁ θεὸς τοῦ αἰῶνος τούτου[*ho theos tou aiōnos toutou*, 이 세상/세대의 신; the god of this age]의 '혼미하게 하는' 활동을 "어두운 데에 빛이 비치라 말씀하셨던 … 예수 그리스도의 얼굴에 있는 하나님의 영광을 아는 빛을 우리 마음에 비추신"(고후 4:6) 하나님과 대조하기 때문이다. 바울에게 '이 세상/세대의 신'과 천부 하나님의 역할은 묵시론적 사유 속 두 세대(two ages)와 마찬가지로 안티테제적이다. 그러므로 4절과 6절의 두 '신'(two gods)이 동일 캐릭터를 가리킨다는 주장은 어불성설이다. 종합하자면 이 논점들은 바울의 ὁ θεὸς τοῦ αἰῶνος τούτου[*ho theos tou aiōnos toutou*, 이 세상/세대의 신; the god of this age]라는 표현이 가리키는 존재가 천부 하나님이 아니라 살전 2:18에서 바울이 자신의 선교 사역을 훼방했다고 고발한 사탄임을 보여준다. 참조, Brown, *God of This Age*, 134. 유대 묵시론적 사유에서 이항대립

이 신약의 사탄 프로필과, 사탄 또는 마귀가 여타 모든 악한 영들의 우두머리 역할을 하는 제2성전기 유대교 사이에는 공통점이 많다. 사탄의 통치 영역은 온 세상(the whole world), 즉 열국(the nations)이다. 이는 바벨탑 사건으로 열국을 배정받은 신들의 통치권을 실제로 사탄에게 귀속시키는 인식이다(신 32:8, 비교, 신 4:19-20, 17:1-3, 29:23-26). 실제로 구약이 이런 위계 구조를 드러내놓고 말하진 않지만, 그 논리는 식별 가능하다.

자신에게 위탁된 백성들을 학대한 "지존자의 아들들"(시 82:2-5)이 하나님의 남은 백성, 곧 여호와의 (분깃) 백성인 이스라엘의 원수로 여겨졌음은 자연스러운 이치다(신 32:9). 이 지존자의 아들들은 불순종의 영들로 그 종착지는 망자들의 주가 다스리는 사후세계였다(시 82:6-7).[19] 아울러 그들은 에덴에 거하던 여호와의 인간 가족에 대한 경멸을 노골적으로 드러낸 원조 반역자와 한마음이었다. (이 시기 즈음에

의 관념은 전쟁 두루마리(1QM) 같은 쿰란 본문을 통해 잘 알려져 있다. 전쟁 두루마리는 그 초점이 여호와의 백성("빛의 아들들")과 그들을 돕고자 파견된 초자연적 영들, 그리고 그들의 인간 반대자들("흑암의 아들들")과 초자연적 반대자들 간의 종말론적 전쟁이라는 점에서 이항대립적 테마의 교과서적 사례다. 벨리알/마스테마/사탄 캐릭터는 전쟁 두루마리와 여타 쿰란의 묵시론적 본문들에서 집중부각된다. 묵시론 속 이항대립적 사유에 관한 일반적 논의는 다음을 참조하라. Bennie H. Reynolds III, "Demonology and Eschatology in the Oppositional Language of the Johannine Epistles and Jewish Apocalyptic Texts," in *The Jewish Apocalyptic Tradition and the Shaping of New Testament Thought*, ed. Benjamin E. Reynolds and Loren T. Stuckenbruck (Minneapolis: Fortress, 2017), 327-46.

19. 브라운이 고찰했듯(*God of This Age*, 68) 바울의 글에는 사탄을 다른 악한 영과 구체적으로 연결시키는 내용이 없지만, 모든 악한 권세가 공유하는 이 종말론적 숙명이야말로 바울 신학의 한 축이다(고전 15:24-28).

는 사탄과 동일시된) 뱀과 열국에 배정된 하나님의 아들들은 모두 세상에 혼돈의 씨를 뿌림으로써 인간 생명에 대한 경멸감을 드러냈다. 그와 대조적으로, 이스라엘(시온)은 여호와의 임재가 있는 곳, 여호와가 자신의 거처이자 통치 장소로서 에덴의 회복을 의도하신 우주적 산으로 설정되었다.[20] 이는 "세상"이라는 장소가 에덴 및 그 에덴에서 누릴 영생의 약속과 개념적으로 대척점에 있다는 얘기다. 여호와에 대한 반대는 죽음을 뜻했다. 여호와를 대적하는 영은 모두 죽음의 주를 좇아 공통의 목적으로 하나가 되었음이 틀림없다.[21]

광야에서 예수를 시험한 마귀

사복음서 기자들은 사탄의 성격과 권한의 범위에 관한 제2성전기 유대 저작들과 맥을 같이할 뿐 아니라 거기에 더하여 사막 광야를 악한 영들 및 그 우두머리와 연결짓는 데에도 의견을 같이한다. 이는 마태복음 4:1-11에 자명하게 드러난다.

---

20. 히브리어 성경 속 우주적 산 모티프에 대한 획기적 연구는 Clifford, *The Cosmic Mountain in Canaan in the Old Testament*를 참조하라. 고대 근동 사유에서 우주적 산은 신들(또는 이스라엘의 경우 하나님과 그의 천상회의)의 거처이자 하늘과 땅이 교차하는 곳이자 생명을 주는 물과 생명을 지탱하는 땅을 비옥하게 하는 원천이었다. Monson이 고찰하듯 시온과 그 성전은 "우주적 산의 원형이자 하늘과 땅이 만나는 지점"이었다(J. Monson, "Solomon's Temple," *DOTHB* 929; 또한 *NIDOTTE* 2:333).

21. 악한 영(정사, 권세, 보좌, 등)을 가리키는 바울의 전문용어는 이 모든 용어들이 지리적 권한과 권역을 뜻한다는 면에서 신명기 32장 세계관을 반영한다. 참조, 이 책 11장.

[1] 그 때에 예수께서 성령에게 이끌리어 마귀에게 시험을 받으러 광야
로 가사 [2] 사십 일을 밤낮으로 금식하신 후에 주리신지라 [3] 시험하는
자가 예수께 나아와서 이르되 네가 만일 하나님의 아들이어든 명하여
이 돌들로 떡덩이가 되게 하라 [4] 예수께서 대답하여 이르시되 기록되
었으되 사람이 떡으로만 살 것이 아니요 하나님의 입으로부터 나오는
모든 말씀으로 살 것이라 하였느니라 하시니 [5] 이에 마귀가 예수를 거
룩한 성으로 데려다가 성전 꼭대기에 세우고 [6] 이르되 네가 만일 하나
님의 아들이어든 뛰어내리라 기록되었으되 그가 너를 위하여 그의 사
자들을 명하시리니 그들이 손으로 너를 받들어 발이 돌에 부딪치지 않
게 하리로다 하였느니라 [7] 예수께서 이르시되 또 기록되었으되 주 너
의 하나님을 시험하지 말라 하였느니라 하시니 [8] 마귀가 또 그를 데리
고 지극히 높은 산으로 가서 천하 만국과 그 영광을 보여 [9] 이르되 만
일 내게 엎드려 경배하면 이 모든 것을 네게 주리라 [10] 이에 예수께서
말씀하시되 사탄아 물러가라 기록되었으되 주 너의 하나님께 경배하
고 다만 그를 섬기라 하였느니라 [11] 이에 마귀는 예수를 떠나고 천사
들이 나아와서 수종드니라.

사탄이 사막 광야에서 예수를 시험한다는 사실은 작위적이지 않다. '광야'(에레모스, *erēmos*)로 번역된 헬라어는 아사셀을 위한 염소의 종착지(레 16:10)와 (이사야서의 악한 영과 연관된) 초자연적 생물이 거하는 황폐한 곳(사 13:9)을 기술한 칠십인역 번역에 사용되었다. 핏츠마이어의 고찰에 의하면 "'사막'은 유대 광야를 의미하며 하나님과 접촉하는 장소(참조 호 2:14-15)를 뜻할 수 있으나 들짐승과 귀신의 거처를

의미할 가능성이 더 크다(레 16:10, 사 13:21, 34:14, 토빗 8:3). 예수는 이 사막의 이중적 측면을 정면으로 마주하셨다."[22] 초자연적 악과 사막 광야와의 연관성을 다룬 앨리슨의 논평이 특히 적절하다.

> 사탄의 시험 내러티브에서 예수가 사탄과 마주하는 장소는 광야다. 누가복음 8:29에선 거라사 지방의 귀신 들린 자가 귀신에 내몰려 광야로 나갔다고 한다. 또한 마태복음 12:43-45과 평행구인 누가복음 11:24-26은 "물 없는 곳을 다니는" 더러운 영이 쫓겨났다고 한다. 이 본문들을 제대로 이해하려면 사회적 경계 너머에 있는 광야가 악한 영들이 출몰하는 곳이라는 유대인의 믿음을 파악해야 한다(참조, 레 16:10, 사 13:21, 에녹1서 10:4-5, 토빗 8:3, 마카비4서 18:8, 바룩 묵시록 2서 10:8). 이는 훗날에 기독교 수도주의(monasticism)를 지배한 발상이기도 했다.[23]

앞 장에서 우리는 제2성전기 유대 사유에서 사막 광야가 아사셀을 위한 염소를 내보내는 장소이자 귀신 아사셀을 감금한 곳이라고 배웠다. 그렇다면 성령이 예수의 세례 후 예수를 광야로 내몰았다는 사실이 이상하지 않는가. 왜 성령은 예수를 마귀와 직접 대면하도록 광

---

22. Joseph A. Fitzmyer, *The Gospel according to Luke I–IX: Introduction, Translation, and Notes* (AYB; New Haven, CT: Yale University Press, 1970), 514.

23. D. C. Allison, Jr., "Mountain and Wilderness," *Dictionary of Jesus and the Gospels*, ed. Joel B. Green and Scot McKnight (Downers Grove, IL: InterVarsity Press, 1992), 565.

야로 내몰았을까?

답은 신약 기자들이 어떻게 구약 역사와 신학에 비추어 예수의 초상을 그리고자 했는가에 있다. 사복음서, 특히 마태복음은 예수의 사역을 새로운 출애굽 사건이라는 각도에서 조명한다. 예수의 세례와 광야 시험은 이스라엘이 여호와가 약속하신 가나안 땅에 가기 위해 광야로 들어서기 직전 홍해를 건넌 사건과 평행을 이룬다.

> 그러나 여호와에 대한 이스라엘의 믿음과 충성심이 흔들렸다(삿 2:11-15). 그들은 결국 광야에 거하는 적대적인 신적 권세자(귀신)의 시험에 넘어갔다(신 32:15-20). 이스라엘이 실패한 장소에서 하나님의 메시아 아들이자 이스라엘 민족의 대표요 왕이신 예수가 성공할 것이다.[24]

시험의 이미지를 살펴보자. 예수는 사십일 간 광야에 머물렀다. 이는 정탐꾼이 보고한 거인 아낙 족속(구약과 제2성전기 신학의 악한 소생)을 여호와가 능히 물리치실 것을 믿지 못한 이스라엘이 사십 년간 광야를 방황한 사건을 의도적으로 비추는 거울 반대편 상이다(민 13:33-14:35).

이 실패가 유독 수치스러운 이유는 이스라엘이 앞서 홍해에서 체험한 경이로운 건지심을 망각했기 때문이다(출 14-15장, 비교, 민 14:11, 22). 이는 마태복음 속 예수의 초기 공생애와 사역의 초상이 예수를 새

---

24. Heiser, *Unseen Realm*, 277. 『보이지 않는 세계』(좋은씨앗).

로운 (우월한) 하나님의 아들, 곧 새 출애굽의 중심 인물로 그린다는 많은 학자들의 고찰과 일관성을 보인다.[25]

우리는 출애굽이 애굽의 신들, 곧 여호와에 의해 바벨에서 열국을 배정받은 후 여호와께 반역한 악한 영들에 대한 승리로 여겨졌다는 사실을 놓쳐선 안 된다. 홍해의 건지심 후 모세는 "여호와여 신 중에 주와 같은 자 누구니이까"(출 15:11)라고 외쳤다. 하나님도 마지막 재앙인 장자의 죽음을 초자연적 원수에 대한 승리로 묘사하셨다.

> 내가 그 밤에 애굽 땅에 두루 다니며 사람과 짐승을 막론하고 애굽 나라 가운데 처음 난 것을 다 치고 애굽의 모든 신에게 벌을 내리리라 나는 여호와로라(출 12:12, 비교, 민 33:4).

사탄의 광야 시험에 대한 예수의 승리는 열국의 신들에 대한 승리이기도 했다. 마태복음 4:8-9의 말씀을 상기하라.

> 8) 마귀가 또 그를 데리고 지극히 높은 산으로 가서 천하 만국과 그 영광을 보여 9) 가로되 만일 내게 엎드려 경배하면 이 모든 것을 네게 주리라.

실상 사탄은 예수께 바벨에서 여호와가 내버리신 열국에 대한 지

25. 출애굽 이야기와의 평행점에 관한 유익한 요약은 다음을 참조하라. Ryken et al., "Matthew, Gospel of," *Dictionary of Biblical Imagery*, 543.

배권을 넘기겠다고 제안한 것이다(신 32:8). 바벨에서 단행된 심판의 영구적 지속은 결코 하나님의 본뜻이 아니었다. 여호와는 아브라함과 언약을 맺어 자신의 '분깃'을 세우셨을 때(신 32:9) 족장 아브라함에게 결국 그 후손을 통해 천하 만민이 복을 받을 것이라고 말씀하셨다(창 12:3). 예수야말로 그 언약의 구체적 실현이었다.

> 이 약속들은 아브라함과 그 자손에게 말씀하신 것인데 여럿을 가리켜 그 자손들이라 하지 아니하시고 오직 하나를 가리켜 네 자손이라 하셨으니 곧 그리스도라(갈 3:16).

만일 예수가 광야 시험에 실패했다면 열국을 다시 여호와의 가족으로 불러모으려는 계획 역시 무산되었을 것이다. 이 시험의 본질과 그 결과의 함의는 우리가 앞서 고찰한 반역한 열국의 신들이 에덴의 원조 반역자와 연대했으며 어떤 의미에선 그의 권세 아래 있다는 제2성전기 유대인의 인식을 전제로 한 것이다. 사복음서에서 사탄이 자신을 섬기면 세상 열국(천하 만국)을 주겠다고 예수께 제안했을 때 염두에 둔 것이 바로 이 연대성과 권한이었다.

마귀와 여타 초자연적 반역자들의 최후 운명

사탄의 최후 심판에 대한 신약의 그림은 요한계시록에 더할 나위 없이 명료한 용어로 설명되어 있다.

> 1) 또 내가 보매 천사가 무저갱의 열쇠와 큰 쇠사슬을 그의 손에 가지고 하늘로부터 내려와서 2) 용을 잡으니 곧 옛 뱀이요 마귀요 사탄이라 잡아서 천 년 동안 결박하여 3) 무저갱에 던져 넣어 잠그고 그 위에 인봉하여 천 년이 차도록 다시는 만국을 미혹하지 못하게 하였는데 그 후에는 반드시 잠깐 놓이리라 (…) 7) 천 년이 차매 사탄이 그 옥에서 놓여 8) 나와서 땅의 사방 백성 곧 곡과 마곡을 미혹하고 모아 싸움을 붙이리니 그 수가 바다의 모래 같으리라 9) 그들이 지면에 널리 퍼져 성도들의 진과 사랑하시는 성을 두르매 하늘에서 불이 내려와 그들을 태워버리고 10) 또 그들을 미혹하는 마귀가 불과 유황 못에 던져지니 거기는 그 짐승과 거짓 선지자도 있어 세세토록 밤낮 괴로움을 받으리라(계 20:1-3, 7-10).

위 본문이 묘사하는 심판 장면에는 귀신들이 언급되지 '않음'을 주목하라. 귀신들이 언급된 본문은 마태복음 25:41밖에 없다("또 왼편에 있는 자들에게 이르시되 저주를 받은 자들아 나를 떠나 마귀와 그 사자들을 위하여 예비된 영원한 불에 들어가라")

위 본문을 보면 응당 떠오르는 질문이 있다. 어떻게 마태복음 25:41과 우리가 앞서 살펴본 베드로후서 2:4과 유다서 6절의 하나님의 타락한 아들들("범죄한 천사들")을 "결박하여 지하세계(타르타루스)에 가두신" 내용이 연결될까? 만일 사탄이 반역 후 지하세계로 추방된 에덴의 원조 반역자와 동일 존재라면 불 못으로 던져지는 것이 어떻게 형벌이 될까? 더욱이 예수가 하나님 나라를 전파하고 돌아온 칠십인의 제자들에게 "사탄이 하늘로부터 번개 같이 떨어지는 것을 내가 보왔노라"고 하신 누가복음 10:18 같은 본문들[26]과 미가엘과 그 사자들이 땅으로 추방된 사탄과 전투를 벌이는 계시록 12:7-10 사이에는 어떤 관계가 있을까?

하나님의 패역한 아들들, 곧 제2성전기 유대 전승의 순찰자들과 관련하여 명확한 점은 제2성전기 본문에선 그들이 "칠십 세대" 동안 또는 "그들의 심판 날까지… 영원한 심판이 완성될 때까지"(에녹1서 10:11-13)[27] 무저갱 속에 갇혀 있다는 것이다. 많은 학자들은 계시록이 그들의 풀려남과 그리스도 재림의 전조와 여호와의 날과 그들이 불 못 속에서 (사탄과 함께) 당할 궁극의 형벌을 묘사한다고 본다. 구체적으로 무저갱의 열쇠를 받은 "별" 하나가 잠겨 있던 무저갱을 "여는" 계시록 9:1-10은 말세에 감금된 순찰자들이 풀려나는 것으로 이

26. 칠십인이 "제자들"이라는 사실은 그 용어를 사용한 공관복음의 평행구절들로 확인된다(마 9:35-37, 요 4:32-38). 영어 역본들은 이 에피소드에서 예수가 70인 또는 72인의 제자를 파송하셨다고 다양한 해석을 보인다. 두 가지 해석 모두 고대 헬라어 신약 필사본상의 증거가 있다. 두 해석 속 숫자는 바벨에서 파양된 창세기 10장의 열국 목록을 가리킨다는 면에서 우발적인 숫자가 아니다. 필사본 증거상 72는 창세기 10장의 열국의 수로 72를 든 칠십인역 기술에 기인한 것이다. 70이라는 숫자는 열족의 수를 70이라고 한 히브리어 마소라 본문에 근거한 것이다. 성경 외 근거로는 70이라는 숫자가 최상의 해석이다. 우가릿에서 신적 공회에 참여한 "엘의 아들들"의 수가 70이라는 증거와 신명기 32:6-7에 여호와를 가리키는 El 표현들이 있기 때문이다. (해당 논의와 우가릿 참조 내용은 다음을 참조하라. Michael S. Heiser, "Are Yahweh and El Distinct Deities in Deut 32:8-9 and Psalm 82?") Fitzmyer는 신명기 32:8을 주목하면서 이 숫자가 "창세기 10:2-31에서 언급되는 세계 열국 목록의 반영이라고 많은 이들이 생각하며 제자들에 의한 이방인과 디아스포라 유대인의 복음화와 이스라엘 본토로 파송받는 열두 제자를 상징한다"고 고찰한다. Joseph A. Fitzmyer, S.J., *The Gospel according to Luke X-XXIV: Introduction, Translation, and Notes* (AYB; New Haven, CT: Yale University Press, 1985), 846.

27. 번역은 Nickelsburg. 아울러 다음을 참조하라. 에녹1 13:1; 14:5; 희년 5:6, 10; 10:7-11.

해된다.[28]

학자들은 오래전부터 계시록 9장과 제2성전기 유대 본문들의 유사성을 주목했다. 허다한 제2성전기 본문이 결박되어 구덩이에 갇힌 채

---

28. 학자들은 이 '별'이 초자연적 존재라는 점에는 의견을 같이 하지만 악한 존재인지 선한 존재인지에 대해선 의견이 엇갈린다. Thompson은 사탄의 최후에 관한 그의 연구에서 이 별이 타락하지 않은 천군의 충성된 일원이라고 주장한다. "찰스와 오니를 비롯한 대부분의 주석가들은 열쇠를 받은 이 별이 실은 타락한 천사라고 주장한다. 그러나 9:1의 별-천사가 20:1의 천사와 동일시되면 문제가 생긴다. (…) 계 9:1의 *aggelos* [*sic*]와 20:1의 *aggelos*는 동일한 천상 기원과 동일한 책임, 곧 무저갱의 열쇠를 가지고 있다. (…) 비록 계시록이 스올의 열쇠를 맡은 천사의 이름을 밝히지 않았지만 그는 다른 곳에 있다. 에녹1서 20:2의 헬라어판은 스올의 통제권을 '세상과 타르타루스 위에 있는 거룩한 천사들 중 하나인 우리엘'이 가지고 있다고 본다. (…) 다른 곳에선 스올의 천사 지킴이에게 어떤 칭호가 주어진다. *Sibylline Oracles* 8권에 헬라어 *kleidophylax*(열쇠 지킴이)라는 드문 표현이 등장한다. 비록 이 문장은 불완전하지만 맥락상 다른 곳에선 신원이 밝혀지지 않은 열쇠 가진 자, 곧 최후 심판 때 하나님의 심판대 앞으로 출두하기 전 수감자를 지키는 임무를 맡은 자를 가리킨다는 해석이 가능해진다. 스올의 천사 지킴이(들)의 개념은 *Apocalypse of Paul* 18, Gospel of Bartholomew 4:12, Hippolytus, Commentary on Daniel 2.29.11.에서 사용된 헬라 용어 *tartarouchoi aggeloi*(타르타루스를 지키는 천사들)를 통해 초기 기독교 사고로 흘러들어갔다. 비슷한 표현인 *temelouchos aggelos*(타르타루스를 지키는 천사)는 Clement of Alexandria, *Prophetic Eclogue* 41.1.에 나온다." 참조, Steven Thompson, "The End of Satan," *Andrews University Seminary Studies* 37.2(1999): 260-62. Beale은 그 '별'이 귀신적 존재라는 대인적 관점의 대표주자다. "주된 논쟁은 이 별이 선하냐 악하냐이다. 이 별은 '타르타루스를 다스리는' 대천사 우리엘이거나 '영 안에서 범죄한 영들을 다스리는' 대천사 사라카엘(Saraqael)일 수 있다"(에녹1 19:1, 20:1-6, 21:1-10, 솔로몬의 유언서 2). 그러나 에녹1서는 한번도 그들을 '타락한 별'이라고 하지 않았다. 오히려 이 묘사는 오직 대천사들이 감금한 타락 천사들에만 사용되었다. (…) (위에서 언급한) 다른 지면의 추락하는 별 묘사와의 유사점뿐 아니라 11절 역시 이 별이 선한 천사가 아니라 타락한 천사라는 결론을 시사한다. 11절에서 "무저갱의 천사"는 황충 귀신을 '다스리는 왕'이며 '아바돈'(파괴)과 아폴리온(파괴자)으로 불린다. 1-3절에서 무저갱과 황충에 대한 주재권을 가진 천상의 존재는 아마도 11절에서 그들의 '왕'으로 불렸을 것이다. (…) 그러므로 1절의 천사는 사탄이거나 그의 졸개 중 하나다(후자는 '지옥문의 … 열쇠를 지닌 자들'을 '큰 뱀들과 같고 그 얼굴은 소멸한 등불과 같으며 그 눈은 불 같으며 그 이빨은 날카롭다'고 묘사한 에녹2서 42:1과 평행을 이룰 것이다.) 참조, G. K. Beale, *The Book of Revelation: A Commentary on the Greek Text* (NIGTC; Grand Rapids: Eerdmans, 1999), 491, 493. 『NIGTC 요한계시록』(새물결플러스).

최후 심판을 기다리는 부패하고 타락한 천사들을 그린다(예, 에녹1서 10:4-14, 18:6-19:1, 21:7, 54:1-6, 88:1-3, 90:23-26, 희년 5:6-14, 비교, 벧후 2:4).[29] 계시록 9장에 관한 오니의 고찰이다.

> 이 구절과 그 다음 구절에서 분명하게 드러나듯 "별"은 모종의 초자연적 존재임이 분명하다. (…) 20:1에서 다시 무저갱의 열쇠가 언급되는데, 잠겼다가 열 수 있는 무저갱은 있는 그대로의 묘사라기 보다는 미묘한 언어로 암시된 것이다. 다른 두 본문, 계시록 11:7과 17:8에선 무저갱으로부터 짐승이 올라온다고 한다. (…) [무저갱]은 간간이 죽은 자의 거처인 지하세계(Jos. As. 15:12, 시 71:20, 롬 10:7)와 (…) 심판날까지 무저갱 속 귀신들이 감금된 장소(눅 8:31, 에녹1서 18-21장, 희년 10:7)와 유의어로 쓰인다.[30]

무저갱에서 풀려난 "황충"(계 9:3)이라는 존재에 대한 희한한 묘사("전쟁을 위하여 준비한 말들 같고 그 머리에 금 같은 관 비슷한 것을 썼으며 그 얼굴은 사람의 얼굴 같고 또 여자의 머리털 같은 머리털이 있고 그 이빨은 사자의 이빨 같으며"(계 9:7-8))는 그들이 타락한 순찰자들과 동일하다는 주장과 상충되지 '않는다.' 쿨릭은 인간과 동물 두 가지 특징의 혼재성이 유대교와 고전 헬라 문학과 고대 근동의 귀신 묘사에서 "흔한" 양상이

---

29. Beale, *Book of Revelation*, 493. 『NIGTC 요한계시록』(새물결플러스).

30. David E. Aune, *Revelation 6-16* (WBC; Dallas: Word, 1998), 525-26. 『요한계시록 중』((솔로몬).

었다고 말한다.[31] 마찬가지로 제2성전기 전승과 똑같이 신약 역시 타락한 하나님의 아들들이 마지막 날까지 갇혀 있다가 묵시론적 여호와의 날 정점에 마지막 심판을 받을 것이라고 말한다.

그러나 제2성전기 문헌에 사용된 (여러 이름 중) 고유명사 '사탄'이라 불린 원조 반역자에 대해 여전한 의문점들이 있다. 우리는 앞의 연구를 통해 구약에서 원조 반역자가 "쫓겨 내려갔다"는 사실을 정립했으나, 그 심판이 최종적인 것인지는 논하지 않았다. 제2성전기 전에는 사탄의 죄와 처벌의 장기적 효과(죽음, 하나님과의 유리, 혼돈)만 주목했다. 이 초자연적 뱀 캐릭터의 배반이 초래한 탈에덴적 상황을 감안할 때, 제2성전기 유대 저자들이 이 캐릭터의 지속적 활동을 상정한 것은 당연하다고 하겠다.

반역자가 추방된 후 탈에덴이라는 개념적 환경은 사탄과 하나님과 하나님의 공회-천군의 충성스런 구성원들의 관계를 후대가 개념화하는 큰 틀이 되었다. 비록 많은 성경 독자들이 (심지어 학자들도) 다르게 알고 있지만 하나님께 반역한 영적 존재들은 반역 히후에도 여전히 히나님을 섬기는 직을 수행했다고 묘사되지 않는다. 이 오해는 행악자에 대한 하나님의 주권적 지위와 행악자들이 여전히 하나님의 소위 피고용인이라는 관념을 혼동한 결과다. 인간 세상을 비유로 들자면, 국가는 국가가 원하는 소기의 행동이나 결과가 얻기 위해 어떤 위

31. 참고. Alexander Kulik, "How the Devil Got His Hooves and Horns: The Origin of the Motif and the Implied Demonology of *3 Baruch*," Numen 60 (2013): 195–229 (esp. 215–16).

치에 사람을 배치할 수 있다. 하지만 그렇다고 그 사람이 국가의 공무원(또는 자발적이거나 의식적 참여자)이 되는 건 아니다.[32]

에덴으로부터 추방된 원조 반역자는 더이상 하나님의 공회원이 아니었다.[33] 이제 죽음이 하나님의 세계의 일부분이 되었기에 반역자는 지하세계와 연결되었다. 죽음은 하나님과의 분리, 그리고 육신에 깃든 생명의 종식이라는 두 개념을 내포한다. 에덴은 더이상 존재하지 않는다. 더이상 지상에는 신의 거처가 없다. 원조 반역자(그리고 인류)는 창세기에서 에덴으로 묘사된 하나님과 더불어 사는 하나님의 임재로부터 유리되었다.

하나님은 인류를 멸하거나 인류가 계속 암담한 죽음의 그늘에 거하도록 방치하지 않으셨다. 하나님은 인류를 죽음과 하나님과의 멀어진 관계로부터 속량하기 위한, 그리하여 실제적으로 지상에 하나님의 통치와 임재를 복원하기 위한 계획에 착수하셨다. 신학적으로 이 복

32. 위의 오해는 하나님이 사람을 괴롭히고자 '악령'을 보내셨다는 구절들에서 비롯되었다(예, 사울, 삼상 16:14-16, 19:10-11). 이 혼동은 일부 영역본에서 히브리어 *rāʿāh*(레마: *rā*)의 번역으로 '악'을 선택한 데서 비롯된 것이다. 이 용어는 종종 도덕적 악과 무관하다. 이 용어는 좋지 않거나 보기 흉한 어떤 것(창 41:20, 41:20, 27; 렘 24:2, 3, 8; 49:23; 시 112:7; 신 22:14, 19; 느 6:13) 또는 해롭거나 충격을 가하는 참담한 상태나 상황(창 19:19, 신 7:15, 28:35, 59)을 묘사하기 위해 흔히 사용된다. 그러므로 사울을 괴롭히기 위해 하나님이 보내신 '악령'은 정신 질환이나 심리적 기질일 수 있다. 다른 맥락에서(삿 9:22-23, 사 19:13-14, 37:5-7) 동일한 표현을 사용하는 여타 구절들에도 동일한 모호성이 있다. 이것이 영적 존재가 맞다고 해도 하나님이 이 영들을 악을 심판하기 위해 파송하실 때 영 자체가 악하다고 결론 짓는 것은 앞뒤가 맞지 않는다. 이런 결론을 채택하면 가령 천군의 일원이 불신자나 하나님의 백성의 사악한 원수들에 맞서 싸우는 특정 사례들이 어불성설이 된다(삿 5:20, 왕하 6:5-19, 시 78:43-51 [참조. 출 12:12; 민 33:4]; 마 13:36-43; 행 12:21-23). 이것이야말로 속담에 나오는 "스스로 분쟁하는 집"이 될 것이다(마 12:25).

33. 욥기 1-2장의 *śāṭān*이 에덴의 반역자(마귀[the devil], 사탄[Satan])가 아님을 상기하라.

원은 하나님의 지상 왕국 개념을 말한다. 점점 쌓여가는 인류의 패역과(창 6:5) 초자연적 반역으로(창 6:14) 복원의 필요성이 날로 절실해졌고, 복원의 장애물 역시 날로 견고해졌다.[34] 바벨에서의 3차 반역은 새 인간 가족의 탄생으로 이어졌고 아브라함(이스라엘)의 씨를 통해 왕국 재건 노력이 지속되었다.

왕국 언약은 하나님이 아브라함과 그 후손, 특히 다윗(삼하 7)과 맺은 언약의 실현에 달려 있었다. 번번이 실족하는 인간과 맺은 언약의 성공을 담보하기 위해선 하나님의 형상을 완벽하게 담지한 자, 곧, 인간이자 아브라함과 다윗의 후손으로 성육신한 하나님이신 예수 그리스도의 삶과 사역이 필요했다. 그래야 성공적으로 언약을 성취하고 왕국을 건설할 수 있었다. 왕국 출범은 "이 세상 지배자"와 죽음의 저주 아래 있는 현세 왕국의 최후가 멀지 않았음을 의미했다.

이것이 정확히 구약에서 전개된 상황이다. 사복음서에서 왕국(하나님나라) 복음 전파가 사탄 왕국의 패배를 앞당기는 귀신의 축출과 동

34. 하나님은 인간의 참여로 온세상을 에덴으로 전환하시는 길을 택하셨다. 하나님의 형상 담지(imaging)라는 개념(창 1:26-27)은 인간이 하나님의 자녀일 뿐 아니라 에덴으로의 전면적 전환 과정에서 그 참여자-대표자가 된다는 의미이기도 하다. 하나님은 맨처음부터 인간이 참여하도록 굳은 의지를 가지고 계셨기에 그 목적을 이루기 위해 자신의 속성을 형상 담지자들과 공유하셨다. 하나님은 타락 이후에도 인류를 멸하거나 인류의 지위를 바꾸지 않으셨다. 하나님이 인간 형상 담지자들과 공유하신 속성 가운데 하나가 자유다. 날로 심해지는 패역은 하나님이 그분의 선한 통치를 회복하기 위해 사용하려는 대행자가 한결같이, 보편적으로 그분의 형상 담지자로 역할을 감담하는 데 실패했음을 의미했다. 이 동일한 대행자(이스라엘)가 인간의 무능함으로 실패할 운명에 처한 하나님 언약의 수혜자들이었다. 인간을 통해 에덴을 재건하여 하나님의 지상 통치를 달성하려는 하나님의 열심과 이런 일련의 상황이 성경의 대서사에서 왜 하나님이 인간으로 성육신하셔야 했는지를 설명해 준다.

시에 일어났음은 우연의 일치가 아니다.[35] 이 지점에서 예수는 더할 나위 없이 명료한 언어로 자신의 입장을 천명하셨다.

> 18) 너희 말이 내가 바알세불을 힘입어 귀신을 쫓아낸다 하니 만일 사탄이 스스로 분쟁하면 그의 나라가 어떻게 서겠느냐 19) 내가 바알세불을 힘입어 귀신을 쫓아내면 너희 아들들은 누구를 힘입어 쫓아내느냐 그러므로 그들이 너희 재판관이 되리라 20) 그러나 내가 만일 하나님의 손을 힘입어 귀신을 쫓아낸다면 하나님의 나라가 이미 너희에게 임하였느니라(눅 11:18-20).

누가복음의 바로 앞 장에서, 귀신을 쫓는 권세를 받은 제자 칠십인이 돌아왔을 때 예수가 "사탄이 하늘로부터 번개 같이 떨어지는 것을 내가 보았노라"고 선포하신다(누가복음 10:18).[36] 이는 태고적 과거

---

35. 이 동시진행형 개념에 관한 치밀한 논의는 다음을 참조하라. Craig A. Evans, "Inaugurating the Kingdom of God and Defeating the Kingdom of Satan," *BBR* 15.1 (2005): 49-75.

36. 계 12:7-10은 태고적 사건(또는 미래의 사건)에 대한 언급이 아니다. 영적 전쟁(미가엘 vs. 마귀와 그 천사들)에 관한 묘사는 명백하게 예수의 초림을 가리키는 선행 구절과 연결되어 있다. 이런 의미에서 계 12:7-10은 눅 10:18의 평행구절이다. 두 구절 모두 하나님의 아들이 하나님 왕국의 통치를 회복하기 위해 임하실 때 마귀가 패배할 것을 그린다. 이 해석을 받아들이지 않는 학자들의 전형적인 반론은 계 12:7-10이 원래 해당 구절의 선행 부분으로부터 분리되어 있었다는 고등비평적(또는 자료비평적) 추정을 근거로 한 것이다. 그럼에도 이 입장에 속한 학자조차 "계 12:7-9이 십자가 죽음을 통해 예수가 사탄을 이기신 것을 강조하는 식의 해석은 분명 신빙성이 있다"고 발언했다(Kelley Coblentz Bautch, "The Fall and Fate of Renegade Angels: The Intersection of Watchers Traditions and the Book of Revelation," in *The Fallen Angels Traditions: Second Temple Developments and Reception History*, ed. Angela Kim Harkins, Kelley Coblentz Bautch, and

의 추락을 말하는 게 아니다. 아울러 오랜 세월 지체된 마귀의 천상회의로부터의 축출을 말하는 것도 아니다(이는 욥기 1-2장의 *śāṭān*을 마귀로 오인하여 빚어진 오해다).[37] 골자는 사탄 왕국의 전복과 종식이 이미 시작되었고 이제 돌이킬 수 없게 되었다는 것이다. 이 시점부터 왕국의 운명은 예수가 십자가에서 달성하실 무언가에 달려 있다. 그러므로 더이상 왕국의 실패는 없을 것이다. 예수는 부활 후 승천하실 것이며 성령이 임하여 신자가 패역을 극복하도록 권능을 주실 것이다(예, 롬 8:2-5). 권능을 받은 신자들은 상속권이 박탈된 열국을 다시 하나님 가족의 품으로 끌어모을 것이다(예, 사도행전 2장).

예수의 왕국에 속한 모든 자는 더이상 죽음의 저주 아래 있지 않다. 이는 개념적으로 더이상 사탄의 왕국(과 죽음의 저주)이 그들을 사로잡지 못한다는 얘기다. "우리 형제들을 고발하는 자"(계 12:10)가 최후 심판 때까지 여전히 세상에서 활개 치며 사람들이 예수의 왕국에 합류하지 못하도록 그 정신을 속박하려 들 것이다. 하지만 그 고발자에겐

John C. Endres [Washington, DC: Catholic Biblical Association of America, 2014], 69-93). 필자의 입장은 본문의 단편적 역사를 근거로 추측하기 보다는 복음서 속 사탄의 패배와 그리스도의 왕국 도래가 서로 병치(juxtaposition)된다는 점, 그리고 이 본문이 서로 일치함을 주목하여 본문을 있는 그대로 받아들이자는 것이다.

37. 원조 반역자 사탄이 여전히 하나님을 위해 일한다는 그릇된 관념이 이 오해에 일조했다. 이 발상의 옹호자들이 흔히 제시하는 근거가 대상 21:1이다. 우리가 이 책 3장에서 논했듯 그 구절에서 다윗을 충동질한 *śāṭān*은 다름아닌 여호와의 천사(두 번째 여호와 캐릭터, 구약 속 사람으로 나타나신 하나님), 곧 여호와였다. 바로 그래서 평행구절(삼하 24:1)에서 여호와가 다윗을 충동했다고 기록한 것이다. 이 *śāṭān*을 여호와의 천사와 동일시하는 본문 단서에 관한 유익한 자료는 Paul Evans, "Divine Intermediaries in 1 Chronicles 21: An Overlooked Aspect of the Chronicler's Theology," *Biblica* 85 (2004): 545-58.

더이상 그리스도께 속한 자를 고발할 근거가 없다. 사후세계에 있는 인생들에 대한 고발자의 권리는 이제 그리스도의 부활과 복음을 믿는 모든 자와 그리스도의 연합으로 무효화되었다. 최후의 심판이 임하면 사탄의 거처, 곧, 사후세계가 사탄의 고문실로 전환할 것이다.

복음서에서 축귀가 부각된 것을 유념해야 한다. 귀신들을 쫓아내는 것은 왕국 회복에 대한 선포에서 변함없는 주제였고, 순찰자 전승의 일부분이었다. 그리고 우리가 다음 장에서 살펴볼 제2성전기 유대교의 메시아 프로필에서 핵심 부분이기도 했다.

10장.
악한 영:
귀신과 운명

우리는 구약부터 제2성전기로 이어지는 연구를 통해 상당히 많은 내용을 다루었다. 우리는 귀신의 기원이 창세기 6:1-4에 기술된 초자연적 존재들에 의한 2차 반역과 연결되어 있음을 보았다. 제2성전기 사유에서 귀신은 죽은 네피림의 탈육신한 영이었고, 이 결론은 창세기 6:1-4의 이면에 자리한 메소포타미아 이야기와 구약 속 지하세계에 거하는 르바임 영들의 존재에서 도출한 것이다. 그 다음 우리는 이 데이터 지점들을 사후세계가 원조 반역자의 거처였다는 구약의 또다른 발상과 연결시켰다. 제2성전기 유대 문헌은 성경의 이 느슨한 실들을 매듭 지어 사탄과 귀신 간에 위계질서 관계가 존재함을 상정했다. 이번 장에서 우리는 신약 복음서의 귀신 서술이 어떻게 제2성전기 유대의 서술과 귀신 들림과 축귀라는 문제와 직접적인 연관성이 있는지

를 주목하고자 한다.[1]

귀신: 악한 영/더러운 영

귀신의 기원에 관한 6장의 논의에서 이 실체에 대해 압도적으로 많이 사용된 용어가 '악한 영들'(evil spirits)이다. 악한 영들의 우두머리는 마스테마(희년 10:1-8) 또는 사탄(희년 1:10-13)이었다. 마스테마와 사탄이라는 두 이름은 언어학적으로 연관성이 있으며, 마스테마와 벨리알은 주제적 중첩성이 있다("악한 영들의 으뜸, 사탄").[2]

신약은 '악한 영들'을 비롯한 여러 유사한 표현으로 귀신들을 칭했다. '악한 영들'(또는 단수로 '악한 영')은 신약 구절에 여덟 번 언급되었다.[3] 더 흔한 표현은 '더러운 영'인데, 이는 20번 넘게 쓰였다.[4] 비록 "신약에서는 오직 마태복음 8:31에서만 다이몬(*daimōn*, 귀신)이 악한 영을 가리키는 말로 사용되었지만"[5] 더러운 영, 악령, 그리고 귀신이

---

1. 귀신 '들림'(possession) 또는 귀신이 사람들을 사로잡는다(possess)는 용어는 문제가 있다. 영어 성경에 흔한 이 단어 선택은 안타까운 신학적 혼돈을 일으킨다. 그리스도인이 귀신 들림(demon-possessed)이 가능한지에 관한 논의는 이 책 12장을 참조하라. 이번 장에서 필자가 이 귀신 들림이라는 용어를 사용하는 이유는 오직 그 익숙함 때문이다.
2. D. R. A. Hare, "The Lives of the Prophets," in *OTP* 2:90 note c.
3. 마 12:45; Luke 7:21; 8:2; 11:26; 19:12–13, 15–16. 헬라어 레마는 *ponēros* 그리고 *pneuma* 다.
4. 마 10:1; 12:43; 막 1:23, 26–27; 3:11, 30; 5:2, 8, 13; 6:7; 7:25; 9:25; 눅 4:33, 36; 6:18; 8:29; 9:42; 11:24; 행 5:16; 8:7; 계 16:13; 18:2.
5. Twelftree, "Demon, Devil, Satan," 164. Twelftree는 같은 글에서, 여기 그리고 다른 지

란 표현이 호환적으로 사용되었음을 볼 수 있다. 이는 공관복음에 실린 이 실체들에 관한 평행 에피소드에 나타난 예수의 언행을 통해서도 드러난다. '쫓아내다'(casting out)라는 동사와 더불어 여러 용어가 뒤섞여 쓰였음을 주목하라.

> 그들이 나갈 때에 귀신 들려 말 못하는 사람을 예수께 데려오니 귀신이 쫓겨나고 말 못하는 사람이 말하거늘 무리가 놀랍게 여겨 이르되 이스라엘 가운데서 이런 일을 본 적이 없다 하되 바리새인들은 이르되 그가 귀신의 왕을 의지하여 귀신을 쫓아낸다 하더라(마 9:32-34, 비교, 막 3:22, 눅 11:14-23).

> 예수께서 그의 열두 제자를 부르사 더러운 영을 쫓아내며 모든 병과 모든 약한 것을 고치는 권능을 주시니라… 예수께서 이 열둘을 내보내시며 명하여 이르시되 이방인의 길로도 가지 말고 사마리아인의 고을에도 들어가지 말고 오히려 이스라엘 집의 잃어버린 양에게로 가라 가면서 전파하여 말하되 천국이 가까이 왔다 하고 병든 자를 고치며 죽은 자를 살리며 나병환자를 깨끗하게 하며 귀신을 쫓아내되 너희가 거저 받았으니 거저 주라(마 10:1, 5-8, 비교, 막 3:13-15, 6:7-13, 눅 6:13, 9:1, 2).

면을 통해 주장한 호환적 쓰임에 관한 고찰을 한다. "복음서는 마귀와 악한 영들에 관해 다양한 용어를 종종 호환적으로 사용한다"(164).

마침 그 때에 예수께서 질병과 고통과 및 악령 들린 자를 많이 고치시며 또 많은 맹인을 보게 하신지라(눅 7:21).

그 후에 예수께서 각 성과 마을에 두루 다니시며 하나님의 나라를 선포하시며 그 복음을 전하실새 열두 제자가 함께 하였고 또한 악령을 쫓아내심과 병 고침을 받은 어떤 여자들 곧 일곱 귀신이 나간 자 막달라인이라 하는 마리아와(눅 8:1-2).

그들이 갈릴리 맞은편 거라사인의 땅에 이르러 예수께서 육지에 내리시매 그 도시 사람으로서 귀신 들린 자 하나가 예수를 만나니 그 사람은 오래 옷을 입지 아니하며 집에 거하지도 아니하고 무덤 사이에 거하는 자라 예수를 보고 부르짖으며 그 앞에 엎드려 큰 소리로 불러 이르되 지극히 높으신 하나님의 아들 예수여 당신이 나와 무슨 상관이 있나이까 당신께 구하노니 나를 괴롭게 하지 마옵소서 하니 이는 예수께서 이미 더러운 영을 명하사 그 사람에게서 나오라 하셨음이라(눅 8:26-29).

더러운 영이 사람에게서 나갔을 때에 물 없는 곳으로 다니며 쉬기를 구하되 쉴 곳을 얻지 못하고 이에 이르되 내가 나온 내 집으로 돌아가리라 하고 와 보니 그 집이 비고 청소되고 수리되었거늘 이에 가서 저보다 더 악한 영 일곱을 데리고 들어가서 거하니 그 사람의 나중 형편이 전보다 더욱 심하게 되느니라 이 악한 세대가 또한 이렇게 되리라(마 12:43-45, 비교, 눅 11:24-26).

용어와 표현이 서로 중첩되는 듯한 면이 뚜렷하게 보이지만, 그렇게 여러 용어를 뒤섞어 사용한다고 하여 '악한 영'이란 표현에 특별한 뉘앙스가 없다는 의미는 아니다. 왈렌은 제2성전기 유대교에서 '더러운 영'(unclean spirits)이라는 단어를 사용한 구체적인 방식이 악한 영의 기원에 특별히 이목을 집중시키기 위함이었음을 보여주는 증거를 수집했다. 즉 자연의 순리를 거스른 결합과 죽은 네피림의 시신으로부터 (그리고 시신과의 접촉을 통해) 악한 영들이 출현했다는 것이다. 레위기의 숱한 부정(uncleanness) 규례의 중심에 이 두 개념이 있다. 왈렌은 귀신을 '더러운' 존재로 묘사한 것이 단순히 종교 의식상 부정함이나 그 부정함의 전이와 연관 짓기 위함이 아니라고 한다. 제2성전기 유대인이 타락한 순찰자의 소생과 질병을 연관 지은 것은 맞지만(이번 장 후속 논의 참조) 악한 영이 더럽다는 신념의 초점은 네피림의 탈육신한 영에 있었음을 유념해야 한다.

> 초기 그리스도인의 정결(purity)에 대한 태도 중 가장 이해하기 어려운 면이 복음서의 부정한 영(impure spirit)에 대한 잦은 언급이다. 놀랍게도 주후 2세기에 이르는 그리스-로마 문학에는 비슷한 언어가 없다. (…) 4QIncantation(주술) 두루마리 속 부정한 영들(impure spirits)과 희년서 속 '더러운 귀신들'에 대한 언급은 에녹1서 순찰자 신화(천사와 여인의 동침으로 태어난 타락한 거인들의 시신에서 악한 영이 유래함)를 기초로 함이 분명하다. 이 영들을 부정하다고 일컬은 것은 부정한 동물의 범주화와 비슷하다. 이 영들은 천상과 지상 존재의 부자연스런 결합의 결과물로서 변칙적 범주의 혼합을 나타낸다. (…) 여러 유

> 대 문헌은 천상의 존재와 여인의 부정한 결합에서 악한 영의 궁극적 기원을 찾는다. 여러 부정한 동물처럼 이 '부정한 영들'은 범주 간의 변태적인 혼합을 나타낸다.[6]

'더러운 영'이라는 표현이 신약에 등장했다는 사실은 신약 기자들이 제2성전기 유대의 귀신 기원에 관한 전통 위에 확고하게 서 있음을 보여주는 명확한 증거다. 이 '더러운 영' 발상은 제2성전기 유대교와 주후 2세기 전 신약에만 독보적으로 존재했다.

'악한 영' 표현과 관련하여 좀 더 설명할 필요가 있다. 구약의 경우와 마찬가지로 신약의 '악한 영' 표현에도 모호성이 존재한다. 이 모호성은 악한 영 발상을 무시하는 일부 현대 학자들과 관련이 있다. 독자들은 하나님이 사울을 괴롭히고자(삼상 16:14-16, 18:10-11) 또는 백성 간에 불화나 혼동을 야기하기 위해 '악한 영'을 보내셨다(삿 9:22-23, 사 19:13-14, 37:5-7)는 구약 본문에 관한 우리의 고찰을 기억할 것이다. 우리는 이 표현에서 '악'으로 번역된 용어(레마 *rā'*)가 도덕적 기질이나 성향을 말하는 게 아니라 좋지 않은 흉한 어떤 것(창 41:20, 27, 렘 24:2, 3, 8, 49:23, 시 112:7, 신 22:14, 19, 느 6:13) 또는 해로운 어떤 것(창 19:19, 신 7:15, 28:35, 59)을 말한다는 점을 살펴보았다. 그러므로 기자가 '악한 영'이라고 표현한 대상은 하나님이 어떤 바람직하지 않은 정신적 고통이나 심리적 기질의 근원이었다는 얘기가 될 수 있다. 따라서 위 구

---

6. Clinton Wahlen, *Jesus and the Impurity of Spirits in the Synoptic Gospels* (Tübingen: Mohr Siebeck, 2004), 1, 66–67, 170.

약 본문을 비롯한 다른 복음서 구절 속 '악한 영' 역시 모종의 신체적 고난이나 정신 질환이라고 볼 수도 있다. 사실 일부 구절은 '악한 영'을 질병이라는 뜻으로 쓴 것처럼 보인다.[7]

> 예수께서 그의 열두 제자를 부르사 더러운 귀신을 쫓아내며 모든 병과 모든 약한 것을 고치는 권능을 주시니라(마 10:1).

> 마침 그 때에 예수께서 질병과 고통과 및 악귀 들린 자를 많이 고치시며 또 많은 맹인을 보게 하신지라(눅 7:21).

> 예수께서 그들과 함께 내려오사 평지에 서시니 그 제자의 많은 무리와 예수의 말씀도 듣고 병 고침을 받으려고 유대 사방과 예루살렘과 두로와 시돈의 해안으로부터 온 많은 백성도 있더라 더러운 귀신에게 고난 받는 자들도 고침을 받은지라(눅 6:17-18).

많은 현대 학자들이 이 표현들과 질병 간의 명확한 연결점을 근거로 귀신의 실재성을 반박한다. 주후 1세기의 낙후한 의학 지식이라는 맥락 탓에 심신의 병을 귀신의 역사로 오인했다는 주장이다. 이 추정은 일부 구절에선 성립할지 모른다. 하지만 던과 트웰프트리가 고찰했듯 신약 기자들이 모든 병을 귀신에 귀속시킨 건 아니었다. "고열,

---

7. 동일한 연관성이 복음서 밖에서도 발견된다(예, 행 8:7, 19:12).

나병, 중풍 같은 잘 알려진 질환 중 그 직접적 원인이 사탄이나 귀신이 아니라고 간주된 질환들이 있었다(막 1:29-31, 40-4, 2:1-12, 참조, 막 4:19)."[8] 악한 영에 대한 신약의 특정 묘사는 누가 봐도 지능과 의식을 가진 영적 실체를 말하는 것이 틀림없다.[9] 가령 악한 영/더러운 영과 대면하여 말씀하시는 예수를 명료하게 기술한 특정 본문을 보면, 예수가 귀신 들림 망상에 빠진 정신 질환자와 '역할 놀이'를 한다고 볼 만한 단서가 전혀 없다.[10]

> 마침 그들의 회당에 더러운 영에 붙들린 사람이 있어 소리 질러 이르되 나사렛 예수여 우리가 당신과 무슨 상관이 있나이까 우리를 멸하러 왔나이까 나는 당신이 누구인 줄 아노니 하나님의 거룩한 자니이다 예수께서 꾸짖어 이르시되 잠잠하고 그 사람에게서 나오라 하시니 더러운 영이 그 사람에게 경련을 일으키고 큰 소리를 지르며 나오는지라 다 놀라 서로 물어 이르되 이는 어찜이냐 권위 있는 새 교훈이로다 더러운 영들에게 명한즉 순종하는도다 하더라(막 1:23-27).

---

8. James D. G. Dunn and Graham H. Twelftree, "Demon-Possession and Exorcism in the New Testament," *Churchman* 94 (1980): 217.

9. 여기서 살펴본 귀신 들림 에피소드 외에 악한 영/더러운 영은 간간이 제2성전기 사유에서 귀신과 유사어로 쓰인 어휘와 연관지어졌다. 마 12:43에선 "더러운 귀신이 사람에게서 나갔을 때에 물 없는 곳으로 다니며 쉬기를 구하되 쉴 곳을 얻지 못하고"라고 했는데, 이는 귀신을 익숙한 사막 광야 모티프와 연관 지은 것이 틀림없다.

10. 여기서 논점은 예수가 악한 영/더러운 영(들)과 주고받은 말이다. 막 9:25 같은 구절에선 예수가 "말 못하고 귀 먹은" 영을 "꾸짖으셨다"는 이야기가 나오는데, 이를 단순한 신체적 상태의 치유로 볼 수 있지만 분명 다른 식으로도 해석할 수 있다. 말을 주고받은 사례는 전자의 가능성에 해당하지 않는다.

> 더러운 영들도 어느 때든지 예수를 보면 그 앞에 엎드려 부르짖어 이르되 당신은 하나님의 아들이니이다 하니 예수께서 자기를 나타내지 말라고 많이 경고하시니라(막 3:11-12).

거라사인의 군대귀신(막 5:1)은 단순 질병으로 간주할 수 없다. 심신의 병은 돼지 떼 속으로 옮겨달라고 애걸하거나 인간으로부터 뛰쳐나와 돼지 떼로 옮겨갈 수 없다(막 5:6-13).[11] 이 유명한 군대귀신과의 만남을 비롯한 여러 에피소드는 오늘날 세상에서 의학적으로 진단하고 치료하는 질병과 병리를 뛰어넘는다.

귀신 들림과 축귀

복음서 속 귀신(악한 영)에 대한 특정 언급은 영적 실체를 명확하게 지목하지만 귀신과 질병의 연관성 역시 중요하다. 어떤 면에서 이 연관성은 귀신 들림과 축귀 관념의 토대가 된다. 사실 이는 순찰자의 탈육신한 영들로 묘사된 귀신과 복음서 귀신을 잇는 또다른 견고한 개념적 연결고리다.[12]

---

11. 군대귀신 조우 장면에서 드러나는 초자연적 본질은 우주 지형론적 측면에서도 눈여겨볼 만한 요소들을 가지고 있다. 다음 장을 참조하라.

12. 이번 장에서 우리의 강조점은 공관복음이다. 사도행전의 사건 역시 이 발상 매트릭스의 한 축이다. 여기서 바울은 "점치는 영"(*pneuma pythōna*)으로부터 한 소녀를 건져낸다. '점술'(divination)로 번역된 레마 파이톤(*pythōn*)은 그리스-로마 세계에서 신탁(oracle)의 영

이 연결고리를 파악하기 위해 제2성전기 유대 작품인 희년서로 잠시 돌아가보자. 희년서 10:1-13에서 사탄(마스테마)이 하나님께 순찰자의 소생에서 비롯된 귀신의 10분의 1은 무저갱에 감금치 말고 인류를 괴롭히는 일에 자신을 돕도록 남겨달라고 청원했음을 상기하라. 그 구절은 노아의 기도로 시작된다.

> [오 여호와여] 이 영들의 아버지인 당신의 순찰자들과 살아있는 이 영들이 나의 시대에 무슨 일을 했는지 아시나이다 그들을 가두어 심판의 장소로 데려가소서 오 나의 하나님이여 잔인하고 멸하기 위해 지음 받은 그들이 당신의 종의 아들들을 타락으로 이끌지 못하게 하소서 오직 당신만이 그들의 심판을 아시니 그들이 살아있는 자의 영을 다스리지

으로 알려져 있다. 고대 그리스 문학에서 파이톤은 델피 신전을 지키던 뱀 또는 용이었다. 파이톤 용이 아폴론 신에게 패하자 아폴론이 델피의 신탁을 장악한다. 후대 문헌에서 파이톤은 제단의 신탁의 영과 연관성을 가졌고 아폴론 신탁의 매개가 되었던 어린 소녀는 Pythia라고 불렸다. 사도행전 16장과 관련한 van Henten의 고찰이다. "이 구절은 *pythōn*의 의미론적 발달 과정을 배경으로 해석될 수 있다. 델피 신전을 지키던 용은 예언하는 짐승이 되었고… 자신의 이름을 예언하는 귀신들에게 빌려주었다." 참조, J. W. van Henten, "Python," *DDD* 670. 또한 J. Fontenrose, *Python: A Study of Delphic Myth and Its Origins*(Berkeley, CA: University of California Press, 1959. 제2성전기의 '더러운 영들'과의 연결점은 우리 연구의 앞부분에서 상술했듯 네피림의 탈육신한 영인 귀신이 순찰자의 영이기에 금단의 지식(점술)과 우상숭배와 연관지어졌다는 사실에 있다. Wahlen의 논평이다. "여러 유대 문헌에서 악한 영은 궁극적 기원이 천상 존재들과 여자들 간의 부정한 결합에 있다. 부정한 짐승처럼 이 '부정한 영'은 범주의 변칙적 혼합을 나타낸다. 에녹1서에서 이는 우상숭배와 연결된다. (…) 이로써 에녹1서에서 발견되는 배교에 관한 우려가 한층 강조되었고, 쿰란의 일부 종파적 문서는 그 초점을 더욱 좁혀갔다. 우리가 검토한 문헌에 반복적으로 등장하는 주제는 이 영들이 우상숭배, 간음, 살인, 신체 훼손과 같은 부정한 관행으로 사람들을 미혹할 잠재성을 가지고 있다는 것이다." 참조, Wahlen, *Jesus and the Impurity of Spirits*, 170.

못하게 하소서 그들이 이제부터 영원까지 의인의 자녀에게 권세를 행하지 못하게 하소서(희년 10:4-6a).[13]

하나님은 노아의 기도에 대한 응답으로 대천사들에게 순찰자들을 잡아들이라고 명하신다. 하지만 이내 훼방이 들어온다. 악한 영들의 대장이 하나님께 나아와 청원한다.

그리고 여호와 우리 하나님이 우리[대천사들]에게 그들 모두를 결박하라고 말씀하시니라 영들의 으뜸인 마스테마가 나아와 말하길 오 창조주 여호와여 그들 중 일부는 내 앞에 남겨두어 내 목소리를 따르며 내가 명하는 모든 것을 행하게 하소서 만일 아무도 내게 없다면 사람의 자녀들 가운데 내 뜻과 권한을 행하지 못하리이다 이는 사람의 아들들의 악이 심히 커 그들이 나의 심판 앞에 부패하고 미혹되도록 (작정된) 까닭이니이다 그러자 하나님이 이르시길 그중 10분의 1을 그 앞에 남겨두되 십분의 구는 심판 장소로 보내라(희년 10:6b-9).[14]

귀신 일부는 자신의 심복으로 남겨 달라는 마스테마의 요청을 주목하라. 하나님은 마스테마의 요청을 수락하시고 귀신 10분의 1이 그를 섬기도록 남겨두셨다. 연이어 일어난 일의 화자는 대천사다.

---

13. *OTP*, 2:76.
14. Ibid.

또한 우리가 그의 모든 말대로 행하여 모든 잔인하고 악한 자를 심판 장소에 결박하였으나 10분의 1은 땅에서 사탄에 복종하도록 남겨두었더라 우리가 그들의 모든 병 치료법과 그들의 꾀임을 노아에게 알렸더니 노아가 땅의 약초로 병을 치료하더라 노아가 우리에게 배운 치료법을 낱낱이 책에 기록하였더라 악한 영들이 노아의 아들들을 좇는 일이 금지되었더라(희년 10:11-13).[15]

마스테마는 인류를 타락시키고 괴롭히는 일을 수행할 심복이 필요했다. 여기서 눈여겨봐야 할 대목은 치료에 관한 언급이다(희년 10:13). 밴더캠의 설명에 따르면 "영들이 인간을 해코지하는 한 가지 방법이 질병 유발이었다. 그래서 하나님이 악한 영의 영향력을 상쇄할 치료약에 대해 노아에게 가르치라고 천사들에게 명하셨다."[16] 제2성전기 유대 사고에서 병과 귀신의 활동 사이에는 명확한 연결점이 있었다. 이는 결과적으로 병고침과 축귀 사이의 경계선을 흐리게 만들었으며 우리가 이미 보았듯 복음서에서도 그 중첩성이 드러난다. 이 연결고리는 제2성전기 저자들이 귀신 들림과 축귀를 묘사한 방식에도 드러난다. 축귀를 집중 연구한 신약학자 그래험 트웰프트리의 글이다.

요세푸스는 귀신이 사람들에게 불안, 초조(J. W. 3.485, 7.120, 389), 숨 막힘, 질식(Ant. 6.166)을 유발하여 귀신 들림 또는 귀신에 '사로잡히

---

15. Ibid.

16. VanderKam, *The Book of Jubilees*, 128.

는' 결과를 초래할 수 있다고 믿었다. 필로는 사람이 숨을 들이쉴 때 공중에 떠다니는 생명체 중 눈에 보이지 않는 악한 영이 사람 속으로 들어가거나 사람을 사로잡아 무서운 역병에 걸리게 할 수 있다고 믿었다(필로 Gig. 6-31).[17]

많은 제2성전기 유대인이 몸의 병과 마음의 병이 밀접하게 연결되어 있다고 믿었다. 이 사실은 예수와 사도 이전 시대와 동시대의 축귀를 이해하는 데 도움이 된다. 다양한 고대 문헌 속 축귀 사례 중 실제론 악한 영과 무관한 병고침 사례도 있을 것이다. 그럼에도 예수가 오시기 전 유대 사회에선 하나님의 권능에 호소하는 축귀 관행이 있었다.[18] 신약의 축귀 에피소드들은 두 가지 상황을 모두 포함하는 것일 가능성이 크다. 던과 트웰프트리의 고찰이다.

---

17. Twelftree, "Demon, Devil, Satan," 165.

18. 많은 현대 그리스도인들이 예수의 이름이나 성령의 권능에 호소하지 않고선 진정한 축귀가 불가능하다고 여긴다. 앞으로 이어질 논의에서 보겠지만 귀신 들림과 축귀로 알려진 고대 에피소드 중 전혀 악한 영의 개입이 없는 경우도 더러 있었을 것이다(단순한 의학적 문제였다는 얘기다). 이 경우에는 표면적으론 신학적 난제가 줄어든다. 그럼에도 이런 우려를 뒷받침하는 생각, 곧 이스라엘의 하나님(또는 귀신을 제어할 권세를 가졌다고 간주되는 구약 인물)의 이름을 부르면 성령이 임할 수 없다는 우려에 담긴 전제는 일관성이 없다. 예수의 공생애 이전에 이런 상황이 발생했을 땐 성령의 권능이 작동하지 못했으리라 결론 지을 신학적 또는 본문상의 근거는 없다. 흑암의 권세보다 우월한 하나님께 호소한 유대인들은 그 호소에 아무리 기이한 의식이 수반되었을지라도 사실 하나님의 권능에 의지한 것이다. 하나님이 그분의 섭리로 간혹 이런 호소에 응답하셨을 거라는 생각은 비합리적이지 않다. 다만 우리가 가진 문서 자료에선 귀신과 질병 간의 연결점이 지배적이기에 이런 에피소드를 추려내는 데 현실적인 어려움이 있다.

고대 세계에는 귀신 들림과 축귀를 통한 놓임에 대한 믿음이 만연했다. 가령 예수와 그 동시대인들에겐 익숙했을 대중작 '토빗 이야기'에선 토비아스의 신부(bride)로부터 귀신을 쫓아내는 이야기가 나온다(토빗 6-8). 사해 두루마리 중 하나인 창세기 외경(아포크리폰)에선 아브라함이 기도와 안수를 통해 바로에게 축귀를 행하는 장면이 있다(1QGA 20). 주후 1세기 후반의 유대 역사가 요세푸스는 유대인 엘르아살이 베스파시아누스 황제 앞에서 귀신을 쫓아내는 장면을 직접 목격한 이야기를 기록했다(고대사 8:45-9). 이 외에 우리는 귀신을 제압하기 위한 전통적 주술과 주문과 묘약을 기록한 파피루스 마술 서적들도 생각해 볼 수 있다. 이런 마술적 신념과 관행은 의심의 여지 없이 예수와 복음서 기자들의 시대에도 널리 유행했을 것이다. 그렇기에 우리는 신약에서 이런 초상의 보편성을 확인하고 놀라지 않았다. 마태복음 12:27/누가복음 11:19에는 유대인 축귀자가 등장하며, 마가복음 9:38f에는 예수 이름으로 귀신을 쫓던 사람 이야기가 나온다(예수는 이런 행동을 제지하지 않으신 듯하다). 사도행전 19:13-19에는 유대인 순회 축귀자였던 유대 대제사장 스게와의 일곱 아들들에 관한 흥미진진한 이야기가 나온다. 그러므로 초대 그리스도인 중 예수가 귀신을 쫓는 자라는 얘기를 듣고 의심에 눈길을 보낸 사람은 아마 없었을 것이다. 유대뿐 아니라 고대 세계에서 귀신을 쫓는 자는 친숙한 존재였다.[19]

---

19. Dunn and Twelftree, "Demon-Possession and Exorcism," 210–11.

위에서 "귀신을 제압하기 위한 주술과 주문과 묘약"에 관한 언급이 의미심장하다. 그 이유는 악한 영이 연루된 것으로 인식된 상황이 실은 단순 의학적 상황일 가능성을 제기하기 때문이다. 실은 투약된 '묘약'이 치료 효과를 발휘했는데, 묘약에 수반된 '주술'과 '주문'이 영적 권세를 제압했다고 오인했을 수도 있다.

공관복음서는 예수를 위력적 치유자와 진정한 축귀자로 그린다.[20] 예수와 귀신과의 조우를 면밀하게 연구하면 신약 외 문헌 속 축귀 기법과 예수의 축귀가 비슷하면서도 중요한 차이가 있음을 알 수 있다.

유사점에 관한 트웰프트리와 던의 고찰이다. "실제 축귀 이야기 자체는 그 형태와 내용상 쉽게 평행점을 발견할 수 있다."[21] 귀신이 축귀자에게 말을 건다거나(예, 막 1:24, 5:7) 말로 귀신에게 요구한다거나(막

20. Twelftree는 일부 학자들이 예수가 진정 축귀자였는지에 관해 의구심을 표명한다고 말한다. 이는 예수를 현자보다 조금 나은 존재로 보고자 하는 기대가 작용한 것일 수 있다. Twelftree는 우리의 연구에서 앞서 인용한 문헌과 자신의 연구를 통해 이 사안을 다루었다. (*Jesus the Exorcist: A Contribution to the Study of the Historical Jesus* (Eugene, OR: Wipf & Stock, 2011) and *In the Name of Jesus: Exorcism among Early Christians* (Grand Rapids: Baker, 2007). Twelftree는 성경 외 축귀 본문에서 알려진 기법들과 외부 문헌과의 평행성 비교를 통해 복음서 축귀 기술의 자료비평적 유효성을 정립한다. 외부 문헌과의 평행성과 관련하여 Twelftree는("Demon, Devil, Satan," 166) "현재 유명한 축귀자용 주문: '히브리인의 신, 예수의 이름으로 너에게 명하노니…'라는 그리스 마술 파피루스에서 나온 성경 외 증거(PGM IV.3019-3020)"를 주목한다. PGM은 Papyri Graecae Magicae의 약어이며 그리스 파피루스 모음집을 나타낸다. 참조. H. D. Betz, ed., *The Greek Magical Papyri in Translation, including the Demotic Spells*, 2nd ed. (Chicago: University of Chicago Press, 1996). 랍비 문학이 예수의 이름으로 치유하는 것을 금한다는 사실 역시 예수가 랍비 전승에서 치유자로 기억되고 있음을 시사한다. (참조, t. Hullin 2:22-23; y. Shabbat 14.4.14d; y. Avodah Zarah 2:2.40d-41a; b. Avodah Zarah 27b; Twelftree, "Demon, Devil, Satan," 166).

21. Dunn and Twelftree, "Demon-Possession and Exorcism," 212.

1:25, 5:9, 9:25, "그에게서 나오너라!" "네 이름이 무엇이냐?") 귀신을 어떤 사람에게서 다른 대상에게로 이동시키는 행위(돼지떼, 막 5:10-13)는 모두 신약 외 문헌에서도 발견된다.[22]

성경 외 축귀 관행과 성경 본문과의 차이점은 하나님의 아들이신 예수의 독보성을 부각하는 데 도움이 된다. 학자들은 예수가 동시대 축귀자들과 달리 ("여러 다른 축귀자들의 기법에 공통적 특징인") 도구를

---

22. Dunn과 Twelftree는 몇몇 사례를 제공한다. "더러운 영이 예수께 말하는 사례: 막 1:24, "나사렛 예수여, 당신과 우리가 무슨 상관이 있나이까 우리를 멸하러 오셨나이까 내가 당신이 누구신지 아니 하나님의 거룩한 자시라', 5:7 '지극히 높으신 하나님의 아들 예수여 나와 당신이 무슨 상관이 있나이까 원하건대 하나님 앞에 맹세하고 나를 괴롭히지 마옵소서' 사모사타의 루시안(주후 2세기)이 제시하듯, 이렇게 귀신이 말하는 경우는 널리 알려져 있다. '환자 자신은 조용했으나 영이 헬라어 또는 출신 나라 말로 대답한다'(*Lover of Lies* 16, 참조, 행 19:15 '내가 예수도 알고 바울도 아는데 너는 누구냐' Philostratus, *Life of Apollonius*, 3:38, 4:20). 예수는 막 1:25에서 악한 영에게 '조용히 하고 그에게서 나오너라' 5:9, '네 이름이 무엇이냐' 9:25, '귀 먹고 말 못하는 귀신아 내가 네게 명하노니 그에게서 나오고 다시는 들어가지 말라.' '그에게서 나오라'는 명령은 다른 축귀 공식에서도 흔한 양상이었다(참조, Philostratus, *Life* 4:20 Lucian, *Lies* 11, 16; PGM [Papyri Graecae Magicae] IV:3013). 이와 비슷하게 '내가 네게 명하노니'는 귀신과 신들을 제어하려는 주문에서 흔하게 나타나는 양상이다(예, PGM I:253, 324; II:43-55; IV:3080; VII:331; XII:171) 그리고 '다시는 그에게 들어가지 말라'는 요세푸스, 고대사 8:47과 필로스트라투스, *Life* 4:20에 평행점이 있다. 아울러 축귀자가 귀신에 대한 통제권을 획득하기 위해 귀신의 이름을 요구하는 예도 있다(PGM I:162; IV:3037). 막 5장에서 우리는 귀신이 돼지 떼 속으로 들어가도록 허락 받고 들어간 다음 돼지 떼가 절벽에서 떨어져 떼로 익사하는 불편한 에피소드를 본다(5:10-13). 이는 귀신이 인간에게서 떠났다는 확증, 곧 치유가 되었다는 증거 제공으로 이해할 수 있다. 요세푸스는 귀신이 물 사발을 엎는 것으로 병고침이 입증되었다고 했고(고대사 8:48), 필로스트라투스의 경우 동상이 쓰러진 것으로 입증되었다(*Life*, 4:20). 그러나 이는 축귀를 할 땐 영이 사람으로부터 어떤 사물(돌맹이, 나뭇조각)로 옮겨가도록 하고 그 다음 그 사물을 밖에 던져야 한다는 고대 발상의 반영일 가능성이 더 크다." 참조, Dunn and Twelftree, "Demon-POssession and Exorcism,"212 .

사용하지 않으셨음을 주목했다.[23] 축귀 "도구"에는 향, 묘약, 반지, 물사발, 부적, 재, 다양한 향신료 등이 있었다.[24] 아울러 예수는 한번도 축귀 과정에서 기도하신 적이 없으셨다. 또 귀신에게 나오라고 명하시기 전 귀신을 결박하고자 더 높은 권세를 부르신 적도 없으셨다. 간단히 말해 예수는 여느 축귀 문헌 속 흔한 축귀술과 달리 한번도 귀신을 쫓아내고자 더 높은 권세에 호소하신 적이 없었다. 악한 영에 명령하는 권세는 성육신하신 하나님이자 지존자의 아들이신 그분 속에 이미 내재해 있었다.[25]

축귀에서 어떤 외적 도움도 필요로 하지 않으시며 더 높은 권세를

---

23. 참조, Twelftree, "Demon, Devil, Satan," 167.

24. 향을 태우거나(토빗 8:3) 약재를 사용하거나(희년 10:10, 12), 가락지와 물 사발을 사용하는(요세푸스, 고대사, 8:46-49) 예가 있다. 바벨론 탈무드와 그리스 마술 파피루스(Greek Magical Papyri)에는 부적, 반지, 재, 나뭇가지, 향신료 등 여러 자연성분을 사용한 예가 나온다. Twelftree의 고찰이다. "[예수의 축귀에서] 특정 수단을 통해 도움을 받았다고 볼 만한 가장 근접한 유일한 예는 돼지 떼의 사용이었다. 그러나 이는 귀신을 쫓아내기 위해서가 아니라 축출한 귀신이 거할 곳을 제공하기 위해서였다." 참조, Twelftree, "Demon, Devil, Satan," 167.

25. Twelftree는 예수와 다른 그리스-로마 및 랍비 문헌 속 축귀자들과의 대조점을 상세히 논한다. 하나의 의미심장한 대조점은 예수는 축귀에서 한번도 다른 권위에 호소한 적이 없다는 것이다. 가령 어느 축귀자는 솔로몬 같은 위력적인 이름에 호소하고, 신약의 스게와의 아들들(행 19:13)을 비롯한 이들은 예수의 이름으로 귀신을 쫓으려고 했다는 보고가 있다(막 9:38-39, 눅 9:49-50, 비교 눅 10:17). 예수는 마 12:28에서 귀신을 압도하는 권능의 원천으로 밝힌 '하나님의 성령'에게도 드러나게 호소하지 않으셨다. Twelftree는 고찰하길, "일부 랍비들((*b. Me'il.* 17b)과 아폴로니우스(Philostratus *Vit.* Ap. 4.20)와 같이 예수는 귀신을 제압하고 축출하기 위해 자신의 카리스마 넘치는 개인적 힘에 의지하신 것으로 보인다." 아울러 예수는 귀신에게 명하기 위해 흔히 쓰는 동사를 한번도 쓰지 않으셨다(*horkizō*, 참조, PGM I 345, 행 19:13). 핵심은 예수가 기도할 때조차 한번도 자기 외 어떤 권위를 수긍하거나 그 권위에 호소한 적이 없으시다는 것이다. 참조, Twelftree, "Demon, Devil, Satan," 167-68.

찾지 않으신 예수의 초상이야말로 이 기술의 가장 의미심장한 신학적 논점이라고 할 수 있다. 이 초상과 더불어 요한복음에 존재하는(또는 결여된) 독특한 관점도 동일한 논점을 부각시킨다. 귀신을 제어하는 예수의 권능에 관해 많은 이야기를 하는 공관복음서와 달리 요한복음은 축귀자 예수에 관해 함구한다.

학자들은 이 침묵에 대해 다양한 설명을 제시해 왔다.[26] 가장 설득력 있는 설명은 요한이 사복음서 중 유일하게 하나님 나라가 아닌 이적과 십자가의 중심성을 강조했다는 것이다. 트웰프트리가 고찰하듯 "공관복음서에서 사탄의 패배는 예수의 축귀와 연결되어 있다. 반면 요한복음에서 사탄의 패배는 십자가와 연결되어 있다(요 14:30, 16:11)."[27] 이 논점을 상술한 또다른 학자가 있다.

> 공관복음에서 예수가 행한 이적은 하나님 나라의 도래에 관한 선포와 밀접한 관련이 있다. (…) 그러므로 공관복음의 기자들은 예수가 행한 이적, 특히 예수의 (제4복음서에는 한번도 언급되지 않은) 축귀 사역이야말로 예수의 왕 신분을 입증하는 것이라고 여겼다. 그러므로 공관복음의 기자들은 왕국의 완성은 아직 미래에 속한 일이나 예수의 말씀과 사역 속에서 이미 그 나라가 펼쳐지고 있다고 보았다. (…) 제4복음서에선 예수가 행한 이적이 압도적 역할을 한다. 특히 이 영역에

26. Twelftree, "Demon, Devil, Satan," 171; Dunn and Twelftree, "Demon-Possession and Exorcism," 220–21.

27. Twelftree, "Demon, Devil, Satan," 171.

서 요한의 독창적인 관점이 뚜렷하게 드러난다. 가령 예수가 행한 이적들은 그 자체로 하나의 거대한 이적인 로고스의 성육신 안에 배치된다(요 1:14). 따라서 제4복음서의 도입부는 예수의 어떤 출생 서사도 담고 있지 않지만 독자를 성육신 전 아들에게로 인도한다. (…) 공관복음의 뒤나메이스(*dynameis*, 능력/권능)는 예수의 언행을 통해 선포되고 선취적으로 세워진 하나님 나라와 밀접한 상관관계가 있다. 반면 요한복음 속 세메이아(*sēmeia*, 표적)는 예수야말로 하나님의 아들인 그리스도라는 믿음을 고취한다(요 20:30-31). (…) '표적'이야말로 요한복음 속 이적의 정수다. 이적이 예수(그리고 하나님)에 관한 심오하고도 결정적인 진실을 매우 생생하고도 물리적인 방식으로 계시하기 때문이다. 그 진실이란 그가 천부를 계시하고자 하늘에서 강림한 하나님의 절대적 독생자시며 십자가에 '들리고' 부활하셔서 천부께로 돌아가시면 신자가 성령과 영생을 받게 된다는 것이다. 달리 말하면 표적은 종말론적 구원의 배타적 중재자가 누릴 현재의 영광을 가리키는 동시에 메시아 사역의 완성으로 수혜자들이 누릴 구원의 예표인 것이다(참조, 요 7:37-39).[28]

28. B. L. Blackburn, "Miracles and Miracle Stories," *Dictionary of Jesus and the Gospels*, ed. Joel B. Green and Scot McKnight (Downers Grove, IL: InterVarsity Press, 1992), 550, 555.

메시아는 축귀자다?

이전 장에서 우리는 축귀와 하나님 나라 출범의 연관성을 보았다. 사실 구약에는 축귀에 관한 내용이 없다. 아울러 메시아가 귀신을 쫓는 권세를 가질 것이라는 명시적 기술도 없다. 그럼에도 귀신에 대한 예수의 권능을 목격하거나 소문을 들은 유대인은 이것이 메시아 프로필과 상충된다고 생각하지 않았을 것이다. 표면적으론 구약이 축귀에 대해 함구하는 것으로 보이는데 왜 유대인은 축귀 사역이 메시아 프로필에 부합한다고 여겼을까? 이 질문에 답하려면 상당히 빽빽한 관련 자료를 일부라도 검토해야 한다. 강한 자의 비유와 관련된(마 12:29과 평행구들) 트웰프트리의 고찰이다. "그리스도 이전 문헌에선 메시아가 사탄과 전투를 벌일 것이라는 기대감이 있었다. 하지만 예수야말로 비교적 평범한 축귀 사건들과 사탄의 패배, 즉 축귀와 종말론을 구체적으로 연결 지은 최초의 인물이셨다."[29]

트웰프트리는 '그리스도 이전 문헌'을 언급했지만 이 사안을 깊이 파고 들진 않았다. 트웰프트리가 제시한 종말론과 축귀와의 연결성은 비록 그가 이 관계를 상술하진 않았지만 왕되신 메시아와 관련이 있

29. Twelftree, "Demon, Devil, Satan,"168. Twelftree는 신약에서 드러나는 바, 예수가 사탄에 대해 가진 명확하게 우월한 권능과 그럼에도 지속되는 사탄의 지속적 권능 행사와 영향력 간의 긴장을 수긍한다. 그의 말이다. "이 긴장은 사탄 또는 악의 패배가 두 단계를 거쳐 진행된다는 사 24:21-22과 에녹1 10:4-6로 해소된다. 따라서 예수는 그의 축귀가 사탄을 결박하는 최초 단계이고 최후 패배는 최후 심판 때 일어나리라 믿었을 것이다"(마 13:30). (Ibid).

다고 볼 수 있다. 이 관계야말로 다윗의 자손 메시아에게 귀신 제어의 권능을 기대하는 게 합리적이라는 관점의 요체다. 덜링의 고찰은 우리가 이 사안을 규정하는 큰 틀을 이해하는 데 도움이 된다.

> 신약의 다윗 자손에 관한 포괄적 견해를 정립하려면 다음의 문제를 직면해야 한다. 한편으로 다윗과 관련된 어록과 메타포와 후손 테마는 유대 본문을 통해 계승된 구약의 왕 전승에서 비롯되었다. 또 다른 한편 다윗의 자손이라는 호칭은 공관복음에만 발견되며 축귀나 병고침을 필요로 하는 사람들이 이 호칭으로 불렀던 한 인물과 주로 연결되었다. 기독론 연구에선 이 문제에 대한 흔한 해결책으로 아래와 같은 주장을 한다. a) 동시대 유대 문헌은 이적 행사와 일반적 유대 왕족 메시아나 구체적 다윗의 자손을 연관 짓지 않았다. 그리고 b) 전통적 왕 개념을 바꾸어 이적 사역과 연결시킨 것은 초기 기독교 전승 및 수정본이었다.[30]

이 사안에 대한 덜링의 해설은 몇몇 제2성전기 유대 본문, 이름하여 솔로몬("다윗의 자손")을 축귀자로 밝힌 '솔로몬 유언서'와 일부 사해 두루마리에 초점이 맞춰져 있다.[31] 다른 출간물에서 덜링은 "솔로

30. Dennis C. Duling, "Solomon, Exorcism, and the Son of David," HTR 68.3/4 (1975): 235. Duling은 이와 관련한 또다른 주요 연구물을 언급한다. Loren Fisher, "Can This Be the Son of David?" in *Jesus and the Historian: Written in Honor of Ernest Cadman Colwell*, ed. F. T. Trotter (Philadelphia: Westminster, 1968), 82–97.

31. 솔로몬 유언서에 관한 핵심 연구들은 F. C. Conybeare, "The Testament of Solomon,"

몬 마술 전통의 증거는 꽤 광범위한 편이다"[32]고 주목한다. 솔로몬 유언서는 주후 1세기와 주후 3세기 사이로 저작 연대가 추정되는 후대의 본문이다.[33] 우리의 목적에 한해서 보면 솔로몬 유언서 저자가 축귀자 솔로몬에 관한 이해의 근거로 삼은 선대 자료가 더 중요하다. 솔로몬을 축귀자로 묘사한 근거는 열왕기상 4:29-34(히 5:9-14)의 해석이다. 이 본문들은 솔로몬의 지혜와 그가 지은 수천 개의 잠언과 노래와 동식물에 관한 지혜에 관해 이야기한다. 덜링의 고찰이다. "몇몇 고대 저자들은 이 본문들로부터 솔로몬의 마술적 지식에 관한 견해를 도출했으며 세기적 전환기의 소수 학자들은 이 본문들에 마술적 지식이 내포되어 있다고 보았다. 그러나 오늘날의 구약 학계는 이런 연결점을 인정하지 않는다."[34]

이 본문(왕상 5:9-14)의 요소들은 칠십인역을 통해 특별한 의미를 덧입게 되었다. 열왕기상 4:33은 "그[솔로몬]가 또 초목에 대하여 말하되 레바논의 백향목으로부터 담장에서 자라는 우슬초까지 말하고

Jewish Quarterly Review 11 (1898–1899): 1–45; C. C. McCown, "The Christian Tradition as to the Magical Wisdom of Solomon," *The Journal of the Palestinian Oriental Society* 2/1 (1922): 1–24.

32. Dennis C. Duling, "Solomon, Testament of," *ABD* 6:118. Duling이 솔로몬의 마술 전승 목록으로 열거한 추가적 고대 문헌은 11QApocryphal Psalms; Pseudo-Philo, LAB 60; b. Gittin 68ab; Exodus Rabbah 52.4; Midrash Song of Songs 1.1, 5; Numbers Rabbah 11.3; Pesiqta Rabbati 6.7; b. Megillah 11b; Pesiqta of Rab Kahana; Targum of Esther II; and the Nag Hammadi Codex II,5:107,3; V,5:78,30 and 79,3; VII,2:63,11; IX,3:70,6, 27.

33. D. C. Duling, "Testament of Solomon: A New Translation and Introduction," in OTP, 1:940–42.

34. Duling, "Solomon, Exorcism, and the Son of David," 237.

그가 또 짐승과 새와 기어다니는 것과 물고기에 대하여 말한지라"고 한다. 이 묘사 속 항목들은 헬라 사유에서 보통 마술과 연관된 것들이다.[35] 더욱이 칠십인역은 솔로몬의 "노래"의 수를 확대하여 1,005편이 아니라 5000편을 지었다고 하며 그 노래를 '오데스'(odes)라고 칭했다(헬라어 *ōdai*, 칠십인역 5:12). 덜링과 다른 학자들은 이 오다이(*ōdai*)라는 용어와 마술적 '주술'(incantation)을 가리키는 흔한 헬라어 용어 에포다이(*epōdai*)와의 유사성을 주목했다. 그리고 이 유사성이 솔로몬이 축귀자였다는 관념에 일조했다고 보았다. 이와 관련된 요세푸스의 글이다.

> 42) 하나님이 솔로몬에게 주신 명철과 지혜가 창대하여 선대를 능가했으며 식견으론 타의 추종을 불허한다고 알려진 이집트인에 비해서도 전혀 뒤처지지 않았다. 기실 이집트인의 총명은 왕의 총명에 비해 한참 떨어지는 것으로 드러났다. 43) 아울러 솔로몬은 당대에 총명으로 이름을 떨친 에단, 헤만, 갈골, 다르다, 마홀의 아들들보다 지혜가 뛰어났다. 44) 그는 또한 오데스(odes)와 노래에 관한 일천오 편의 책을 지었고 삼천 개의 비유와 직유의 격언을 만들었으며, 백향목과 우슬초 등 온갖 수목에 관한 비유를 지어 말하였고, 땅과 바다와 공중의 모든 생물 종류와 짐승에 관해 비유를 지었다. 그는 모든 생물의 본질을 간파했으며 그들에 관한 어떤 질문에도 능히 대답하며 철학자와 같은

35. Duling, "Solomon, Testament of," 118.

묘사와 그 특성에 관한 유려한 지식을 보여주었다. 45) 하나님은 또한 솔로몬으로 하여금 인간에게 유익한 병고침의 과학인 축귀술을 배우게 하셨다. 그는 병을 고치는 주문을 지었고 귀신을 쫓아내 다시는 돌아오지 못하게 하는 축귀법을 후대에 남겼다. 46) 이 치료법은 오늘날까지도 큰 위력을 떨치고 있으니, 나의 고국에서 엘르아살이라는 사람이 베스파시아누스와 그 아들들과 사령관들과 온 군대 앞에서 귀신 들린 사람을 고치는 모습을 내가 직접 목격하였다. 그 치료법은 이러하니, 47) 축귀자가 솔로몬이 말한 종류의 뿌리가 달린 반지를 귀신 들린 자의 콧구멍에 대자 귀신이 콧구멍으로 빠져나왔고 남자는 즉시 실신했다. 축귀자가 솔로몬의 이름과 솔로몬이 지은 주문을 나즈막히 암송하며 귀신에게 그 남자에게 다시는 들어가지 말라고 엄히 명하였다. (요세푸스, 유대 고대사, 8.2.5.42-47 [휘스턴]).

솔로몬과 귀신을 제압하는 권능을 연결시킨 또다른 제2성전기 본문은 '솔로몬 지혜서'다. 신약 기자들이 주로 참조한 구약 칠십인역에 이 책이 포함되어 있음을 알아야 한다. 솔로몬 지혜서 7권에서 화자 솔로몬은 자신에게 점성술과 "뿌리의 위력"과 "영의 세력"에 관한 지식이 있다고 주장한다.

1) 나는 세상 모든 이와 매한가지로 죽음을 피해갈 수 없는 땅에서
처음 빚어진 자의 자손이라 모태에서 육체로 빚어졌으며
2) 열 달 간 남자의 씨와 동침의 쾌락으로부터 피 가운데 생겼으며
3) 태어나 남들과 같이 평범한 공기를 마시고

같은 땅 위에 떨어져 여느 사람처럼 울음으로 일성을 냈으니

4) 배내옷과 돌봄으로 양육 받았노라

5) 어떤 왕도 남다른 존재로 시작하지 않았으니

6) 모든 이에게 생명으로 들어가는 입구는 하나요

나가는 출구도 하나니

7) 이로 인하여 내가 기도하매 내게 명철이 주어졌노라

내가 하나님께 부르짖으매 지혜의 영이 내게 임했노라

[…]

17) 그가 내게 만물에 대한 참 지식을 주셨으니

세상의 구조와 그 요소가 작동하는 이치와

18) 시간의 처음과 끝과 중간과

19) 절기의 순환과 변화와 별의 위치와

20) 동물의 본질과 짐승의 분노와 영들의 세력과 인간의 이치와

식물의 다양성과 뿌리의 위력을 보이셨으니

21) 내가 또 감추어진 것과 드러난 모든 것을 깨달았더라

22) 이는 만물을 지으신 자가 내게 지혜를 주셨음이라

(솔로몬 지혜서 7:1-5, 17-22, LES).

20절의 솔로몬이 하나님으로부터 받은 "영들의 세력"(the forces of spirits)에 관한 지식이 의미하는 바를 두고 학자들 간에 논란이 분분했다. 거센 바람 또는 위력적인 영적 존재들, 이렇게 두 가지 선택지가 있다. 솔로몬 지혜서와 제2성전기 유대교를 전문적으로 연구한 한 학자는 후자가 맞다고 주장하며 설득력 있는 근거를 제시했다. 그는 쿰

란 본문의 맥락이 이 사안과 관련 있다고 주장한다.

> 영들의 거센 힘(the violent forces of spirits). *pneumatōn bias*는 바람 또는 영들의 거센 힘을 의미할 수 있다. 전자의 번역은 참조, 필로 *Op.* 58(*nēnemias kai bias pneumatōn*). (…) 1QH, 1.9-11 구절이 두 번역의 간극을 메우는 데 도움이 된다. "당신이 모든 영들을 창조하시고 그들의 모든 일에 대한 법과 [규례를 만드시고] … 그들이 그 지배하는 영역에서 [거룩한] 천사와 영원한 영들이 되기 전 그들의 법대로 힘센 바람(*rûḥôt'ōz*)을 만드셨으니." 참조, 희년 2:2, "바람의 영의 천사들"(*angeloi pneumatōn pneontōn*, *FPG*: 71), "하늘과 땅에 있는 그의 피조물의 모든 영의 [천사들](*pantōn tōn pneumatōn tōn ktismatōn autou*)"(*FPG*: 72), 에녹1서 60:12-22, 41:3ff, 18:1-5, 76:1-14, 15:4: *kai pneumata zōnta aiōnia* (*FPG*: 29), 시편 104:4, 시락서 39:28: "복수를 위해 지음 받은 영들(*pneumata*)이 있으니 … 불과 우박과 기근과 죽음…", iQap 창 20:20 "영(*ruḥā*)이 그들 모두를 쳤더라."[36]

요점은 제2성전기 유대 사유에서 바람이냐 영이냐 논쟁의 경계선이 지적으로 확고하지 않다는 것이다. 둘은 연관성이 있었다. 그래서 솔로몬 지혜서 저자가 영적 존재를 염두에 두지 않았다고 말하기란 거의 불가능에 가깝다.

---

36. David Winston, *The Wisdom of Solomon: A New Translation with Introduction and Commentary* (AYB; New Haven, CT: Yale University Press, 1979), 175.

만연한 솔로몬의 축귀 전통을 선대의 다윗과 연결시킨 쿰란 본문은 1QPsa[a](11Q5)이다.

> 2) [공란] 또한 이새의 아들 다윗은 지혜롭고 태양의 빛처럼 밝고 학식이 있더라
> 3) 하나님과 사람 앞에서 그가 가는 모든 길이 [공란] 완전했으니
> 4) 여호와가 그에게 분별과 밝은 영을 허락하심이라
> 또한 그가 여러 시편을 썼으니
> 5) 삼천육백 개의 시편과 영원토록 제단 앞에서 부를 노래라
> [⋯]
> 9) 그가 지은 노래는 모두 사백사십육 편이었더라
> 10) 귀신 들린 자에게 부르는 노래가 네 편이라 다 합쳐 사천오십 편이었더라
> 11) 그가 이 모든 것을 지존자 앞에서 그가 받은 예언의 (영)을 통하여 불렀더라(11Q5 27.2-5, 9-11).[37]

9-10번 째 줄은 다윗이 "귀신 들린 자"를 위하여 시를 썼다고 주장한다. 이 번역 이면의 히브리어 원어는 *hpgwʿym*으로서, 레마 *pgʿ*(문자적으로 '공격 받은 자')의 칼 수동형 분사다. 이 용어는 랍비 공동체에서 시편 91편을 "곤고한 자를 위한 노래"와 "귀신을 위한 노래"[38]라고 부

37. 번역은 Garcia-Martinez and Tigchelaar, *Dead Sea Scrolls Study Edition*, 2:1179.
38. Duling, "Solomon, Exorcism, and the Son of David," 239.

를 때 사용되었다. 희한하게도 시편 91편의 다른 버전이 "축귀를 목표로 하는 것으로 보이는"[39] 외경 시편 모음 '동굴(Cave) 11'에 수록되어 있다는 사실이 흥미롭다. 이 책 1장의 악한 영 관련 용어에 대한 우리의 연구에 비추어 볼 때 위의 시편이 축귀를 목표로 한다는 것은 작위적 판단이 아니다. 이 시편에는 데베르(역병)과 케테브(파괴)라는 악한 영들이 부각된다.

구약은 메시아가 귀신을 제압하는 권능을 가질 것이라는 주장을 명시적으로 하진 않는다. 하지만 제2성전기 유대 문헌은 분명 독자에게 그 방향을 가리키고 있다. 솔로몬과 마찬가지로 메시아는 다윗의 자손일 것이다. 솔로몬의 영광과 지혜는 메시아 프로필의 원형적 참조점이었다. (대부분의 신약 기자들이 구약을 인용할 때 사용한) 칠십인역은 솔로몬을 축귀자로 제시했다. 예수의 축귀를 목격하거나 소문을 들은 자들뿐 아니라 초기 신약 독자들 역시 메시아에게 응당 축귀자 역할을 기대했을 것이다.

요약

복음서가 제공하는 귀신(악한 영, 더러운 영)의 초상은 제2성전기 유대 문헌 및 사유와 통하는 부분이 상당히 많다. 신약 귀신론이 순찰자 전

39. Ibid. 239. 시편 91을 "곤고한 자/악한 영/귀신들을 위한 노래"라고 언급한 여타 랍비 구절들은 b. Shabbat 15b; y. Shabbat 6:8b; and y. Erubin 10:26c.

통을 비롯한 제2성전기 유대 맥락과 단절되었다고 볼 근거는 없다. 우리가 베드로후서와 유다서 같은 서신서와 신약의 여타 본문들에서 읽은 내용과 순찰자 전승 간에는 명백한 연결점들이 있다.[40] 신약 기자들에게 악한 영들의 패배는 메시아 출현과 메시아 왕국의 출범, 그리고 메시아의 죽음과 부활을 잇는 확고한 연결고리였다. 다음 장에서 보겠지만 부활과 승천이야말로 신약이 이해한 초자연적 반역자(구약의 신명기 32장/시편 82편 세계관의 열국을 통치하는 신들)에 대한 승리의 열쇠였다.

40. 신약의 다양한 대목에서 발견할 수 있는 순찰자 전승의 흔적에 대한 조사는 다음을 참조하라. Heiser, *Reversing Hermon*.

11장.
통치하는 권세들:
비합법화와 운명

앞의 두 장에서 우리는 어떻게 신약 기자들이 에덴의 초자연적 존재인 원조 반역자와 하나님의 아들들(순찰자들)의 범죄에 관한 이해를 제2성전기 유대 사유를 배경으로 표현했는가를 중점적으로 살펴보았다. 이제 우리는 구약의 초자연적 존재들이 일으킨 3차 반역의 정황(바벨에서 열국을 배정받은 하나님의 아들들의 부패와 반역)과 관련된 신약 신학으로 눈길을 돌리고자 한다.

앞에서 우리는 제2성전기 저자들이 흑암 권세에 의한 열국의 우주지형론적 통치를 수긍했으며 이 통치가 하나님의 백성에게 제기하는 위협을 창조적으로 표현했음을 고찰했다. 한나가 고찰하듯 "제2성전기 유대 천사론에서 특정 천사들이 민족이나 나라의 수호자나 후견자 역할을 했다는 개념이 중요한 의미를 가졌다."[1] 우리가 이미 보았듯 이 관념은 제2성전기의 초자연적 존재에 관한 견해와 신약의 흑암 권세 신학 형성에 영향을 미쳤다.

신약의 우주 지형론: 거룩한 땅과 부정한 땅

필자의 기존 책들과 친숙한 독자들은 이 주제가 필자가 발이 닳도록 왕래한 길임을 알 것이다.[2] 이번 장에서 필자는 다른 글에서 상술한 여러 논점을 요약하고 또 새로운 자료도 소개할 것이다.

9장에서 우리는 간략하게 사막 광야에서 마귀가 예수를 시험한 것(마 4:1-11)과 어떻게 이 시험이 악한 영과 그 우두머리와 사막 광야의 연관성에 관한 제2성전기 유대 문헌과 통하는지를 살펴보았다. 여호와의 백성이 가나안에 입성하여 성전을 건축하기 전에는 여호와가 백성과 '함께 거하시는' 모든 장소가 거룩한 땅이었다. 적대적인 초자연적 세력은 이스라엘 진영 경계 너머의 땅을 차지했다. 하지만 여호와는 이스라엘이 약속의 땅을 상속받기 전부터 자기 백성과 함께 거하셨다. 그러므로 여호와의 임재야말로 우주 지형론의 기초 개념이자 핵심 기준이었다.

---

1. Hannah, "Guardian Angels and Angelic National Patrons," 413.
2. Heiser, *Unseen Realm*, 276–87, 296–307; 『보이지 않는 세계』(좋은씨앗). Heiser, *Reversing Hermon*, 87–102.

이 발상(을 강화하는)의 대표적 예시가 속죄일 의례(레 16)와 "아사셀을 위한" 염소였다. 진(camp) 밖은 생명이 아닌 죽음의 영역이었다. 생명은 하나님의 임재와 연결되었다. 따라서 희생제의 잔여물은 진영 밖으로 내다버려야 했다. 히브리서 기자는 이 발상에 착안하여 레위기 16장과 그 우주 지형론을 십자가 죽음에 적용시켰다(히 13:10-13). 이 구절에 대한 대부분의 주석은 레위기 4장에 비추어 희생 제물의 소비와 잔여물 처리에 초점을 맞춘다. 하지만 일부 주석은 여기서 아사셀 자료가 비중 있는 역할을 한다는 점을 주목한다.

> 레위기 16장의 속죄일 의례와 관련하여 26절, 28절의 부정과 정결에 관한 규례가 염소를 아사셀에게 보내는 사람과 속죄제의 남은 고기를 불사르는 자에게도 똑같이 적용됨을 눈여겨봐야 한다. 이는 아사셀 염소 의례가 진 밖에서 속죄 제물을 불사르는 특별한 형태의 희생제임을 함축한다. (…) 아사셀 염소 의례가 속죄 의례의 정점인 동시에 속죄 그 이상의 무언가를 상징한다는 해석이 있다. 이 해석은 어떤 속죄제도 필요치 않다고 한 시편 40:6-8(참조, 히 10:5-9, 18) 같은 구약의 다른 예언적 구절과 더 통하는 듯하다. 그렇다면 히브리서 13:12-13 이면에 아사셀 염소 의례가 있다고 볼 수도 있다. 이런 식으로 그리스도의 공생애와 아사셀 염소의 생애를 비교할 수 있다. 그리스도가 우주적 차원에서 아사셀 염소의 역할을 달성하셨다. 그러므로 신자가 속죄

를 위해 자신이나 타인의 죄책을 짊어질 필요가 없어졌다.[3]

성전이 파괴되기 직전에 솔로몬 성전을 떠나셨던 영광은 과연 유배 이후에 돌아오셨을까? 이에 대한 증거가 부재하기에[4] 신약의 우주지형론은 "하나님의 임재는 어디 계신가" 하는 질문에 대한 답을 찾는 과정이기도 했다. 이스라엘의 하나님이 예수 그리스도로 성육신하셨으므로, "너희가 이 성전을 헐라 내가 사흘 동안에 일으키리라"(요 2:19)는 예수의 도전이 궁극적으로 자신의 몸에 관한 것이었다는 해석(요 2:21-22)은 전혀 놀랍지 않다.

예수가 하나님 우편으로 승천하신 후 신약의 성전 이야기는 메타포로서의 그리스도의 몸과 국지적 현현(localized manifestation)에 초점을 맞춘다. 신약 신학에서 하나님의 임재가 거하는 거룩한 땅은 신자다. 이는 신자를 (집단적, 개인적으로) "하나님의 성전"(고전 3:16, 고후 6:14-18, 비교, 벧전 2:4-5) 또는 "성령의 전"(고전 6:19, 엡 2:19-22)으로 칭한 신약의 진술에 반영되어 있다. 회개하지 않는 신자를 고린도 교

---

3. Nobuyoshi Kiuchi, "Living Like the Azazel-Goat in Romans 12:1b," *TynBul* 57.2 (2006): 260.

4. 예루살렘 성전으로부터 하나님의 영광이 떠나신 사건은 겔 11:23에 묘사되어 있다. 겔 11:23에 관한 Greenberg의 글이다. "그룹들이 머물러 선 성전 동문(10:19)은 성벽과 이어진 곳에 위치해 있었다. 따라서 그 위로 떠올랐다는 것은 '성읍 위로' 떠올랐다고 할 수 있다. 성읍을 떠난 위엄(The Majesty)은 다윗이 압살롬을 피해 도망친 방향(감람산 동편)으로 가신다(삼하 15:23ff)." Moshe Greenberg, *Ezekiel 1-20: A New Translation with Introduction and Commentary* (AYB; New Haven, CT: Yale University Press, 1983), 191. 영광이 성읍을 떠나 "성읍 동쪽 산에 머물렀다"는 대목이 의미심장하다. 이는 겔 43:2과 슥 14:4에서 마지막 날 메시아가 임하실 산이라고 예언된 장소다.

회에서 쫓아내며 "이런 자를 사탄에게 내주었다"(고전 5:5)고 한 바울의 발언은 이 발상을 적용한 예다. 그리스도의 보이는 몸인 교회는 죄를 제거하여 "진 밖" 세상으로 옮긴다. 죄는 거룩한 땅 너머, 사탄의 권역인 세상에 속해 있다.

유명한 베드로의 그리스도 고백(마 16:13-20)과 예수의 변화산(막 9:2-8) 장면은 각각 헤르몬산 초입과 중턱에서 일어났다. 헤르몬산은 제2성전기 유대 사유에서 인류를 부패케 한 순찰자들의 서약 장소로 여겨졌다. 바산 지역 최북단에 위치한 헤르몬산은 구약과 가나안 문헌에서 르바임 거인과 지하세계 진입지점과도 연관성이 있다.[5] 일부

---

5. 수 13:11-12, 30-31은 60개 성읍으로 이루어진 옥의 온 나라를 바산 지역으로 묘사한다. 우가릿어에서 아스다롯과 에드레이라는 입지는 Bashan으로 표기하지 않고 Bathan으로 발음되고 표기된다. Bashan/Bathan 둘 다 '뱀'이라는 뜻도 있으므로 바산 지역은 '뱀의 장소'였다는 언어학적 해석이 눈길을 끈다. 이 논점에 관한 우가릿 학자 Gregorio del Olmo Lete의 고찰이다. "*'štrt*라는 이 장소는 [서판] *KTU* 1.100:41; 1.107:17과 RS 86.2235:17에서 *mlk* 신의 거처로 취급되기도 한다. *mlk*는 신격화된 왕인 *mlkm*의 어원학적 시조로서 *rpum*의 유의어다. 우가릿의 가나안 사람들에게 바산 지역 또는 그 일부는 분명 그들의 신격화된 죽은 왕들과 올림푸스와 하데스가 거하는 음부인 '지옥'을 나타내는 것이 분명하다. 이 가나안 지옥의 국지화(localization)는 이 장소를 그들 왕조인 *rpum*의 열조의 집으로 보는 고대 전통과 연결되어 있다" (del Olmo Lete, "Bashan," *DDD* 162). 또한 James H. Charlesworth, "Bashan, Symbology, Haplography, and Theology in Psalm 68," in *David and Zion: Biblical Studies in Honor of J. J. M. Roberts*, ed. Bernard Frank Batto and Kathryn L. Roberts (Winona Lake, IN: Eisenbrauns, 2004), 351-72. 더욱이 아스다롯과 에드레이는 우가릿 본문 *KTU*1. 108에 땅속에 사는 신 라피우(Rapiu)의 보좌로 나란히 등장한다. Hermann의 글이다. "Dietrich와 Loretz는 바알이 르바임, *rpum*의 우두머리 자격으로 *rpu*로 불린다는 것을 제시했다(1980:171-82). 그들은 이 호칭을 *KTU* 1.108:1-2에서 발견했으며 *KTU* 1.113이 동일한 본문 범주에 속한다고 추측한다. *Rāpi'ūma*(히브리어 르바임)는 사망한 조상들, 특히 왕족의 혼령들이다. 완곡어법인 *zbl b'l arṣ*(군주, 지하세계의 주)가 보여주듯 바알은 사후세계의 주다." 참조, W. Hermann, "Baal," *DDD* 139.

학자들은 다볼산이 변화산이라는 전통적 견해를 아직 고수하지만, 다수파의 학자들은 산의 고도와 가이사랴 빌립보와의 지리적 근접성, 악과 지하세계와의 상징적 연관성을 고려할 때 헤르몬산이 더 나은 선택지임을 인정한다.[6] 에녹1서에서 이 지역은 순찰자와 명백한 연관성을 가진다. 필자가 〈헤르몬 뒤집기〉에서 고찰했듯,

> 에녹1서는 헤르몬이 예수 시대의 갈릴리 북부 지역이라고 본다. 에녹은 이렇게 순찰자의 고백과 청원(하나님께 용서와 자비를 구한 간청)을 기록했다. "또한 내가 가서 단의 물 위에 앉으니, 단은 헤르몬 남서부에 있더라"(에녹1 13:7). 이 구절에 관해 니켈스버그는 "'헤르몬 남서부의 단'은 갈릴리 북부 텔 단의 인접 지역임이 분명하다"고 했다.[7]

웬만해선 이 함의를 놓치기 어렵다. 예수가 "지옥의 문"("음부의 권세")이 교회를 이기지 못할 것이라고 천명하신 이곳은 사탄과 사후세계와 그리스도의 왕국에 관한 구약과 제2성전기 사고에 유서 깊은 장소다. 예수가 자신의 영광을 나타내기로(즉, 귀신의 영역에 직접 도발하기로) 선택하신 장소가 헤르몬산이었다. 고대의 독자라면 이 우주 지형론에 따른 영적 전쟁의 분위기를 쉽게 간파했을 것이다. 두 사건은 예

---

6. Heiser, *Reversing Hermon*, 97.
7. Heiser, *Reversing Hermon*, 97 각주 175. The Nickelsburg source I cite is George W. E. Nickelsburg, "Enoch, Levi, and Peter: Recipients of Revelation in Upper Galilee," *JBL* 100.4 (1981): 575–600 (esp. 582).

수가 (하나님의 구속 계획의 촉매로) 예루살렘에서 죽으셔야만 함을 처음 제자들에게 가르치기 직전에 일어났다. 즉, 이 사건은 본질적으로 예수의 선전포고였다.

신약의 우주 지형론: 약속의 땅 되찾기

바산/헤르몬 지역의 우주 지형론적 의미가 잘 드러난 본문이 또 있다. 예수가 군대귀신을 내쫓으신 곳이 바산 지역이었다.[8] 이 극적인 대면에 관한 마가복음 5:1-13의 기록이다.

> 1) 예수께서 바다 건너편 거라사인의 지방에 이르러 2) 배에서 나오시매 곧 더러운 귀신 들린 사람이 무덤 사이에서 나와 예수를 만나니라 3) 그 사람은 무덤 사이에 거처하는데 이제는 아무도 그를 쇠사슬로도 맬 수 없게 되었으니 4) 이는 여러 번 고랑과 쇠사슬에 매였어도 쇠사슬을 끊고 고랑을 깨뜨렸음이러라 그리하여 아무도 그를 제어할 힘이

---

8. 고대 바산 지역은 대략 "살르가와 제벨 드루즈 산맥 서쪽의 길르앗 북부에 위치하며… 헤르몬산 남부와 요단강과 갈릴리 호수 동편에 있다." 참조. Joel C. Slayton, "Bashan(Place)," *ABD* 1:623. 지파들 간의 땅 경계를 면밀히 연구한 결과 헤르몬 산이 약속의 땅 경계 안에 포함되었음이 확인되었다. 참조, Zecharia Kallai, "The Patriarchal Boundaries, Canaan, and the Land of Israel: Patterns and Application in Biblical Historiography," *Israel Exploration Journal* 47.1-2 (1997): 69-82 (esp. 73); Kallai, "Conquest and Settlement of Trans-Jordan: A Historiographical Study," *Zeitschrift des Deutschen Palastina-Vereins* (1953+) 99 (1983): 110-18.

없는지라 5) 밤낮 무덤 사이에서나 산에서나 늘 소리 지르며 돌로 자기
의 몸을 해치고 있었더라 6) 그가 멀리서 예수를 보고 달려와 절하며
7) 큰 소리로 부르짖어 이르되 지극히 높으신 하나님의 아들 예수여 나
와 당신이 무슨 상관이 있나이까 원하건대 하나님 앞에 맹세하고 나
를 괴롭히지 마옵소서 하니 8) 이는 예수께서 이미 그에게 이르시기를
더러운 귀신아 그 사람에게서 나오라 하셨음이라 9) 이에 물으시되 네
이름이 무엇이냐 이르되 내 이름은 군대니 우리가 많음이니이다 하고
10) 자기를 그 지방에서 내보내지 마시기를 간구하더니 11) 마침 거기
돼지의 큰 떼가 산 곁에서 먹고 있는지라 12) 이에 간구하여 이르되 우
리를 돼지에게로 보내어 들어가게 하소서 하니 13) 허락하신대 더러운
귀신들이 나와서 돼지에게로 들어가매 거의 이천 마리 되는 떼가 바다
를 향하여 비탈로 내리달아 바다에서 몰사하거늘.

마가복음 5장까지는 예수가 자신의 사역 범위를 유대인 무리로 한정해 놓으셨음을 유의하라. 이는 이스라엘의 메시아로서 당연한 행보였다. 예수는 마가복음 5장에서 (이방인 지역인) 거라사 지방에 들어가시면서 이 패턴을 벗어나신다.[9] 마가복음의 표현을 자세히 들여다

---

9. 일부 학자들은 군대귀신(Legion)과 마주친 사건이 정치적 해방에 대한 암호화된 요구라고 본다. 이 주장의 근거로 크게 두 가지가 제시된다. (1) Legion(*legiōn*)의 헬라어가 로마 세력을 지목한다. (2) (돼지) '떼'(*agelē*)로 번역된 헬라어 역시 로마 군사 신병을 뜻하는 말이었다. 이 논리가 의심스러운 이유는 거라사 지방은 이방 영토로 알려져 있었고(이 지역에서 돼지치기가 돼지를 방목하는 사실로도 명확하게 입증된다) 이방 지역에서 로마의 추방을 열렬히 기대할 유대인은 많지 않을 것이다. 그러므로 마가가 독자들에게 전달하려던 논점은 정치적 해방에 대한 암호화된 긍정이 아니라고 본다.

보면 예수의 판단에 담긴 메시지를 읽을 수 있다. 군대 귀신이 "나와 당신이 무슨 상관이 있나이까"라고 물었을 때 이 질문은 유대 갈릴리 지역에서 더러운 영을 쫓아내신 사건(마가복음 1:24)의 공명이다. 다만 미묘한 차이점이 있다.

(유대) 갈릴리 귀신	(이방) 바산의 군대귀신
"나사렛 예수여 우리가 당신과 무슨 상관이 있나이까"(막 1:24).	"지극히 높으신 하나님의 아들 예수여 나와 당신이 무슨 상관이 있나이까"(막 5:7).

예수를 어떻게 불렀는가에 관한 얼핏 사소해 보이는 차이에 중요한 신학적 논점이 담겨 있다. "지극히 높으신 하나님의 아들"이라는 호칭은 구약의 우주 지형론에서 각별한 의미를 가진다.

> 신명기 32:8-9에서 "지극히 높으신 자"가 세상 열국의 상속권을 박탈하고 그들을 하나님의 초자연적 아들들의 지배 하에 두신 다음 자신의 기업으로 이스라엘을 무로부터 창조하셨음을 상기하라. 하나님의 아들들은 반역했고 부패하여(시 82:1-4) 하나님의 질서를 혼돈으로 전락시켰다(시 82:1-5).
>
> 그러므로 군대귀신의 축출은 돼지 떼의 집단자살에 관한 기이한 이야기 그 이상이다. 여기에는 어떤 신학적 메시지가 담겨 있다. 군대귀신은 예수가 거라사 지방, 곧 현재는 이방인이 점유한 옛 바산 지역의 합

법적 주인이심을 알고 있다.[10]

예수와 군대귀신의 대면이 일어난 땅은 원래는 아브라함과 그 후손에게 약속된 땅에 포함되어 있었으나 예수 시대에는 이방인의 손에 들어가 있었다. 예수가 이 지역으로 들어가셨다는 사실은 그가 단지 여호와의 분깃(이스라엘)의 메시아에 국한되지 않으심을 만천하에 알리신 행보였다. 그는 이방 영토의 주인이기도 하셨다.

신약의 우주 지형론: 열국 되찾기

오순절이야말로 신약에서 가장 적나라하면서 또 동시에 가장 감춰진 우주 지형론의 예시다. 필자가 『보이지 않는 세계』에서 묘사했듯, 오순절 이야기의 모든 요소는 구약의 천상회의 모티프와 특히 바벨에서 상속권이 박탈되고 하나님의 아들들의 지배 하에 들어갔던 열국의 되찾기로 귀결된다(창 11:1-9, 신 32:8-9).[11] 하나님 나라에 의한 신명기 32장의 세계관 뒤집기가 만천하에 보란 듯 시작된 것이다. 사도행전 2장에 언급되는 열국 목록은 동에서 서로 이동한 다음 지중해에서 다시 여러 갈래로 뻗어나간다. 이 목록은 바울이 선교의 최종 목적지로 계획한 다시스(스페인)를 제외하곤(롬 15:24, 28) 창세기 10장의 '열국

10. Heiser, *Reversing Hermon*, 101.

11. Heiser, *Unseen Realm*, 296-306. 『보이지 않는 세계』(좋은씨앗).

목록'의 모든 지리적 영역을 망라한다.[12]

사도행전에서 오순절 사건 이후 전개되는 복음 전파의 행로는 이스라엘에게 약속된 땅과 어떤 식으로든 지리적으로 연결된 지역으로 뻗어나가다가 이방 공동체와 지역으로 방향을 선회한다. 훗날 바울은 이를 "먼저는 유대인에게요 그리고 헬라인에게로다"(롬 1:16)라고 표현했다. 오순절에 예루살렘을 방문했던 유대인들은 실제로 열국에 흩어져 있는 자신들의 지역 공동체로 돌아가 하나님 나라 복음 전파의 촉매제가 되었다. 사도행전의 이야기는 열국 신들에게 사로잡혀 우상숭배와 불신앙으로 종노릇하던 온세상 열국을 해방시키는 이야기에 다름 아니다. 예수가 이방 지역에서 권능을 행하신 사건과 사도행전 1:8은 새 언약의 초기 신호탄이었다(렘 31:31-33, 겔 36:25-28).

---

12. 스페인에 도착하여 다시스로 가서 바벨에서 파양된 모든 민족에 대한 복음 침투 여정을 완수한다는 바울의 열망에 관해선 다음을 참조하라. Heiser, *Unseen Realm*(302-3). 『보이지 않는 세계』(좋은씨앗). 아울러 이 논의의 기초가 된 문헌은 Harry W. Tajra, *The Martyrdom of St. Paul: Historical and Judicial Context, Traditions, and Legends*, vol. 3 (Tübingen: Mohr Siebeck, 1994); Otto F. A. Meinardus, "Paul's Missionary Journey to Spain: Tradition and Folklore," *The Biblical Archaeologist* (1978): 61-63; Roger Aus, "Paul's Travel Plans to Spain and the 'Full Number of the Gentiles' of Rom XI 25," *NovT* 21.3 (July, 1979): 232-62; John L. Day, "Where Was Tarshish? (Gen 10:4)?" in *From Creation to Babel: Studies in Genesis* 1-11, ed. John L. Day (London: Bloomsbury T&T Clark, 2015).

바울의 신명기 32장 세계관

바울이 초자연적 흑암 권세를 가리키는 말로 다이모니온(귀신)이라는 용어를 그리 자주 쓴 건 아니다. 바울 서신서에는 이 단어가 총 세 번 나오는데, 그 중 두 번이 고린도전서 10:20에 나온다("무릇 이방인이 제사하는 것은 귀신에게 하는 것이요 하나님께 제사하는 것이 아니니 나는 너희가 귀신과 교제하는 자가 되기를 원하지 아니하노라"). 여기서 바울은 신명기 32:17을 인용하는데, 셰딤(*šēdîm*)을 다이모니온으로 번역했다. 우리가 이 책 2장에서 살펴보았듯, 다이모니온은 헬라 시대에 어떤 영적 존재에도 두루 쓸 수 있는 범용적 용어였다. 그러므로 신학적 구체성이라는 차원에선 시사하는 바가 별로 없다.

다른 사례인 디모데전서 4:1은 보다 많은 정보를 제공한다. "그러나 성령이 밝히 말씀하시기를 후일에 어떤 사람들이 믿음에서 떠나 미혹하는 영과 귀신의 가르침을 따르리라 하셨으니 자기 양심이 화인을 맞아서 외식함으로 거짓말하는 자들이라." "귀신"이 자신의 "가르침"으로 사람들을 잘못 이끈다는 관념은 금단의 지식으로 인류를 미혹했다고 책망 받은 제2성전기 유대의 순찰자 신학에서 유래한 것이다. 복음서의 귀신이 순찰자의 탈육신한 영임을 상기하라. 바울이 거짓 가르침과 '귀신'을 연관 지은 것은 제2성전기의 유대 관점과 상당한 일관성을 보이는 대목이다.

바울은 악한 초자연적 권세에 관해 말할 때 다이모니온을 잘 쓰지 않았다. 주로 이방인 신자를 염두에 둔 바울의 단어 선택은 그가 신명

기 32장 세계관을 염두에 두고 있었음을 보여준다.[13]

- 주관자(rulers [아르콘톤 또는 아르콘])
- 정사/통치(principalities [아르케])
- 권세/권한(powers/authorities [엑수시아])
- 능력(powers[뒤나미스])
- 지배/주권(dominions/lords [키리오스, 키리오테스])
- 보좌(thrones [트로노스])
- 세상 주관자들(world rulers [코스모크라토르])

이 레마들은 신약과 여타 헬라 문헌에서 '지리적 영역 통치권'을 뜻한다. 인간 통치자에 대해서도 이 레마를 사용할 수 있지만 바울 서신서에선 악한 권세를 가리키는 말로 쓰였다.

에베소서 6:12에는 위에서 열거한 레마 중 몇 가지가 포함되어 있다. "우리의 씨름은 혈과 육을 상대하는 것이 아니요 정사[아르케]와 권세[엑수시아]와 이 어둠의 세상 주관자들[코스모크라토르]과 하늘에 있는 악한 영[프뉴마티코스]을 상대함이라."

바울은 에베소서 앞부분에서도 보이지 않는 세계의 적대적 존재들을

13. Heiser, *Unseen Realm*, 329, 그리고 Ronn Johnson, "The Old Testament Background for Paul's Principalities and Powers" (PhD diss., Dallas Theological Seminary, 2004). 개별 용어에 대한 간략한 고찰은 D. G. Reid, "Principalities and Powers," *DPL* 746–52.

언급한다. 그는 하나님이 예수를 죽은 자 가운데서 일으키시고 "하늘에서 자기의 오른편에 앉히사 모든 통치[아르케]와 권세[엑수시아]와 능력[뒤나미스]과 주권[키리오스]과 이 세상뿐 아니라 오는 세상에 일컫는 모든 이름 위에 뛰어나게"(엡 1:20-21)하셨다고 썼다. 그리스도가 부활하신 후에야 비로소 하나님의 계획이 "하늘에 있는 통치자들[아르케]과 권세들[엑수시아]에"(엡 3:10) 알려질 것이다.[14]

오니의 고찰이다. "아르콘테스(*archontes*)라는 용어가 천사적 존재를 가리키는 뜻으로 사용된 예는 칠십인역 다니엘 10:13에 처음 등장한다. 그 외 테오도르 다니엘 10:13, 20-21, 12:1에 일곱 번 등장하는데 이를 칠십인역은 스트라테고스(*stratēgos*), 사령관(commander), 방백(magistrate), 아람어 사르(*śar*)의 모든 번역어, 군주(prince) 등으로 번역했다."[15]

앞서 우리의 연구에서 보았듯 열국이 영적 존재인 '군주'(prince)의 통치를 받는다는 다니엘의 관념은 신명기 4:19-20, 32:8-9에서 묘사된 하나님의 아들들을 열국에 배정한 사건에서 비롯되었다. 바울이 사용한 스토이케이아(*stoicheia*, 초등학문[elemental principles])라는 용어는 신명기 32장 세계관과 보조 관계다.[16] 이 용어가 자연계의 물리

---

14. Heiser, *Unseen Realm*, 330. 『보이지 않는 세계』(좋은씨앗).

15. 참조. D. E. Aune, "Archon," in DDD 82-85. 일부 칠십인역 필사본에는 powers(*dynamis*, 복수형 *dynameis*)인데 이는 단 8:10의 하늘 "군대" 번역과 마찬가지다. 초자연적 권세자는 롬 8:38을 보라.

16. 이 용어와 이 구절들에 관해선 다음을 참조하라. D. G. Reid, "Elements/Elemental

적 요소(벧후 3:10, 12) 또는 모세 율법의 “초보”(히 5:12)가 아닌 (적어도 부분적으로) 신적 존재를 가리킨다고 볼 만한 근거 구절이 두 개 있다. 이 구절에서(갈 4:3, 9, 골 2:8, 20) 가리키는 대상은 타락한 초자연적 존재일 수 있다.

> 바울의 이 용어 사용(갈 4:3, 9, 골 2:8, 20)에 관한 학계의 공감대는 없다. 문제는 갈라디아서 4:3, 9과 골로새서 2:8, 20에서 바울이 이 용어를 영적 실체/성신(star deities)을 가리키는 뜻으로 썼냐는 것이다. 넷 중 세 사례는 “세상(코스모스)의 스토이케이아”라고 되어 있는데, 이를 통해 명료하게 알 수 있는 건 별로 없다. 하지만 갈라디아서 4장과 골로새서 2장에 담긴 바울 논의의 맥락 속에는 영적 세력(천사, 정사, 권세, 거짓 신)이 포함된다. 이는 스토이케이아가 신적 존재를 가리킬 수 있음을 시사한다. 바울은 스토이케이아를 어떤 식으로든 그리스도 안의 구원과 반대되는 개념으로 썼다. 바울이 유대인과 이방인 모두에게 이야기하고 있으므로 각 청중에게 이 용어가 제각각 다른 의미로 다가갈 것까지 계산했다고 볼 수도 있다. 스토이케이아를 ‘율법’이라는 뜻으로 썼다면 이방인에겐 뜻이 통하지 않겠지만 유대인에겐 금세 와 닿았을 것이다. 필자의 견해는 갈라디아서 4:3에서 바울이 사용한 스토이케이아는 유대인 청중을 염두에 둔 용례로서, ‘율법’과 ‘종교적 가르침’을 뜻할 가능성이 높다는 것이다(참조, 갈 4:1-7). 갈라디아서

Spirits of the World,” *DPL* 229–33.

4:8-11부터 청중이 이방인으로 바뀐다. 그러므로 갈라디아서 4:9의 스토이케이아는 성신(the Fates), 곧 신적 존재를 가리킨다고 보는 게 합리적이다. 따라서 "날과 달과 절기와 해"(4:10)에 관한 언급은 유대력이 아닌 이방의 점성술 신념을 가리킨다. 그러므로 바울은 천체(해, 달,별)가 신성이라는 발상을 거부하며 이방인 독자에게 천체가 그들의 운명을 좌우한다는 생각에 끌려다녀선 안 된다고 말하는 것이다.[17]

이것이 어떻게 천체(즉 해, 달, 별)를 신적 존재와 연결 짓는 구약 본문과 조화를 이룰 수 있을까? 실은 구약도 천체를 영적 존재로 보지 않는다. 설령 구약에서 천체를 영적 존재로 보았다고 해도, 바울 시대의 달라진 이해가 그 메타포적 논점을 저해하는 것은 아니다. 여기서 메타포적 논점이라는 것은, 영적 존재들이 가지고 있는 (이 세상과 다른) "타세계성"이란 속성을 설명하기 위해 천체 언어를 끌어와 사용했다는 것이다(욥 38:4-8, 사 14:12-13). 구약은 천체 숭배를 우상숭배로 금한다. 그 천체에 모종의 실체가 있든 없든 천체 숭배가 우상숭배라는 사실에는 변함이 없다.

바울의 사고는 이 모든 논점과 일치한다. (반역자건 아니건) 하등한 영적 존재들은 시간의 흐름을 주관하지 못한다. 즉, 그들은 주권자가 아니다. 사사기 54:20("별들이…그들이 다니는 길에서…싸웠도다") 또는 이사야 40:26("주께서는 수효대로 천군을 이끌어 내시고 그들의 모든 이름

---

17. Heiser, *Unseen Realm*, 327, 각주 17. 『보이지 않는 세계』(좋은씨앗).

을 부르시나니")를 구약 기자가 천체를 초자연적 존재로 여겼다는 증거로 받아들여선 안 된다. 전자의 언어는 하늘의 관찰을 통한 길조의 '소통'(비교, 시 19:1-6)을 시사하는 것일 수 있다. 가령 전투 중 하늘에서 상서로운 조짐을 읽은 관측자가 이를 하나님의 징조로 해석하는 것이다. 오히려 이사야 40:26의 논점은 자신의 의도를 표적으로 나타내시는 하나님의 권능일 가능성이 크다. 비록 하늘의 움직임이 때와 역사의 흐름을 드러내지만, 때와 역사의 주관자는 하늘을 창조하신 하나님이시다(창 1:14-19).

제2성전기부터 고대 후기까지 정통 유대교에는 낮밤의 하늘에서 관측되는 바가 종교적 의미를 지닌다는 유구한 믿음이 있었다. 바울 자신도 로마서 10:18에서 시편 19:4을 인용하여 세상 사람들이 (어떤 식으로든) 예수에 관해 알 수 있었을 것이라고 논증한다. 바울은 그들이 복음 그 자체를 알았다고 말한 게 아니었다(시편 19편의 진리가 우리에게 그리스도를 전하는 일에서 면책권을 제공한다고 바울이 생각했다는 건 어불성설이다). 바울이 염두에 둔 것은 하늘의 징조가 신령한 왕의 도래를 예고한다는 발상이었다. 이 발상은 메시아 출생을 예견했던 천문학과 연대기 체계(예, 쿰란의 수학적 달력) 모두와 연결되어 있었다. (동방박사 같은) 이방인들 역시 동일한 방식으로 징조를 "읽었다." 신학적으로 보수적인 유대인과 그리스도인도 하나님이 하늘을 통해 소통하심을 믿었다. '때와 절기'를 나타내도록 천체를 창조하신 하나님이 인간 운명의 유일한 주권자시다. 아울러 하나님은 자신의 의도를 징조로 나타내실 수 있다. 이 발상은 천체가 인간 운명을 지배한다고 착각했던 이교도의 발상과 차별화된다. 그리스도인 역시 유사한 구별

을 했다.[18]

골자는 바울이 이방인과의 대화 속에서 사용한 지리적 영역 통치권 용어가 복음서 귀신을 가리키는 게 아니라는 말이다. 이는 바벨에서 인류에 대한 하나님의 징벌로 열국에 배정된 부패한 신들을 가리키는 용어였다. 바울의 언어는 우주 지형론적 신학을 전달한다.

신들의 비합법화

예수 그리스도의 부활과 승천으로 말미암아 이방 열국과 그 거민에 대한 신들의 통치가 비합법화되는 결과가 초래되었다. 바울의 이 논의의 근저에 있는 것이 우주 지형론적 사유다. 바울이 에베소서에서 거론한 시편 68:15-18을 출발점으로 삼고자 한다.

> 15) 바산의 산은 하나님의 산임이여[19] 바산의 산은 높은 산이로다

---

18. James H. Charlesworth, "Jewish Astrology in the Talmud, Pseudepigrapha, the Dead Sea Scrolls, and Early Palestinian Synagogues," *HTR* 70.3/4 (1977): 183-200; Kocku von Stuckrad, "Jewish and Christian Astrology in Late Antiquity—A New Approach," *Numen* 47 (2000): 1-40; Rachel Hachlili, "The Zodiac in Ancient Jewish Art: Representation and Significance," *BASOR* 228 (1977): 61-77; Bernard R. Goldstein and David Pingree, "Astrological Almanacs from the Cairo Geniza, Part I," *JNES* 38.3 (1979): 153-75; Goldstein and Pingree, "Astrological Almanacs from the Cairo Geniza, Part II," *JNES* 38.4 (1979): 231-56; Timothy Hegedus, *Early Christianity and Ancient Astrology* (New York: Peter Lang, 2007).

19. 히브리어 구절은 *har ʾĕlōhîm*이다. 이 구절은 "신성한 산" 또는 "권능의 산"(엘로힘을 최상

16) 너희 높은 산들아
어찌하여 하나님이 계시려 하는 산을 시기하여 보느냐
진실로 여호와께서 이 산에 영원히 계시리로다
17) 하나님의 병거는 천천이요 만만이라
주께서 그 중에 계심이 시내 산 성소에 계심 같도다
18) 주께서 높은 곳으로 오르시며 사로잡은 자들을 이끄시고
선물들을 사람들에게서 받으시며 반역자들로부터도 받으시니
여호와 하나님이 그들과 함께 계시기 때문이로다.

구약 학자 J. J. M. 로버츠는 바산의 산이 헤르몬산이라고 밝혔는데, 이는 헤르몬산이 이 지역에서 정상 고도가 가장 높기에 논리적으로 타당한 결론이다("헤르몬산이 시샘 어린 눈으로 여호와의 산을 바라보았다고 꾸짖음을 당한다."[20]) 골딩게이는 이 연관 짓기가 합리적인 이유를 이렇게 설명한다.

급으로 해석)으로 옮길 수 있다. 시편에 관한 자신의 시리즈 중 2권 각주에서 Goldingay는 이런 고찰을 했다. "J. A. Emerton은 엘로힘이 단순히 최상급을 표현하는 방식일 가능성은 희박하다고 강조하는데, 특히 해당 문맥에서 그렇다."(인용, J. A. Emerton, "The 'Mountain of God' in Psalm 68:16," in *History and Traditions of Early Israel*, ed. Andre Lemaire and Benedikt Otzen [Leiden: Brill, 1993], 24-37 [esp. 29-30]). John Goldingay, *Psalms*, Vol. 2: Psalms 42-89 (BCOT; Grand Rapids: Baker Academic, 2006), 323.

20. J. J. M. Roberts, "The End of War in the Zion Tradition: The Imperialistic Background of and Old Testament Vision of World Peace," *Horizons in Biblical Theology* 26.1 (2004): 2-22 (esp. 4).

> 수사학적으로 [시편 68편] 후반부는 바산의 산을 부르며 새로운 방향으로 선회한다. 내용 면에선 과거와 현재 하나님의 거처 간에 또다른 연결 고리를 생성하는 것이다. (…) 시작은 에브라임과 유다의 중심을 관통하는 산맥을 바라보는 것이다. 그 다음 요단 저편의 헤르몬산에서 골란과 길르앗까지 남쪽으로 이어지는 더 높고 웅장한 산들로 시선을 돌린다. 특히 문자적으로 "하나님의 산"을 뜻하는 헤르몬산은 실로 권능과 위엄을 갖춘 산이다. 하늘을 찌를 듯 우뚝 솟은 이 산은 하늘과 땅을 잇는 연결고리일 가능성 또는 주장을 시사한다.[21]

이 배경이 에베소서 4장에서 바울이 거론한 시편 68:18을 조명하는 데 도움이 된다.

시편 68:18	에베소서 4:8
	그러므로 이르기를
주께서 높은 곳으로 오르시며	그가 위로 올라가실 때에
사로잡은 자들을 이끄시고	사로잡혔던 자들을 이끄시고
선물들을 사람들에게서 받으시며	사람들에게 선물을 주셨다 하였도다

21. Goldingay, *Psalms* 42–89, 323.

얼핏 보면 바울이 시편의 의미를 바꾼 것 같다. 시편 68:18은 개선군(하나님)이 사로잡은 포로를 끌고 오며 전리품을 즐기는 모습이다. 바울은 시편 68:18을 예수가 높은 곳으로 올라가 인류에게 선물을 주시는 내용으로 이해했다. 바울의 사고에서 예수는 어떤 식이든 시편 68편의 실현이다. 실제로 두 구절은 상충되지 않는다. 실은 혼돈의 원인은 에베소서 4장에서 사로잡힌 자들이 풀려났다고 본 많은 주석가들의 가정에 있었다. 에베소서 4장에는 포로 석방에 관한 언급이 없다. 오히려 시편 68편과 똑같이 정복이 있을 뿐이다. 두 구절 모두 핵심은 정복이다. 시편 68편에선 여호와가 귀신의 땅 바산을 정복하신다. 바울에게 예수는 귀신의 땅 바산의 정복자시다. 바울의 선물을 나눠주는 예수관은 이 정복 맥락에 부합한다.

> 고대 세계에서 정복자는 포로를 앞세우고 개선 행진을 하며 자신을 위한 조공을 요구한다. 예수가 시편 68편의 정복자이기에 기실 전리품이 예수께 귀속되는 것이 마땅하다. 바울은 정복 후 전리품이 배분되기도 함을 알고 있었다. 바울이 시편 68:18을 인용한 것은 예수가 원수 귀신을 정복하신 후 정복에 따른 은택을 백성인 신자들에게 배분하신다는 논점을 전하기 위해서였다. 그 은택이란 구체적으로 사도와 선지자와 복음 전도자와 목사와 교사다(엡 4:11).[22]

---

22. Heiser, *Unseen Realm*, 293. 『보이지 않는 세계』(좋은씨앗).

바울은 에베소서 4:9-10에서 자신의 사고를 이렇게 설명한다.

> 올라가셨다 하였은즉 땅 아래 낮은 곳으로 내리셨던 것이 아니면 무엇이냐 내리셨던 그가 곧 모든 하늘 위에 오르신 자니 이는 만물을 충만하게 하려 하심이라.

바울의 사고를 이해하는 열쇠는 그가 묘사한 올라감과 내려감에 대한 분석에 있다.

> 두 가지 가능한 설명이 있다. 가장 흔한 견해는 예수가 죽으실 때 '땅의' 낮은 지역으로 내려가셨다는 것이다. 많은 성경이 에베소서 4:9을 이렇게 번역했다. 이 경우 그 언어가 가리키는 대상은 무덤과 우주적 스올인 지하세계 둘 다이다. 이것이 가능한 이유는 신약의 다른 곳에서 예수가 "갇혀 있는 영들"(창세기 6장의 범죄한 하나님의 아들들)을 만나고자 지하세계로 내려가셨다는 구절이 있기 때문이다(벧전 3:18-22). 그러나 여기서 바울이 말하는 건 그 방문이 아닐 수 있다.
> 두 번째 견해는 필자가 에베소서 4장 번역에 사용한 ESV 성경에 있다. ESV 성경이 "땅의 낮은 곳" 대신 쉼표를 하나 삽입하여 "낮은 곳, 땅"이라고 했음을 눈여겨 봐야 한다. 쉼표의 효과는 예수가 "낮은 곳, [달리 말하면] 땅"으로 내려가셨다는 것이다. 이 선택지가 맥락에도 더 맞고(그러니까 땅에 있는 사람들에게 선물을 주셨다는 것이다) 문학적으로도 이점이 있다. 만일 이 선택이 맞다면 9-10절의 내려감은 무덤에서 보내신 시간이 아니라 예수의 정복(승천) 후 오순절 성령 강림을 말

하는 게 된다.[23]

다시금 신약은 우주 지형론적 사고를 끌어와 흑암 권세에 대한 그리스도의 승리를 묘사한다. 헤르몬산이 다시 여호와의 소유로 귀속된 것이다. 예수는 바산과 헤르몬산에서 흑암을 도발하심으로써 자신의 죽음으로 이어진 일련의 상황을 촉발하셨다. 이 도발이 반드시 있어야 했던 이유는 그의 희생적 죽음이 반드시 있어야 했기 때문이었다. 죽음 없이는 부활도 승천도 없다. 부활과 승천이야말로 모든 권세들보다 높은 보좌에 예수가 즉위하시는 길이다(롬 8:34-39, 히 1:3, 10:12-13, 벧전 3:22).

바울은 에베소서 4:8에서 시편 68:18을 초자연적 악(바산)의 정복과 그로부터 야기된 성령 강림과 잇따른 그리스도 몸에 허락된 선물로 해석한다. 물론 성령 강림은 그리스도의 죽음과 부활과 천부 우편의 통치의 자리로 올라가심에 달려 있다. 바울은 골로새서 2:8-15에서 더 노골적으로 그리스도의 완성된 사역과 악한 영들, 이 경우에는 열국을 종으로 삼은 적대적 신들("정사와 권세")의 패배를 연결 짓는다.

> 8) 누가 철학과 헛된 속임수로 너희를 사로잡을까 주의하라 이것은 사람의 전통과 세상의 초등학문을 따름이요 그리스도를 따름이 아니니라 9) 그 안에는 신성의 모든 충만이 육체로 거하시고 10) 너희도 그 안

---

23. Ibid., 293-94.

에서 충만하여졌으니 그는 모든 통치자와 권세의 머리시라 [11] 또 그 안에서 너희가 손으로 하지 아니한 할례를 받았으니 곧 육의 몸을 벗는 것이요 그리스도의 할례니라 [12] 너희가 세례로 그리스도와 함께 장사되고 또 죽은 자들 가운데서 그를 일으키신 하나님의 역사를 믿음으로 말미암아 그 안에서 함께 일으키심을 받았느니라 [13] 또 범죄와 육체의 무할례로 죽었던 너희를 하나님이 그와 함께 살리시고 우리의 모든 죄를 사하시고 [14] 우리를 거스르고 불리하게 하는 법조문으로 쓴 빚 증서를 지우시고 제하여 버리사 십자가에 못 박으시고 [15] 정사와 권세를 무력화하여 드러내어 구경거리로 삼으시고 십자가로 그들을 이기셨느니라(골 2:8-15).

15절에서 우주적 세력인 "정사[아르케]와 권세[엑수시아]"가 무력화되고 수치를 당한다. 아르케(*archē*)라는 레마는 동일 서신 앞부분을 포함하여(골 1:16) 신약의 여러 부분에서 신적 존재를 지칭하는 용어로 사용되었다(롬 8:38, 고전 15:24, 엡 1:21, 3:10, 6:12). 레마 엑수시아(골 1:13, 엡 2:2, "권세")도 마찬가지다. 바울이 "범죄와 육체의 무할례로 죽었던 너희"(13절)라고 청중을 묘사했을 때 이는 분명 이방인 교회에 쓴 서신에서 이방인을 염두에 두고 한 말이다. 물론 유대인도 죄 때문에 하나님으로부터 멀어졌다는 문제를 공유한다. 바울은 이 점을 분명히 하기 위해 죄의 문제와 죄사함의 경이 두 가지 모두에 대해 유대인인 자신을 포함하는 "우리의 죄"와 "우리에 대하여" 같은 언어를 썼다. 그러나 신명기 32장 세계관에 의하면 이스라엘에는 무력화할 초자연적 "정사와 권세"가 없었고 열국에는 있었다.

여기서 바울은 두 가지 성취의 최고봉을 주목한다. 첫째, "우리(유대인과 이방인)를 거스르고 불리하게 하는 법조문으로 쓴 빚 증서"를 지우시고 "제하여 버리"셨다(14절). 둘째, "정사와 권세를 무력화하여 드러내어 구경거리로 삼으"셨다(15절). 부활(12절)은 이 두 가지 성취 모두의 근거가 된다. 부활이 없었다면 우리는 여전히 빚진 상태로 "그와 함께 살리심"을 받지 못했을 것이다.[24]

학자들은 15절의 단어 선택("무력화하다," 레마 아페크두오마이)을 의아하게 여겼다. 이 단어는 오직 이 구절과 (옛 사람을 "벗어 버리다, 제거하다, 떨구다"라는 의미로) 골로새서 3:9에서만 찾아볼 수 있다. 바울이 다른 곳에서 흑암 권세와 신자의 치열한 접전 양상을 묘사했기에(예, 엡 6:12) 이 용어가 정사와 권세의 '파괴'(destruction)를 가리키는 게 아님은 분명하다. 학자들은 (무언가를) 제거하거나 떨구는 발상이 어색하다고 보는데, 실제로 그렇다. 단, 신명기 32장의 참조 틀이 없다면 말이다.

바울은 골로새서 3:9-10에서 골로새 교인들에게 그들이 "옛 사람과 그 행위를 벗어 버리고 새 사람을 입었"음을 상기할 때 같은 동사를 사용한다. '벗어버리다'와 '입다'는 과거의 생활 방식으로부터 무

24. 13절의 모든 문법은 우리의 죄 사함과 함께 살리심이 동시다발적임을 드러낸다("하나님은 … 살리시고 … '죄를 사하시고' … 빚 증서를 '지우시고'." 강조 동사 항목들은 부정과거 분사(aorist participles)로서 그 행위가 주 과거 동사("made alive")보다 앞서거나 동시에 진행된다. 참조. Daniel B. Wallace, *Greek Grammar Beyond the Basics: Exegetical Syntax of the New Testament* (Grand Rapids: Zondervan, 1996), 614.

언가 새로운 것으로 돌이킴을 말한다. 동족 명사(아페크뒤시스)[25]는 신약에서 바로 이 구절(골 2:11)에만 한번 등장한다. "또 그 안에서 너희가 손으로 하지 아니한 할례를 받았으니 곧 육의 몸을 벗는 것이요[아페스뒤시스] 그리스도의 할례니라." 함께 살펴보면 "육의 몸을 벗는 것"은 개념적으로 흡사 "옛 사람을 벗어버리"는 것과 같다. 바울은 다른 곳에서 유사한 언어로 신자들에게 그들이 언젠가는 "썩지 아니함을 입"게 될 것이라고 말한다(고전 15:53). 친숙한 바울의 '영 대 육'의 이항대립은 이 표현이 "영에 대한 적나라한 메타포"임을 분명하게 보여준다.[26]

그렇다면 골로새서 2:15에서 정사와 권세에 적용된 이 메타포적 용어를 어떻게 이해해야 할까? 적절한 뉘앙스는 '제거'(removal)라는 발상에 있다. 초자연적 정사와 권세는 파멸하진 않았으나 이방인에 대해 가졌던 권세를 박탈 당하거나 그 자리에서 제거되었다. 누가 이 권한을 제거했는가? 그리스도의 죽음과 부활을 토대로 지극히 높으신

---

25. James D. G. Dunn, *The Epistles to the Colossians and to Philemon: A Commentary on the Greek Text* (NIGTC; Grand Rapids: Eerdmans, 1996), 167.

26. Ryken et al., *Dictionary of Biblical Imagery*, 319. 같은 자료 속 육에 관한 논의("몸", 106)에는 이런 고찰이 있다. "Sarx(육, flesh)는 인간의 본원적 죄성을 가리키는 말로 바울이 자주 사용한 메타포였다. 그러나 바울이 이 용어를 여러 다른 의미로도 사용했음을 유의해야 한다. 즉, 우리 몸이 속량될 하나님의 선한 창조물이라는 몸에 대한 바른 이해를 놓쳐선 안 된다. 반역하는 인간 본성이라는 sarx의 이미지는 로마서와 갈라디아서에 가장 빈번하게 등장한다. 특히 갈라디아서에서 '육신'의 할례를 주장하는 이들의 이념을 뒤집기 위해 이 이미지가 채택된 듯하다. 갈라디아인의 할례받은 육신을 자랑거리로 삼고자 했던 유대주의자를 반박하기 위해 바울은 '성령'(갈 3:3)과 그 열매(갈 5:16-17)의 반대 이미지로 육을 제시한다."

자가 친히 하셨다. 로즈는 이 발상에 근접한 해석을 제시하며 이 흔치 않은 동사에 대해 이렇게 말한다. "이는 벗다, 옆으로 치워버리다, 를 뜻한다… 그러나 능동적 어감으로 사용했을 수 있다. 그렇다면 '벗기다'라는 뜻이 될 것이다."[27] 하나님이 그리스도를 통하여 정사와 권세의 옛 질서를 "옆으로 치우셨다." 즉, 그 권한을 "벗겨버리셨다"는 말이다.

바울이 선포한 내용의 골자는 열국을 배정받은 신들의 지배권(신 32:8, 비교, 신 4:19-20, 17:3, 29:23-26)이 그리스도의 사역으로 말미암아 불법으로 선포되고 취소되었다는 것이다. 그리스도가 오시기 전, 먼 과거에 지극히 높으신 자가 열국을 하나님의 아들들에게 배정하셨다. 그들의 권세가 합법적이었던 이유는 참 하나님이 위임하셨기 때문이다. 그들은 '반드시' 그 자리에 있어야 했다. 그러나 시편 82편은 그 신들, 즉 "지극히 높으신 자의 아들들"(시 82:6)이 반역했고 부패했다고 한다. 열국을 배정받은 신들은 하나님이 바라시던 공의에 의거하여 인간을 통치하지 않고 오히려 인간을 종으로 삼고 종국에는 스스로 숭배 대상이 되어 여호와의 백성까지 우상숭배로 미혹했다. 이제 십자가로 말미암아 그들의 통치가 합법성을 박탈 당했다.

이방인은 이 함의를 이해했을 것이다. 옛 저술가 중 플라톤 같은 이들은 신들에게 열국이 배정되었음을 간파했다.

---

27. Eduard Lohse, *Colossians and Philemon: A Commentary on the Epistles to the Colossians and to Philemon* (Hermeneia; Philadelphia: Fortress, 1971), 111.

옛적에 신들이 온 땅을 서로 간에 배분했다. 그 과정에는 어떤 다툼도 없었다. 신 각자가 스스로 어떤 땅을 취하는 게 적합한지 모를 리 없었기 때문이다. 아울러 신들은 어떤 땅이 자신에게 적합한지 알았기에 다른 신에게 속할 땅을 쟁취하려 다투지 않았다. 신들 모두 공정한 할당을 통해 원하는 땅을 얻었고 각자의 영역에 백성을 두었다. 자신의 지역을 백성으로 채운 후 신들은 마치 목자가 양떼를 돌보듯 자신의 젖먹이와 소유인 우리를 돌보았다. 그들은 목자처럼 매질하거나 완력을 써서 우리를 돌보지 않았다. 그들은 뱃고물에 선 사공처럼 그들의 뜻대로 우리를 설득하고자 우리의 혼을 붙들고 짐승 떼를 몰아가듯 힘들이지 않고 우리를 다스렸다. 그렇게 신들은 유한한 수명의 모든 피조물을 이끌었다. 그런데 다른 곳에서 자신의 질서를 세운 신들이 있었다. 그들은 한 아버지에게서 나온 남매로 같은 성정을 가지고 철학과 예술에 대한 사랑으로 하나가 되었다. 둘 다 공통의 기업으로 얻은 땅을 지혜와 미덕의 땅으로 가꾸어나갔다. 남매는 그 땅에 흙의 용감한 자녀들을 심었고 그 마음 속에 통치 질서를 세웠다. 그들의 이름은 보존되었으나 세월이 흐르고 전통의 계승자들이 사라지자 그들의 행위 역시 자취를 감추었다.[28]

---

28. 이 구절의 출처는 Plato, *Critias*, 109 (Plato, *The Dialogues of Plato*, trans. B. Jowett, 5 vols., 3rd ed. [Oxford: Clarendon, 1892], 3:530). 고대 근동 사유에 대한 그리스-로마의 이해에 관한 저작에서 웨스트는 이렇게 고찰했다. "Tyrtaeus(2.12)는 '제우스 자신이 이 도시를 헤라클레스의 후손들에게 주었다'고 말한다'"(West, *East Face of the Helicon*, 129, 주 122).

결과적으로 신들이 다스리던 열국 백성에게 복음이 좋은 소식인 유는 그들이 자신들을 지배하던 신들에게서 돌이켜 예수를 받아들일 수 있게 되었기 때문이다. 사실 하나님은 그들에게 다시 하나님의 가족으로 복귀할 것을 요구하셨다. 마침내 바벨에서의 반역으로 벌어진 하나님과의 거리가 메워진 것이다. 열국 백성과 참 하나님 간의 균열이 사라진 것이다.

정사와 권세의 권한이 지극히 높으신 자에 의해 무력화되었다. 그렇다고 열국을 배정받은 초자연적 흑암의 권세들이 순순히 자기 백성을 내어놓을 거라는 얘기는 아니다. 구약에 능통했던 바울은 특히 그 신들에게 내려지는 최후의 심판이 여호와의 마지막 날과 연결되어 있음을 알았다. 그럼에도 신들의 몰락은 이미 진행되고 있었다. 우주적 통치자들에 관한 바울의 언어는 우리가 복음서에서 귀신에 관해 살펴본 내용과 평행을 이룬다. 하나님의 나라가 이미 임했다는 예수의 선언은 축귀와 함께 이루어졌다(마 12:28, 눅 11:18-20). 더이상 귀신이 없다는 것이 아니었다. 축귀 이야기가 상당히 명확하게 우리에게 알려주는 바는 귀신과 예수 모두 흑암 권세의 최후가 아직은 미래 시제의 일임을 알고 있었다는 것이다(시 82:6-8, 사 24:21, 34:1-4). 가령 마태복음 8:29에서 귀신은 예수께 "하나님의 아들이여 우리가 당신과 무슨 상관이 있나이까 때가 이르기 전에 우리를 괴롭게 하려고 여기 오셨나이까"라고 부르짖었다. "때가 이르기 전에"라는 표현은 확실한 미래의 운명을 말한다. 해그너가 이 발상을 명료하게 포착했다.

귀신의 후속 질문 "때가 이르기 전에(πρὸ καιροῦ) 우리를 괴롭게 하려고 여기 오셨나이까"는 적어도 두 가지 면에서 흥미롭다. 첫째, 이 구절에서 귀신은 종말론적 심판 때 그들이 하나님의 심판과 자신들의 권력의 종식을 경험할 것임을 인정한다(참조, 에녹1 15-16, 희년 10:8-9, 레위 유언서 18:12). 둘째, 귀신은 카이로스(καιρός), "때"가 아직 이르지 않았음을 인식하고 있다. 실은 예수가 너무 일찍 오신 것이다. 그들의 세계를 너무 일찍 위협하신 것이다(귀신에 대한 종말론적 심판에 관해선 다음을 참조하라. 에녹1서 55:4, 레위 유언서 18). 물론 이는 이미 왕국이 임했으나 충만한, 최종적 도래는 아직 임하지 않았다는 마태의 종말관에 부합한다(참조, 12:28, 13:30).[29]

마찬가지로 바울이 이방인에게 지극히 높으신 자가 이방 신들의 사법권과 지배권을 무효화했다고 선포했을 때 바울의 뜻은 그들의 마지막 때가 도래했다는 게 아니었다. 바울은 자신의 이방인 전도 사명을 이스라엘의 영적 운명이 회복되는 일과 결부시켰다. "이방인의 온전한 수"가 하나님 나라에 속하고, 이것이 이스라엘의 구원으로 귀결될 때 하나님의 구원 계획의 최후 "신비"가 드러날 것이다(롬 11:25-26). 이방인의 온전한 수가 구원받을 때 비로소 열국과 그 신들의 최

---

29. Donald A. Hagner, Matthew 1-13 (WBC; Dallas: Word, 1998), 227. 『마태복음 상』(솔로몬). France도 이에 동의한다. "pro kairous(때가 이르기 전에, before the proper time)라는 흥미로운 표현은 인간을 괴롭힐 기회의 시간이 제한적이며 예수의 도래가 그 끝의 시작임을 귀신이 알고 있음을 암시한다. 그리고 귀신이 예수의 도래가 더 늦게 임하길 바랐다는 것도 알 수 있다. 악한 영의 최후 심판자로서 메시아 역할에 관해선 다음을 참조하라. 에녹1 55:4; *T. Levi* 18:12." 다음을 보라. R. T. France, *The Gospel of Matthew* (NIGTC; Grand Rapids: Eerdmans, 2007), 341.

후 심판이 임할 것이다.[30]

바울 서신서와 여타 신약 본문들은 열국을 배정받은 초자연적 권세들의 비합법화를 그리스도의 부활 및 승천과 연결시킨다.[31] 아래 사례들에서 두 테마의 병치를 주목하라.

> 20) 그러나 이제 그리스도께서 죽은 자 가운데서 다시 살아나사 잠자는
> 자들의 첫 열매가 되셨도다 21) 죽음이 한 사람으로 말미암았으니 죽은
> 자의 부활도 한 사람으로 말미암는도다
> 22) 아담 안에서 모든 사람이 죽은 것 같이 그리스도 안에서 모든 사람
> 이 삶을 얻으리라
> 23) 그러나 각각 자기 차례대로 되리니 먼저는 첫 열매인 그리스도요
> 다음에는 그가 강림하실 때에 그리스도에게 속한 자요 24) 그 후에는
> 마지막이니 그가 모든 정사[아르케]와 모든 능력[뒤나미스]을 멸하시
> 고 나라를 아버지 하나님께 바칠 때라(고전 15:20-24).

---

30. 바울의 머릿속에서 열국을 되찾는 위업의 완성은 하나님이 바벨에서 파양하신 창 10장 열국의 모든 나라에 복음이 전해짐을 뜻했다. 이것이 바울이 열국의 가장 끝에 있는 스페인(이번 장 앞부분에서 논한 다시스)에 도달하려고 그토록 긴박감을 가졌던 배경이다. Jewett와 Kotansky는 이 논점을 눈여겨보았다. "마지막 때에 모든 이스라엘이 구원받을 것이지만(롬 11:26) 이는 '이방인의 온전한 수'가 달성되기 전에는 일어나지 못한다(롬 11:25). 바울은 이 묵시론적 정점에서 역으로 추론하여 복음에 대한 당시 유대인의 저항이 이방 선교를 위한 시간을 제공한다고 보았다. 이것이 로마서에서 그가 추진하고자 했던 스페인 선교의 근거였다. 만약 복음이 알려진 세상 끝에 도달한다면 이스라엘의 마지막 절정을 이루는 회심이 일어날 수 있고 파루시아(재림)의 약속이 이루어질 것이다." Robert Jewett and Roy Dabid Kotansky, *Romans: A Commentary* (Hermeneia: Minneapolis: Fortree, 2006), 674.

31. 구약에도 이 신학(메시아의 부활이 신들의 패배와 연관됨)의 단서가 있다.

15) 이로 말미암아 주 예수 안에서 너희 믿음과 모든 성도를 향한 사랑을 나도 듣고 16) 내가 기도할 때에 기억하며 너희로 말미암아 감사하기를 그치지 아니하고 17) 우리 주 예수 그리스도의 하나님, 영광의 아버지께서 지혜와 계시의 영을 너희에게 주사 하나님을 알게 하시고 18) 너희 마음의 눈을 밝히사 그의 부르심의 소망이 무엇이며 성도 안에서 그 기업의 영광의 풍성함이 무엇이며 19) 그의 힘의 위력으로 역사하심을 따라 믿는 우리에게 베푸신 능력의 지극히 크심이 어떠한 것을 너희로 알게 하시기를 구하노라 20) 그의 능력이 그리스도 안에서 역사하사 죽은 자들 가운데서 다시 살리시고 하늘에서 자기의 오른편에 앉히사 21) 모든 정사[아르케]와 권세[엑수시아]와 능력[뒤나미스]과 주권[키리오테스]과 이 세상뿐 아니라 오는 세상에 일컫는 모든 이름 위에 뛰어나게 하시고 22) 또 만물을 그의 발 아래에 복종하게 하시고 그를 만물 위에 교회의 머리로 삼으셨느니라 23) 교회는 그의 몸이니 만물 안에서 만물을 충만하게 하시는 이의 충만함이니라(엡 1:15-23).

18) 그리스도께서도 단번에 죄를 위하여 죽으사 의인으로서 불의한 자를 대신하셨으니 이는 우리를 하나님 앞으로 인도하려 하심이라 육체로는 죽임을 당하시고 영으로는 살리심을 받으셨으니 19) 그가 또한 영으로 가서 옥에 있는 영들에게 선포하시니라 20) 그들은 전에 노아의 날 방주를 준비할 동안 하나님이 오래 참고 기다리실 때에 복종하지 아니하던 자들이라 방주에서 물로 말미암아 구원을 얻은 자가 몇 명뿐이니 겨우 여덟 명이라 21) 물은 예수 그리스도께서 부활하심으로 말

미암아 이제 너희를 구원하는 표니 곧 세례라 이는 육체의 더러운 것
을 제하여 버림이 아니요 하나님을 향한 선한 양심의 간구니라 22) 그
는 하늘에 오르사 하나님 우편에 계시니 천사들과 권세들[엑수시아]
과 능력들[뒤나미스]이 그에게 복종하느니라(벧전 3:18-22).

예상했겠지만, 메시아의 부활을 이방인이 그릇된 우상숭배로부터 풀려나는 것과 결부시킨 바울의 신학은 구약에 예견되어 있었다.[32] 이 면에서 로마서 15:8-12이 풍성한 시사점을 제공한다.

8) 내가 말하노니 그리스도께서 하나님의 진실하심을 위하여 할례의
추종자가 되셨으니 이는 조상들에게 주신 약속들을 견고하게 하시고
9) 이방인들도 그 긍휼하심으로 말미암아 하나님께 영광을 돌리게 하
려 하심이라 기록된 바
그러므로 내가 열국 중에서 주께 감사하고 주의 이름을 찬송하리로
다 함과 같으니라
10) 또 이르되
열국들아 주의 백성과 함께 즐거워하라 하였으며

---

32. 이사야와 시편 82편 두 구절 간의 연결점에 관해선 다음을 참조하라. Joel Aaron Reemtsma, "Punishment of the Powers: Deut 32:8 and Psalm 82 as the Backdrop for Isaiah 34" (paper presented at the annual meeting of the Evangelical Theological Society, November 19, 2014; San Diego, CA); Ronald Bergey, "The Song of Moses (Deut 32:1–43) and Isaianic Prophecies: A Case of Intertextuality?" *JSOT* 28.1 (2003): 33–54; Thomas A. Keiser, "The Song of Moses as a Basis for Isaiah's Prophecy," *VT* 55 (2005): 486–500.

[11] 또 모든 열국들아 주를 찬양하며

모든 백성들아 그를 찬송하라 하였으며

[12] 또 이사야가 이르되

이새의 뿌리

곧 열국을 다스리기 위하여 일어나시는 이가 있으리니

열국이 그에게 소망을 두리라 하였느니라.

이 본문의 핵심은 12절의 열국(이방인들)을 다스리기 위하여 "일어나시는"(아니스테미) 메시아("이새의 뿌리")다. 바울이 인용한 원문은 칠십인역 이사야 11:10이다. 신명기 32장 세계관의 맥락에서 이사야가 묘사한 통치권을 가지려면 바벨에서 열국을 배정받은 하나님의 아들들의 권세가 철회되어야 한다.[33]

신약에서 부활을 묘사하기 위해 사용된 헬라어 동사가 두 개 있는데(에게이로, 아니스테미), 그 중에서도 아니스테미(와 특히 동족 명사 아나스타시스)가 예수의 부활을 묘사하는 쓰임으로 집중적 관심을 받았다.

---

33. Seifrid의 고찰이다 "바울 역시 이 본문이 새 다윗이자 이방인을 다스리기 위해 일어나신 메시아를 지목함을 이해한다. 그런데 예수는 검으로 다스리시지 않고 죽은 자 가운데서 부활하심으로 다스리신다(참조 1:1-7). 열국은 그에게 소망을 두고 그가 제시한 구원 속으로 들어간다. 이런 식으로 열국은 메시아에 복종한다. 바울의 '믿음의 순종'(1:4, 15:18, 16:26)을 권하는 사명은 이 인용문 속에 내포되어 있다. 이방인을 되찾는 바울의 사도적 '제사장의 섬김'(*hierourgeō* [15:16-18, 참조, 1:9])은 그러므로 메시아의 '섬김'(*diakonos* [15:8])의 공명이다." 참조, Mark A. Seifrid, "Romans," in *Commentary on the New Testament Use of the Old Testament*, ed. G. K. Beale and D. A. Carson (Grand Rapids: Baker Academic, 2007), 690–91.

[동사] 아니스테미는 신약에서 100회 이상 등장하는데, 거의 대부분의 용례가 복음서와 사도행전에 집중되어 있으며(유일한 예외로 롬 15:12, 고전 10:7, 엡 5:14, 살전 4:14, 16, 히 7:11, 15이 있다) 그 중 누가복음과 사도행전이 차지하는 비중이 70개가 넘는다. 용례의 대략 4분의 3은 부활이란 개념과 연결되지 않은 일반적 의미로 쓰였다. (…) 요한복음에선 단 하나의 용례(요 11:31)를 제외하곤 모두 부활과 관련이 있다(6:39-20, 44, 54, 11:23-24, 31). 그러나 마태복음은 한번도 이런 의미로 동사 아니스테미를 사용하지 않았다(마태가 선호한 동사는 에게이로[*egeirō*]였다, 마 16:21과 막 8:31과 대조). 누가복음에선 이런 용례가 한 손에 꼽을 정도로 적으며 사도행전에는 좀 더 자주 등장한다(예, 눅 16:31, 행 2:24, 32). 대조적으로 서신서에선 아니스테미가 세 번 밖에 등장하지 않는데(엡 5:14, 살전 4:14, 16) 명사 아나스타시스는 40회가량 등장하며(누가복음과 사도행전 17회, 서신서와 계시록 15회 포함) 거의 모든 경우가 '부활'이라는 의미로 쓰였다(유일한 예외가 눅 2:34). (…) 혹자는 에게이로가 특히 수동태로 쓰였을 경우 부활절에 일어난 일(십자가에 못박힌 자가 다시 살아남)을 가리키는 용례가 지배적인 반면 아니스테미와 아나스타시스는 예수의 공생애 중 사람을 살리신 일과 종말의 보편적 부활을 지목한다고 생각했다. (…) 그러나 여기에는 예외가 너무 많다(예, 에게이로를 세례요한[마 14:2] 및 그 평행구절들에 적용한 경우와 죽은 사람 일반[10:8, 막 12:26, 요 5:21 등등]에 적용한 경우, 그리고 바울이 그리스도의 부활과 같은 맥락에서 죽은 자의 미래의 부활[고전 15:15-17]을 가리킨 경우). 그저 단순하게 에게이로가 부활이라는 의미로 아니스테미보다 더 자주 쓰였다고만 말하는 편이 더 정

확할 것이다."[34]

칠십인역 스바냐 3:8 역시 열국을 되찾는 일과 "부활의. 언어"를 결합시킨다.

> 나 여호와가 말하노라
> 그러므로 내가 일어나[아나스타시스] 벌할 날까지 너희는 나를 기다리라
> 내가 뜻을 정하고 나의 분노와 모든 진노를 쏟으려고
> 여러 나라를 소집하며 왕국들을 모으리라
> 온 땅이 나의 질투의 불에 소멸되리라(LES).

마지막으로 시편 82편이야말로 열국을 배정받은 권세들의 권한 말소에 관한 바울 신학 형성에 일조한 발상 매트릭스의 주축이다. 시편 기자가 신들을 나무라고(1-5절) 인간처럼 죽게 될 운명을 언도한 후(6-7절) 신들의 회의 장면 마지막에 했던 호소를 기억하는가. "하나님이여 일어나사(아니스테미) 세상을 심판하소서 모든 나라가 주의 소유이기 때문이니이다"(8절). 학자들은 칠십인역 역본이 이 호소에 아니스테미를 쓴 사실을 눈여겨 보았다("하나님이여 일어나사…").[35]

---

34. *NIDNTTE*, s.v. "ἀνίστημι," 1:322, 326.인용문에선 헬라어를 음역으로 대체했다.

35. David A. Burnett, "A Neglected Deuteronomic Scriptural Matrix for the Nature of the Resurrection Body in 1 Cor 15:39–42?" in *Scripture, Texts, and Tracings in 1*

조금만 상상력을 발휘해도 훗날 바울의 시선에서 이 구절들이 어떻게 읽혔을지 헤아려지지 않는가. 다메섹 도상에서 부활하신 예수와 극적으로 조우한 후 이방인의 사도로 부르심을 받은 바울. 그에겐 메시아의 부활이 한때 하나님으로부터 거부 당한 열국을 (그들을 지배하던 신들에게서) 되찾는 일과 영영 뗄 수 없는 관계가 된 것이다.

Corinthians, ed. B. J. Oropeza and Linda Belleville (Minneapolis: Fortress, 출간예정). 저자가 읽은 것은 해당 문헌의 출간 전 원고였다.

4부.
흔한 질문과
오해

개요

흑암의 권세(powers of darkness)는 수세기에 걸쳐 그리스도인이든 비그리스도인이든 많은 사람들의 관심을 사로잡은 주제였다. 만일 오늘날의 대중 문화를 기준으로 판단한다면, 흑암의 권세에 대한 관심은 전혀 수그러들 기미가 보이지 않는다. 안타까운 점은 교회 내에서조차 흑암의 권세를 논할 때 상당한 오해와 절대적으로 잘못된 정보들이 난무한다는 것이다. 필자의 경험상 그리스도인이 사탄과 귀신과 여타 악한 권세에 관해 안다고 생각하는 내용을 보면, 성경을 그 자체 맥락에서 주해한 것보다는 기독교 전통과 풍문의 영향을 받은 것의 비중이 훨씬 크다.

이는 방법론과 잘못된 번역 모두에서 비롯된 문제다. 성경이 흑암의 권세에 관해 말하는 바에 관심을 가지는 사람들은 대부분 성경 기자의 세계관 형성에 일조한 1차 원문에 대한 접근성이 없다. 영어 번역은 흑암의 권세에 관해 성경 본문이 말하는 바(그리고 말하지 않는 바)를 제대로 해석하는 데 꼭 필요한 세미한 뉘앙스를 가린다.

물론 학자들조차 흑암의 권세에 관한 신중하지 못한 발언에서 자유로운 건 아니다. 때론 이해할 만한 경우도 있다. 가령 학자들이 고대 맥락 속 본문을 분석하는 데 꼭 필요한 전문성이 없는 경우다. 심지어 때로는 학자들조차 무비판적으로 기존 통념을 수용하기도 한다.

12장.
흑암 권세를 둘러싼 신화와 의문점

다음은 흑암의 권세에 관한 의문점과 오해의 예시다. 예시 뒤에 이어지는 답변의 해석 틀은 이제껏 우리의 연구를 통해 제시했기에 앞의 장에 나오는 자료는 되풀이하지 않겠다.

"마귀는 신약이 채택한 제2성전기 창작물이다"

상당수의 학자들이 그리스도인들이 알고 있(다고 믿)는 하나님의 대원수인 사탄 또는 마귀 캐릭터가 구약에선 낯선 것이라고 말한다. 그 근거는 우리의 연구에서 이미 보았듯 (1) 히브리어 용어 사탄(*śāṭān*)이 구약에선 고유명사로 사용되지 않았으며 (2) 사탄(*śāṭān*)이라는 용어가 에덴의 원조 반역자인 뱀을 지목한 적이 한번도 없다는 것이다.

이는 타당한 논점들이다. 우리 연구에서도 여기에 토를 달지 않았다. 그러나 이런 논점을 근거로 하여 제2성전기와 신약의 사탄 캐릭터가 구약과 양립불가하다고 주장하는 것은 지나치게 성급하며 과장된 결론이다. 우리는 앞선 논의를 통해, 구약 자체는 후대의 본문에서 부각된 사탄의 프로필을 명시적으로 언급하지 않지만, 후대의 사탄 프로필 형성을 위한 근거 자료가 구약에 내재되어 있음을 제시했다. 즉, 후대의 저자들이 구약에서 발견한 여러 데이터 지점들을 연결하여 원조 반역자에 적용했다는 얘기다.

놀랍게도 이 단순명료한 접근(즉, 후대의 유대 저자들이 구약의 자료를 사탄 캐릭터 형성의 근거로 활용했음)을 인정한 학자들은 소수파에 속하는 듯하다. 더 흔한 학계의 접근은 사탄 캐릭터가 유배 이후 시기에 페르시아 조로아스터교의 이원론의 영향으로 출현한 제2성전기의 발명품이라는 것이다. 라일리의 요약이 대표적이다.

> 그러나 바벨론 유배 전후의 이스라엘은 페르시아 조로아스터교의 우주적 이원론의 영향을 받았다. 이 체제는 반목하는 쌍둥이 형제 조로아스터 신과 마귀가 이끄는 두 영적 진영 간의 전쟁을 상정한다. 양 진영은 인간의 충성을 놓고 사활을 건 전쟁을 벌인다. 전투를 위해 하급 영, 곧 천사와 귀신으로 구성된 군대가 조직된다. 어떤 중요한 본문에서 "악한 자"가 신에게 이렇게 말한다. "내가 당신과 당신의 창조물을 영원히 멸하리라. 또한 내가 당신의 모든 창조물을 설득하여 당신을 미워하고 나를 사랑하게 할 것이라." 그들의 전쟁터는 피조세계였고 그 시대는 영적 전투의 때였다. 이 분쟁의 시대 마지막에 마귀와 그 군대가 최후의 전투에서 패하고 맹렬한 지옥 불 속에서 파국을 맞

을 것이다. 그리고 공의 가운데 새 피조세계와 새 시대가 열릴 것이다.[1]

이런 사고방식에는 참과 거짓이 공존한다. 한편으론 페르시아 조로아스터교가 제2성전기 유대 사유에 어떤 기여도 하지 않았다고 상정하는 것은 어리석다. 우리의 연구는 성경 저자를 비롯한 고대 저자들이 늘 동시대의 지적 세계의 일부분이었음을 전제한다. 이는 성경 저작이라는 위업을 위해 그들을 예비하신 하나님의 섭리는 그들이 자신들이 속한 세상의 일부분으로 활동하며 그 주위 환경으로부터 고립되지 않게 하셨음을 의미하기도 했다.

다른 한편 제2성전기 유대의 사탄/마귀 발상의 근간이 되는 요소들이 '필히' 조로아스터교 신앙이 있어야만 가능하다는 생각은 지나치다. 유독 이스라엘만 유배 전에는 여호와의 초자연적 대원수라는 개념을 갖추지 못했다고 전제하는 것이 과연 타당할까? 구약의 기자들이 제시한 것과 같은 무관용의 유일신교가 성립하려면 성경 기자의 가치관에 반드시 이항대립이 있어야 한다.

라일리는 위의 인용문에서 한발 더 나아가 사탄 외의 다른 악한 초자연적 존재들 역시 조로아스터교의 영향에서 비롯되었다는 발상을 제시한다. 이것이야말로 지나친 판단이다. 구약의 기자와 독자가 뱀이 촉발한 에덴의 상실을 질병과 죽음의 저주와 연관 지은 것이 과연 그들의 머리로는 못할 생각이었을까? 덫을 놓아 인간이 실족하게 만

1. G. J. Riley, "Devil," *DDD* 245.

드는 초자연적 권세는 고대 근동 종교에선 흔한 관념이었다. 인간이 불멸성을 획득하지 못하도록 훼방하는 (즉, 죽음의 숙명에 갇히게 만드는) 다수의 신들에 관한 이야기 역시 흔했다. 구약의 기자가 조로아스터교에 노출되기 전에는 이 발상이 생소했다고 가정하는 것이 과연 타당할까?

천상회의에 속했던 한 무리의 신적 존재들이 저지른 반역 이야기는 조로아스터교보다 훨씬 유구한 역사를 가지고 있다. 구약의 2차 초자연적 반역(창 6:1-4)이 논쟁적으로 겨냥한 메소포타미아의 압칼루 이야기도 조로아스터교보다 시대적으로 앞선다. 신들 간의 지리적 경쟁 구도, 즉 성경의 3차 신적 반역을 다룬 신명기 32장의 세계관 배후의 개념 역시 페르시아의 조로아스터교보다 훨씬 유구한 역사를 가지고 있다(아울러 조로아스터교에 의존하지도 않는다). 고대 근동의 종교와 친숙한 사람이라면 이런 이야기를 당연한 것으로 받아들였을 것이다. 인류의 패역이 관영하는 데 기여한 창세기 6:1-4의 초자연적 존재들의 반역과 신명기 32:8-9의 우주 지형론적 세계관을 감안할 때 지극히 높으신 자(여호와)가 결단하는 날까지 영적 분쟁이 지속되리라고 이스라엘 사람들이 생각했다는 게 그리 놀랄 일인가? 조로아스터교가 이런 테마에 풍성한 표현을 더했을 수는 있지만 그 기원은 아니다. 우리가 제2성전기 문헌에서 살펴본 콘텐츠가 조로아스터교와의 접촉이 없었다면 표현되지 못했으리라는 제언은 근거가 없다.

"귀신은 타락한 천사다"

기독교 대중 서적과 설교에 만연한 이 관념은 표적을 정확히 명중한 동시에 빗나갔다. 이 진술로는 성경 본문상의 특정 내용과 흑암 권세에 관한 성경 사유의 발달과정을 설명하지 못한다. 우리의 연구 초반에서 살펴보았듯 구약의 '천사'는 존재론적 용어가 아니라 메신저(사자)를 의미하는 기능적 용어다. 그러니까 천사는 무슨 임무를 맡는가를 설명하는 직무 기술(job description) 용어일 뿐이다. 제2성전기와 신약에선 상황이 달라졌다. '천사'가 주로 악한 반역자와 구별되는 충성스런 초자연적 존재를 가리키는 목적으로 쓰였다. 하지만 마귀(사탄)도 자신의 편에 '천사'를 둘 수 있다(마 25:41, 계 12:9). 즉, 전체적인 선악의 대립구도에서 사탄 왕국에 속한 귀신을 타락한 천사로 간주할 수도 있다. 그럼에도 귀신은 죽은 네피림과 그 후손인 거인 족의 탈육신한 영으로 일관되게 그려진다. 그 영은 홍수 이전 범죄한 천사들의 소생이다. 그러므로 귀신이 타락한 천사일 수 없다. 결론적으로 '타락한 천사'가 귀신을 칭하는 용어로 사용될 수도 있으나, 대개는 지나치게 단순화되어 부정확하게 쓰이는 경우가 많다고 하겠다.

“사탄과 악한 영도 속량받을 수 있을까?”

필자는 이미 다른 지면을 통해 이 질문을 상세하게 다루었다.[2] 간략하게 말하면 성경은 초자연적 반역자(사탄, 창세기 6:1-4의 패역한 하나님의 아들들, 여호와를 대적하는 우주 지형론적 통치자인 하나님의 아들들)에 대해 속량이 제안되었다는 발상을 명백하게 부인한다.

> 어느 때에 천사 중 누구에게
> 내가 네 원수로 네 발등상이 되게 하기까지
> 너는 내 우편에 앉아 있으라 하셨느냐
> 모든 천사들은 섬기는 영으로서 구원 받을 상속자들을 위하여
> 섬기라고 보내심이 아니냐(히 1:13-14).

이 말씀의 함의를 명확하게 알려면 인간으로 성육신한 아들과 히브리서 2장의 구원 제안 간의 연결고리에 비추어 살펴봐야 한다.

> 구원 계획의 초점은 인간에게 맞추어져 있다. 이는 하나님이 맨처음 이 땅에 임재하실 때 영생을 누렸던 대상이 인간이었기 때문이다. 천사가 주요 관심의 대상이 될 수 없었던 것은, 타락으로 인해 하나님의 '지상 프로젝트'가 엎어졌기 때문이다. 하나님의 형상을 담지한 인간

---

2. 참조, Heiser, *Angels*, 153. 『천사를 말하다』(좋은씨앗).

이 부패하여 하나님으로부터 유리되었다. 즉, 하나님의 임재 가운데 살기에 부적합한 존재가 되어버렸다. 그러므로 마지막에 새 땅을 다스리는 일에 그리스도와 함께 통치 권한을 가질 존재는 인간이지 천사가 아니다.[3]

"인류 창조 전 천사의 3분의 1이 반역한 사탄을 따라갔다"

이것이야말로 어떻게 기독교 전통이 교리에 우선할 수 있는지를 보여주는 탁월한 사례다. 성경 어디를 봐도 다음의 이야기를 하는 구절은 없다. (a) 원조 반역자가 창세기 3장 에피소드 이전에 범죄했다, 혹은 (b) 인류 타락 전 혹은 인류 타락 즈음에 천사의 3분의 1이 타락했다. 다만, 천사의 "3분의 1"과 사탄/뱀을 나란히 언급하는 (것으로 추정되는) 구절이 하나 있기는 하다(계 12:1-9).

> 1) 하늘에 큰 이적이 보이니 해를 옷 입은 한 여자가 있는데 그 발 아래에는 달이 있고 그 머리에는 열두 별의 관을 썼더라 2) 이 여자가 아이를 배어 해산하게 되매 아파서 애를 쓰며 부르짖더라 3) 하늘에 또 다른 이적이 보이니 보라 한 큰 붉은 용이 있어 머리가 일곱이요 뿔이 열이

3. Heiser, *Angels*, 153. 『천사를 말하다』(좋은씨앗). 계 1-3장과 골 1:19-20 언어에 대한 호소는 히브리서 1-2장 신학을 뒤집는 것이 아니며 주해적 타당성이 결여된 것도 아니다. 이런 결론을 뒷받침하는 상세 근거를 알고 싶은 독자는 필자의 기존 책들을 참조하기 바란다.

라 그 여러 머리에 일곱 왕관이 있는데 [4] 그 꼬리가 하늘의 별 삼분의 일을 끌어다가 땅에 던지더라 용이 해산하려는 여자 앞에서 그가 해산하면 그 아이를 삼키고자 하더니 [5] 여자가 아들을 낳으니 이는 장차 철장으로 만국을 다스릴 남자라 그 아이를 하나님 앞과 그 보좌 앞으로 올려가더라 [6] 그 여자가 광야로 도망하매 거기서 천이백육십 일 동안 그를 양육하기 위하여 하나님께서 예비하신 곳이 있더라

[7] 하늘에 전쟁이 있으니 미가엘과 그의 사자들이 용과 더불어 싸울새 용과 그의 사자들도 싸우나 [8] 이기지 못하여 다시 하늘에서 그들이 있을 곳을 얻지 못한지라 [9] 큰 용이 내쫓기니 옛 뱀 곧 마귀라고도 하고 사탄이라고도 하며 온 천하를 꾀는 자라 그가 땅으로 내쫓기니 그의 사자들도 그와 함께 내쫓기니라.

필자가 이를 하나님의 천군의 대략 3분의 1이 타락했다는 언급으로 "추정되는" 구절이라고 한 까닭이 있다. 용(뱀/사탄)이 끌어다가 땅에 던진 "하늘의 별 3분의 1"이 이미 마귀의 조력자가 된 천사인지가 확실치 않기 때문이다. "하늘의 별 3분의 1"이 용에게 패한 선한 천사일 가능성도 크다. 이 입장을 대변할 훌륭한 근거는 바로 계시록 12:4의 내용이 다니엘 8:10의 실현으로 보인다는 것이다.[4] 현 논의의 목적

4. Beale이 이 논점에 관해 쓴 글이다. "용의 꼬리가 별의 3분의 1을 땅으로 끌어내리는 그림은 마지막 때의 원수가 하나님의 세력을 핍박하는 장면을 묘사한 단 8:10에서 가져온 것이다. "그것이 하늘 군대에 미칠 만큼 커져서 그 군대와 별들 중 몇을 땅에 떨어뜨리고 그것들을 짓밟고." 다니엘서의 "그 군대와 별들 중의 몇"이 가리키는 대상이 천사인지, 혹은 이스라엘의 성도인지는 논란의 대상이다. 둘 다 맞을 가능성이 크다. 다니엘서에서 천사

상 이 3분의 1이 사탄과 연대한 악한 초자연적 주체라고 가정해 보자.

이 단락은 천사의 3분의 1이 연루된 분쟁이 메시아 초림과 동시에 일어났음을 분명히 밝힌다.

> 그 꼬리가 하늘의 별 삼분의 일을 끌어다가 땅에 던지더라 용이 해산하려는 여자 앞에서 그가 해산하면 그 아이를 삼키고자 하더니 여자가 아들(a male child)을 낳으니 이는 장차 철장으로 만국을 다스릴 남자라 그 아이를 하나님 앞과 그 보좌 앞으로 올려가더라(계 12:4-5).

계시록 12:5이 독자에게 시편 2:7-9의 메시아 테마를 환기하기에 위의 사건은 메시아 탄생을 가리키는 것이 분명하다.

> 너는 내 아들이라 오늘 내가 너를 낳았도다
> 내게 구하라 내가 이방 나라를 네 유업으로 주리니
> 네 소유가 땅 끝까지 이르리로다
> 네가 철장으로 그들을 깨뜨림이여
> 질그릇 같이 부수리라 하시도다.

는 사람을 대표한다(참조, 단 10:20-21, 12:1, 참조, *Assumption of Moses* 10:8-10). 다니엘서 8장의 '뭇 별'은 땅의 성도를 대표하는 천사를 상징한다. 동일한 대표성의 연결고리가 사람의 아들, 미가엘, 천사들, 다니엘서 7장의 '성도들' 간에 존재한다. '뭇별'이 단지 천사가 아니라 이스라엘 성도를 대표함은 의인을 "궁창의 빛과…별"에 비교한 단 12:3을 통해서도 드러난다(단 12:3의 이 적용에 관해선 다음을 참조하라. 마 13:43, 참조, 창 15:5, 22:17)." Beale, *Book of Revelation*, 635. 『NIGTC 요한계시록』(새물결플러스).

장차 열국을 다스리고자 태어난 아이를 "하나님 앞과 그 보좌 앞으로 올려가더라"는 표현은 부활과 승천에 관한 명시적인 언급이다(부활과 승천이야말로 사탄의 패배와 하나님의 지상 왕국의 출범으로 귀결될 결정적 사건이다). 이는 허다한 학자들이 이미 인정한 논점인데, 그 중 비일이 대표적이다.

> 그리스도-아이의 운명은 하나님의 아들이 세상의 모든 원수를 물리치신 후 땅의 통치자로 보좌에 오르실 것을 예언한 시편 2:7-9에 묘사되어 있다. 사실 그리스도를 "아들"이라고 칭한 것은 교회의 성공과 성장에 결정적인 이 사건이 시편의 첫 실현임을 보여주기 위함이다. 그리스도의 승천을 가리키는 마지막 절은 하나님의 메시아 아들에 관한 시편 2:7-9의 예언이 실현되기 시작했음을 암시한다. (…) 문맥 속에서 이 최초의 실현은 옛 원수처럼 용 또한 다시 패배했음을 의미한다. 단, 금번의 패배는 그리스도의 부활과 승천을 통해 일어났다.[5]

이 그리스도의 초림 맥락은 계시록 12:13-17까지 이어진다.

> 13) 용이 자기가 땅으로 내쫓긴 것을 보고 남자를 낳은 여자를 박해하는지라 14) 그 여자가 큰 독수리의 두 날개를 받아 광야 자기 곳으로 날아가 거기서 그 뱀의 낯을 피하여 한 때와 두 때와 반 때를 양육 받으매

---

5. Beale, *Book of Revelation*, 639-40. 『NIGTC 요한계시록』(새물결플러스).

15) 여자의 뒤에서 뱀이 그 입으로 물을 강 같이 토하여 여자를 물에 떠내려 가게 하려 하되 16) 땅이 여자를 도와 그 입을 벌려 용의 입에서 토한 강물을 삼키니 17) 용이 여자에게 분노하여 돌아가서 그 여자의 남은 자손 곧 하나님의 계명을 지키며 예수의 증거를 가진 자들과 더불어 싸우려고 바다 모래 위에 서 있더라.[6]

17절의 표현은 앞서 인용한 시편 2편과 예수 초림과의 연관성만큼이나 명확하게 예수의 초림과 연관되어 있다("용이 여자에게 분노하여 돌아가서 그 여자의 남은 자손 곧 하나님의 계명을 지키며 예수의 증거를 가진 자들과 더불어 싸우려고 바다 모래 위에 서 있더라"). 이것이 인류가 창조되기 이전 에덴에서 일어난 태곳적 반역을 묘사한 것이라는 생각은 언어도단이다. 성경 어디에도 "3분의 1"이란 표현을 사탄의 분쟁과 결부시킨 본문이 없다. 그러므로 사탄과 천사 3분의 1이 태곳적에 반역을

---

6. Beale(650, 668)은 계시록 12장의 요소들이 7절부터 주욱 1-6절과 연결되어 있다고 고찰한다. "요한이 1-6절과 7-12절의 논리적 연결점을 명시적으로 드러내는 건 아니다. 이런 연결점은 인접성뿐 아니라 3절과 7절의 표현 비교에서도 드러나듯 7-12절이 3절에서 시작된 환상을 이어간다는 점에서도 이 연결점이 요구된다. ὤφθη ἄλλο σημεῖον ἐν τῷ οὐρανῷ, καὶ ἰδοὺ … καὶ ἐγένετο πόλεμος ἐν τῷ οὐρανῷ [*ōphthē allo sēmeion en tō ouranō, kai idou … kai egeneto polemos en tō ouranō*]("하늘에 또 다른 이적이 보이니 보라 … 하늘에 전쟁이 있으니"). 7-12절은 마귀가 이끄는 천사들이 미가엘이 이끄는 천사들에게 패하는 천상의 전투를 기술한다. (…) 13절은 6절과 12절이 멈추었던 부분을 이어가고 있다. 6절은 성도 공동체가 신적 피난처로 도망친다는 사실만 기술했고 용이 그 공동체를 핍박한 것에 관한 논평을 드러나게 하지 않는다. 12절은 용이 그리스도의 탄생과 특히 그리스도의 궁극의 왕 즉위를 막지 못한 결과 자신의 하늘 직책(office)을 잃어버린 것에 분개했다고 설명한다. 13절은 성도를 핍박하는 것으로 화풀이하는 마귀를 보여준다."

일으켰다는 얘기는 전통으로 전해진 신화에 불과하다.[7]

---

7. 이 신화의 옹호자들이 종종 근거로 드는 발상이 이른바 간격 이론(gap theory), 즉, 창 1:1과 1:2 사이에 시간적으로 큰 간격이 있으며 그 시기에 사탄이 반역했다는 믿음이다. 간격 이론의 가장 방대한 학문적 반박은 Weston Fields, *Unformed and Unfilled: A Critique of the Gap Theory* (Green Forest, AR: Master Books, 2005)이다. 간격 이론은 주해적으로 어떤 존립 근거도 없다. 간략하게 말하면 이 이론을 무너트릴 근거는 창 1:1과 1:2을 연관 짓는 두 히브리어의 문법-구문론적 사안이다. 첫째, *bĕrēšît*의 전치사 *beth*에는 어떤 정관사도 없다. 이는 1:1이 확정적 태초가 아님을 시사한다. 많은 학자들이 이 정관사 부재로부터 창 1:2이 종속절이 틀림없으므로 창 1:1도 1:3에 조건부로 연결된 종속절이라는 결론을 도출했다. 이는 최초의 창조 행위는 창 1:3에 있으며 창 1:1-2은 창 1:3 이전에 선행하는 정황 묘사라는 얘기다. 다른 학자들은 창 1:1이 여전히 독립절이라고 주장하며 1:1의 관사 부재는 단락의 소제목 또는 제목이기에 그렇다고 주장한다. 두 선택지 모두 문법적으로 유효하며 둘 다 간격 이론을 뒤흔든다. 두 선택지 모두 간격 이론에 절대적으로 결정적인 1:1부터 1:2로의 선형적 연속성을 무너트린다. 둘째, 간격 이론에 가장 큰 치명타는 창 1:2이 분리형 바브(*waw* [*waw*+명사])로 시작한다는 것이다. 이것이 반박불가한 이유는 이 경우처럼 명사에 붙은 바브(*waw*)가 정형 동사 뒤에 나오면 분리를 창출하기 때문이다. 그렇기에 창 1:1-3은 간격 이론의 절대적 필요 요건인 사건의 선형적 연속으로 읽을 수 없다. 이 분리는 간격 이론가들이 1:2의 레마 *hāyâ*(to be)를 became으로 번역하려는 시도 역시 무너트린다. 만일 바브(*waw*) 분리형이 선형적 연속성을 금한다면 became은 말도 안 되는 번역이다. 그 표현은 1:2이 연속선상 속의 앞선 사건의 결과임을 전제하기 때문이다. 참조, Bruce Bruce K. Waltke, "The Creation Account in Genesis 1:1–3: Part II: The Restitution Theory," *BSac* 132 (1975): 136–44; Waltke, "The Creation Account in Genesis 1:1–3: Part III: The Initial Chaos Theory and the Precreation Chaos Theory," *BSac* 132 (1975): 216–28; Victor P. Hamilton, *The Book of Genesis, Chapters 1–17* (NICOT; Grand Rapids: Eerdmans, 1990), 103–15. 마지막으로 "*tōhû wābōhû*"("혼돈하고 공허하며")의 관념이 특히 '흑암'이 창 1:2의 정황이기에 악(사탄의 타락)에 대한 심판을 지칭한다는 간격 이론의 관념에 대한 훌륭한 반박은 David Toshio Tsumura, *Creation and Destruction: A Reappraisal of the Chaoskampf Theory in the Old Testament* (Winona Lake, IN: Eisenbrauns, 2005)을 보라.

예수와 사탄(마 4:1-11, 막 1:12-13, 눅 4:1-13), 그리고 예수와 귀신들(막 1:21-24, 5:9-15, 눅 4:31-37, 8:30-33)의 대면을 전하는 복음서 기술을 보면 흑암의 권세들이 예수의 정체를 간파했음을 분명히 알 수 있다. 이들 에피소드에서 예수는 "하나님의 아들" 또는 "지극히 높으신 자의 아들"과 동일시된다(마 4:3, 6, 8:29, 막 3:11, 5:7, 눅 4:3, 9, 8:28). 그러나 이런 동일시가 사탄과 악한 영들이 예수의 죽음, 부활, 승천에 관한 하나님의 계획까지 꿰뚫어보았다는 의미는 아니다. 베드로전서 1:10-12과 고린도전서 2:6-8과 같은 본문은 이 방면에서 사탄의 무지를 명백하게 보여준다.[8]

---

8. 벧전 1:12의 표현은 천사들조차 구원 계획에 무지했음을 드러낸다. 하나님의 계획에 적대적인 사탄과 귀신들이 천사보다 더 지식이 많았다고 추정할 근거는 없다. Michaels는 이 표현에 대해 이렇게 썼다, "εἰς ἃ ἐπιθυμοῦσιν ἄγγελοι παρακῦψαι [*eis ha epithymousin angeloi parakypsai*]("천사들도 살펴 보기를 원하는 것이니라"). 10절의 προφῆται[*prophētai*, 선지자]처럼 ἄγγελοι[*angeloi*]에도 관사가 없다. 이는 특정 집단이 아닌 '천사' 일반을 가리키는 것이다. 선지자의 경우처럼 베드로는 어떤 특정 전통을 염두에 둔 것이 분명하다. 하늘의 신비가 하늘에 거하는 천사들에게조차 일부 감추어졌다는 관념은 유대 묵시 문헌(예, 에녹1서 16:3, 에녹2서 24.3)과 신약(예, 막 13:32, 그리고 암묵적으로 엡 3:10, 고전 2:6-8은 구체적인 적대적 권세에 초점을 맞춘다는 면에서 해당사항이 없다) 둘 다에서 발견된다. 이 전통은 묵시 문헌에서 하나님의 신비를 선지자나 선견자에게 설명하는 '해석하는 천사'와 공존한다(예, 슥 1:9, 에스라4서 4:1, 계 17:1, 21:9). 천사의 앎에 한계가 있다는 사실 자체가 그들이 알지 못하는 신비에 대한 경이를 증폭시킨다." 참조, J. Ramsey Michaels, *1 Peter* (WBC, Dallas, Word, 1998), 48. 『베드로전서』(솔로몬). 고전 2:8의 '통치자들'(rulers, *archontōn*)은 초자연적 존재로 이해하는 것이 최상이다. "이 세상/세대의 통치자"(the rulers of this age)가 인간 통치자라는 것은 어불성설이다. 고전 2장의 맥락은 신적 계획을 말한다. 신약과 다른 곳에서 발견되는 *archōn*은 인간 통치자들이지만 바울이 인간이 하나님의 신비를 몰랐다는 사실을 아이러니하다고 봤을리 만무하다. 하나님의 신비-계획에는 메시아의 죽음과 부활이 포함되어 있었다. Aune이 고찰하듯 "*archontes*

10) 이 구원에 대하여는 너희에게 임할 은혜를 예언하던 선지자들이 연구하고 부지런히 살펴서 11) 자기 속에 계신 그리스도의 영이 그 받으실 고난과 후에 받으실 영광을 미리 증언하여 누구를 또는 어떠한 때를 지시하시는지 상고하니라 12) 이 섬긴 바가 자기를 위한 것이 아니요 너희를 위한 것임이 계시로 알게 되었으니 이것은 하늘로부터 보내신 성령을 힘입어 복음을 전하는 자들로 이제 너희에게 알린 것이요 천사들도 살펴 보기를 원하는 것이니라(벧전 1:10-12).

6) 그러나 우리가 온전한 자들 중에서는 지혜를 말하노니 이는 이 세상의 지혜가 아니요 또 이 세상에서 없어질 통치자들의 지혜도 아니요 7) 오직 은밀한 가운데 있는 하나님의 지혜를 말하는 것으로서 곧 감추어졌던 것인데 하나님이 우리의 영광을 위하여 만세 전에 미리 정하신 것이라 8) 이 지혜는 이 세대의 통치자들이 한 사람도 알지 못하였나니 만일 알았더라면 영광의 주를 십자가에 못 박지 아니하였으리라(고전 2:6-8).

필자가 『보이지 않는 세계』에서 고찰했듯 하나님의 구원 계획은 파

라는 용어가 맨처음 천사적 존재를 가리키기 위해 쓰인 것은 칠십인역 단 10:13였고, 테오도션 단 10:13, 20-21, 12:1에서 일곱 번 같은 용례로 사용되었다. 칠십인역은 후자를 *stratēgos*, 사령관(commander), 고관(magistrate), 아람어 사르(*śar*)의 모든 번역어, 군주(prince)로 번역했다(Aune, "Archon," *DDD* 84). 여기서 통치자가 악한 초자연적 흑암의 권세라는 것은 오리게네스, 터툴리아누스, 유스티니아누스 같은 교부들의 해석이다(참조, Aune, "Archon," *DDD* 82-85).

편화되어 성경 수십 군데에 산발적으로 흩어져 있었다.[9] 오직 사후적 시선(hindsight)으로 볼 때만 전체 계획이 눈에 들어온다. 이건 어떤 인간이나 초자연적 지성이 향후 일어날 일을 파악하려고 성경을 공부한다고 해서 깨달을 수 있는 일이 아니었다. 그렇기에 예수는 부활 후에도 다시 사신 그리스도를 마주한 제자들의 "마음을 열어 성경을 깨닫게 하"셔야 했다(눅 24:45). 그런데 흑암의 권세들에게 이런 이해가 허락되었다고 볼 근거는 없다.

복음서 속 예수의 정체에 대한 사탄과 귀신들의 지식과 구원 계획에 대한 무지를 균형 있게 조망하기란 그리 어려운 일이 아니다. 구약은 인간이란 피조물과 더불어 살기 원하시며 창조계를 다스리는 일에 인간을 동참시키려는 하나님의 뜻을 감추려는 어떤 시도도 하지 않는다. 이는 에덴과 인간 창조와 인류에게 주어진 명령(창 1:26-28)의 요체이기도 했다. 타락 이후에도 하나님은 (하나님의 원래 뜻에 부합하는 인간 대행자들을 통해) 하나님의 백성 가운데 하나님의 통치를 재건하고자 거듭 시도하셨다. 예수가 아담, 아브라함, 다윗의 후손으로서 언약 성취에 중심적 역할을 차지하신 이유도 바로 여기에 있다. 사탄과 귀신들 입장에서 인간의 타락으로 하나님의 뜻이 어그러진 가운데 지극히 높으신 자의 아들이 천부의 나라를 지상에 세우고 천하 만국을 되찾아 그 나라에 귀속시킬 목적으로 이 땅에 오셨을 거라 판단했으리란 추론은 완벽하게 합리적이다. 사실 웬만해선 이런 목적성을 눈치

9. Heiser, *Unseen Realm*, 241, 330. 『보이지 않는 세계』(좋은씨앗).

채지 못하기도 어려울 것이다. 그러나 하나님의 마지막 승부수인 십자가, 부활, 승천의 메커니즘은 파편화되고 암호화된 상태로 있었기에 성령의 조명이 있어야만 해석이 가능했다.

"뿔과 꼬리가 달린 마귀 발상은 어디에서 유래했는가?"

우리가 이 책 1장에서 보았듯 우가릿 종교에는 이런 특징을 갖추고 사후세계와 관련된 어떤 신(*ḥby*)이 있었다.[10] 그러나 우리는 논의를 통해 이 방면의 데이터가 모호하며 이 신과 이 레마를 담고 있다고 보이는 성경 구절(사 26:20, 합 3:4)과의 상관성이 불확실함을 고찰했다. 주후 1세기 후반 또는 주후 2세기 초반에 저작되었을 가능성이 큰 유대 외경 〈바룩3서〉는 유대 초기와 기독교 저자-편집자들이 이 특징을 구약의 "염소 귀신"(세이림)과 연관지었다는 증거를 제공한다.[11] 그러므로 (이론상) 마귀의 뿔과 꼬리는 원조 원수와 어떤 가나안의 지하세계 신과의 연관성, 그리고 귀신들이 출몰하는 광야를 초자연적 생물과 연관짓는 모티프에서 비롯되었다. 그러나 적어도 기독교적 이

---

10. Gordon, "The Devil, *ḥby*," 15; Xella, "Haby," *DDD* 377.

11. Kulik, "How the Devil Got His Hooves and Horns," 195–229. 이제 학자들은 바룩3서가 원래 유대인의 저작이었다가 훗날 그리스도인에 의해 편집 및 보강된 것으로 본다. 이를 뒷받침하는 단편적 증거는 "헬라어 판에 있는 많은 기독교적 구절이 슬라보닉 판에는 없다"는 사실이다. 참조, James H. Charlesworth, "Baruch, Book of 3 (Greek)," *ABD* 1:621–22.

미지 형성에 있어서 더 확실한 역할을 한 것은 마귀와 그리스-로마의 신 판(Pan)의 관계다.

> 판 숭배와 판의 다양한 역할은 고대 이집트 신화에서 비롯되었다. 판 신은 이집트의 위대한 여덟 신들 중 하나이며 로마인이 '콘센테스'(Consentes)라고 부른 다른 열두 신보다 서열상 위였다. 판은 이집트 전역에서 극히 엄중하게 숭배되던 신이었다. 판 신상은 염소 형상이었는데, 이는 판이 실제로 염소 형상이라서가 아니다. 여기에는 신비한 경위가 있다. 이집트인은 다산의 상징인 판을 만물의 기초 원리로 추앙했다. 판의 뿔은 태양 광선을 상징했고 생기 넘치는 불그스레한 낯빛은 환한 하늘을 나타냈다. 가슴 위 별은 창공의 상징이었고 털이 수북한 다리와 발은 숲과 수목 같은 땅의 낮은 곳을 나타냈다. 혹자는 판이 염소 형상을 한 것은 신들이 거인과 전쟁하던 중 이집트로 피신했을 때 판이 염소로 변신했고 다른 신들도 앞다투어 그를 따라 염소로 변신했기 때문이라고 한다. 기독교가 정착한 후 교회에 의해 이방 신들은 타락한 천사들로 격하되고, 판의 특성들(뿔, 염소 수염, 뾰족한 귀, 매부리코, 꼬리, 염소 발굽)은 마귀의 특성으로 둔갑했다.[12]

우리는 초기 기독교 전승(그리고 헐리우드)에서 마귀를 묘사할 때 사

---

12. John M'Clintock and James Strong, "Pan (2)," *Cyclopidia of Biblical, Theological, and Ecclesiastical Literature* (New York: Harper & Brothers, 1894), 7:608. 또한 Jeffrey Burton Russell, *The Devil: Perceptions of Evil from Antiquity to Primitive Christianity* (Ithaca, NY: Cornell University Press, 1987), 126, 157.

용한 기괴한 이미지들이 상상의 산물이었다고 확실히 결론지을 수 있다. 그렇다고 이를 지나치게 폄하할 필요는 없다. 사탄/마귀를 지하세계, 죽음, 질병, 초자연적 우주 지형론과 연관 짓는 것은 원조 반역자의 범죄가 인류에 미친 영향(죽음)과 그 거처에 관한 구약 개념에 비추어 볼 때 상당히 타당성이 있다. 이교도의 이미지를 차용하여 이런 발상을 소통한 것은 신자의 뇌리에 신학적 논점을 각인시키는 순기능도 있었다.

"사탄과 귀신이 우리의 속마음을 읽을 수 있을까?"

천군에 속한 일원들이 하나님처럼 사람의 머릿속 생각을 안다는 성경상의 증거는 없다. 이런 의문은 보통 인간의 의식과 초자연적 존재의 관계에 관한 우리의 고정관념에서 비롯된다. 천사가 꿈과 환상을 통해 사람에게 나타난다는 사실(마 1:20, 2:13, 행 10:3)은 초자연적 존재가 우리의 사고 속으로 침투할 수 있음을 시사하는 듯하다. 그러니까 악한 영은 타락한 천사이므로(이 언어에 관한 이전 논의 참조) 사탄과 귀신이 인간의 사고 속에 "똬아리를 틀" 능력이 있다고 추정하는 것이다.

신약에서 천사가 꿈과 환상이란 수단을 사용하여 사람들에게 지시했더라도 이것이 독심술, 이른바 사람의 마음을 읽는다는 증거가 되지는 않는다. 이런 사건은 독심술이 아닌 단순 정보 전달에 해당한다. 물론 이런 사건들이 인간의 행동에 영향을 미치거나 귀신의 압제 수단으로 비칠 수도 있다. 그렇다고 사탄이나 악한 영들이 누군가의 꿈에 나타난다는 주장을 뒷받침할 만한 성경의 사례가 있는 건 아니다. 따라서 어떤 귀신이 독심술이나 귀신 들림의 목적으로 인간 사고 속으로 침투한다는 생각을 뒷받침할 '성경적' 논증을 제시하기란 불가능하다. 꿈이나 의식의 색다른 상태에서 귀신을 목격했거나 귀신과 소통했다는 호소는 귀신의 존재론에 대해 우리에게 아무 단서도 제공하지 못한다. 이런 접근은 맹랑한 추측에 근거한 것이다.

"사탄이 가인의 (문자적) 아비다"

가인이 사탄의 문자적 소생이라는 신화는 반유대 단체들 가운데 지배적이었다.[13] 이 발상은 몇몇 성경 본문과 왕성한 상상력의 산물이다. 혹자는 그 반유대주의적 함의에도 불구하고 뱀-씨(serpent-seed) 신화의 근거로 유대 전승을 꼽기도 한다. 그 신화의 근거로 제시된 성경 구절들은 아래와 같다.

> 아담이 그의 아내 하와를 알매 하와가 임신하여 가인을 낳고 이르되 "내가 여호와로 말미암아 득남하였다" 하니라(창 4:1).

---

13. 사례는 다음을 참조하라. Michael Barkun, *Religion and the Racist Right: The Origins of the Christian Identity Movement* (Chapel Hill, NC: University of North Carolina Press, 1997), 160–65; Chester L. Quarles, *Christian Identity: The Aryan American Bloodline Religion* (Jefferson, NC: McFarland & Company, 2004), 99–101.

아담이 다시 자기 아내를 알매 그가 아들을 낳아 그의 이름을 셋이라 하였으니 이는 "하나님이 내게 가인이 죽인 아벨 대신에 다른 씨를 주셨다" 함이며(창 4:25).

우리는 서로 사랑할지니 이는 너희가 처음부터 들은 소식이라 가인 같이 하지 말라 그는 악한 자에게 속하여 그 아우를 죽였으니 어떤 이유로 죽였느냐 자기의 행위는 악하고 그의 아우의 행위는 의로움이라 (요일 3:11-12).

창세기 4장의 두 구절은 설명이 필요없을 것처럼 보인다. 왜냐하면 두 구절 모두에서 명백히 아담이 하와를 (성적으로) "알매"[14] 하와가 아이를 낳았다고 말하기 때문이다. 하지만 뱀-씨 신화의 주창자들은 이 두 구절의 확연한 내용을 외면한 채 창세기 4:1 끝의 하와가 "내가 여호와로 말미암아(with[에트] Yahweh) 득남하였다"[15]에만 초점을 맞춘다. 여기서 히브리어 레마 에트('et)는 대부분의 경우 번역되지 않는 불변사로 쓰이며 동사의 직접 목적어를 지목한다.[16] 때로는 이 레마가 뒤에 오는 명사의 보조나 참여를 나타내는 전치사(with, together with)

14. 여자를 '알다'(히. 야다[(*yada'*)는 성경에서 성교를 뜻하는 흔한 히브리어 관용구다(비교, 창 19:5, 8, 24:16, 민 31:17, 왕상 1:4). 이 관용구는 다른 고대 셈어에도 증거가 있다. 참조, HALOT, s.v. ידע.

15. 중세 탈굼 문제를 비롯한 창 4:1에 대한 고밀도의 주해적, 역사적 논의는 다음을 참조하라. Mark William Scarlata, *Outside of Eden: Cain in the Ancient Versions of Genesis 4:1-16* (London: Bloomsbury, 2012), 27-48.

16. HALOT, s.v. אֵת (I).

의 동형이의어가 되기도 한다.[17]

뱀-씨 주창자들은 후자의 전치사적 이해를 들고 나온다. 설령 에트가 전치사로 쓰였다고 해도 하와와 동침한 자는 뱀이 아닌 여호와가 된다. 이는 두 구절(창 4:1, 25)에서 명백하게 부정하는 바다. 원래 본문 속 전치사의 목적어가 뱀이었는데 후대에 여호와로 바뀌었다는 반론도 있다. 그러므로 이 신화는 본문이 명백하게 밝힌 아담이 하와를 알았다는 부분을 굳이 외면한 채 서기관의 변조에 관한 추측성 주장을 근거로 제시한다.

대다수의 학자들은 창세기 4:1 끝부분이 하와가 아담과 동침했음을 명확하게 인지하는 동시에 잉태가 여호와의 도움을 힘입었다는 하와의 믿음의 표현이라는 데 의견을 같이 한다.[18] 이 발상은 구약의 다른 곳에서도 입증되기에 가장 타당한 접근이라고 하겠다. 사라뿐 아니라 한나 역시 마찬가지로 신적 개입에 힘입어 아이를 잉태했다고 믿었다. 이는 본문에 의해 입증되는 논점이다(창 17:19, 21, 18:9-15, 비교, 창 21:2, 히 11:11, 삼상 1:11, 19-20).

뱀-씨 신화 주창자들은 하와와 사탄의 동침으로 가인이 출생했다는 발상의 근거로 아람어 탈굼을 든다.[19] 여기서 말하는 탈굼은 주후

---

17. HALOT, s.v. אֵת (II).

18. Scarlata는 또다른 가능성을 언급한다. "만일 את(*ʾet*)이 목적격 서술어라면 이 문장은 이렇게 번역될 수 있다. '내가 여호와인 남자를 얻었노라/창조했노라(I have acquired/created a man, who is YHWH).' 이는 하와가 자신이 창 3:15에서 약속된 씨를 출산했다고 믿었음을 나타낼 수 있다. 참조, Scarlata, *Outside of Eden*, 29.

19. 이 경우 탈굼은 히브리어 창세기 책의 아람어 번역이다.

7~8세기에 작성된 유사-요나단 탈굼(창세기)이다.[20] 히브리어 성경의 최종본보다 1천 년 '후'에 작성된 이 탈굼은 창세기 4:1을 이렇게 표현한다. "아담이 여호와의 천사 사마엘로부터 잉태한 그의 아내 하와를 알매."[21] '사마엘'은 제2성전기에 드러난 사탄의 이름이다.[22] 이 탈굼은 두 가지 판으로 알려져 있는데, 하나는 사마엘에 관한 언급이 생략되어 있다.[23] 탈굼 역본은 창세기 4:1 끝부분의 신적 도움이 여호와께로부터 왔다는 하와의 선언을 의도적으로 생략했다. 또 하나의 특이점은 아담과 관련된 성적 언어는 남겨두었다는 것이다. 이 번역은 신적 도우심을 제공한 주체를 여호와에서 사탄으로 바꿔치기하여 하와와 사탄의 동침을 주장하지 않으면서도 가인이 사탄 계보에 속했다는 주장을 펼친 것으로 해석할 수 있다. 여하튼 이것이 뱀-씨 신화의 유일무이한 원본상 증거다. 그리고 이 증거는 누가 봐도 빈약하다.

이렇게 주해적 데이터가 압도적으로 부족한데도 요한일서 3:11-12가 가인이 사탄의 자식이라는 발상을 뒷받침한다고 봐야하는지 우

---

20. Michael Maher, *Targum Pseudo-Jonathan: Genesis, vol. 1B of The Aramaic Bible*, ed. Kevin Cathcart, Michael Maher, and Martin McNamara (Collegeville, MN: The Liturgical Press, 1992).

21. 번역 출처는 Maher, *Targum Pseudo-Jonathan: Genesis*, 31.

22. 가장 이른 언급은 Martyrdom and Ascension of Isaiah에 나오는 듯하다(Mart. Ascen. 사 1:8, 2:1, 3:13, 5:15, 7:9, 11:41). 이 작품에는 그리스도인의 개입을 입증하는 부분이 있으므로(*OTP* 2:149) 저작 연대는 주전 2세기와 주후 4세기 사이로 추정된다(*OTP* 2:149).

23. 다음의 논의를 참조하라. Maher, *Targum Pseudo-Jonathan: Genesis*, 31, 창 4:1에 관한 각주 2번. Scarlata, *Outside of Eden*, 69-73. 이보다 더 기괴한 것은 다음의 랍비 전승이다. b. Shabbat 146a (738), b. Yebamot 103b (711), b. Abodah Zarah 22b (114), and Pirqe de Rabbi Eliezer 13 (92), 21 (150). 이 문헌들에는 뱀이 하와와 동침하고 사마엘이 뱀의 무등을 타고 하와에게로 나아오는 장면이 있다.

리는 자문해야 한다. 스칼라타가 이 관점을 잘 요약했다.

> 요한1서 서신서 전체가 형제애라는 주제를 다룬다는 점에서 살인자 가인 캐릭터는 이타적으로 생명을 내놓은 그리스도의 완벽한 안티테제다. 저자는 신자들에게 호소한다. "가인 같이 하지 말라 그는 악한 자에게 속하여 그 아우를 죽였으니 어떤 이유로 죽였느냐 자기의 행위는 악하고 그의 아우의 행위는 의로움이라"(요일 3:12). 가인의 기원에 관한 의문은 그가 사탄의 후손이라는 뜻으로 해석할 수 있는 "악한 자에게 속하여"(ἐκ τοῦ πονηροῦ ἦν; *ek tou ponērou ēn*)라는 표현에서 비롯되었다. 그러나 가인에 관한 교훈에 연이어 15절에선 더 일반적인 용어로 "그 형제를 미워하는 자마다 살인하는 자니"라고 기술한다. "살인하는 자"(ἀνθρωποκτόνος; *anthrōpoktonos*)는 오직 여기 이 본문과 예수가 서기관과 바리새인을 향해 "살인한 자" 마귀의 자식이라고 부른 요한복음 8:44에만 쓰였다.[24]

11-12절의 내용, 특히 10절은 사도 요한의 본 뜻을 파악하고 뱀-씨 사고의 얄팍한 논거를 폭로하는 열쇠다.

> 1-9절에는 더이상 죄를 짓지 않는 "하나님의 자녀들"과 계속 죄를 짓는 "마귀에 속한" 자들의 극명한 대조와 구별이 있다. 저자는 10절에

---

24. Scarlata, *Outside of Eden*, 45.

서 이 논쟁을 이렇게 요약한다. "이러므로 하나님의 자녀들과 마귀의 자녀들이 드러나나니 무릇 의를 행하지 아니하는 자나 또는 그 형제를 사랑하지 아니하는 자는 하나님께 속하지 아니하니라."[25]

여기서 놓치지 말아야 할 논점이 있다. 바로 10절의 "하나님의 자녀들"이 "인간 여자와 동침하여 육신으로 하나님의 소생이 된 자들"을 뜻하지 않는다는 것이다. 이는 그리스도 안의 믿음의 결과인 영적 지향을 가리킨다(비교, 요일 3:1-3, 요 1:12, 11:52). 그렇다면 요한이 반대편에 있다고 한 자들(가인, 요 8:44의 바리새인들) 역시 동일하게 봐야 한다. 그들을 사탄의 육신의 후손으로 봐선 안 된다.

"그리스도인의 귀신 들림이 가능할까?"

이 사안에 대해 그리스도인들은 두 편으로 나뉘어 있다. 이견은 의미론(semantics)에서 비롯된 측면도 있지만 그렇다고 이 논쟁에 아무 실체가 없는 건 또 아니다. 의미론적 문제는 귀신 들린 개인을 묘사하는 헬라어 레마를 영어로 옮기는 과정에서 발생한다. 귀신 들림을 가리키는 영어 표현 demon-possessed, demon-possession에 소유권의 함의가 있기 때문이다(우리말 '귀신 들림'에는 소유권의 함의가 없기에 원어

---

25. Ibid, 46.

demon-possession, demonization 둘 다 우리말로 번역하지 않고 영어 그대로 놔두었다-옮긴이).

신약을 꼼꼼히 읽어보면 그리스도의 몸에 속한 자는 사탄이나 귀신의 '소유'(owned)가 될 수 없음이 분명하다. 그리스도의 몸된 교회는 "하나님이 자기 피로 사신(obtained)"(행 20:28) 교회다. 믿는 자 안에는 성령(롬 8:9-11, 16-17)과 그리스도(골 1:27)가 내주하신다. "그리스도 안에" 있는 자에겐 하나님 가족의 구성원이라는 새로운 정체성이 부여된다(갈 3:26). 하나님이 신자를 "흑암의 권세에서 건져내사 그의 사랑의 아들의 나라로 옮기셨"다(골 1:13). 우리는 하나님의 기업이다(엡 1:18). 이런 식으로 묘사된 신자가 후에 '더 하등한' 귀신 권세의 소유가 된다는 발상은 앞뒤가 맞지 않는다.[26] 이 면에서 아놀드의 고찰이 의미심장하다.

> 예수나 사도들이 개인으로부터 악한 영을 쫓아내는 성경 본문에 possession이라는 단어가 등장한 적은 한 번도 없다. demon-pos-

---

26. 그리스도인의 귀신들림(demon-possession)에 대한 일부 반론은 흔하지만 그리 강력하진 않다. 가령 일부 저자들은 신자가 하나님/성령님의 성전이기에(고전 3:16-17, 6:19-20, 고후 6:15-18) 소유(possessed) 될 수 없다고 제언한다. 성전 비유는 그리 훌륭한 반박은 못 된다. Arnold는 이 비유의 효력을 약화시키는 신약 언어로 신자의 육신이 죄에 지배당할 위험성(롬 6:12-13)을 지목한다. 과거 구약의 성전은 (이론상) 죄와 부정으로부터 정화된 거룩한 땅이었다. 이 정화된 땅이라는 지위가 추후의 오염이나 가장 극단적인 경우 성전 자체로 우상이 반입되는 것을 막진 못했다. 참조, Clinton E. Arnold, *3 Crucial Questions about Spiritual Warfare* (Grand Rapids, Baker Academic, 1997), 82. 이후 논의에서 살펴보겠지만 demonization은 죄의 유혹이나 육신의 미혹을 포함할 수 있다. 그러므로 귀신이 신자를 소유할 순 없지만 우리 육신의 죄성과 결탁할 순 있다.

sessed 또는 demon-possession이 헬라어 원문에 대한 일부 영역에 등장하지만 원어에는 possession을 뜻하는 헬라어가 전혀 없다. demon-possession은 언제나 헬라어에선 단일어인 다이모니조마이(*daimonizomai*)의 번역이었다. 소유권이나 소유(예, 후파르코, 카테코, 에코, 크타오마이, 페리포이에오)를 뜻하는 헬라어 단어는 원문에 없다. (…) 복음서에서 "그에게 귀신이 있다"(he has a demon; 에케이 다이모니온)라는 표현이 등장하긴 하지만(예, 눅 4:33, 8:27) "귀신이 그를 소유한다"(a demon has him)라는 표현은 한번도 등장한 적이 없다.[27]

아놀드가 제기한 논점이 의미심장하다. 다이모니조마이로 묘사된 활동을 규명하거나 정의하기 위해 possession 또는 소유권을 뜻하는 헬라어를 쓴 대목이 없다는 것이다. 헬라어 출발어가 아니라 영어 도착어의 의미론이 그리스도인의 귀신 들림이 가능한지에 관한 논란을 야기한 셈이다.

만일 '소유권'이 헬라어 레마 다이모니조마이에 대한 타당한 이해가 아니라면 어떻게 번역하고 이해해야 할까? possess 같은 단어와

27. 각주 10번의 자료를 비롯한 Arnold, *3 Crucial Questions about Spiritual Warfare*, 79. Arnold는 80쪽에 이렇게 부연했다. "그럼에도 불구하고 현대 논쟁의 용어들은 demon-possessed라는 표현에 대한 번역의 오랜 전통으로 결정되었다. 대관절 영어 성경 번역자들은 *daimonizomai*를 demon-possession이라고 번역하겠다는 생각을 어디에서 얻은 걸까? 이 번역은 귀신의 영으로 심히 괴롭힘 당하는 사람을 *possessio*라는 용어로 칭한 라틴 교회의 전통에서 영향받았을 가능성이 가장 크다. 그런데 흥미롭게도 라틴 불가타 성경은 *daimonizomai*에 대해 *possessio*로 번역하지 않고 '귀신을 가지다'(to have a demon; *habeo with daemonia*)라는 단순한 표현을 사용했다.

관련된 영어 의미론상의 문제를 인식한 일부 역자들은 (귀신에 의해) 괴롭힘 당하다(tormented) 또는 문제를 겪다(troubled) 같은 해석을 택했다. 이 대안들이 도움이 되긴 하나 이런 뜻을 가진 다른 헬라어 레마가 있으니 이는 의역에 해당된다. 최상의 대안은 다이모니조마이를 demonize로 단순하게 음역한 것인 듯하다. 이 안을 선택하면 영어 possession의 의미론에서 비롯된 오해(와 신학적 비일관성)를 피할 수 있다.

물론 이 결정에는 당연한 의문점이 따라온다. 과연 우리 그리스도인이 demonized 되었지만 사탄이나 악한 영의 소유가 되지 않는다는 이해가 신약에 소개되어 있을까? 아놀드는 다른 방식으로 같은 질문을 던진다.

> 우리는 이렇게 질문할 수 있다. '그리스도인이 강도 높은 귀신의 영향력 아래 놓일 수 있을까?' 또는 '그리스도인이 죄의 권세에 굴복하는 것과 동일한 방식으로 귀신의 영에 자신의 몸의 통제권을 내어주는 것이 가능할까?'[28]

이 질문에 대한 답은 어떤 단어를 선택하더라도 '그렇다'이다. 이와 관련한 궁금증에서 신약의 답변은 명쾌하다. 몇몇 신약 본문은 그리스도인이 사탄과 악한 영들의 영향력 아래 놓일 수 있음을 시사하는

---

28. Arnold, *3 Crucial Questions about Spiritual Warfare*, 80.

언어를 사용한다.[29] 바울은 이와 관련하여 디모데에게 특정 교사들이 불러올 위험을 경고한다. "그러나 성령이 밝히 말씀하시기를 후일에 어떤 사람들이 믿음에서 떠나 미혹하는 영과 귀신의 가르침을 따르리라 하셨으니"(딤전 4:1). 거짓 교사들이 "믿음에서 떠나"리란 바울의 말은 그들이 믿음을 고백한 신자임을 나타낸다. 물론 그들은 자신들이 하는 일이 믿음에서 떠나는 일이라고 여기지 않았을 것이다. 바울은 이 행태를 성령이 선지자에게 밝히 말씀(계시)하신 후일(말세)의 시대상과 결부시켰다. 디모데후서에서 바울은 더 암담한 언어로 디모데에게 "그들로 깨어 마귀의 올무에서 벗어나 하나님께 사로잡힌 바 되어 그 뜻을 따르게 하실까 함이라"(딤후 2:26)면서 이런 반대자들을 온유함으로 훈계하라고 지시했다. 신자가 사탄에 사로잡혀 사탄의 뜻을 따르게 된다는 발상은 비록 복음서에 기술된 귀신 에피소드의 독특한 육체적 고통은 없더라도 분명 demonization 관념과 맞아떨어진다.

신약은 덜 극적이지만 똑같이 위험한 것이 "마귀에게 틈을 주"는 것(엡 4:27)과 회개치 않고 습관적으로 짓는 죄("죄를 거듭 짓는 자는 마귀에게 속하나니" 요일 3:8)라고 경고한다. 비록 육신 안에 거하는 욕심이 죄를 충동질했으나(약 1:14-15, 롬 7:18-24) 그럼에도 마귀를 '시험하는 자'(tempter)로 지목한다(살전 3:5). 유혹에 굴하여 죄에 종노릇하는(롬 6:6, 12-14, 8:3-8) 신자의 생활방식도 얼마든지 일종의 demonization

29. Arnold는 이 실체에 상당한 지면을 할애한다. Arnold와 필자의 범주가 약간 다른 부분이 있지만, 독자들이 참조할 것을 권한다. Arnold, *3 Crucial Questions about Spiritual Warfare*, 88-100.

이라고 간주할 수 있다. 죄에 종노릇하는 것과 별개로 사탄은 정신, 정서, 육체적 수단을 총동원하여 신자를 통제하려 든다. 가령 먹이를 삼키는 사자라는 베드로의 친숙한 묘사에서 드러난 사탄의 수단은 핍박과 환난이었다.

> [8] 근신하라 깨어라 너희 대적 마귀가 우는 사자 같이 두루 다니며 삼킬 자를 찾나니 [9] 너희는 믿음을 굳건하게 하여 그를 대적하라 이는 세상에 있는 너희 형제들도 동일한 고난을 당하는 줄을 앎이라(벧전 5:8-9).

"내 육체에" "사탄의 사자를" 주셨다는 바울의 인상적 진술(고후 12:7) 역시 고난과 demonization을 연결시키고 있다.[30]

포괄적 논점은 그리스도인이 사탄의 소유가 될 순 없지만(이는 안타깝게도 possession 언어에서 비롯된 발상이다) demonized될 순 있다. demonization은 핍박, 괴롭힘, 거짓 교사에 사로잡힘, 죄의 종노릇 등 다양한 양상으로 나타날 수 있다.

---

30. 이는 그 사자(messenger)가 초자연적 존재냐, 사탄이 가한 어떤 육신의 고통이냐의 여부와 무관하게 타당한 논점이다. 필자는 바울이 말한 "사탄의 사자"와 "내 육체에 가시"가 귀신적 존재였다고 본다. 이 면에서 다음을 참조하라. David Abernathy, "Paul's Thorn in the Flesh: A Messenger of Satan?" *Neotestamentica* 35.1–2 (2001): 69–79; Christopher R. A. Morray-Jones, "Paradise Revisited (2 Cor 12:1–12): The Jewish Mystical Background of Paul's Apostolate: Part 1: The Jewish Sources," *HTR* 86.2 (1993): 177–217; Morray-Jones, "Paradise Revisited (2 Cor 12:1–12): The Jewish Mystical Background of Paul's Apostolate: Part 2: Paul's Heavenly Ascent and Its Significance," *HTR* 86.3 (1993): 265–92.

"영적 전쟁이란 무엇인가?"

흑암의 권세에 관심을 가지는 현대 그리스도인에게 가장 인기 있는 주제 중 하나가 영적 전쟁이다. 아놀드가 고찰했듯 "많은 그리스도인이 영적 전쟁을 축귀, 병고침, 특별한 류의 중보기도 등 전문화된 사역이라고 여기는 단계에 이르렀다."[31] 이런 사역에선 악한 영 대적(힘겨루기)에 비상한 관심을 가진다. 예수와 제자와 바울 등 여타 사도들이 귀신을 쫓아내거나 악한 영들을 대면한 신약의 에피소드는 신자의 영적 전쟁을 긍정하는 성경적 근거로 여겨진다(엡 6:10-20, 고후 10:3-6). 최근에는 구약의 신명기 32장 세계관도 '전략적 차원의 영적 전쟁'(SLSW, Strategic Level Spiritual Warfare)이라고 알려진 영적 전쟁 사역의 참조점이 되었다. 신명기 32장 세계관이 하나님이 이스라엘은 자기의 소유로 두시지만 온세상 열국은 다른 영적 존재들에게 배정하신 과정을 강조한다는 점을 상기하라.[32] 반역한 영적 존재들이 특정 지역에 대해 권능과 권세를 가진다는 발상이 SLSW의 핵심이다. SLSW 주창자들은 신명기 32장에 더하여 시편 82편, 시편 96:5, 시편 106:37-38, 다니엘 10장 같은 구약의 본문으로 자신들의 주장을 뒷받침한다. 다니엘서 본문이 의미심장한 이유는 반역하는 영토 영들(territorial spirits, "헬라의 군주"와 "바사의 군주")과 "가장 높은 군주" 미가엘을 비롯한 하나님의 천사들 간의 분쟁을 그리기 때문이다. 이 개념을 뒷받침

31. Arnold, *3 Crucial Questions about Spiritual Warfare*, 19.
32. Heiser, *Unseen Realm*, 113-15. 『보이지 않는 세계』(좋은씨앗).

하는 신약의 근거는 영적 전쟁에 대한 여러 설명과 더불어 "이 세상/세대의 신 또는 통치자들"을 언급하는 본문들에서 찾을 수 있다(예, 요 12:31, 14:30, 16:11, 고전 2:6-8, 고후 4:4, 엡 6:12, 요일 5:19, 계 12:7-9).[33]

SLSW라는 용어를 만든 피터 와그너는 다년간 SLSW의 지도적 인사로 활동했다. 에디와 베일비는 와그너의 접근법을 설명하며 그가 어떻게 SLSW를 계발하게 되었는지를 설명한다.

> 영적 전쟁 수행을 위한 세 단계 활동을 구분하는 과정에는 '지상적 차원'(개인으로부터 귀신 쫓아내기), '주술적 차원'(사탄교, 마법, 그외 다른 형태의 구조화된 사교 내 귀신 세력에 대한 대처), 그리고 마지막으로 '전략적 차원'(도시, 나라, 동네, 민족 집단, 종교 연합, 산업, 그외 영적으로 사로잡힌 여타 인간 사회 단위)이 있다. SLSW에는 보통 어떤 지역의 구체적인 영토 영(들)을 파악하고 이름을 붙이는 과정인 "영적 지도 제작"이 포함된다. (…) SLSW에는 영토 영 자체에 대한 집중적이고도 공세적인 기도가 포함된다.[34]

위의 글은 신명기 32장 세계관을 진지하게 받아들일 것을 독려한다. 그러나 영적 전쟁을 이런 차원으로 정의하는 것은 몇 가지 심각한

33. Paul Rhodes Eddy and James K. Beilby, "Introduction," in *Understanding Spiritual Warfare: Four Views*, ed. James K. Beilby and Paul Rhodes Eddy (Grand Rapids: Baker Academic, 2012), 41.

34. Ibid. 41-42.

결함을 안고 있다. 근본적으로 영적 세계와의 대면은 타락한 하나님의 아들들(정사[principalities])을 패퇴시키는 것과 관련하여 우리가 신약에서 발견하는 패턴과 어긋난다.

우리가 앞 장에서 보았듯 하나님의 아들들의 사법 통치권은 그리스도의 부활과 승천으로 말미암아 무효화되었다. 이 현실이 열국을 되찾으라는 부르심("가서 모든 민족을 제자로 삼아", 마 28:19)인 지상명령(the Great Commission)의 대전제다. 흑암의 왕국은 자기 백성을 지키기 위한 영적 전쟁에서 본질적으로 패배할 수 밖에 없다. 지옥의 문이 교회를 이길 수 없기 때문이다. 바로 그래서 성경 어디에도 신자에게 예수의 이름으로 영을 꾸짖거나 나가도록 명령하라고 하지 않는 것이다.[35] 이유는 그럴 필요가 없기 때문이다. 그들의 권세는 지극히 높

35. SLSW 주창자들은 이 논점에 대한 반론으로 막 16:9-20 본문에 귀신을 쫓아내라는 명령이 포함되어 있다고(막 16:17) 주장할 것이다. 이에 대해 몇 가지 논점을 제기할 필요가 있다. 첫째, 대부분의 신약 학자들(복음주의와 여타 학자들)은 마가복음 원문이 막 16:8에서 끝났다고 믿는다. 바로 그래서 많은 현대 영어 성경이 막 16:9-20을 꺾음괄호 처리하고 설명용 각주를 넣은 것이다. Stein의 고찰이다. "비록 오늘날 마가복음의 '짧은 맺음말' 또는 '긴 맺음말'의 진위성을 주장하는 학자들은 많지 않지만… 마가가 자신의 복음서를 16:8에서 끝내려 했었는가에 관한 논쟁은 계속 이어지고 있다. 20세기 전반의 학자들은 16:8이 마가가 의도한 맺음말이 아니라는 쪽으로 기울었다. 그런데 20세기 후반에 접어들며 이 입장이 뒤집어졌다. 이제 학자들은 마가의 원래 의도는 자신의 복음서를 16:8에서 끝내는 것이었다고 본다." 참조, Robert H. Stein, *Mark*(BECNT; Grand Rapids: Baker Academic, 2008), 733. '긴 맺음말'(9-20절)과 관련한 마가복음의 본문상 문제는 널리 알려져 있으며 이 사안에 관한 방대한 참고문헌이 존재한다. Marcus는 이 필사본에 얽힌 상황을 이렇게 요약했다. "[9-20절]은 필사본의 압도적 다수와 모든 주요 필사본 가족에서 발견되며 주후 185년에 이미 이레네우스에 의해(*Against Heresies*, 3.10.5), 그리고 어쩌면 더 먼저 유스티누스(*1 Apology* 45, 주후 155년경)에 의해 입증되었다. 그러나 이 맺음말이 마가가 기록한 것이 아니며 마가복음의 원래 맺음말도 아니라는 것이 거의 확실시되고 있다. 마태복음과 누가복음은 마가의 서사를 16:8까지는 밀접하게 따라가지만, 그 후로는 급격하게 갈라진다. 이는 마태와 누가가 가진 마가복음은 16:8 이후로는 아

으신 자에 의해 이미 철회된 상태다. 신자들이 받은 지상명령은 하나님 나라를 위해 흑암의 영토로부터 백성들을 되찾아오는 방식의 영토 수복이다.

이것이 신학적, 실제적 차원에서 의미하는 바는 두 나라, 곧 하나님 나라와 사탄의 나라 간의 분쟁이라는 맥락에서 영적 전쟁을 이해해야 한다는 것이다. 우리는 예수의 공생애 중 이런 이항대립을 보았다. 예수 스스로 이 대립구도를 명쾌하게 표현하셨다. "내가 하나님의 성령을 힘입어 귀신을 쫓아내는 것이면 하나님의 나라가 이미 너희에게 임하였느니라"(마 12:28). 사람들과 장소로부터 귀신을 축출하는 것이 하나님 나라의 출범과 동시에 이루어졌다. 이는 우연의 일치가 아니다. 하나님 나라가 성장할수록 흑암의 나라는 위축되고 영토가 줄어들 것이다.

예수는 한번도 자신을 따르는 자들에게 영적 실체들과 정면대결

무것도 없었음을 시사한다. 더욱이 9-20절은 우리의 가장 오래되고 최상의 헬라어 필사본인 Sinaiticus와 Vaticanus에도 존재하지 않는다(둘 다 16:8에서 끝난다). 마찬가지로 Sinaitic Syriac, 약 백여 개의 아르메니안 필사본, 가장 오래된 두 조지아 필사본(주후 892년과 주후 913년), 단 하나를 제외한 모든 Sahidic Coptic 필사본도 짧은 맺음말이다. 더욱이 9-20절이 '실제' 등장하는 경우에도 서기관들의 표시(asterisks 또는 obeli)나 뒤에 나오는 내용이 일부 증거에선 찾아볼 수 없음을 진술하거나 시사하는 표기를 통해 16:8과 분리되었다. 참조, Joel Marcus, *Mark 8-16: A New Translation with Introduciton and Commentary*(AYB, New Haven, CT: Yale University Press, 2009), 1088-89. 따라서 어떤 교리적 논점의 근거로 막 16:9-20의 내용을 거론하는 것은 그릇되며 지혜롭지 못하다. 둘째, 막 16:17을 근거로 모든 신자가 SLSW에 나서야 한다고 결론 내릴 수 없다. 바울은 방언과 병고침의 은사가 모든 신자를 위한 것이 '아님'을 분명히 밝혔다. 실제로 어떤 초자연적 은사도 모든 신자를 위한 건 아니다. 은사들은 일부에게만 배분되었다(고전 12:27-31).

하도록 명하신 적이 없다.[36] 대신 예수는 지상명령을 내리셨다. 영적 존재들을 몰아낸다고 해도 그것이 꼭 새로운 백성이 하나님의 왕국에 입성하는 결과로 이어지는 것은 아니다. 후자의 목표야말로 예수가 생명을 내놓으시고 죽은 자 가운데서 다시 일어나신 이유다. 그리스도 사역의 요체는 귀신과의 대면이 아니라 훨씬 더 포괄적이고 지속적인 무엇이었다. 목표는 에덴의 재건, 즉, 영원히 인간 가족과 함께 거하시길 원하는 하나님의 열망의 실현이다. 타락한 영을 벌한다고 하나님의 에덴 재건 목표가 이뤄지는 건 아니다. 오직 지상명령만이 하나님이 계획하신 목표와 반역한 악한 영들의 패배와 징벌을 달성한다. 그러므로 지상명령이야말로 영적 전쟁을 위한 포괄적 계획이다.

영적 전쟁을 뒷받침하는 근거로 자주 거론되는 두 개의 본문이 있다. 이를 면밀히 읽어보면, 영적 전쟁의 본질은 초자연적 존재들과의 정면대결이 아니라 헌신된 신자들의 복음 전파임을 알 수 있다.

> 10) 끝으로 너희가 주 안에서와 그 힘의 능력으로 강건하여지고 11) 마귀의 간계를 능히 대적하기 위하여 하나님의 전신 갑주를 입으라

36. 제자들이 귀신을 쫓아낼 권능을 받은 건 맞지만 예수가 축귀를 허락하신 경우에도 그 맥락은 개별적으로 괴롭힘과 해코지를 당하는 개인에게서 치유를 행하는 것으로 국한되었다. 이 논점에 대한 Arnold의 설명이다. "예수가 칠십인에게 '원수의 모든 능력을 제어할 권능을 주"셨을 때(눅 10:19) 이는 도시와 나라를 다스리는 천사 통치자들까지 포함하는 것은 아니었다. 이는 칠십인이 격앙된 어조로 '주여 주의 이름이면 귀신들도 우리에게 항복하더이다'라고 했을 때(눅 10:17) 분명하게 드러난다. 그들은 다양한 방식으로 귀신에게 고통 당하는 개인들을 상대로 사역했고 오순절 이후에도 이 일을 지속했다. 하지만 본문에는 칠십인이 마을과 도시와 성전에서 귀신을 쫓아냈다는 암시가 없다." Arnold, *3 Crucial Questions about Spiritual Warfare*, 164.

12) 우리의 씨름은 혈과 육을 상대하는 것이 아니요 통치자들과 권세들
과 이 어둠의 세상 주관자들과 하늘에 있는 악의 영들을 상대함이라
13) 그러므로 하나님의 전신 갑주를 취하라 이는 악한 날에 너희가 능
히 대적하고 모든 일을 행한 후에 서기 위함이라 14) 그런즉 서서 진리
로 너희 허리 띠를 띠고 의의 호심경을 붙이고 15) 평안의 복음이 준비
한 것으로 신을 신고 16) 모든 것 위에 믿음의 방패를 가지고 이로써 능
히 악한 자의 모든 불화살을 소멸하고 17) 구원의 투구와 성령의 검 곧
하나님의 말씀을 가지라 18) 모든 기도와 간구를 하되 항상 성령 안에
서 기도하고 이를 위하여 깨어 구하기를 항상 힘쓰며 여러 성도를 위
하여 구하라 19) 또 나를 위하여 구할 것은 내게 말씀을 주사 나로 입을
열어 복음의 비밀을 담대히 알리게 하옵소서 할 것이니 20) 이 일을 위
하여 내가 쇠사슬에 매인 사신이 된 것은 나로 이 일에 당연히 할 말을
담대히 하게 하려 하심이라(엡 6:10-20).

바울이 에베소 교인들에게 영적 전쟁에 관해 설명한 위 본문 어디에도 초자연적 통치자나 권세들과 정면승부를 벌이며 그들을 꾸짖으라는 권면이 없다. 바울의 무기고에는 천상의 악한 영적 세력을 대면하는 축귀가 포함되어 있지 않다. 오히려 바울은 흑암의 세력과 영적 전투를 할 때 아래의 항목이 주효하리라 보았다.

- 진리(14절)
- 의(14절)
- 복음(15절)

- 믿음(16절)
- 구원(17절)
- 하나님의 말씀(17절)
- 기도(18절)
- 인내(18절)

에베소서 6장의 영적 전쟁은 영적 한판승부가 아니었다. 이는 예수의 제자로서 복음과 하나님의 말씀과 거룩하고 기도 충만한 삶을 사는 것에 대해 끈질긴 믿음을 가지는 것임을 어렵지 않게 알 수 있다. 영적 전쟁에 관한 또다른 유명한 참조 본문에서도 동일한 전략이 드러난다.

> [3] 우리가 육신으로 행하나 육신에 따라 싸우지 아니하노니 [4] 우리의 싸우는 무기는 육신에 속한 것이 아니요 오직 어떤 견고한 진도 무너뜨리는 하나님의 능력이라 [5] 모든 이론을 무너뜨리며 하나님 아는 것을 대적하여 높아진 것을 다 무너뜨리고 모든 생각을 사로잡아 그리스도에게 복종하게 하니 [6] 너희의 복종이 온전하게 될 때에 모든 복종하지 않는 것을 벌하려고 준비하는 중에 있노라(고후 10:3-6).

바울이 설명한 흑암의 견고한 진에 대항하는 방법에는 축귀나 영토 영들을 쫓아내려는 시도가 포함되어 있지 않다. 바울의 개인적 전략에는 초자연적 권세와의 한판승부가 없다.[37] 오히려 이 본문에 의하면 성공적인 영적 전쟁은 "모든 이론을 무너뜨리며 하나님 아는 것을 대적하여 높아진 것을 다 무너뜨리고 모든 생각을 사로잡아 그리스도에게 복종하게" 하는 것이다. 달리 말하면 영적 전쟁은 "사람의 속임수와 간사한 유혹에 빠져 온갖 교훈의 풍조에 밀려 요동하지 않"(엡 4:14)는 신실한 제자가 되는 것이다. 영적 전쟁은 하나님의 지상 왕국 비전이라는 큰 뜻을 이루고자 순종하셨던 예수의 모범을 따라 예수께 순종하는 삶을 사는 것이다.

대단해 보이진 않아도 진리를 견지하는 헌신적인 제자도야말로 신약 신학에서 말하는 영적 전쟁의 본질이다. 다소 거칠게 말하자면 이것이 예수의 이름으로 귀신에게(또는 많은 경우 허공을 향해) 악을 쓰며

---

37. 베드로와 유다는 SLSW와 반대 입장을 취한다. 그들은 악한 영에 관하여 신중할 것을 권한다. 두 기자 모두 독자들에게 천사보다 서열이 높은 "영광 있는 자들을 비방"하지 말라고 경고한다(유 8, 벧후 2:10). 유 8과 벧후 2:10에서 "영광 있는 자들"로 번역된 독사스(doxas)는 다른 제2성전기 본문들에서 밝혀진 범주 또는 서열상 "하나님의 영광스런 임재 측근에서" 섬기는 천상회의 구성원일 가능성이 크다. 가령 가브리엘 천사도 에녹2서 21:3에서 여호와의 "영광 있는 자"로 지목되었다. 벧후 2:10-11에서 "영광 있는 자들"을 비방하는 것에 관한 경고에서 인간보다 큰 권능을 가진 천사들조차 감히 이 영광 있는 자들을 비방하지 않는다고 한다. 이 표현은 천사들과 "영광 있는 자들" 간에 모종의 서열 또는 권력 상의 구분이 있음을 암시한다. 참조, Heiser, *Unseen Realm*, 331. 『보이지 않는 세계』(좋은씨앗). 제2성전기 평행구를 참조하라. 1QH 10:8; 2 En 22:7, 10; Martyrdom and Ascension of Isaiah 9:32; Philo, *Spec. Leg.* 1.45; T. Judah 25:2; T. Levi 18:5. 또한 Richard J. Bauckham, *2 Peter, Jude* (WBC; Dallas: Word, 1998), 57. 『유다서 베드로후서』(솔로몬). 비방(blaspheme[*blasphēmeō*])으로 번역된 두 구절 속 헬라어 동사는 '비하하고 깎아내리고 흠집내기 위하여 무례한 투로 말하다'라는 뜻이다(BDAG, s.v. "βλασφημέω"). 베드로와 유다가 제기한 논점은 천사들조차 높은 하늘의 권세를 향해 무례하게 말하는 것을 피할 정도의 상식은 가지고 있다는 것이다. SLSW가 이 선을 넘은 것으로 결론 지을 만한 근거가 꽤 있다. 그러므로 이는 베드로와 유다의 가르침에 반하는 우매한 행동이라고 할 수 있다. 사실 SLSW 주창자들이 악한 영에게 명할 때 공손한 말투로 하겠는가.

명령하는 것보다 훨씬 어렵다. 제자로서 우리는 거짓 가르침과 유혹과 죄악된 삶의 방식으로 다가오는 귀신 들림을 피하기 위해 스스로 무장해야 한다. 영적 전쟁은 복음과 영적 진리를 견지하며 기도 충만하고 인내하는 의로운 삶을 사는 것이다. 이에 대한 바울의 정의는 명철하면서도 정확하다. 순종적 제자가 되는 것이 곧 그리스도의 군사 자격을 갖추는 것이다. 모든 그리스도인이 감당해야 할 사명은 하나님 나라를 확장하고 흑암의 왕국이 물러가게 하는 수단인 지상명령의 수행이다.

"왜 사탄과 흑암 권세는 이미 패했는데도 계속 하나님 왕국에 저항할까?
아직 역전 가능성이 있다고 생각하는 걸까?"

우리의 연구를 통해 어떻게 그리스도의 죽음, 부활, 승천이 1차, 2차, 3차에 걸쳐 초자연적 존재들이 일으킨 반역의 후과를 극복했는지 제시했다. 최초의 반역이 초래한 죽음의 저주는 역전되었다. 이제 복음을 받아들이고 예수 왕국의 일원이 되는 모든 사람은 예수와의 연합을 통해 죽음을 극복할 것이다. 그들은 하나님의 가족으로 부활과 영생을 누릴 것이다. 예수의 승천 후 강림하신 하나님의 성령이 신자 속에 내주하시며 홍수 이전 하나님의 아들들의 범죄로 촉발된 인간 패역의 효력을 상쇄할 것이다. 지극히 높으신 자가 바벨 심판 때 하나님의 반역한 아들들에게 배정하신 지역 권세도 철회되었다. 지극히 높으신 자가 섭리하신 예수의 구속 사역으로 그들의 통치권이 무력화되었다. 이제 그들은 이스라엘 민족을 물론이고 어떤 인류에 대해서도 권세를 가지고 있지 않다. 이전에 그들에게 사로잡혔던 이방인들은 얼마든지 그리스도를 통해 하나님의 가족으로 환영받게 되었다. 지상명령의 본질은 세계 도처의 만민에게 이 진리를 깨우쳐 믿음을 갖게 하는 것이다.

초자연적 반역의 결과와 작용이 무효화되고 점진적으로 뒤집어지고 있다. 그렇다면 흑암의 권세들이 아직도 항복하지 않는 이유는 무엇일까? 대체 그들은 왜 계속 저항할까? 분명 그들은 더이상 상황이 역전불가함을 알 것이다. 분명 그들은 자신들이 하나님보다 강하지 못함을 알 것이다.

실은 흑암의 권세들도 이런 사실을 알고 있다. 가령 예수와 대화하던 귀신들은 자신들을 기다리고 있는 운명을 알고 있었다(마 8:29). 마귀는 여호와의 날에 최종 단계의 사건들이 전개될 때 자신에게 남은 시간이 길지 않음을 알 것이다(계 12:12). 과거에도 꼼짝 못하고 추방당했던 마귀는 지극히 높으신 자의 탁월하심을 잘 알고 있을 것이다.

이런 명백한 논점에도 불구하고 왜 흑암의 권세들은 계속 악한 일을 하는지를 설명해 주는 몇 가지 이유가 있다. 악한 영들은 그들의 속성과 일관되게 행동하고 있을 뿐이다. 그러니까 반역적인 기질 그대로 반역하고 있는 것이다. 이제 와서 이들이 애초에 반역의 길에 접어들게 만든 반역의 뜻이 꺾였다고 짐작할 근거는 없다. 더욱이 속량의 기회마저 없기에 이제 와서 노선을 바꾸는 것도 무의미할 것이다.

이런 위의 명백한 논거 외에 또 하나의 이유가 있다. 신약의 종말론은 "이방인의 충만한 수"라는 개념을 예수의 재림과 결부시킨다. 재림은 여호와의 날과 최후 심판 직전에 일어날 것이다. "이방인의 충만한 수"란 무엇인가? 이는 온세상 열국의 복음화를 가리킨다. 마태복음 24:14은 "이 천국 복음이 모든 민족에게 증언되기 위하여 온 세상에 전파되리니 그제야 끝이 오리라"고 한다. 바벨에서 단행된 하나님의 심판을 통해 상속권을 박탈당하고 하나님의 아들들에게 배정된 열국은, 복음 증거의 결과로 하나님께 다시 돌아갈 것이다. 바울이 우리에게 상기하는 바는 이방인의 회복이 여호와의 분깃인 이스라엘 민족의 강퍅해짐과 평행적으로 일어난다는 것이다(롬 11:25-29). 바울은 이방의 복음화가 완성되어야만 하나님의 백성인 유대인의 마음이 누그러지고 속량이 이뤄질 것이라고 가르쳤다. 하나님의 머릿속 시계에서 이방의 복음화가 완료되었다고 판단하실 시점이 곧 이스라엘의 회복이 이뤄질 시점이다("그리하여 온 이스라엘이 구원을 받으리라", 롬 11:26).[38]

이것이 우리가 지금 고민하는 질문과 무슨 관련이 있을까? 아직 감금되지 않은 사탄과 귀신들과 부패한 신들이 이방인의 충만한 수가 채워지는 것을 훼방하고 늦추고자 계속 활동하고 있다. 이 활동에도 나름의 합리적 목적성이 있다. 그들 입장에선 세계 복음화에 반대할

---

38. 바울은 다른 지면에서 이 진술이 지상의 모든 유대인이 예수를 메시아로 영접하게 된다는 의미는 아님을 분명히 했다. 바울이 말하는 대상은 남은 자(remnant)다. "그러나 하나님의 말씀이 폐하여진 것 같지 않도다 이스라엘에게서 난 그들이 다 이스라엘이 아니요 또한 아브라함의 씨가 다 그의 자녀가 아니라 오직 이삭으로부터 난 자라야 네 씨라 불리리라 하셨으니 곧 육신의 자녀가 하나님의 자녀가 아니요 오직 약속의 자녀가 씨로 여기심을 받느니라… 또 이사야가 이스라엘에 관하여 외치되 이스라엘 자손들의 수가 비록 바다의 모래 같을지라도 남은 자만 구원을 받으리니 주께서 땅 위에서 그 말씀을 이루고 속히 시행하시리라 하셨느니라"(롬 9:6-8, 27-28).

수록 하나님의 사랑과 계획의 초점인 인류 가운데 불행과 파괴를 계속 퍼트릴 시간을 확보하는 셈이다. 이것이야말로 흑암의 권세들이 그들 입장에선 '승리'라고 규정할 수 있는 유일한 결과다. 흑암의 권세들에겐 이것이 하나님을 아프시게 하고 슬픔을 안겨줄 유일한 방법이다. 이런 맥락에서 그들의 계속된 저항은 나름 합리적이다.

"어떻게 신명기 32장 세계관을 현대 세계에 적용할까?"

빈번하게 제기되는 이 질문은 두 가지 사안과 관련 있다. (1) 오늘날에도 특정 민족들과 특정 신들을 연결시킬 수 있을까? (2) 만일 창세기 10장에 의거하여 바벨에서 하나님의 아들들에게 배정된 열국의 수가 70이었다면 어떻게 성경 신학을 70보다 더 많은 민족이 존재하는 오늘날의 확장된 세계에 적용할까?

첫째 질문에 관해 보자면 구약은 특정 지역에서 숭배받는 신들의 정체에 관해 (완벽하지는 않지만) 정보를 간간이 제공한다. 가령 하나님은 자신의 백성이 "나를 버리고 시돈 사람의 여신 아스다롯과 모압의 신 그모스와 암몬 자손의 신 밀곰을 경배"했다고 탄식하셨다(왕상 11:33). 그러나 성경의 세계를 연구하는 고고학자와 고대 근동 종교학자들은 특정 도시와 지역, 민족 안에서도 여러 다양한 신을 섬길 수 있고 실제로 그랬음을 하나의 상식으로 받아들인다. 가령 바알 숭배는 어느 지역에나 있었다. 다신교 제도의 혼합주의적 특성과 제왕적 통치자들의 고집스러운 신 취향(가령 천도할 때 통치자가 새로운 수도로 기존 신을 반입했다)이 이런 상황에 일조했다.

그러므로 이 방면에서 정확을 기한다는 것은 성경적으로나 역사적으로나 가능하지 않다. 우리는 성경에 상세 설명이 없다는 점을 근거로 이런 목록 작성이 그리 중요하지 않음을 짐작할 수 있다. 신명기 32:8-9이 바벨에서 단행된 하나님의 심판을 기술한 것은 열국을 어느 신에게 배치했느냐의 정보 제공이 아니라 (1) 어쩌다 인류가 참 하나님 여호와를 거역하고 다른 신들을 숭배하는 자리로 전락했는가, 이 질문에 답하기 위함이었다. 또한 (2) 열국과 그 신들에 비교되는 이스라엘의 독보성을 강조하기 위함이기도 했다. 독자들은 창세기 10장에 열거된 열국의 수가 70임을 유의해야 한다.[39] 70이라는 숫자는 이스라엘 사유에서 완전성을 상징하는 것으로 잘 알려져 있다. 이 숫자 자체가 '오직' 이스라엘만이 여호와의 분깃이며 여타 모든 민족은 한무더기로 파양되어 다른 신들의 지배를 받게 되었다는 발상을 부각시킨다.

이 논점은 두 번째 사안을 다루는 데 유익하다. 성경 기자들이 온 세상을 창세기 10장의 열국으로 상정했다고 해서 (그러니까 실제론 온 세상이 아니라 중동과 유럽에 국한된 지역이라는 점에서) 신명기 32장 신학

39. 필자가 본서 9장의 한 각주에서(누가복음 10:1, 18-19 논의) 밝혔듯, 칠십인역의 숫자는 72다. 칠십인역과 전통 히브리어 본문의 차이는 창세기 10장의 열국(민족) 이름을 병합 및 분할하는 과정에서 비롯되었다. 우가릿 신들의 공회에 나오는 70인의 "엘의 아들들"과 신 32:6-7 속 여호와에 대해 사용된 엘(El) 수식어에 대한 증거를 감안할 때 외적 근거상 최상의 해석은 전통 히브리어 본문 속에 나오는 70이라는 숫자다(해당 논의와 우가릿 참조에 관해선 다음을 보라. Michael S. Heiser, "Are Yahweh and El Distinct Deities in Deut 32:8-9 and Psalm 82?")

을 이방 복음화 사명의 큰 틀로 사용하는 것의 타당성이 훼손되는 건 아니다. 성경 기자들이 중국, 호주, 북미, 남미 같은 지역을 몰랐던 건 맞다. 하지만 그렇다고 성경이 견지하는 세계관의 틀을 폐기해야 하는 건 아니다. 우리는 하나님의 방대한 지식을 유한한 인간의 지식과 혼동해선 안 된다. 다른 분야에서 성경 신학에 대해 인간 인식의 폭이 지나치게 협소하다고 판단하지 않는 것처럼 여기서도 성경의 고유한 표현 방식을 현대에 수용가능하지 않은 것으로 간주하는 것은 비합리적이다.

가령 성경의 인간 저자들은 영적 세계(탈육신한 존재들 또는 우리의 몸과는 다른 몸을 가진 존재들, 그리고 위도나 경도가 적용되지 않는, 공간적 특질을 초월하여 존재하는 이들이 거하는 세계)에 관해 이야기하는 데 상당한 지면을 할애한다. 인간 기자들은 그들이 구사할 수 있는 어휘와 비유를 총동원하여 신학적 진리를 표현하고자 최선을 다했다. 하나님은 성경을 만드시기 위해 인간을 도구로 택하셨고 인간의 부족함을 아시면서도 그 위업을 위해 섭리로 인간을 사용하셨다. 하나님은 인간의 실상을 잘 알고 계심에도 불구하고 이 위업을 감당하도록 인간을 부르셨다. 인간의 한계에도 불구하고 그들은 하나님이 후대를 위해 기술하고자 하셨던 신학 논점을 표현할 수 있었다. 인간의 부족함도 하나님이 흡족하게 여기실 정도의 위업 완수에 장애물이 되지 못했다.[40]

---

40. 이 사안은 다양한 성경 가르침에 관해서도 제기된다. 하나님은 자신이 저술하는 것의 본질에 관해 설명 또는 파악하는 것조차 버거워하는 인간을 사용하셔서 그럼에도 불구하고 초월적 현실에 관한 진리를 소통하셨다. 비근한 예로 삼위일체의 관계와 작용 원리, 부활한 몸의 본질, 물리적 세계의 사건(즉, 십자가 사건)을 통해 죄를 깨끗케 한다는 발상

이것이 해당 질문에 대해 가지는 함의는 비록 신명기 32장의 세계관이 실제 지구 지형에 대한 제한된 지식을 드러냈지만 이스라엘을 제외한 '열국(모든 민족)'이 참 하나님과의 관계로부터 소외되었다는 논점은 제대로 전달했다. 이는 신약 시대에도 마찬가지다. 오직 이스라엘만이 하나님의 기록된 신탁에 접근할 수 있었다(롬 3:2). 오직 이스라엘만이 바벨에서 심판 받은 사람들이 다시금 하나님의 가족이 되도록(갈 3:7-9, 13-14, 26-29) 아브라함의 씨인 메시아를 배출할 수 있었다(창 12:3, 갈 3:16).

우리는 이런 신명기 32장의 세계관에 비추어, '세상'(the world)을 가리키는 신약의 다양한 언급과 명칭 속에 내포된 총제적 의미를 올바르게 해석해야 한다. 성경의 인간 저자들은 그들의 한계에도 불구하고 '세상'이 모든 것을 포괄한다는 신학적 이해를 자신들의 기록에 반영했다.

- "밭은 세상이요 좋은 씨는 천국의 아들들이요 가라지는 악한 자의 아들들이요"(마 13:38). 악과 행악자는 창세기 10장에 언급된 70 열국의 경계 밖에서도 발견된다. 그러므로 밭은 온세상으로 해석되어야 한다.
- "예수께서 이르시되 내가 진실로 너희에게 이르노니 세상이 새롭게 되어 인자가 자기 영광의 보좌에 앉을 때에 나를 따르는 너희도 열

등이 있다. 어떻게 유한한 인간 저자들이 자신들의 준거틀과 경험을 토대로 이런 것들을 정확하게 설명할 수 있었을까?

두 보좌에 앉아 이스라엘 열두 지파를 심판하리라"(마 19:28). 장차 새롭게 된 세상에서 창세기 10장의 열국 경계 밖 지역을 통치할 존재는 '너희' 외에 없다.

- "이 천국 복음이 모든 민족에게 증언되기 위하여 온 세상에 전파되리니 그제야 끝이 오리라"(마 24:14). 재림과 여호와의 날이 아직 일어나지 않았다는 사실은 되찾아야 할 세상이 지구 전체임을 증거한다. 예수의 재림은 이방인의 충만한 수가 다 차야 한다는 하나님의 시기적 판단에 의해 유보되고 있다. 만일 하나님의 의도가 고작 70 민족의 전도였다면, 주님은 진작에 재림하셔야 했다.
- "또 이르시되 너희는 온 천하(all the world)에 다니며 만민(whole creation, 온 피조세계)에게 복음을 전파하라"(막 16:15). 이 말씀은 동식물과 무생물에게도 복음을 전하라는 얘기가 아니다. "만민"은 모든 인간을 말하는 게 틀림없다. 하나님의 구속 계획이 목표한 대상은 피조세계의 인간이다(히 2:14-18). 인간이 있는 곳이라면 어디든 지상 명령이 유효하다.
- "하나님이 그 아들을 세상에 보내신 것은 세상을 심판하려 하심이 아니요 그로 말미암아 세상이 구원을 받게 하려 하심이라"(요 3:17). 70 열국의 경계 밖에 사는 인간들도 죄와 죽음에 종속되었기에 하나님으로부터 유리된 존재다.
- "이 모든 날 마지막에는 아들을 통하여 우리에게 말씀하셨으니 이 아들을 만유의 상속자로 세우시고 또 그로 말미암아 모든 세계를 지으셨느니라"(히 1:2). 70 열국 밖에 있는 세상이라도 어떤 다른 신에 의해 창조된 게 아니다.

핵심은 이것이다. 인간 저자들은 분명 그들만의 한계가 있었다. 하나님은 이를 정확히 알고 계셨다. 그리고 그 사실이 하나님을 가로막진 못했다. 하나님은 인간 저자들의 한계를 뛰어넘어 그들을 성경 저작의 도구로 사용하시고 성경이 특정 민족이나 특정 지역이 아닌 온 세상을 위한 것으로 이해될 말씀을 담으셨다.

참고 문헌

Abegg, Martin G., Jr. *Qumran Sectarian Manuscripts*. Bellingham, WA: Logos Bible Software, 2003.

Abernathy, David. "Paul's Thorn in the Flesh: A Messenger of Satan?" *Neotestamentica* 35.1-2 (2001): 69-79.

Abusch, T., and D. Schwemer. "Das Abwehrzauber-Ritual Maqlû ('Verbrennung')." In *Omina, Orakel, Rituale und Beschworungen*. Edited by B. Janowski and G. Wilhelm. Gütersloh: Gütersloher Verlagshaus, 2008.

Adams, Sean A. *Baruch and the Epistle of Jeremiah: Commentary*. Septuagint Commentary Series. Leiden: Brill, 2014.

Albani, Matthias. "The Downfall of Helel, Son of Dawn: Aspects of Royal Ideology in Isa 14:12-13." Pages 129-68 in *The Fall of the Angels*. Edited by Christoph Auffarth and Loren T. Stuckenbruck. Leiden: Brill, 2004.

Alston, Wallace M. "The Concept of the Wilderness in the Intertestamental Period." ThD diss., Union Theological Seminary in Virginia, 1968.

Annus, Amar. "Are There Greek Rephaim? On the Etymology of Greek Meropes and Titanes." *Ugarit Forschungen* 31 (1999): 13-30.

———. "On the Origin of the Watchers: A Comparative Study of the Antediluvian Wisdom in Mesopotamian and Jewish Traditions." *Journal for the Study of the Pseudepigrapha* 19.4 (2010): 277-320.

Arnold, Clinton E. *3 Crucial Questions about Spiritual Warfare*. 3 Crucial Questions, edited by Grant R. Osborne and Richard J. Jones Jr. Grand Rapids: Baker Academic, 1997.

Aune, David E. Revelation 6-16. WBC. Dallas, TX: Word, 1998. 『요한계시록 하』(솔로몬).

Aus, Roger. "Paul's Travel Plans to Spain and the 'Full Number of the Gentiles' of Rom XI 25." *Novum Testamentum* 21.3 (July 1979): 232-62.

Baker, David W. Nahum, *Habakkuk and Zephaniah: An Introduction and Commentary*. TOTC. Downers Grove, IL: InterVarsity Press, 1988.

Bampfylde, Gillian. "The Prince of the Host in the Book of Daniel and the Dead Sea Scrolls." *Journal for the Study of Judaism in the Persian, Hellenistic, and Roman Periods* 14.2 (1983): 129-34.

Barker, Margaret. *The Hidden Tradition of the Kingdom of God*. London: Society for Promoting Christian Knowledge, 2007.

Barkun, Michael. *Religion and the Racist Right: The Origins of the Christian Identity Movement*. Chapel Hill, NC: University of North Carolina Press, 1997.

Barr, James. " 'Thou Art the Cherub': Ezekiel 28.14 and the Post-Ezekiel Understanding of Genesis 2-3." In *Priests, Prophets, and Scribes: Essays on the Formation and Heritage of Second Temple Judaism in Honour of Joseph Blenkinsopp*. Edited by Eugene Ulrich et al. Sheffield: Sheffield Academic Press, 1992.

Batto, Bernard F. *In the Beginning: Essays on Creation Motifs in the Bible and the Ancient Near East*. Winona Lake, IN: Eisenbrauns, 2013.

Bauckham, Richard J. *2 Peter, Jude*. WBC. Dallas: Word, 1998. 『유다서 베드로후서』(솔로몬).

Beale, G. K. *The Book of Revelation: A Commentary on the Greek Text*. NIGTC. Grand Rapids: Eerdmans, 1999. 『NIGTC 요한계시록』(새물결플러스).

Benz, F. L. *Personal Names in the Phoenician and Punic Inscriptions*. Rome: Biblical Institute Press, 1972.

Bergey, Ronald. "The Song of Moses (Deut 32:1-43) and Isaianic Prophecies: A Case of Intertextuality?" *Journal for the Study of the Old Testament* 28.1 (2003): 33-54.

Bernstein, M. J. "Noah and the Flood at Qumran." Pages 199-231 in *The Provo International Conference on the Dead Sea Scrolls: Technological Innovations, New Texts, Reformulated Issues*. Edited by D. Parry and E. Ulrich. Leiden: Brill, 1998.

Betz, H. D. *The Greek Magical Papyri in Translation, including the Demotic Spells*. 2nd ed. Chicago: University of Chicago Press, 1996.

Bhayro, Siam. "Noah's Library: Sources for 1 Enoch 6-11." *Journal for the Study of the Pseudepigrapha* 15.3 (2006): 163-77.

Billings, Bradly S. " 'The Angels Who Sinned … He Cast into Tartarus'(2 Pet 2:4): Its Ancient Meaning and Present Relevance." *Expository Times* 119.11 (2008): 532-37.

Black, Jeremy, and Anthony Green. Gods, *Demons and Symbols of Ancient Mesopotamia: An Illustrated Dictionary*. Austin: University of Texas-Austin, 2003.

Black, Matthew. *The Book of Enoch or 1 Enoch*. Edited by A. M. Denis and M. de Jonge. Leiden: Brill, 1985.

Block, Daniel I. *The Book of Ezekiel, Chapters 25-48*. NICOT. Grand Rapids: Eerdmans, 1997.

Bodi, Daniel. *The Book of Ezekiel and the Poem of Erra*. Göttingen: Vandenhoeck & Ruprecht, 1991.

Bordreuil, Pierre, and Dennis Pardee. *A Manual of Ugaritic*. Winona Lake, IN: Eisenbrauns, 2009.

Borgen, Peder, Kåre Fuglseth, and Roald Skarsten. *The Works of Philo: Greek Text with Morphology*. Bellingham, WA: Logos Bible Software, 2005.

Box, G. H., and W. O. E. Oesterley. "The Book of Sirach." Pages 1:268-516 in *The Apocrypha and Pseudepigrpha of the Old Testament*. Edited by R. H. Charles. 2 vols. Oxford: Clarendon, 1913.

Brand, Miryam. *Evil Within and Without: The Source of Sin and Its Nature as Portrayed in Second Temple Literature*. Göttingen: Vandenhoeck & Ruprecht, 2013.

Bremmer, Jan N. *Greek Religion and Culture, the Bible, and the Ancient Near East*. Leiden: Brill, 2008.

Brotzman, Ellis R. *Old Testament Textual Criticism: A Practical Introduction*. Grand Rapids: Baker Books, 1994.

Brown, Derek R. *The God of This Age*. Tübingen: Mohr Siebeck, 2015.

Brown, Michael L. " 'I Am the Lord, Your Healer': A Philological Study of the Root RAPA' in the Hebrew Bible and the Ancient Near East." PhD diss., New York University, 1985.

———. *Israel's Divine Healer*. Grand Rapids: Zondervan, 1995.

Bunta, Silviu N. "Dreamy Angels and Demonic Giants: The Watchers Traditions and the Origin of Evil in Early Christian Demonology." Pages 116-38 in *The Fallen Angels Traditions: Second Temple Developments and Reception History*. Edited by Angela Kim Harkins, Kelley Coblentz Bautch, and John C. Endres. Washington, DC: Catholic Biblical Association of America, 2014.

Burnett, David A. "A Neglected Deuteronomic Scriptural Matrix for the Nature of the Resurrection Body in 1 Cor 15:39-42?" In *Scripture, Texts, and Tracings in 1 Corinthians*. Edited by B. J. Oropeza and Linda Belleville. Minneapolis: Fortress, forthcoming.

Calvin, John. *Commentaries on the First Book of Moses Called Genesis*. Translated by John King. Edinburgh: The Calvin Translation Society, 1847.

Cathcart, Kevin J. "Ilu, Yariḫu, and the One with the Two Horns and Tail." In *Ugarit, Religion, and Culture: Essays Presented in Honour of John C. L. Gibson*. Edited by N. Wyatt, W. G. E. Watson, and J. B. Lloyd. Münster: Ugarit-Verlag, 1996.

Cathcart, Kevin J., and W. G. E. Watson. "Weathering a Wake: A Cure for Carousal: A Revised Translation of *Ugaritica* V text I." *Proceedings of the Irish Biblical Association*

4 (1980): 35–58.

Charles, J. Daryl. "The Angels under Reserve in 2 Peter and Jude." *Bulletin for Biblical Research* 15.1 (2005): 39–48.

Charlesworth, James H. "Bashan, Symbology, Haplography, and Theology in Psalm 68." Pages 351–72 in *David and Zion: Biblical Studies in Honor of J. J. M. Roberts*. Edited by Bernard Frank Batto and Kathryn L. Roberts. Winona Lake, IN: Eisenbrauns, 2004.

———. "Jewish Astrology in the Talmud, Pseudepigrapha, the Dead Sea Scrolls, and Early Palestinian Synagogues." *Harvard Theological Review* 70.3/4 (1977): 183–200.

Chesnutt, Randall D. "The Descent of the Watchers and Its Aftermath According to Justin Martyr." Pages 167–80 in *The Watchers in Jewish and Christian Traditions*. Edited by Angela Kim Harkins, Kelley Coblentz Bautch, and John C. Endres, S.J. Minneapolis: Fortress, 2014.

Cho, Sang Youl. *Lesser Deities in the Ugaritic Texts and the Hebrew Bible: A Comparative Study of Their Nature and Roles*. Piscataway, NJ: Gorgias Press, 2008.

Chung, Tae Whoe (David). "The Development of the Concept of Satan in Old Testament and Intertestamental Literature." PhD diss., Southwestern Baptist Theological Seminary, 2000.

Clements, Ronald E. "Sacred Mountains, Temples, and the Presence of God." Pages 69–85 in *Cult and Cosmos: Tilting Toward a Temple-Centered Biblical Theology*. Edited by L. Michael Morales. Leuven: Peeters, 2014.

Clifford, Richard J. *The Cosmic Mountain in Canaan and the Old Testament*. Cambridge, MA: Harvard University Press, 1972.

———. "The Temple and the Holy Mountain." Pages 85–98 in *Cult and Cosmos: Tilting Toward a Temple-Centered Biblical Theology*. Edited by L. Michael Morales. Leuven: Peeters, 2014.

Coblentz Bautch, Kelley. "The Fall and Fate of Renegade Angels: The Intersection of Watchers Traditions and the Book of Revelation." Pages 69–93 in *The Fallen Angels Traditions: Second Temple Developments and Reception History*. Edited by Angela Kim Harkins, Kelley Coblentz Bautch, and John C. Endres. Washington, DC: Catholic Biblical Association of America, 2014.

Cohen, C. "The Enclitic mem in Biblical Hebrew: Its Existence and Initial Discovery." Pages 231–60 in *Sefer Moshe: The Moshe Weinfeld Jubilee Volume*. Edited by Chaim Cohen, Avi Hurvitz, and Shalom M. Paul. Winona Lake, IN: Eisenbrauns, 2004.

Collins, John J. *Daniel: A Commentary on the Book of Daniel*. Hermeneia. Minneapolis: Fortress, 1993.

Conybeare, F. C. "The Testament of Solomon." *Jewish Quarterly Review* 11 (1898-1899): 1–45.

Cox, Claude. "11.3.1 Septuagint [of Job]." In *Textual History of the Bible: Volume 1C: Writings*. Edited by Armin Lange and Emanuel Tov. Leiden: Brill, 2017.

Craigie, Peter C. *The Book of Deuteronomy*. NICOT. Grand Rapids: Eerdmans, 1976.

———. "Helel, Athtar, and Phaethon (Isa 14:12-15)." Zeitschrift für die alttestamentliche Wissenschaft 85 (1973): 223-25.

Dahood, Mitchell. "Enclitic *mem* and Emphatic *lamedh* in Psalm 85." *Biblica* 37.3 (1956): 338-40.

Davila, James R. *The Provenance of the Pseudepigrapha: Jewish, Christian, or Other?* Leiden: Brill, 2005.

Day, John L. *From Creation to Babel: Studies in Genesis 1-11*. London: T&T Clark, 2015.

———. *God's Conflict with the Dragon and the Sea*. Cambridge: Cambridge University Press, 1985.

Day, Peggy. *An Adversary in Heaven: śāṭān in the Hebrew Bible*. Atlanta: Scholars Press, 1988.

deSilva, David A. *Introducing the Apocrypha: Message, Context, and Significance*. Grand Rapids: Baker Academic, 2002.

Dick, Michael B. "Prophetic Parodies of Making the Cult Image." Pages 1-54 in *Born in Heaven, Made on Earth: The Making of the Cult Image in the Ancient Near East*. Edited by Michael B. Dick. Winona Lake, IN: Eisenbrauns, 1999.

Dickson, Keith. "The Jeweled Trees: Alterity in Gilgamesh." *Comparative Literature* 59.3 (2007): 193-208.

Dijk, H. J. van. *Ezekiel's Prophecy on Tyre (Ez. 26:1-28:19): A New Approach*. Rome: Pontifical Biblical Institute, 1968.

Dimant, D. "Noah in Early Jewish Literature. Appendix: The So-Called Book of Noah." Pages 123-50 in *Biblical Figures Outside the Bible*. Edited by M. E. Stone and T. A. Bergren. Harrisburg, PA: Trinity Press International, 1998.

Doak, Brian R. *The Last of the Rephaim: Conquest and Cataclysm in the Heroic Ages of Ancient Israel*. Boston: Ilex Foundation, 2012.

Dodd, C. H. *The Bible and the Greeks*. London: Hodder & Stoughton, 1935.

Ben-Dov, Jonathan. "The Resurrection of the Divine Assembly and the Divine Title El in the Dead Sea Scrolls." Pages 9-31 in *The Comparative Perspective*. Vol. 3 of *Submerged Literature in Ancient Greek Culture: Beyond Greece*. Edited by Giulio Colesanti and Manuela Giordano. Berlin: De Gruyter, 2016.

Draffkorn Kilmer, Anne. "The Mesopotamian Counterparts of the Biblical Nephilim." Pages 39-44 in *Perspectives on Language and Text: Essays and Poems in Honor of Francis I. Andersen's 60th Birthday*. Edited by E. W. Conrad and E. G. Newing. Winona Lake, IN: Eisenbrauns, 1987.

Drawnel, Henryk. "Knowledge Transmission in the Context of the Watchers' Sexual Sin with the Women in 1 Enoch 6-11." *The Biblical Annals* 2.59 (2012): 123-51.

———. "The Mesopotamian Background of the Enochic Giants and Evil Spirits." *Dead Sea Discoveries* 21.1 (2014): 14-38.

———. "Professional Skills of Asael (1 Enoch 8:1) and Their Mesopotamian Background." *Revue Biblique* 119.4 (2012): 518-42.

Duling, Dennis C. "Solomon, Exorcism, and the Son of David." *Harvard Theological Review* 68.3/4 (Jul-Oct 1975): 235-52.

———. "Testament of Solomon: A New Translation and Introduction." Pages 935-87 in *The Old Testament Pseudepigrapha*. Edited by James H. Charlesworth. Vol. 1. New York: Doubleday, 1983.

Dunn, James D. G., and Graham H. Twelftree. "Demon-Possession and Exorcism in the New Testament." *Churchman* 94 (1980): 210-25.

Dunn, James D. G. *The Epistles to the Colossians and to Philemon: A Commentary on the Greek Text*. NIGTC. Grand Rapids: Eerdmans, 1996.

Eddy, Paul Rhodes, and James K. Beilby. "Introduction." In *Understanding Spiritual Warfare: Four Views*. Edited by James K. Beilby and Paul Rhodes Eddy. Grand Rapids: Baker Academic, 2012.

Eichrodt, Walter. *Theology of the Old Testament*. Vol 1. Philadelphia: Westminster John Knox, 1961.

Emerton, J. A. "Are There Examples of Enclitic mem in the Hebrew Bible?" Pages 321-38 in *Texts, Temples, and Traditions: A Tribute to Menahem Haran*. Edited by Michael V. Fox et al. Winona Lake, IN: Eisenbrauns, 1996.

Emmet, C. W. *The Fourth Book of Maccabees: Commentary*. London: Society for Promoting Christian Knowledge, 1918.

Engnell, Ivan. *Studies in Divine Kingship in the Ancient Near East*. Uppsala: Almqvist & Wiksell, 1943.

Evans, Craig A. "Inaugurating the Kingdom of God and Defeating the Kingdom of Satan." *Bulletin for Biblical Research* 15.1 (2005): 49-75.

Evans, Paul. "Divine Intermediaries in 1 Chronicles 21: An Overlooked Aspect of the Chronicler's Theology." *Biblica* 85 (2004): 545-58.

Fensham, Charles F. "A Possible Explanation of the Name Baal-Zebub of Ekron." *Zeitschrift für die alttestamentliche Wissenschaft* 79.3 (1967): 361-64.

Fields, Weston. *Unformed and Unfilled: A Critique of the Gap Theory*. Green Forest, AR: Master Books, 2005.

Fisher, Loren. "Can This Be the Son of David?" Pages 82-97 in *Jesus and the Histori-*

an: *Written in Honor of Ernest Cadman Colwell*. Edited by F. T. Trotter. Philadelphia: Westminster, 1968.

Fitzmyer, Joseph A., S. J. *The Gospel according to Luke I-IX: Introduction, Translation, and Notes*. AYB. New Haven, CT: Yale University Press, 1970.

———. *The Gospel according to Luke X-XXIV: Introduction, Translation, and Notes*. AYB. New Haven, CT: Yale University Press, 1985.

Fleming, David Marron. "The Divine Council as Type Scene in the Hebrew Bible." PhD diss., Southern Baptist Theological Seminary, 1989.

Fontenrose, J. *Python: A Study of Delphic Myth and Its Origins*. Berkeley: University of California Press, 1980.

France, R. T. *The Gospel of Matthew*. NICNT. Grand Rapids: Eerdmans, 2007.

Frankfort, H. *Kingship and the Gods: A Study of Ancient Near Eastern Religion as the Integration of Society and Nature*. Chicago: University of Chicago Press, 1948.

Freedman, David Noel. "Archaic Forms in Hebrew Poetry." *Zeitschrift für die alttestamentliche Wissenschaft* 31 (1960): 101-7.

Frey-Anthes, Henrike. "Concepts of 'Demons' in Ancient Israel." *Die Welt des Orients* 38 (2008): 38-52.

Fröhlich, Ida. "Mesopotamian Elements and the Watchers Traditions." Pages 11-24 in *The Watchers in Jewish and Christian Traditions*. Edited by Angela Kim Hawkins, Kelley Coblentz Bautch, and John C. Endres, S.J. Minneapolis: Fortress, 2014.

———. "The Symbolic Language of the Animal Apocalypse of Enoch (1 Enoch 85-90)." *Revue de Qumran* 14.4 (1990): 629-36.

———. "Theology and Demonology in Qumran Texts." *Henoch* 32.1 (2010): 101-29.

Gallagher, W. "On the Identity of *Helel Ben Shaher* in Is. 14:12-15." *Ugarit Forschungen* 26 (1994): 131-46.

García Martínez, Florentino, and Eibert J. C. Tigchelaar, eds. *The Dead Sea Scrolls Study Edition*. Leiden: Brill, 1997-1998.

Garr, W. Randall. *In His Own Image and Likeness: Humanity, Divinity, and Monotheism*. Leiden: Brill, 2003.

George, Andrew R. "Babylonian Texts from the Folios of Sydney Smith." *Revue d'assyriologie* 82 (1988): 139-62.

———. "The Gilgameš Epic at Ugarit." *Aula Orientalis* 25 (2007): 237-54.

Geyer, John B. "Desolation and Cosmos." *Vetus Testamentum* 49.1 (1999): 49-64.

———. "Mythology and Culture in the Oracles against the Nations." *Vetus Testamentum* 36 (1986): 129-45.

Glancy, Jennifer Ann. "Satan in the Synoptic Gospels." PhD diss., Columbia University,

1990.

Goldingay, John. *Psalms*, Vol. 2: Psalms 42-89. BCOT. Grand Rapids: Baker Academic, 2006.

———. *Psalms*, Vol 3: Psalms 90-150. BCOT. Grand Rapids: Baker Academic, 2006.

Goldstein, Bernard R., and David Pingree. "Astrological Almanacs from the Cairo Geniza, Part I." *Journal of Near Eastern Studies* 38.3 (1979): 153-75.

———. "Astrological Almanacs from the Cairo Geniza, Part II." *Journal of Near Eastern Studies* 38.4 (1979): 231-56.

Goldstein, Ronnie. "A New Look at Deuteronomy 32:8-9 and 43 in the Light of Akkadian Sources." [Hebrew] *Tarbiz* 79.1 (2010): 5-21.

Gordon, C. H. "The Devil, ḥby." *Newsletter for Ugaritic Studies* 33 (1985): 15.

———. "ḤBY: Possessor of Horns and Tail." *Ugarit Forchungen* 18 (1986): 129-32.

Grave, C. "The Etymology of Northwest Semitic ṣapānu." *Ugarit Forschungen* 12 (1980): 221-29.

Green, Joel B., and Scot McKnight, eds. *Dictionary of Jesus and the Gospels*. Downers Grove, IL: InterVarsity Press, 1992.

Greenberg, Moshe. *Ezekiel 1-20: A New Translation with Introduction and Commentary*. AYB. New Haven, CT: Yale University Press, 1983.

Greene, W. C. *Moira. Fate, Good, and Evil in Greek Thought*. Cambridge, MA: Harvard University Press, 1944.

Habel, Norman C. "Ezekiel 28 and the Fall of the First Man." *Concordia Theological Monthly* 38 (1967): 516-24.

Hachlili, Rachel. "The Zodiac in Ancient Jewish Art: Representation and Significance." *Bulletin of the American Schools of Oriental Research* 228 (1977): 61-77.

Hagner, Donald A. *Matthew 1-13*. WBC. Dallas: Word, 1998. 『마태복음 상』(솔로몬).

Hallo, William. *Origins: The Ancient Near Eastern Background of Some Modern Western Institutions*. Leiden: Brill, 1996.

Hamilton, Victor P. *The Book of Genesis, Chapters 1-17*. NICOT. Grand Rapids: Eerdmans, 1990.

Handy, Lowell K. *Among the Host of Heaven: The Syro-Palestinian Pantheon as Bureaucracy*. Winona Lake, IN: Eisenbrauns, 1994.

———. "The Authorization of Divine Power and the Guilt of God in the Book of Job: Useful Ugaritic Parallels." *Journal for the Study of the Old Testament* 18.60 (1993): 107-18.

———. "A Solution for Many MLKM." *Ugarit Forschungen* 20 (1988): 57-59.

Hannah, Darrell D. "Guardian Angels and Angelic National Patrons in Second Temple

Judaism and Early Christianity." Pages 413-35 in *Angels: The Concept of Celestial Beings—Origins, Development and Reception*. Edited by Friedrich V. Reiterer, Tobias Nicklas, and Karin Sch pflin. Berlin: De Gruyter, 2007.

———. *Michael and Christ: Michael Traditions and Angel Christology in Early Christianity*. Tübingen: Mohr Siebeck, 1999.

Hanneken, Todd R. "The Watchers in Rewritten Scripture: The Use of the Book of the Watchers in Jubilees." Pages 23-68 in *The Fallen Angels Traditions: Second Temple Developments and Reception History*. Edited by Angela Kim Harkins, Kelley Coblentz Bautch, and John C. Endres. Washington, DC: Catholic Biblical Association of America, 2014.

Hanson, P. D. "Rebellion in Heaven, Azazel, and Euhemeristic Heroes in 1 Enoch 6-11." *Journal of Biblical Literature* 96 (1977): 221-22.

Haralambakis, Maria. *The Testament of Job: Text, Narrative and Reception History*. London: T&T Clark, 2012.

Hardy, H. H., II, and Charles Otte III. *The Aramaic Inscriptions*. Bellingham, WA: Lexham Press, 2008.

Hare, D. R. A. "The Lives of the Prophets." Pages 379-99 in *The Old Testament Pseudepigrapha*. Edited by James H. Charlesworth. Vol. 2. New York: Doubleday, 1985.

Harkins, Angela Kim. "Elements of the Fallen Angels Traditions in the Qumran Hodayot." Pages 8-24 in *The Fallen Angels Traditions: Second Temple Developments and Reception History*. Edited by Angela Kim Harkins, Kelley Coblentz Bautch, and John C. Endres. Washington, DC: Catholic Biblical Association of America, 2014.

Harkins, Franklin T. "The Magical Arts, Angelic Intercourse, and Giant Offspring: Echoes of Watchers Traditions in Medieval Scholastic Theology." Pages 157-79 in *The Fallen Angels Traditions: Second Temple Developments and Reception History*. Edited by Angela Kim Harkins, Kelley Coblentz Bautch, and John C. Endres. Washington, DC: Catholic Biblical Association of America, 2014.

Harrell, James. "Gemstones." *UCLA Encyclopedia of Egyptology*. Edited by Willeke Wendrich. Los Angeles: UCLA, 2012. http://digital2.library.ucla.edu/viewItem.do?ark=21198/zz002czx1r

———. "Old Testament Gemstones: A Philological, Geological, and Archaeological Assessment of the Septuagint." *Bulletin of Biblical Research* 21.2 (2011): 141-71.

Hartley, John E. *The Book of Job*. NICOT. Grand Rapids: Eerdmans, 1988.

Hartman, Louis F., and Alexander A. Di Lella. *The Book of Daniel: A New Translation with Notes and Commentary on Chapters 1-9*. AYB. New Haven, CT: Yale University Press, 1978.

Hayman, Peter. "Monotheism—A Misused Word in Jewish Studies?" *Journal of Jewish*

Studies 42.1 (1991): 1-15.

Healey, John F. "MALKŪ : MLKM : ANUNNAKI." *Ugarit Forschungen* 7 (1975): 235-38.

Heiser, Michael S. *Angels: What the Bible Really Says about God's Heavenly Host.* Bellingham, WA: Lexham Press, 2018. 『천사를 말하다』(좋은씨앗)

———. "Are Yahweh and El Distinct Deities in Deut 32:8-9 and Psalm 82?" *Hiphil* 3 (2006): 1-9. https://www.hiphil.org/index.php/hiphil/article/view/29

———. "Co-Regency in Ancient Israel's Divine Council as the Conceptual Backdrop to Ancient Jewish Binitarian Monotheism." *Bulletin of Biblical Research* 26.2 (2016): 195-226.

———. "Deuteronomy 32:8 and the Sons of God." *Bibliotheca Sacra* 158 (2001): 52-74.

———. "The Divine Council in Late Canonical and Non-Canonical Jewish Literature." PhD diss., University of Wisconsin-Madison, 2004.

———. "Does Deuteronomy 32:17 Assume or Deny the Reality of Other Gods?" *Bible Translator* 59.3 (2008): 137-45.

———. "Does Divine Plurality in the Hebrew Bible Demonstrate an Evolution from Polytheism to Monotheism in Israelite Religion?" *Journal for the Evangelical Study of the Old Testament* 1.1 (2012): 1-24.

———. "Giants—Greco-Roman Antiquity." In *Encyclopedia of the Bible and Its Reception*. Vol. 10. Berlin: de Gruyter, 2015.

———. *I Dare You Not to Bore Me with the Bible*. Bellingham, WA: Lexham Press, 2014. 『건너뛰지 않고 성경 읽기』(좋은씨앗).

———. "Monotheism and the Language of Divine Plurality in the Hebrew Bible and the Dead Sea Scrolls." Tyndale Bulletin 65.1 (2014): 85-100.

———. "Monotheism, Polytheism, Monolatry, or Henotheism? Toward an Assessment of Divine Plurality in the Hebrew Bible." Bulletin of Biblical Research 18.1 (2008): 1-30.

———. "The Mythological Provenance of Isaiah 14:12-15: A Reconsideration of the Ugaritic Material." Vetus Testamentum 51.3 (Fall 2001): 354-69.

———. "The Name Theology of the Old Testament." In Faithlife Study Bible. Bellingham, WA: Lexham Press, 2012, 2016.

———. "Old Testament Godhead Language." In Faithlife Study Bible. Bellingham, WA: Lexham Press, 2012, 2016.

———. "Old Testament Theology of the Afterlife." In Faithlife Study Bible. Bellingham, WA: Lexham Press, 2012, 2016.

———. Reversing Hermon: Enoch, the Watchers, and the Forgotten Mission of Jesus

Christ. Crane, MO: Defender, 2017.

———. "Should 'elohim with Plural Predication Be Translated 'Gods'?" Bible Translator 61.3 (2010): 123-36.

———. *The Unseen Realm: Recovering the Supernatural Worldview of the Bible*. Bellingham, WA: Lexham Press, 2015. 『보이지 않는 세계』(좋은씨앗).

Hegedus, Timothy. *Early Christianity and Ancient Astrology*. New York: Peter Lang, 2007.

Hendel, Ronald. " 'The Flame of the Whirling Sword': A Note on Genesis 3:24." *Journal of Biblical Literature* 104.4 (1985): 671-74.

Hodge, Zane D. "A Historical and Grammatical Examination of Azazel in Biblical and Extra-biblical Sources with Special Emphasis Given to Its Meaning with the Hebrew Preposition ל." PhD diss., Mid-American Baptist Theological Seminary, 2004.

Holbert, M. Louise. "Extrinsic Evil Powers in the Old Testament." ThM thesis, Fuller Theological Seminary, 1985.

Horowitz, Wayne. *Mesopotamian Cosmic Geography*. Winona Lake, IN: Eisenbrauns, 2011.

Horst, Pieter W. van der. "Bitenosh's Orgasm(1QapGen 2:9-15)." *Journal for the Study of Judaism* 43 (2012): 613-28.

Hummel, Horace D. "Enclitic mem in Early Northwest Semitic, Especially Hebrew." *Journal of Biblical Literature* 76 (1957): 85-107.

Ibba, Giovanni. "The Evil Spirits in Jubilees and the Spirit of the Bastards in 4Q510 with Some Remarks on Other Qumran Manuscripts." *Henoch* 31 (2009): 111-16.

Jeppesen, Knud. "You Are a Cherub, but No God!" *Scandinavian Journal of the Old Testament* 5.1 (1991): 83-94.

Jewett, Robert, and Roy David Kotansky. *Romans: A Commentary*. Hermeneia. Minneapolis: Fortress, 2006.

Jobes, Karen H., and Moisés Silva. *Invitation to the Septuagint*. 2nd ed. Grand Rapids: Baker Academic, 2015.

Johnson, Aubrey R. *The One and the Many in the Israelite Conception of God*. Eugene, OR: Wipf & Stock, 2006.

———. *Sacral Kingship in Ancient Israel*. 2nd ed. Cardiff: University of Wales Press, 1967.

———. *Vitality of the Individual in the Thought of Ancient Israel*. Cardiff: University of Wales, 1964.

Johnson, David M. "Hesiod's Descriptions of Tartarus (Theogony 721-819)." *The Phoenix* 53.1-2 (1999): 8-28.

Johnson, Ronn. "The Old Testament Background for Paul's Principalities and Powers."

PhD diss., Dallas Theological Seminary, 2004.

Johnston, Philip S. *Shades of Sheol: Death and Afterlife in the Old Testament*. Downers Grove, IL: InterVarsity Press, 2002.

Joines, Karen R. "Winged Serpents in Isaiah's Inaugural Vision." *Journal of Biblical Literature* 86.4 (1967): 410-15.

Jonge, Marinus de, and Johannes Tromp. *The Life of Adam and Eve and Related Literature*. Sheffield: Sheffield Academic Press, 1997.

Josephus, Flavius. *The Works of Josephus: Complete and Unabridged*. Translated by William Whiston. Peabody, MA: Hendrickson, 1987.

Jourdain, E. F. "The Twelve Stones in the Apocalypse." *Expository Times* 22 (1911): 448-50.

Kallai, Zecharia. "Conquest and Settlement of Trans-Jordan: A Historiographical Study." *Zeitschrift des Deutschen Palästina-Vereins* (1953+) 99 (1983): 110-18.

———. "The Patriarchal Boundaries, Canaan, and the Land of Israel: Patterns and Application in Biblical Historiography." *Israel Exploration Journal* 47.1-2 (1997): 69-82.

Kee, Min Suc. "The Heavenly Council and Its Type-Scene." *Journal for the Study of the Old Testament* 31.3 (2007): 259-73.

Keiser, Thomas A. "The Song of Moses as a Basis for Isaiah's Prophecy." *Vetus Testamentum* 55 (2005): 486-500.

Kiuchi, Nobuyoshi. "Living Like the Azazel-Goat in Romans 12:1b." *Tyndale Bulletin* 57.2 (2006): 260.

Knight, Douglas A. "Cosmogony and Order in the Hebrew Tradition." Pages 133-57 in *Cosmogony and Ethical Order: New Studies in Comparative Ethics*. Edited by Robin W. Lovin and Frank E. Reynolds. Chicago: University of Chicago Press, 1985.

Kobelski, P. J. *Melchizedek and Melchiresa*. Washington, DC: The Catholic Biblical Association of America, 1981.

Köstenberger, Andreas J. *A Theology of John's Gospel and Letters: The Word, the Christ, the Son of God*. Grand Rapids: Zondervan, 2009.

Kulik, Alexander. "How the Devil Got His Hooves and Horns: The Origin of the Motif and the Implied Demonology of 3 Baruch." *Numen* 60 (2013): 195-229.

Kvanvig, Helge. "Gen 6: 1-4 as an Antediluvian Event." *Scandinavian Journal of the Old Testament* 16.1 (2002): 79-112.

———. *Primeval History: Babylonian, Biblical, and Enochic: An Intertextual Reading*. Leiden: Brill, 2011.

———. *Roots of Apocalyptic: The Mesopotamian Background of the Enoch Figure and of the Son of Man*. Neukirchen-Vluyn: Neukirchener Verlag, 1988.

Launderville, Dale. "Ezekiel's Cherub: A Promising Symbol or a Dangerous Idol?" *The*

Catholic Biblical Quarterly 65.2 (2003): 165-83.

Lee, Lydia. "'You Were the (Divine) Cherub': A Potential Challenge to Yahweh's Sole Divinity in Ezek 28:14." *Journal for the Study of the Old Testament* 41.1 (2016): 99-116.

Lenzi, Alan. *Secrecy and the Gods: Secret Knowledge in Ancient Mesopotamia and Biblical Israel.* Helsinki: The Neo-Assyrian Text Corpus Project, 2008.

Levine, Baruch A., and Jean-Michel de Tarragon. "Dead Kings and Rephaim: The Patrons of the Ugaritic Dynasty." *Journal of the American Oriental Society* 104.4 (1984): 649-59.

Lincoln, Andrew T. *Ephesians.* WBC. Dallas: Word, 1990. 『에베소서』(솔로몬).

Lioy, Daniel T. "The Garden of Eden as a Primordial Temple or Sacred Space for Humankind." *Conspectus* 10 (2010): 25-57.

Lipinski, Edward. "El's Abode: Mythological Traditions Related to Mount Hermon and to the Mountains of Armenia." *Orientalia Lovaniensa Periodica* II (1971): 13-69.

Lohse, Eduard. *Colossians and Philemon: A Commentary on the Epistles to the Colossians and to Philemon.* Hermeneia. Philadelphia: Fortress, 1971.

López-Ruiz, Carolina. *When the Gods Were Born: Greek Cosmogonies and the Near East.* Cambridge, MA: Harvard University Press, 2010.

MacLaurin, E. C. B. "Beelzeboul." *Novum Testamentum* 20.2 (1978): 156-60.

Maher, Michael. *Targum Pseudo-Jonathan: Genesis.* Vol. 1B of The Aramaic Bible. Edited by Kevin Cathcart, Michael Maher, and Martin McNamara. Collegeville, MN: The Liturgical Press, 1992.

———. "Targum Pseudo-Jonathan: Leviticus." In *Targum Neofiti 1: Leviticus and Targum Pseudo-Jonathan: Leviticus. Vol. 3 of The Aramaic Bible.* Edited by Kevin Cathcart, Michael Maher, and Martin McNamara. Collegeville, MN: The Liturgical Press, 1994.

Marcus, Joel. *Mark 8-16: A New Translation with Introduction and Commentary.* AYB. New Haven, CT: Yale University Press, 2009.

Martin, Dale Basil. "When Did Angels Become Demons?" *Journal of Biblical Literature* 129.4 (2010): 661.

Mathews, K. A. *Genesis 1-11:26.* NAC. Nashville: Broadman & Holman, 1996.

May, H. G. "The King in the Garden of Eden." Pages 166-76 in *Israel's Prophetic Heritage.* New York: Harpers, 1962.

McCarter, P. Kyle, Jr. *II Samuel: A New Translation with Introduction, Notes, and Commentary.* AYB. New Haven, CT: Yale University Press, 1984.

McCown, C. C. "The Christian Tradition as to the Magical Wisdom of Solomon." *The Journal of the Palestinian Oriental Society* 2/1 (1922): 1-24.

McKay, J. W. "Helel and the Dawn-Goddess: A Re-examination of the Myth in Isa 14:12-25." *Vetus Testamentum* 20 (1970): 450-64.

McKenzie, J. L. "Mythical Allusions in Ezekiel 28:1-28." *Journal of Biblical Literature* 75 (1956): 322-27.

M'Clintock, John, and James Strong, eds. *Cyclopedia of Biblical, Theological, and Ecclesiastical Literature*. 10 vols. New York: Harper & Brothers, 1891-1894.

Meinardus, Otto F. A. "Paul's Missionary Journey to Spain: Tradition and Folklore." *The Biblical Archaeologist* (1978): 61-63.

Melvin, David. "The Gilgamesh Traditions and the Pre-History of Genesis 6:1-4." *Perspectives in Religious Studies* 38.1 (2011): 23-32.

Meyers, Carol L., and Eric M. Meyers. *Haggai, Zechariah 1-8: A New Translation with Introduction and Commentary*. AYB. New Haven, CT: Yale University Press, 1987.

Michaels, J. Ramsey. *1 Peter*. WBC. Dallas: Word, 1998. 『베드로전서』(솔로몬).

Michalowski, Piotr. "The Mortal Kings of Ur: A Short Century of Divine Rule in Ancient Mesopotamia." In *Religion and Power: Divine Kingship in the Ancient World and Beyond*. Edited by Nicole Brisch. Chicago: The Oriental Institute of the University of Chicago, 2008.

Milgrom, Jacob. *Leviticus 1-16: A New Translation with Introduction and Commentary*. AYB. New Haven, CT: Yale University Press, 1991.

Miller, James E. "The Maelaek of Tyre (Ezekiel 28,11-19)." *Zeitschrift für die alttestamentliche Wissenschaft* 105.3 (1993): 497-501.

Miller, Patrick D. *Israelite Religion and Biblical Theology: Collected Essays*. Sheffield: Sheffield Academic Press, 2000.

———. "When the Gods Meet: Psalm 82 and the Issue of Justice." *Journal for Preachers* 9 (1986): 4-5.

Miller, Stephen R. *Daniel*. NAC. Nashville: Broadman & Holman, 1994.

Miscall, Peter D. *Isaiah 34-35: A Nightmare/A Dream*. Sheffield: Sheffield Academic Press, 1999.

Morales, Michael. *The Tabernacle Pre-Figured: Cosmic Mountain Ideology in Genesis and Exodus*. Leuven: Peeters, 2012.

Morray-Jones, Christopher R. A. "Paradise Revisited (2 Cor 12:1-12): The Jewish Mystical Background of Paul's Apostolate: Part 1: The Jewish Sources." *Harvard Theological Review* 86.2 (1993): 177-217.

———. "Paradise Revisited(2 Cor 12:1-12): The Jewish Mystical Background of Paul's Apostolate: Part 2: Paul's Heavenly Ascent and Its Significance." *Harvard Theological Review* 86.3 (1993): 265-92.

Mullen, E. Theodore, Jr. *The Divine Council in Canaanite and Early Hebrew Literature*.

Chico, CA: Scholars Press, 1980.

Murray, Robert. *The Cosmic Covenant: Biblical Themes of Justice, Peace, and the Integrity of Creation*. London: Sheed & Ward, 1992.

Newman, Robert C. "The Ancient Jewish Exegesis of Genesis 6:2, 4." *Grace Theological Journal* 5.1 (1984): 13-36.

Nickelsburg, George W. E. *1 Enoch 1: A Commentary on the Book of 1 Enoch, Chapters 1-36; 81-108*. Hermeneia. Minneapolis: Fortress, 2001.

———. "Enoch, Levi, and Peter: Recipients of Revelation in Upper Galilee." *Journal of Biblical Literature* 100.4 (1981): 575-600.

Nickelsburg, George W. E., and James C. VanderKam. *1 Enoch 2: A Commentary on the Book of 1 Enoch, Chapters 37-82*. Hermeneia. Minneapolis: Fortress, 2012.

Nitzan, Bilha. "Evil and Its Symbols in the Qumran Scrolls." Pages 83-96 in *The Problem of Evil and Its Symbols in Jewish and Christian Tradition*. Edited by Henning Graf Reventlow and Yair Hoffman. London: T&T Clark, 2004.

Oldenburg, Ulf. "Above the Stars of El: El in Ancient South Arabic Religion." *Zeitschrift für die alttestamentliche Wissenschaft* 82 (1970): 187-208.

Oort, H. van. "Augustine and Manichaeism: New Discoveries, New Perspectives." *Verbum et Ecclesia* 27.2 (2006): 709-28.

Otzen, Benedikt. "Michael and Gabriel: Angelological Problems in the Book of Daniel." Pages 114-24 in *The Scriptures and the Scrolls: Studies in Honor of A. S. van der Woude on the Occasion of his 65th Birthday*. Edited by F. Garcia Martinez, A. Hilhorst, and C. J. Labuschagne. Leiden: Brill, 1992.

Page, Hugh R. *The Myth of Cosmic Rebellion: A Study of Its Reflexes in Ugaritic and Biblical Literature*. Leiden: Brill, 1996.

Patmore, Hector M. "Adam or Satan? The Identity of the King of Tyre in Late Antiquity." Pages 59-69 in *After Ezekiel: Essays on the Reception of a Difficult Prophet*. Edited by A. Mein and P. M. Joyce. London: T&T Clark, 2011.

———. *Adam, Satan, and the King of Tyre: The Interpretation of Ezekiel 28:11-19 in Late Antiquity*. Leiden: Brill, 2012.

———. "Did the Masoretes Get It Wrong? The Vocalization and Accentuation of Ezekiel XXVIII 12-19." *Vetus Testamentum* 58 (2008): 45-57.

Pearson, Birger A. "A Reminiscence of Classical Myth at II Peter 2.4." *Greek, Roman, and Byzantine Studies* 10 (1969): 71-80.

Penner, Ken, and Michael S. Heiser. *Old Testament Greek Pseudepigrapha with Morphology*. Bellingham, WA: Lexham Press, 2008.

Peters, Dorothy M. *Noah Traditions in the Dead Sea Scrolls*. Atlanta: Society of Biblical Literature, 2008.

Pinero, A. "Angels and Demons in the Greek Life of Adam and Eve." *Journal for the Study of Judaism in the Persian, Hellenistic and Roman Period* 24 (1993): 191-214.

Pinker, Aron. "A Goat to Go to Azazel." *The Journal of Hebrew Scriptures* 7 (2007): 18.

Plato. *The Dialogues of Plato*. Translated B. Jowett. 3rd ed. 5 vols. Oxford: Clarendon, 1892.

Provençal, Philippe. "Regarding the Noun Noun שרף [*śārāp*] in the Hebrew Bible." *JSOT* 29.3 (2005): 371-79.

Quarles, Chester L. *Christian Identity: The Aryan American Bloodline Religion*. Jefferson, NC: McFarland & Company, 2004.

Quick, Laura. "Helēl ben-šaḥar and the Chthonic Sun: A New Suggestion for the Mythological Background of Isa 14:12-15." *Vetus Testamentum* 68 (2017): 1-20.

Radford, L. B. *The Epistle to the Colossians and the Epistle to Philemon*. London: Methuen, 1931.

Rahlfs, Alfred, and Robert Hanhart, eds. *Septuaginta: SESB Edition*. Stuttgart: Deutsche Bibelgesellschaft, 2006.

Ramantswana, Hulisani. "God Saw That It Was Good, Not Perfect: A Canonical-Dialogic Reading of Genesis 1-3." PhD diss., *Westminster Theological Seminary*, 2010.

Reed, Annette Yoshiko. "Enochic and Mosaic Traditions in Jubilees: The Evidence of Angelology and Demonology." In *Enoch and the Mosaic Torah: The Evidence of Jubilees*. Edited by Gabriele Boccaccini et al. Grand Rapids: Eerdmans, 2009.

———. *Fallen Angels and the History of Judaism and Christianity*. Cambridge: Cambridge University Press, 2005.

———. "The Trickery of the Fallen Angels and the Demonic Mimesis of the Divine: Aetiology, Demonology, and Polemics in the Writings of Justin Martyr." *Journal of Early Christian Studies* 12.2 (2004): 141-71.

Reemtsma, Joel A. "Punishment of the Powers: Deuteronomy 32 and Psalm 82 as the Backdrop for Isaiah 34." Paper presented at the Annual Meeting of the Evangelical Theological Society. San Diego, CA, 19 November 2014.

Reeves, John C. *Jewish Lore in Manichaean Cosmogony: Studies in the Book of Giants Traditions*. Cincinnati, OH: Hebrew Union College Press, 1992.

Reiner, Erica. "The Etiological Myth of the 'Seven Sages.' " *Orientalia* 30 (1961): 1-11.

Rexine, John E. "Daimon in Classical Greek Literature." *Greek Orthodox Theological Review* 30.3 (1985): 335-61.

Reynolds, Bennie H., III. "Demonology and Eschatology in the Oppositional Language of the Johannine Epistles and Jewish Apocalyptic Texts." Pages 327-46 in *The Jewish Apocalyptic Tradition and the Shaping of New Testament Thought*. Edited by

Benjamin E. Reynolds and Loren T. Stuckenbruck. Minneapolis: Fortress Press, 2017.

———. "Understanding the Demonologies of the Dead Sea Scrolls: Accomplishments and Directions for the Future." *Religion Compass* 7.4 (2013): 103-14.

Roberts, J. J. M. "The End of War in the Zion Tradition: The Imperialistic Background of and Old Testament Vision of World Peace." *Horizons in Biblical Theology* 26.1 (June 2004): 2-22.

Robins, Gay. "Cult Statues in Ancient Egypt." Pages 1-12 in *Cult Image and Divine Representation in the Ancient Near East*. Edited by Neal H. Walls. Boston: American Schools of Oriental Research, 2005.

Rochberg, Francesca. *The Heavenly Writing: Divination, Horoscopy, and Astronomy in Mesopotamian Culture*. Cambridge: Cambridge University Press, 2004.

Rudman, Dominic. "A Note on the Azazel Goat Ritual." *Zeitschrift für die alttestamentliche Wissenschaft* 116.3 (2004): 396-401.

Ruiten, Jacobus van. "Angels and Demons in the Book of Jubilees." Pages 585-610 in *Angels: The Concept of Celestial Beings—Origins, Development and Reception*. Edited by Friedrich V. Reiterer, Tobias Nicklas, and Karin Sch pflin. Berlin: De Gruyter, 2007.

Russell, Jeffrey Burton. *The Devil: Perceptions of Evil from Antiquity to Primitive Christianity*. Ithaca, NY: Cornell University Press, 1987.

Ryken, Leland, James C. Wilhoit, and Tremper Longman III, eds. *Dictionary of Biblical Imagery*. Downers Grove, IL: InterVarsity Press, 2000.

Sacchi, Paolo. *Jewish Apocalyptic and Its History*. Translated by William J. Short, O.F.M. Sheffield: Sheffield Academic Press, 1990.

Salters, R. B. "Psalm 82:1 and the Septuagint." *Zeitschrift für die alttestamentliche Wissenschaft* 103.2 (1991): 225-39.

Sanders, Paul. *The Provenance of Deuteronomy* 32. Leiden: Brill, 1996.

Sanders, Seth L. *From Adapa to Enoch: Scribal Culture and Religious Vision in Judea and Babylonia*. Tübingen: Mohr Siebeck, 2017.

Scarlata, Mark William. *Outside of Eden: Cain in the Ancient Versions of Genesis* 4:1-16. London: Bloomsbury, 2012.

Schmid, H. H. "Creation, Righteousness, and Salvation: 'Creation Theology' as the Broad Horizon of Biblical Theology." Pages 102-17 in *Creation in the Old Testament*. Edited by Bernhard W. Anderson. Philadelphia: Fortress, 1984.

Schultz, D. R. "The Origin of Sin in Irenaeus and Jewish Pseudepigraphical Literature." *Vigiliae Christianae* 32.3 (Sep 1978): 168-69, 172-73.

Schwemer, Daniel. "The Storm Gods of the Ancient Near East: Summary, Synthesis, Recent Studies: Part II." *Journal of Ancient Near Eastern Religions* 8.1 (2008): 8-16.

Scott, James M. *Paul and the Nations: The Old Testament and Jewish Background of Paul's Mission to the Nations with Special Reference to the Destination of Galatians.* Tübingen: Mohr Siebeck, 1995.

Seeman, Chris. "The Watchers Traditions and Gen 6:1-4 [MT and LXX]." In *The Watchers in Jewish and Christian Traditions.* Edited by Angela Kim Harkins, Kelley Coblentz Bautch, and John C. Endres, S. J. Minneapolis: Fortress, 2014.

Seifrid, Mark A. "Romans." Pages 607-94 in *Commentary on the New Testament Use of the Old Testament.* Edited by G. K. Beale and D. A. Carson. Grand Rapids: Baker Academic, 2007.

Sherman, Phillip Michael. *Babel's Tower Translated: Genesis 1-11 and Ancient Jewish Interpretation.* Leiden: Brill, 2013.

Shipp, Mark R. *Of Dead Kings and Dirges: Myth and Meaning in Isaiah 14:4b-21.* Leiden: Brill, 2002.

Skehan, Patrick W., and Alexander A. Di Lella, O.F.M. *The Wisdom of Ben Sira: A New Translation with Notes, Introduction and Commentary.* AYB. New Haven, CT: Yale University Press, 1987.

Smith, Mark S. *God in Translation: Deities in Cross-Cultural Discourse in the Biblical World.* Edited by Bernd Janowski, Mark S. Smith, and Hermann Spieckermann. Tübingen: Mohr Siebeck, 2008.

Spronk, K. *Beatific Afterlife in Ancient Israel and in the Ancient Near East.* Neukirchen-Vluyn: Neukirchener Verlag, 1986.

Stadelmann, Luis. *The Hebrew Conception of the World.* Rome: Biblical Institute Press, 1970.

Stein, Robert H. *Mark.* BECNT. Grand Rapids: Baker Academic, 2008.

Stokes, Ryan Evan. "Rebellious Angels and Malicious Spirits: Explanations of Evil in the Enochic and Related Literature." PhD dissertation, Yale University, 2010.

Stuckenbruck, Loren T. "The 'Angels' and 'Giants' of Genesis 6:1-4 in Second and Third Century BCE Jewish Interpretation: Reflections on the Posture of Early Apocalyptic Traditions." *Dead Sea Discoveries* 7.3 (2000): 354-77.

———. *The Book of Giants from Qumran: Texts, Translation, and Commentary.* Tübingen: Mohr Siebeck, 1997.

———. "The Book of Jubilees and the Origin of Evil." In *Enoch and the Mosaic Torah: The Evidence of Jubilees.* Edited by Gabriele Boccaccini et al. Grand Rapids: Eerdmans, 2009.

———. "Giant Mythology and Demonology: From Ancient Near East to the Dead Sea Scrolls." Pages 31-38 in *Demons: The Demonology of Israelite-Jewish and Early Christian Literature in Context of Their Environment.* Edited by Armin Lange, Hermann Lichtenberger, and Diethard Römheld. Tübingen: Mohr Siebeck, 2003.

———. *The Myth of Rebellious Angels*. Tübingen: Mohr Siebeck, 2014.

———. "The Origins of Evil in Jewish Apocalyptic Tradition: The Interpretation of Genesis 6:1-4 in the Second and Third Centuries BCE." Pages 87-118 in *The Fall of the Angels*. Edited by Christoff Auffarth and Loren T. Stuckenbruck. Leiden: Brill, 2003.

Stuckrad, Kocku von. "Jewish and Christian Astrology in Late Antiquity—A New Approach." *Numen* 47 (2000): 1-40.

Sullivan, Kevin. "The Watchers Traditions in 1 Enoch 6-16: The Fall of the Angels and the Rise of Demons." Pages 91-106 in *The Watchers in Jewish and Christian Traditions*. Edited by Angela Kim Harkins, Kelley Coblentz Bautch, and John C. Endres, S. J. Minneapolis: Fortress, 2014.

Sweeney, Marvin A. "Myth and History in Ezekiel's Oracle Concerning Tyre (Ezekiel 26-28)." Pages 129-48 in *Myth and Scripture: Contemporary Perspectives on Religion, Language, and Imagination*. Edited by Dexter Callender. Atlanta: Society of Biblical Literature Press, 2014.

Tajra, Harry W. *The Martyrdom of St. Paul: Historical and Judicial Context, Traditions, and Legends*. Tübingen: Mohr Siebeck, 1994.

Tallquist, K. "Sumerisch-Akkadische Hymnen der Totenwelt." *Studia Orientalia* 4 (1934): 17-22.

Talmon, Shemaryahu. "The 'Desert Motif' in the Bible and in Qumran Literature." Pages 31-64 in *Biblical Motifs: Origins and Transformations*. Edited by Alexander Altmann. Vol. 3. Cambridge, MA: Harvard University Press, 1966.

Tan, Randall, and David A. deSilva. *The Lexham Greek-English Interlinear Septuagint*. Bellingham, WA: Logos Bible Software, 2009.

Tawil, Hayim. "ʿAzazel, the Prince of the Steepe: A Comparative Study." *Zeitschrift für die alttestamentliche Wissenschaft* 92.1 (1980): 43-59.

Teixidor, J. *The Pantheon of Palmyra*. Leiden: Brill, 1979.

Thomas, Samuel. "Watchers Traditions in the Dead Sea Scrolls." In *The Watchers in Jewish and Christian Traditions*. Edited by Angela Kim Harkins, Kelley Coblentz Bautch, and John C. Endres, S. J. Minneapolis: Fortress, 2014.

Thompson, Steven. "The End of Satan." *Andrews University Seminary Studies* 37.2 (1999): 260-62.

Tiemeyer, Lena-Sofia. "Zechariah's Spies and Ezekiel's Cherubim." Pages 95-119 in *Tradition in Transition: Haggai and Zechariah 1-8 in the Trajectory of Hebrew Theology*. Edited by Mark J. Boda and Michael H. Floyd. London: T&T Clark, 2008.

Tigay, Jeffrey. *Deuteronomy*. JPS Torah Commentary. Philadelphia: Jewish Publication Society, 1996.

Tiller, Patrick A. *A Commentary on the Animal Apocalypse of 1 Enoch*. Atlanta: Scholars Press, 1993.

Tov, Emanuel. *The Parallel Aligned Hebrew-Aramaic and Greek Texts of Jewish Scripture—Alexandrinus and Theodotion Variants*. Computer Assisted Tools for Septuagint Studies. Bellingham, WA: Logos Bible Software, 2003.

———. *Textual Criticism of the Hebrew Bible*. 3rd ed. Rev. and exp. Minneapolis: Fortress, 2012.

Tsevat, Matitiahu. "God and the Gods in Assembly." *Hebrew Union College Annual* 40-41 (1969-70): 123-37.

Tsumura, David Toshio. *Creation and Destruction: A Reappraisal of the Chaoskampf Theory in the Old Testament*. Winona Lake, IN: Eisenbrauns, 2005.

———. "Genesis and Ancient Near Eastern Stories of Creation and Flood: An Introduction." Pages 44-57 in *I Studied Inscriptions from before the Flood: Ancient Near Eastern, Literary, and Linguistic Approaches to Genesis 1-11*. Edited by Richard S. Hess and David Toshio Tsumura. Winona Lake, IN: Eisenbrauns, 1994.

———. "Janus Parallelism in Hab 3:4." Vetus Testamentum 54.1 (Jan 2004): 124-28.

Twelftree, Graham. *In the Name of Jesus: Exorcism among Early Christians*. Grand Rapids: Baker, 2007.

———. *Jesus the Exorcist: A Contribution to the Study of the Historical Jesus*. Eugene, OR: Wipf & Stock, 2011.

Ulrich, E., F. M. Cross, S. W. Crawford, J. A. Duncan, P. W. Skehan, E. Tov, and J. T. Barrera. *Qumran Cave 4.IX: Deuteronomy, Joshua, Judges, Kings*. Oxford: Clarendon Press, 1996.

Vail, Eric M. "Using 'Chaos' in Articulating the Relationship of God and Creation in God's Creative Activity." PhD diss., Marquette University, 2009.

VanderKam, James C. *The Book of Jubilees*. Sheffield: Sheffield Academic Press, 2001.

———. *The Dead Sea Scrolls Today*. Grand Rapids: Eerdmans, 1994.

———. *Enoch and the Growth of an Apocalyptic Tradition*. Washington, DC: Catholic Biblical Association of America, 1984.

Wahlen, Clinton. *Jesus and the Impurity of Spirits in the Synoptic Gospels*. Tübingen: Mohr Siebeck, 2004.

Walker, Christopher, and Michael B. Dick. "The Induction of the Cult Image in Ancient Mesopotamia: The Mesopotamian mīs pî Ritual." Pages 55-122 in *Born in Heaven, Made on Earth: The Making of the Cult Image in the Ancient Near East*. Edited by Michael B. Dick. Winona Lake, IN: Eisenbrauns, 1999.

Wallace, Daniel B. *Greek Grammar Beyond the Basics—Exegetical Syntax of the New Testament*. Grand Rapids: Zondervan, 1996.

Waltke, Bruce K. "The Creation Account in Genesis 1:1-3: Part II: The Restitution Theory." *Bibliotheca Sacra* 132 (1975): 136-44.

———. "The Creation Account in Genesis 1:1-3: Part III: The Initial Chaos Theory and the Precreation Chaos Theory." *Bibliotheca Sacra* 132 (1975): 216-28.

Walton, John H. "Demons in Mesopotamia and Israel: Exploring the Category of Non-Divine but Supernatural Enemies." Pages 229-46 in *Windows to the Ancient World of the Hebrew Bible: Essays in Honor of Samuel Greengus*. Edited by Bill T. Arnold, Nancy L. Erickson, and John H. Walton. Winona Lake, IN: Eisenbrauns, 2014.

———. *Genesis 1 as Ancient Cosmology*. Winona Lake, IN: Eisenbrauns, 2011.

———. *The Lost World of Genesis One: Ancient Cosmology and the Origins Debate*. Downers Grove, IL: IVP Academic, 2009. 『창세기 1장의 잃어버린 세계』(그리심).

Watts, John D. W. *Isaiah 1-33*. Rev. ed. WBC. Nashville: Thomas Nelson, 2005. 『이사야 상』(솔로몬).

Wenham, Gordon J. "Sanctuary Symbolism in the Garden of Eden Story." Pages 399-40 in *I Studied Inscriptions from before the Flood: Ancient Near Eastern, Literary, and Linguistic Approaches to Genesis 1-11*. Edited by Richard S. Hess and David Toshio Tsumura. Winona Lake, IN: Eisenbrauns, 1994.

Werman, C. "Qumran and the Book of Noah." Pages 171-81 in *Pseudepigraphic Perspectives: The Apocrypha and Pseudepigrapha in Light of the Dead Sea Scrolls. Proceedings of the International Symposium of the Orion Center for the Study of the Dead Sea Scrolls and Associated Literature*. Edited by E. G. Chazon and M. E. Stone, with the collaboration of A. Pinnick. Leiden: Brill, 1999.

West, D. R. *Some Cults of Greek Goddesses and Female Daemons of Oriental Origin Especially in Relation to the Mythology of Goddesses and Daemons in the Semitic World*. Neukirchen-Vluyn: Neukirchener Verlag, 1995.

West, Martin L. *The East Face of the Helicon: West Asiatic Elements in Greek Poetry and Myth*. Oxford: Clarendon Press, 1997.

White, Ellen. *Yahweh's Council: Its Structure and Membership*. Tübingen: Mohr Siebeck, 2014.

Whitney, K. William. *Two Strange Beasts: Leviathan and Behemoth in Second Temple and Early Rabbinic Judaism*. Winona Lake, IN: Eisenbrauns, 2006.

Wiggerman, F. A. M. *Mesopotamian Protective Spirits: The Ritual Texts*. Leiden: Brill, 1992.

Wildberger, Hans. *A Continental Commentary: Isaiah 13-27*. Minneapolis: Fortress, 1997.

Wilson, J. V. Kinnier. "A Return to the Problems of Behemoth and Leviathan." *Vetus Testamentum* 25 (1975): 1-14.

Winston, David. *The Wisdom of Solomon: A New Translation with Introduction and Commentary*. AYB 43. New Haven, CT: Yale University Press, 1979.

Wright, Archie T. *The Origin of Evil Spirits: The Reception of Genesis 6:1-4 in Early Jewish Literature*. Tübingen: Mohr Siebeck, 2013.

———. "Some Observations on Philo's De Gigantibus and Evil Spirits in Second Temple Judaism." *Journal for the Study of Judaism* 36.4 (2005): 471-88.

Wyatt, N. *Religious Texts from Ugarit: The Words of Ilimilku and his Colleagues*. Sheffield: Sheffield Academic Press, 1998.

———. "The Significance of ṢPN in West Semitic Thought." Pages 213-37 in *Ugarit: Ein ostmediterranes Kulturzentrum im Alten Orient*. Edited by M. Dietrich and O. Loretz. M nster: Ugarit-Verlag, 1995.

———. *Space and Time in the Religious Life of the Near East*. Sheffield: Sheffield Academic Press, 2001.

———. "Titles of the Ugaritic Storm God." *Ugarit Forschungen* 24 (1992): 403-24.

Zatelli, I. "Astrology and the Worship of the Stars in the Bible." *Zeitschrift für die alttestamentliche Wissenschaft* 103 (1991): 86-99.